अमर्त्य सेन

अमर्त्य सेन हार्वर्ड यूनिवर्सिटी में अर्थशास्त्र एवं दर्शनशास्त्र पढ़ाते हैं। 1998 में उन्हें अर्थशास्त्र के 'नोबेल पुरस्कार' से सम्मानित किया गया। उनकी प्रमुख कृतियों में शामिल हैं—'डेवलपमेंट एज़ फ्रीडम', 'रैशनलिटी एंड फ्रीडम', 'द आर्गुमेंटेटिव इंडियन', 'आइडेंटिटी एंड वायलेंस', 'द आइडिया ऑफ़ जस्टिस' और 'द कंट्री ऑफ़ फ़र्स्ट ब्वायज़'।

नरेश 'नदीम'

उर्दू के कवि-लेखक और अंग्रेज़ी के पत्रकार नरेश 'नदीम' ने गोरखपुर, अलीगढ़ और जवाहरलाल नेहरू विश्वविद्यालय, दिल्ली से शिक्षा प्राप्त की। उन्होंने उर्दू, पंजाबी और अंग्रेज़ी से हिन्दी में कोई सवा सौ पुस्तकों के नामी-बेनामी अनुवाद किए। कुछ रचनाओं के उर्दू अनुवाद भी किए। इनके अलावा उर्दू में धारावाहिक रूप में प्रकाशित 'हिन्दुस्तान का सुर्ख सफ़र' (इतिहास), 'अदबपैमा' (आलोचना) और 'दुर्दे-तहे-जाम' (रेखाचित्र)।

उन्हें हिन्दी अकादेमी, दिल्ली के 'साहित्यकार सम्मान' से सम्मानित किया गया।

विषमता : एक पुनर्विवेचन

अमर्त्य सेन

अनुवाद
नरेश 'नदीम'

राजकमल पेपरबैक्स

ऑक्सफोर्ड यूनिवर्सिटी प्रेस द्वारा प्रकाशित
'इनइक्वलिटी रीइक्जामिंड' का हिंदी अनुवाद

पहला पुस्तकालय संस्करण
राजकमल प्रकाशन प्राइवेट लिमिटेड द्वारा
1999 में प्रकाशित

राजकमल पेपरबैक्स में
पहला संस्करण : 2023

राजकमल पेपरबैक्स : उत्कृष्ट साहित्य के जनसुलभ संस्करण

राजकमल प्रकाशन प्रा.लि.
1-बी, नेताजी सुभाष मार्ग, दरियागंज
नई दिल्ली-110 002
द्वारा प्रकाशित

शाखाएँ : अशोक राजपथ, साइंस कॉलेज के सामने, पटना-800 006
पहली मंजिल, दरबारी बिल्डिंग, महात्मा गांधी मार्ग, प्रयागराज-211 001

वेबसाइट : www.rajkamalprakashan.com
ई-मेल : info@rajkamalprakashan.com

बी.के. ऑफसेट
नवीन शाहदरा, दिल्ली-110 032
द्वारा मुद्रित

मूल्य : ₹ 299

VISHAMTA : EK PUNARVIVECHAN
by Amartya Sen

ISBN : 978-81-19028-89-4

इंद्राणी और कबीर को

अनुक्रम

भूमिका

जैसाकि शीर्षक से स्पष्ट है, यह पुस्तक विषमता की छानबीन नए सिरे से करती है। मगर यह सामान्य सामाजिक व्यवस्थाओं का मूल्यांकन और आकलन भी करती है। विषमताएँ इन व्यवस्थाओं पर ही निर्भर होती हैं।

समानता किस चीज की ?

यहाँ मेरा तर्क है कि समानता के विश्लेषण और आकलन का केंद्रीय प्रश्न है 'समानता *किस चीज की ?*' मेरा कहना यह भी है कि सामाजिक व्यवस्था की नैतिकता के प्रति जो भी दृष्टिकोण समय की कसौटी पर खरे उतरे हैं, लगभग उन सबकी एक साझी विशेषता यह है कि वे *किसी-न-किसी वस्तु* की समानता की माँग करते रहे हैं--ऐसी किसी वस्तु की जो उस विशेष सिद्धांत में एक महत्त्वपूर्ण स्थान रखती है। केवल समान-आयवादी ही (अगर इस शब्द के प्रयोग की इजाजत हो तो) समान आयों की और समान-कल्याणवादी ही कल्याण के समान स्तरों की माँग नहीं करते, बल्कि शास्त्रीय किस्म के उपयोगितावादी भी सभी की उपयोगिताओं को समान भारमान देने का आग्रह करते हैं, और शुद्ध स्वाधीनतावादी भी अधिकारों और स्वाधीनताओं की एक पूरी श्रेणी को लेकर समानता का तकाजा करते हैं। किसी-न-किसी बुनियादी अर्थ में वे सभी 'समानतावादी' हैं जो किसी ऐसी वस्तु की समानता के जोरदार पक्षधर हैं जो हरेक को प्राप्त होनी चाहिए और जो खुद उनके अपने विशेष दृष्टिकोण के लिए नाजुक अहमियत रखती है। संघर्ष को समानता के 'पक्ष' और 'विपक्ष' का संघर्ष समझना (जैसाकि ग्रंथों में अकसर पेश किया जाता है) विषय के किसी केंद्रीय तत्त्व को अनदेखा करने के बराबर होगा।

मेरा तर्क यह भी है कि किसी महत्त्वपूर्ण अर्थ में समानतावादी होने की यह साझी विशेषता किसी-न-किसी स्तर पर हरेक संबद्ध व्यक्ति के प्रति समान चिंता की आवश्यकता से जुड़ी हुई है। उसके अभाव में किसी भी प्रस्ताव की सामाजिक विश्वसनीयता जाती रहेगी।

केंद्रीय समानता और व्युत्पन्न समानता

प्रश्न 'समानता किस चीज की ?' की केंद्रीय भूमिका यह संकेत देती है कि विभिन्न धाराओं के विवादों को हम इसी आधार पर परख सकते हैं कि वे वह केंद्रीय सामाजिक क्रिया किस चीज को मानते हैं जिसके आधार पर समानता की माँग की जानी चाहिए। फिर यही माँगें दूसरे सामाजिक निर्णयों की प्रकृति को मर्यादित करती हैं। एक चर (वैरिएबुल)* के आधार पर समानता की माँग का मतलब यह होता है कि वह सिद्धांत-विशेष किसी दूसरे चर के सिलसिले में विषमतावादी हो सकता है क्योंकि दोनों परिप्रेक्ष्यों के बीच टकराव ऐन मुमकिन है।

मिसाल के लिए बहुत सारी वस्तुओं पर समान अधिकारों की माँग करने वाला स्वाधीनतावादी अगर अपने विचारों के प्रति ईमानदार है तो वह आयों की समानता पर जोर नहीं दे सकता। इसी तरह उपयोगिता की हर इकाई के लिए समान भारमान* की माँग करने वाला उपयोगितावादी अगर अपने विचारों के प्रति ईमानदार है तो वह स्वतंत्रताओं के अधिकारों की भी समानता का तकाजा नहीं कर सकता है। (ठीक इसी कारण से वह विभिन्न व्यक्तियों को प्राप्त उपयोगिताओं के *समग्र स्तरों* की समानता का आग्रह भी नहीं कर सकता।) जिसे हम 'केंद्रीय' सामाजिक कार्यकलाप समझते हैं उसमें समानता की इच्छा करने के साथ हमें दूरस्थ 'परिधियों' पर विषमता को भी स्वीकार करना पड़ता है। विवादों का विषय अंततः केंद्रीय सामाजिक व्यवस्था का निश्चय होता है।

अपरिहार्य माँगें और गौण विशेषताएँ

वास्तव में प्रश्न 'समानता किस चीज की ?' के जो उत्तर दिए जाते हैं वे ही सामाजिक व्यवस्था के विभिन्न नैतिक सिद्धांतों के वर्गीकरण के आधार भी होते हैं। वर्गीकरण का यह सिद्धांत प्रत्येक दृष्टांत में यह स्पष्ट करता है कि अपरिहार्य विशेषताएँ कौन-कौन सी हैं और कौन से संबंध महज गौण या आकस्मिक हैं। मिसाल के लिए एक स्वाधीनतावादी इसी तकाजे को केंद्रीय समझता है कि वैयक्तिक स्वाधीनताओं की किसी विशेष श्रेणी पर सबका समान अधिकार हो। तो फिर एक स्वाधीनतावादी के रूप में वह आयों की समानता पर एतराज नहीं करेगा, बशर्ते कि कुछ विशेष परिस्थितियों के कारण ऐसी समानता प्राप्त हो सके। लेकिन अगर परिस्थितियाँ भिन्न हों तो वह स्वाधीनताओं की समानता का पक्ष लेगा, न कि आयों की परिस्थितिजन्य समानता का।

इस सिलसिले में विलर्ड क्वाइन ने हाल ही में मुझे सुझाव दिया है कि मैं इन दो के बीच तुलना के प्रयास करूँ : (1) सामाजिक व्यवस्था के नीतिशास्त्र के लिए वर्गीकरण का वह सिद्धांत जो उन समानताओं पर आधारित है जिनको (वास्तविक संबंधों के रूपांतरण की दशा में) बचा लिया जाता है; और (2) वर्गीकरण के वे सिद्धांत जो

---

* तारांकित तथा अन्य पारिभाषिक शब्दों के लिए देखें 'अनुवादक की ओर से'।

फेलिक्स क्लाइन के ज्यामितिक संश्लेषण प्रयास में (उनकी रचना *एर्लांगेर प्रोग्राम में*) प्रयुक्त हुए हैं और जिनका आधार किसी अंतराल की वे विशेषताएँ हैं जो रूपांतरणों के किसी विशेष समूह के लिए अपरिहार्य हैं। मेरा खयाल है कि यहाँ एक महत्त्वपूर्ण सामान्य संबंध पाया जाता है जो काफी ज्ञानवर्धक साबित हो सकता है, हालाँकि मैंने प्रस्तुत पुस्तक में इस संबंध की छानबीन नहीं की है।

मानवीय विविधता और असंबद्ध समानताएँ

व्यावहारिक स्तर पर प्रश्न 'समानता किस चीज की ?' का महत्त्व मानव की वास्तविक विविधता की देन है, और इसीलिए एक चर के आधार पर समानता की माँग, सिर्फ *सिद्धांत* में नहीं, बल्कि *व्यवहार* में भी, किसी और चर के आधार पर समानता की माँग से *टकराती* है। अपनी आंतरिक विशेषताओं (जैसे आयु, लिंग, सामान्य योग्यताओं, विशेष प्रतिभाओं, रोगग्रस्त होने की प्रवृत्तियों वगैरह) के तथा बाहरी विशेषताओं (जैसे वस्तुओं के स्वामित्व, सामाजिक पृष्ठभूमियों, परिवेशजन्य स्थितियों आदि) के मुआमले में भी हमारे बीच भारी विविधताएँ मौजूद हैं। ठीक यही विविधता है जिसके कारण एक क्षेत्र में समानता का आग्रह करते हुए हमें किसी और क्षेत्र में समानता की माँग को अस्वीकार करना पड़ता है।

इस तरह प्रश्न 'समानता किस चीज की ?' के तात्त्विक महत्त्व का संबंध व्यापक मानवीय विविधता के अनुभवसिद्ध तथ्य से है। समानता की जो—सैद्धांतिक और व्यावहारिक—पड़तालें पहले से मौजूद एकरूपता की मान्यता से शुरू होती हैं (जिसमें यह मान्यता भी शामिल है कि 'सभी मनुष्य समान पैदा हुए हैं'), वे समस्या के एक अहम पहलू को समझने से वंचित रहती हैं। मानव विविधता कोई दोयम दर्जे की समस्या नहीं है (कि उसे अनदेखा कर दिया जाए; उसे 'बाद में कभी' देख लिया जाए); यह समानता में हमारी रुचि का एक बुनियादी पहलू है।

स्वतंत्रताओं और सामर्थ्यों पर ध्यान

पुस्तक का आरंभ इन्हीं तर्कों, उनको प्रस्तुत करने के कारणों और उनके निहितार्थों से होता है। (इन मुद्दों को अध्याय 1 में उठाया गया है।) बाकी किताब विश्लेषण की इसी राह पर आगे बढ़ती है, और मैं समानता की सामान्य प्रकृति की विवेचना के बाद क्रमशः आगे बढ़ते हुए प्रश्न 'समानता किस चीज की ?' का उत्तर देने के एक विशेष तरीके की खोजबीन में निकलता हूँ।

यह विशेष दृष्टिकोण उन मूल्यवान प्रकार्यों को पाने की सामर्थ्य पर ध्यान केंद्रित करता है जो हमारे जीवन के घटक हैं। यह और भी सामान्य स्तर पर उन उद्देश्यों को पूरा करने की स्वतंत्रता पर केंद्रित है जिनको हम कुछ कारणों से मूल्यवान समझते हैं। (सच तो यह है कि एक चरण में पुस्तक को 'समानता और स्वतंत्रता' का शीर्षक तक दिया गया था।) मैंने केंद्रीय प्रश्न का उत्तर देने के दूसरे तरीकों और इस दृष्टिकोण

के बीच का अंतर स्पष्ट किया है, और इसके लिए उपयोगितावाद और स्वाधीनतावाद से लेकर जॉन राउल्स के 'न्याय बतौर निष्पक्षता' के सिद्धांत तक अनेक सिद्धांतों की विवेचना की है। दरअसल बौद्धिक दृष्टि से मैं बिलाशक जॉन राउल्स का सर्वाधिक ऋणी हूँ, राउल्स की तर्कपद्धति कुछ हद तक मेरी मार्गदर्शक भी रही है। यहाँ तक कि जहाँ मैंने किसी अन्य दिशा में भी कदम बढ़ाया है (जैसे मैंने स्वतंत्रताओं के *परिणाम* पर अधिक ध्यान दिया है, बनिस्बत उन *साधनों* के, जिनको राउल्स 'प्राथमिक वस्तुएँ' कहते हैं), वहाँ भी मेरा फैसला काफी हद तक राउल्स के सिद्धांत की प्रत्यक्ष समालोचना पर आधारित है।

पद्धतिशास्त्रीय और तात्त्विक दावे

इसलिए पुस्तक में विषमता संबंधी मुद्दों की विवेचना के लिए एक सामान्य पद्धतिशास्त्रीय (मेथडोलाजिकल) दृष्टिकोण का विकास भी किया गया है, तथा सामाजिक व्यवस्थाओं का आकलन कैसे किया जाए, इसके बारे में एक विशेष तात्त्विक दृष्टिकोण (सब्स्टैंटिव एप्रोच) की खोजबीन भी की गई है। पुस्तक की प्रस्तावना ('सवाल और मुद्दे') में मैंने पुस्तक में प्रस्तुत विवेचना के प्रमुख दिशासूत्रों को समेटने की कोशिश की है।

कुज्नेत्स व्याख्यान और अन्य संपर्क

प्रस्तुत पुस्तक साइमन कुज्नेत्स स्मृति व्याख्यानों पर आधारित है जो मैंने अप्रैल 1988 में येल विश्वविद्यालय में दिए थे। मैं इकानमिक ग्रोथ सेंटर और उसके निदेशक पॉल शुल्ज का बहुत आभारी हूँ जिन्होंने मुझे निमंत्रित किया, मेरा सत्कार किया और मुझे बौद्धिक प्रेरणा दी। आर्थिक जगत की पद्धति के बारे में हम जो कुछ जानते हैं उसका काफी कुछ भाग साइमन कुज्नेत्स की कृतियों से गहराई तक प्रभावित हुआ है, और इन व्याख्यानों के माध्यम से उनकी स्मृति को श्रद्धांजलि देना एक बड़ी उपलब्धि है।

कुछ दूसरे संपर्क भी रहे हैं। पुस्तक के विभिन्न भाग भिन्न-भिन्न मगर संबद्ध विषयों पर दिए गए अन्य व्याख्यानों पर भी आधारित हैं। ये व्याख्यान दिल्ली स्कूल ऑफ इकानमिक्स (1986), टेक्सस विश्वविद्यालय (1986), कैंब्रिज विश्वविद्यालय (मार्शल व्याख्यान, 1988), पिट्सबर्ग विश्वविद्यालय (मेरियों ओ' केली मैकके व्याख्यान, 1988) तथा लोवें स्थित सेंटर फार आपरेशंस रिसर्च एंड इकानोमेट्रिक्स (1989) में दिए थे। मैंने अनेक संबद्ध विषयों पर रायल इकानमिक सोसायटी (वार्षिक व्याख्यान, 1988), इंटरनेशनल इकानमिक एसोसिएशन (अध्यक्षीय भाषण, 1989) और इंडियन इकानमिक एसोसिएशन (वार्षिक व्याख्यान, 1989) में भी व्याख्यान दिए हैं। इन अवसरों पर परिचर्चा के दौरान की गई टिप्पणियों और आलोचनाओं से भी मैंने काफी कुछ सीखा है।

आभार

मैं 1988 की गर्मियों में शोधकार्य के लिए रसेल सेज फाउंडेशन से प्राप्त सहायता तथा इस अनुसंधान में उसके अध्यक्ष की रुचि और प्रोत्साहन के लिए उनका अत्यंत आभारी हूँ। क्लैरेंडन प्रेस के एंड्रयू शुलर और हारवर्ड यूनिवर्सिटी प्रेस के आइडा डोनल्ड से भी मुझे काफी उपयोगी सलाहें मिलीं और मैं उनका भी ऋणी हूँ। पुस्तक पर कुछ काम तब किया गया जब मैं लंदन स्कूल ऑफ इकानमिक्स का अतिथि था, और मैं (निकोलस स्टर्न के निदेशकत्व और ल्यूबा ममफर्ड के कुशल प्रबंधन में) वहाँ के 'स्टिसर्ड' अनुसंधान केंद्र में विकसित हुए सुंदर कामकाजी वातावरण की खासतौर पर प्रशंसा करूँगा।

पुस्तक की कुछ पिछली पांडुलिपियों को ए. बी. एटकिंसन, सूसन ब्राइसन, ज्याँ द्रेज़े, जेम्स फोस्टर, सिद्दीक़ उस्मानी, डेरेक पर्फिट, डगलस राए, गुस्ताव रेनिस, जॉन राउल्स, एम्मा रोथ्सचाइल्ड, पॉल शुल्ज और बर्नार्ड विलियम्स ने पढ़ा है, और उनके अनेक उपयोगी सुझावों के लिए मैं उनका हृदय से ऋणी हूँ। पुस्तक के कुछ अंश विलफ्रेड बेकरमान, जोस दे ब्यूस, मोशे हल्बर्टल, स्टीवेन हाविस, अतहर हुसैन, राबर्ट क्योहेन, पीटर लांजो, स्टीफन मार्गलिन, जेम्स मिरलीस, मार्था नसबाम, संजय रेड्डी और टामस शेलिंग ने भी पढ़े हैं, और उनकी टिप्पणियाँ अत्यंत उपयोगी रही हैं। वर्षों के कालक्रम में इन और इनसे संबंधित विषयों पर मुझे अनेक लोगों से विचार विमर्श करके लाभान्वित होने का अवसर मिलता रहा है; तथा मैं सुधीर आनंद, केनेथ एरो, प्रणव बर्धन, कौशिक वसु, पीटर बावेर, आंद्रे बेते, चार्ल्स ब्लैकोर्बी, क्रिस्टोफर ब्लिस, जान ब्रूम, जेम्स बुखानन, जी. ए. कोहेन, डगलस डेसी, राल्फ डाह्रेनडोर्फ, पार्थ दासगुप्त, क्लाउद दे' एस्प्रेमोंत, आंगस डीटन, मेघनाद देसाई, भास्कर दत्त, रोनाल्ड ड्वार्किन, वुल्फ गैर्टनर, लुइस गेवर्स, जोनाथन ग्लोवर, जेम्स ग्रिफिन, कीथ ग्रिफिन, पीटर हैमंड, महबूबुल हक, रिचर्ड हारे, अल्बर्ट हर्शमान, एरिक हाब्सबाम, लाल जयवर्धना, कुमारी जयवर्धना, रवि कँबर, नानक ककवानी, जॉन नाइट, रिचर्ड लयार्ड, इसाक लेवी, जॉन मैकी, मुकुल मजुमदार, जान म्यूलबावेर, अमूल्य रतन नंदा, राबर्ट नोजिक, प्रशांत पटनायक, हिलैरी पुट्नैम, रुथ अन्ना पुटनैम, विलर्ड क्वाइन, वी. के. रामचंद्रन, मार्टिन रैवेलियन, अशोक रुद्र, टामस स्कैनलन, ए. एफ. शोरक्स, टी. एन. श्रीनिवासन, डेविड स्टैरेट, हिलेल स्टाइनर, फ्रांसिस स्टेवर्ट, पाल स्ट्रीटेन, कोतारो सुजूमुरा, लैरी टेम्किन, फिलिप वान पेरिज्स, पैट्रीशिया विलियम्स, बेंत क्राइस्टर येसैंडर, स्तेफानो ज़ामाग्नी और वेरा ज़ामाग्नी के प्रति अपना आभार-भाव व्यक्त करना चाहूँगा।

मैंने अनुसंधान कार्य में चित्रित बनर्जी, स्टीफन क्लैसेन, और संजय रेड्डी से मूल्यवान सहायता पाई है। जैकी जेनिंग्स और अन्ना मेरी स्वेद्रोव्स्की से प्राप्त सांगठनिक सहायता के लिए मैं उनका भी आभारी हूँ।

प्रस्तुति संबंधी कुछ बातें

अंत में मैं प्रस्तुति के पहलुओं के बारे में कुछेक बातें करना चाहूँगा। पहला तो लिंग

और भाषा का गौण प्रश्न है। मैं यहाँ पुस्तक के तात्त्विक सरोकारों की बात नहीं कर रहा हूँ जिनमें लैंगिक विषमता के विभिन्न रूप शामिल हैं, बल्कि लिंग आधारित सर्वनामों के उपयोग की आभासी असंगति की बातें कर रहा हूँ—इसमें मैंने कहीं *he*, कहीं *she* और कहीं *he or she* का प्रयोग किया है। स्त्री-पुरुष, दोनों के लिए केवल *he* का इस्तेमाल प्रच्छन्न स्त्री-विरोधी पूर्वग्रह के आरोप का कारण बन सकता है; केवल *she* का इस्तेमाल अपेक्षाकृत आत्मसजग और भारी-भरकम लग सकता है (और विरोधी दिशा में भेदभाव के आरोप का कारण बन सकता है); और *he or she* का हर जगह इस्तेमाल टेढ़ा, भोंडा और मुश्किल है। अगर सर्वनाम के लिंग को कोई भारी प्रतीकात्मक महत्त्व न दिया जाए तो स्वाभाविक उपाय यही है कि अलग-अलग रूपों का अदल-बदलकर इस्तेमाल किया जाए और इसमें कोई असंगति मानने से इनकार कर दिया जाए। मैंने ठीक यही करने का प्रयास किया है।*

दूसरी बात, मेरी चिंता यह रही है कि विधिवत् प्रशिक्षणप्राप्त अर्थशास्त्रियों से कहीं अधिक व्यापक पाठक-वर्ग तक पहुँच सकूँ। इस कारण मैंने तकनीकी अवधारणाओं और गणितीय अभिव्यक्तियों का यथासंभव कम उपयोग करने का प्रयास किया है। इसके कारण कहीं-कहीं और स्पष्टीकरण की आवश्यकता रह जाती है। लेकिन मैंने (अपनी रचनाओं समेत) दूसरी रचनाओं के हवाले भी दिए हैं जिनमें इन प्रश्नों की विस्तृत विवेचनाएँ की गई हैं।

तीसरी बात, मुझसे कहा गया है कि पुस्तक में संदर्भों की जो लंबी सूची शामिल की गई है उस पर कुछ लोग 'नाक-भौं सिकोड़ सकते हैं।' लेकिन इस विषय का साहित्य विविधतापूर्ण और व्यापक है, और उससे लाभ उठाने का अवसर मिलने के बाद इन रचनाओं की उपस्थिति को स्वीकार न करना गलत होगा। प्रस्तुत पुस्तक कोई संश्लेषणकारी रचना *नहीं* है, और मैं निश्चित ही विषमता संबंधी बहस को एक अपेक्षाकृत भिन्न दिशा में ले जाना चाहता हूँ—मौजूदा परंपराओं से भिन्न दिशा में। मगर इसके लिए जरूरी है कि मैं पिछले और जारी कार्यों की दिशाएँ और सीमाएँ प्रदर्शित करूँ कि कहाँ उनसे अलग होना आवश्यक है, भले ही यह महज दिखावे के लिए हो। यहाँ उद्धृत ग्रंथों में से कई विवादास्पद भी हैं, लेकिन उनके ऐसा होने के बावजूद इस द्वंद्ववादी टकराव से अकसर मुझे अवशिष्ट रूप में लाभ ही मिलता रहा है। आशा है, संदर्भ-सूची भी पाठकों के लिए कुछ उपयोगी जरूर होगी—या इसके अलग-अलग भाग मेरी समझ से अलग-अलग पाठकों के लिए उपयोगी होंगे, क्योंकि वे विषमता के विश्लेषण के अलग-अलग पहलुओं को समेटते हैं। खैर, जो भी हो, मैं चढ़ी हुई त्यौरियों का हिम्मत के साथ सामना करने के लिए खुद को तैयार कर रहा हूँ।

—अमर्त्य कुमार सेन

---

* अनुवाद में हिंदी की प्रकृति के अनुसार क्रियाओं के लिंगभेद से यह समस्या यथासंभव हल की गई है—अनुवादक।

अनुवादक की ओर से

पारिभाषिक शब्दावली को स्पष्ट करना अनुवादक के कार्यक्षेत्र में नहीं आता। फिर भी ऐसा महसूस किया जा रहा है कि अगर कुछ ऐसे शब्दों के भाव, मोटे तौर पर, स्पष्ट कर दिए जाएँ तो पाठक प्रस्तुत पुस्तक में उठाए गए मुद्दों को अपेक्षाकृत बेहतर समझ सकता है। फिर भी ध्यान रहे कि नीचे की टिप्पणियाँ अर्थशास्त्र, सांख्यिकी या दर्शनशास्त्र के अध्ययन का विकल्प नहीं बन सकतीं।

चर (Variable)

राशियाँ–स्थिर और परिवर्तनशील–दो प्रकार की होती हैं। समुद्र तल से दिल्ली की ऊँचाई एक स्थिर राशि है। मोटे तौर पर मानव-शरीर का सामान्य तापमान (98.4°c) भी एक स्थिर राशि है, हालाँकि कुछ व्यक्तियों के सामान्य तापमान उपरोक्त से भिन्न हो सकते हैं। ऐसी ही स्थिर राशियों को सांख्यिकी में *स्थिरांक* (Constant) कहते हैं।

स्थिरांकों से विपरीत परिवर्तनशील राशियों को *चर* कहते हैं। जैसे 'शहरों की समुद्रतल से ऊँचाई' एक परिवर्तनशील राशि है जिसका मान कलकत्ता के लिए कुछ, लखनऊ के लिए कुछ और, तथा दिल्ली के लिए कुछ और होगा। इस तरह चर के अनेक *मान* (Values) होते हैं।

सांख्यिकी में चर की एक व्यापक धारणा का प्रयोग होता है और उसमें सिर्फ गणितीय राशियाँ ही नहीं आतीं, *गुणात्मक* संवृत्तियाँ भी शामिल हैं। जैसे–धर्म को चर मानें तो हिंदू, मुसलिम, सिख, बौद्ध, जैन, ईसाई, यहूदी आदि उसके मान होंगे। ऐसे चरों को *नामतः चर* (nominal variable) कहते हैं। इसके अलावा *क्रमसूचक* (ordinal) और *आनुपातिक* (ratio) चर भी होते हैं जो संख्याओं पर आधारित होते हैं।

भारमान (Weightage)

प्रायः एक चर को अनेक छोटे-छोटे चरों में विघटित किया जा सकता है। बल्कि गुणात्मक चरों के साथ यह कार्य अनिवार्य होता है। मिसाल के लिए "किसी देश की शैक्षिक स्थिति" को एक चर मानें तो इसे मापने के लिए हमें विद्यालयों की संख्या, अध्यापकों की संख्या आदि चरों का सहारा लेना पड़ेगा। फिर साक्षरता को भी आगे स्त्री साक्षरता, पुरुष साक्षरता, अनुसूचित जातियों-जनजातियों और गैर-अनुसूचित

जातियों-जनजातियों की साक्षरता, ग्रामीण साक्षरता, नगरीय साक्षरता आदि अनेक चरों में विघटित किया जा सकता है।

इसका एक सीधा सा उद्‌देश्य होता है। गुणात्मक चरों को सीधे-सीधे मापना संभव नहीं होता इसलिए उनको ऐसे अनेक *परिमाणात्मक* चरों में विघटित करते हैं जिनको आसानी से मापा जा सके। गुणात्मक चरों को परिमाणात्मक चरों में व्यक्त करने की इसी प्रक्रिया को *परिमाणीकरण* (quantification) कहते हैं।

यहाँ सामान्य पाठक को एक और बात ध्यान में रखनी होगी। प्रायः गुणात्मक चर के परिमाणीकरण की प्रक्रिया में अलग-अलग लेखक अलग-अलग चरों को शामिल करना चाहते हैं। मिसाल के लिए किसी देश की शैक्षिक स्थिति को मापने के लिए एक लेखक अध्यापकों की संख्या या अध्यापक-छात्र अनुपात को शामिल करेगा तो दूसरा इसे छोड़कर अन्य चर को वरीयता देगा। इसी तरह कोई लेखक समग्र साक्षरता दर को वरीयता देगा तो दूसरा लेखक साक्षरता दर को भी आगे स्त्री/पुरुष साक्षरता, ग्रामीण/नगरीय साक्षरता आदि में विघटित करना पसंद करेगा। इसलिए यह बात आमतौर पर स्वीकार की जाती है कि परिमाणीकरण की प्रक्रिया में किसी लेखक के अपने आग्रह, दुराग्रह और पूर्वग्रह प्रतिबिंबित होते हैं। इस कारण पारखी पाठक के लिए आवश्यक है कि वह इस प्रक्रिया पर कड़ी नजर रखे।

भारमान का प्रश्न भी परिमाणीकरण के प्रश्न से जुड़ा हुआ है। प्रायः किसी गुणात्मक चर को मापने के लिए उसे जिन परिमाणात्मक चरों में विघटित किया जाता है उन सबका समान महत्त्व नहीं होता। किसी देश की शैक्षिक स्थिति को मापने के लिए अध्यापक-छात्र अनुपात का महत्त्व अवश्य होता है, मगर नामांकन (enrolment) और पढ़ाई छोड़ देने (drop-out) के अनुपात, या किसी निश्चित दूरी के अंदर विद्यालय की उपस्थिति उससे कहीं अधिक महत्त्वपूर्ण चर हैं। इसलिए लेखक अकसर विभिन्न चरों को प्रायः अलग-अलग भारमान देते हैं। मिसाल के लिए संयुक्त राष्ट्र विकास कार्यक्रम (UNDP) ने मानव विकास सूचकांक (Human Development Index) के लिए तीन चरों को आधार बनाया है–प्रत्याशित आयु, ज्ञान और आय। इनमें भी ज्ञान को आगे दो उप-चरों–(15 वर्ष या अधिक आयुवालों के लिए) साक्षरता की दर तथा (25 या अधिक आयुवालों के लिए) शिक्षा की औसत अवधि (Mean Years of Schooling)–में बाँटा गया है। इतना ही नहीं, जहाँ तक ज्ञान को मापने का सवाल है, साक्षरता की दर को दो-तिहाई और शिक्षा की औसत अवधि को एक-तिहाई भारमान दिया गया है।

किसी चर को कितना भारमान दिया जाएगा, इससे भी लेखक के आग्रह, दुराग्रह और पूर्वग्रह प्रतिबिंबित होते हैं।

फलन (Function)

कारण-कार्य संबंध की दृष्टि से चर दो प्रकार के होते हैं–स्वतंत्र (Independent) और परतंत्र (Dependent) चर। स्वतंत्र चर कारण (Cause) का पर्याय है और परतंत्र चर कार्य (effect) का।

मगर एक बात ध्यान में रहनी चाहिए। कारण और कार्य का विभाजन कोई निरपेक्ष विभाजन नहीं होता। एक संवृत्ति अगर कभी कारण होती है तो किसी और संदर्भ में (या कुछ समय बाद) वही कार्य बन जाती है। मिसाल के लिए न्यूनतम ऊष्मा के बिना आग नहीं जल सकती, अर्थात् ऊष्मा कारण और आग कार्य है। मगर फिर आग जल जाए तो वही और ऊष्मा पैदा करती है, अर्थात् आग कारण और ऊष्मा कार्य बन जाती है। इसी तरह निर्धनता बाल मज़दूरी को जन्म देती है और फिर बाल-मजदूरी निर्धनता को स्थायी बनाने का कारण बन जाती है।

इस तथ्य को ध्यान में रखते हुए अब मान लीजिए कि x स्वतंत्र चर (कारण) और y परतंत्र चर (कार्य) है, और मान लीजिए कि दोनों के आपसी संबंध को हम समीकरण–

$$y = ax+b$$

के रूप में व्यक्त करते हैं। (यहाँ a और b स्थिरांक हैं जिनके मान ज्ञात करने के लिए हम कुछ विशेष विधियों का प्रयोग करते हैं।) हम यूँ कह सकते हैं कि y यहाँ x का फ़लन है। फिर मान लें कि x और y की स्थिति बदल जाती है और x परतंत्र चर तथा y स्वतंत्र चर बन जाता है। तो फिर उपरोक्त समीकरण को ही हम

$$x = \frac{y-b}{a}$$

के रूप में व्यक्त कर सकते हैं। यहाँ x को y का फलन कहा जाएगा।

(कभी-कभी अर्थ की छाया थोड़ी सी बदल जाती है और उपरोक्त समीकरणों को भी हम फलन कहने लगते हैं।)

फलन अनेक प्रकार के होते हैं। मिसाल के लिए उपरोक्त समीकरणों को रैखिक फलन कहा जाएगा क्योंकि इनमें से किसी में भी x और y के अनेक मान रखकर ग्राफ खींचें तो हमें एक सीधी रेखा प्राप्त होगी। इसी तरह समीकरण $x^2+y^2 = a^2$ का ग्राफ एक वृत्त के रूप में तथा $y^2 = 4ax$ का ग्राफ एक परवलय के रूप में प्राप्त होगा। लघुगणकीय फलन (log function), चरघातांकी फलन (exponential function), लाजिट फलन (logit function) आदि अर्थशास्त्र में प्रयुक्त होनेवाले कुछ महत्त्वपूर्ण फलन हैं।

अब हम कुछ अन्य शब्दों के बारे में कुछ बातें स्पष्ट करना चाहेंगे।

अंतराल (Space)

यह कोई वैश्लेषिक पद (analytical term) नहीं है, बल्कि एक फैशन के रूप में कुछ समय से इसका उपयोग अधिक होने लगा है। उपयोगिताओं के अंतराल में तुलना करने का अर्थ उपयोगिताओं के आधार पर तुलना करना होगा।

उपयोगिता (Utility)

किसी वस्तु से किसी आवश्यकता के पूरी होने के गुण को उस वस्तु की उपयोगिता कहते हैं। मिसाल के लिए रोटी के भूख मिटाने के गुण को रोटी की उपयोगिता कहेंगे। बाद में वस्तुओं के गुणों के अलावा स्वयं वस्तुओं को भी उपयोगिताएँ कहा जाने लगा है। जैसे रोटी एक उपयोगिता है।

जेरेमी बेंथम और जान स्टुअर्ट मिल के हाथों जो उपयोगितावादी सिद्धांत बना था, जल्द ही वह एडम स्मिथ, डेविड रिकार्डो और कार्ल मार्क्स के मूल्य के श्रम सिद्धांत (labour theory of value) के विरोधी सिद्धांत के रूप में प्रस्थापित हो गया। कुछ अर्थों में ये दोनों एक-दूसरे के ठीक विपरीत दिखाई देते हैं। मिसाल के लिए उपयोगितावादी की राय में वस्तु का मूल्य उसकी उपयोगिता से निर्धारित होता है और उस मूल्य का सृजन विनिमय (exchange) की प्रक्रिया में होता है; शोषण भी इसी विनिमय प्रक्रिया में निहित होता है। इसके विपरीत मूल्य के श्रम सिद्धांत के अनुसार किसी वस्तु का मूल्य उसमें लगे श्रम से निर्धारित होता है तथा उस मूल्य का सृजन उत्पादन की प्रक्रिया में होता है, शोषण भी उत्पादन की प्रक्रिया में ही निहित होता है।

प्रकार्य (Functioning)

समाजशास्त्र में function शब्द के लिए 'प्रकार्य' का इस्तेमाल होता है। लेकिन प्रस्तुत पुस्तक में प्रयुक्त functioning की धारणा समाजशास्त्र की उपरोक्त धारणा से थोड़ी भिन्न है। यहाँ आमतौर पर अपेक्षाकृत कम व्यापक उद्‌देश्यों के लिए functioning शब्द का प्रयोग किया गया है जिसके लिए हमने हिंदी अनुवाद में 'प्रकार्य' का ही प्रयोग किया है। मिसाल के लिए 'समुदाय के जीवन में भाग लेने योग्य बन सकना' किसी व्यक्ति का प्रकार्य हो सकता है।

सामर्थ्य (Capability)

प्रस्तुत पुस्तक में Capability शब्द का प्रयोग एक पारिभाषिक पद के रूप में किया गया है; इसी के लिए हमने 'सामर्थ्य' शब्द का प्रयोग किया है। दूसरी तरफ potential शब्द के लिए हमने संदर्भ के अनुसार कहीं 'संभावना' तो कहीं 'क्षमता' लिखा है।

पुस्तक में हमने freedom के लिए 'स्वतंत्रता' और liberty के लिए 'स्वाधीनता' शब्दों का प्रयोग किया है। प्रस्तुत अनुवादक एक अरसे से equality के लिए 'समानता' और equity के लिए (अगर उससे शेयरों का अर्थ नहीं लिया जाता तो) 'समता' शब्द का प्रयोग करता आया है। यहाँ भी इसी शब्दावली का प्रयोग किया गया है।

प्रस्तावना

सवाल और मुद्दे

विषमता का विचार दो तरह की विविधताओं पर आधारित है : (1) मानव प्राणियों की बुनियादी भिन्नता, और (2) उन चरों (वैरिएबुल्स) की बहुलता जिनके आधार पर समानता को परखा जा सकता है। प्रस्तुत पुस्तक का संबंध इन दोनों प्रकार की विविधताओं से है। इन दोनों के आपसी संबंध से भी इसका सरोकार है। लोगों की परस्पर भिन्नता के कारण विभिन्न चरों के आधार पर समानता के आकलन में अंतर आ जाते हैं। केंद्रीय प्रश्न का महत्त्व ठीक इसी कारण है : विषमता *किस चीज की ?*

मानवजाति की विविधता

मानवजाति में भारी विविधताएँ पाई जाती हैं। हम केवल बाहरी लक्षणों (जैसे विरासत में मिली दौलत, हमारे जीवन का प्राकृतिक और सामाजिक परिवेश) के आधार पर ही एक-दूसरे से भिन्न नहीं हैं, बल्कि अपनी निजी विशेषताओं (जैसे आयु, लिंग, बीमार पड़ने की प्रवृत्ति, शारीरिक और मानसिक योग्यताओं) के आधार पर भी भिन्न होते हैं। समानता के दावों का मूल्यांकन करते वक्त मानवजाति में मौजूद व्यापक विविधता का ध्यान भी रखना पड़ता है।

'मानव की समानता' का शक्तिशाली वाग्जाल अकसर इन अंतरों से ध्यान बँटाता है। ऐसा वाग्जाल (जैसे 'सभी मनुष्य समान पैदा हुए हैं') बुनियादी तौर पर समानतावाद का अभिन्न अंग माना जाता है। तो भी इनसान इनसान के बीच अंतर की अनदेखी का प्रभाव वास्तव में घोर विषमतावादी हो सकता है। कारण कि इससे इस तथ्य की पर्दापोशी होती है कि सभी से समान व्यवहार का तकाजा यह हो सकता है कि अभावग्रस्त लोगों के पक्ष में बहुत ही असमान व्यवहार किया जाए। सार्थक समानता की माँगें खासतौर पर वहाँ दिक्कत-तलब और पेचीदा हो सकती हैं जहाँ सामना पहले से मौजूद अच्छी-खासी विषमता से होता है।

कभी-कभी मानवजाति की विविधताओं को हमें हिसाब से बाहर रखना पड़ता है—'मानव जाति की समानता' जैसे भ्रामक 'उच्च' आधार पर नहीं, बल्कि सरलीकरण की आवश्यकता जैसे व्यावहारिक 'निम्न' आधार पर। लेकिन इसका भी कुल मिलाकर

यही नतीजा निकल सकता है कि समानता की माँगों की केंद्रीय महत्त्व वाली विशेषताएँ नजरअंदाज हो जाएँ।

ध्यानकेंद्र की विविधता

समानता को परखने के लिए हम एक व्यक्ति के किसी खास पहलू (जैसे आय, या संपत्ति, या खुशी, या आजादी, या अवसर, या अधिकारों, या आवश्यकताओं की पूर्ति) की तुलना किसी और व्यक्ति के उसी पहलू से करते हैं। इस तरह विषमता का निर्धारण और मापन उस चर (आय, संपत्ति, प्रसन्नता आदि) पर काफी हद तक निर्भर होता है जिसके आधार पर ऐसी तुलनाएँ की जाती हैं। मैं इसे 'केंद्रीय चर' (फोकल वैरिएबुल) कहूँगा, यानी वह चर जो विभिन्न व्यक्तियों की तुलना करते समय विश्लेषण का केंद्र होता है।

चुने गए केंद्रीय चर में यकीनन एक *आंतरिक* बहुलता हो सकती है। मिसाल के लिए विभिन्न प्रकारों की स्वतंत्रताओं को मिलाकर हम उसे अपनी पसंद का ध्यानकेंद्र बना सकते हैं, या चुने हुए चर में स्वतंत्रताओं और उपलब्धियों का एक समन्वय मौजूद हो सकता है। किसी चुने हुए केंद्रीय चर के *अंदर* मौजूद अनेक विशेषताओं तथा चुने हुए केंद्रीय चरों के *बीच की* विविधता के बीच हमें अंतर करना होगा। कुछ चरों को हम अकसर प्रारंभिक और एक समान प्रकृति वाले मान लेते हैं। पर वास्तव में उनमें भी काफी आंतरिक विविधता होती है (जैसे वास्तविक आय या प्रसन्नता में)।[1]

जिस भाषा के लिए हम अर्थशास्त्रियों को अकसर चिढ़ाया जाता है, और यह चिढ़ाना गलत भी नहीं है, अगर मैं उसी भाषा का प्रयोग करूँ तो एक सवाल उस 'अंतराल' (स्पेस) के चयन का सवाल है जिसमें विभिन्न व्यक्तियों की तुलना की जाती है। यह अंतराल वाली उपमा अपने सुस्पष्ट देकार्तवादी दिखावों के बावजूद वर्गीकरण का एक उपयोगी साधन है, और विषमता का आकलन करते समय दूसरे मुद्दों से केंद्रीय चरों के चयन ('अंतराल के चयन') की समस्या को अलग करने के लिए मैं इस साधन का उपयोग करूँगा।

अनुबंधन और असामंजस्य

लोगों की विषमताओं के कारण विभिन्न अंतरालों (जैसे आय, संपत्ति, प्रसन्नता आदि) में विषमता की विशेषताओं में आपसी अंतर आ जाते हैं। एक चर के पैमाने पर दिखने वाली समानता, हो सकता है, दूसरे चर के पैमाने पर प्राप्य समानता से भिन्न हो। मसलन समान अवसरों के कारण बहुत असमान आमदनियाँ भी संभव हैं। संपत्ति में महत्त्वपूर्ण अंतर होने पर भी आमदनियाँ समान हो सकती हैं। समान संपत्ति और बहुत ही असमान प्रसन्नता का सह-अस्तित्व संभव है। समान प्रसन्नता के बावजूद आवश्यकताओं की पूर्ति में व्यापक अंतर हो सकते हैं। आवश्यकताओं की समान पूर्ति का संबंध चयन की असमान स्वतंत्रताओं के साथ हो सकता है। वगैरह-वगैरह।

अगर हर व्यक्ति दूसरे व्यक्ति के काफी कुछ समान हो तो असामंजस्य के ऐसे

उदाहरणों का एक प्रमुख कारण खत्म हो जाए। अगर विभिन्न अंतरालों में समानता का श्रेणीकरण एक समान हो तो 'किस चीज की विषमता ?' जैसे प्रश्न का एक स्पष्ट उत्तर पाने का महत्त्व कम होकर रह जाए। यह इनसानों की विविधता ही है जिसके कारण समानता के आकलन के लिए ध्यानकेंद्रों की विविधताओं का प्रश्न उठाने की आवश्यकता प्रखर हो उठती है।

विविधतापूर्ण समानतावाद

आरंभ में यह टिप्पणी सुविधाजनक हो सकती है कि सामाजिक व्यवस्था के प्रमुख नीतिशास्त्रीय सिद्धांतों में सभी सिद्धांत *किसी-न-किसी* केंद्रीय चर के आधार पर समानता का पक्ष लेते हैं, भले ही एक और दूसरे सिद्धांत के बीच चुने हुए चरों को लेकर अकसर भारी अंतर पाए जाते हों। यह बात भी दिखाई जा सकती है कि जिन सिद्धांतों को व्यापक रूप से 'समानता-विरोधी' माना जाता है (और जिनके प्रतिपादकों ने खुद अकसर उनका वर्णन इसी रूप में किया है) वे किसी और चर के आधार पर समानतावादी दिखाई देते हैं। ऐसे किसी सिद्धांत में किसी केंद्रीय चर के आधार पर समानता के *अस्वीकार* के साथ किसी और चर के आधार पर समानता का *अनुमोदन* भी पाया जाता है।

मिसाल के लिए हो सकता है, एक स्वतंत्रतावादी दृष्टिकोण (जैसे राबर्ट नोजिक की रचना *एनार्की, स्टेट एंड यूटोपिया*[2] में बड़े जोर-शोर से प्रतिपादित हकदारी–इनटाइटिलमेंट–का सिद्धांत) हरेक को *समान रूप से* दी जाने वाली व्यापक स्वतंत्रताओं को प्राथमिकता दे, और इसका तकाजा है कि अंतिम स्थितियों (जैसे आय या प्रसन्नता के वितरण) की समानता–या उनके किसी 'प्रतिमानीकरण' (पैटर्निंग)–को रद्द किया जाए। जिस चीज को–आमतौर पर निहितार्थ रूप में–अधिक केंद्रीय महत्त्व वाला तत्त्व माना जाता है, वर्चस्व उसी का होता है, और जिन चरों को अमल में गौण माना जाता है उनके आधार पर नजर आने वाली विषमताओं को हमें स्वीकार करना होता है, ताकि एक अधिक केंद्रीय स्तर पर (समानता समेत) सही व्यवस्थाएँ न गड़बड़ाएँ।

विश्वसनीयता और समानता

इस देखने में सर्वव्यापी लगने वाले 'समानतावाद' का एक कारण भी है। किसी विशेष सिद्धांत में महत्त्व पाने वाले *किसी* अंतराल में जब तक हरेक से समान व्यवहार नहीं किया जाता तब तक उसमें नीतिशास्त्रीय विश्वसनीयता लाना कठिन होता है। (अध्याय 1 देखें।) यह एक तार्किक आवश्यकता है--ऐसा दावा करना (जैसाकि कुछ लोगों ने किया है) कुछ ज्यादा ही महत्त्वाकांक्षी हो सकता है, या संभव है यह नैतिकताओं की भाषा[3] जैसे शास्त्र का महज एक अंग हो। मगर फिर भी कोई नीतिशास्त्रीय सिद्धांत *किसी-न-किसी* स्तर पर सबको समान व्यवहार का अधिकारी बताए बगैर एक सामान्य सामाजिक विश्वसनीयता का पात्र कैसे हो सकता है, यह बात समझनी मुश्किल है।

'विषमता क्यों' इस प्रश्न को यकीनन किसी भी तरह खारिज नहीं किया जा सकता। मगर यह प्रामाणिक सिद्धांतों में अंतर करने वाला केंद्रीय मुद्दा नहीं है। कारण कि किसी-न-किसी केंद्रीय चर के आधार पर वे सभी समानतावादी हैं। ध्यान खींचनेवाला प्रश्न तो 'किस चीज की विषमता ?' दिखाई देता है।

'किस चीज की विषमता ?' इस सवाल के अलग-अलग सिद्धांतों ने अलग-अलग जवाब दिए हैं। इन अलग-अलग जवाबों में *उसूलन* अंतर करना संभव है और वे विभिन्न अवधारणात्मक दृष्टिकोणों पर आधारित हैं। लेकिन इन भेदों की *व्यावहारिक* शक्ति उन प्रासंगिक मानवीय भिन्नताओं के अनुभवाश्रित महत्त्व पर निर्भर होती है जो एक अंतराल की समानता को दूसरे अंतराल वाली समानता से भिन्न बनाती है।

उपलब्धि और स्वतंत्रता

इसमें शक नहीं कि विभिन्न दृष्टिकोणों के अंतर के स्रोत खुद अंतरालों की पहचान से भी परे हो सकते हैं। बल्कि उनका सरोकार इससे भी हो सकता है कि अंतराल का उपयोग कैसे किया जाता है। विषमता के मापन के मानक सिद्धांत में 'उपयुक्त सूचकांकों' की इन समस्याओं पर काफी ध्यान दिया जाता रहा है। *उस* अंतराल विशेष में विषमता के आकलन के लिए सुस्पष्ट या निहित रूप से सुस्वीकार्य पूर्वाधारों को मानकर भी लाभदायक ढंग से विश्लेषण को आगे बढ़ाया जा सकता है। इस पुस्तक का ध्यानकेंद्र अंतराल का चयन और उसके निहितार्थ हैं, फिर भी किसी अंतराल विशेष में सूचकांक की इन समस्याओं के व्यावहारिक महत्त्व से इनकार करने का मेरा कोई इरादा नहीं है। (वास्तव में विषमता पर मेरी पिछली पुस्तक में विश्लेषण का मुख्य विषय यही था।)[4]

विषमता के आकलन के पहलुओं में एक पहलू पर उतना ध्यान नहीं दिया गया है जितना दिया जाना चाहिए था। इसका संबंध *उपलब्धि* और उपलब्धि की *स्वतंत्रता* के अंतर से है। उपलब्धि और स्वतंत्रता के उस अंतर की प्रकृति, व्याप्ति और प्रासंगिकता की संक्षिप्त विवेचना अध्याय 2 में की गई है। इसके लिए भेदभाव के अवधारणात्मक आधारों का और साथ ही आधुनिक अर्थशास्त्र में प्रयुक्त विश्लेषण पद्धतियों का उपयोग किया गया है।

प्रकार्य और सामर्थ्य

उसके बाद प्रस्तुत पुस्तक में एक विशेष अंतराल की पहचान की गई है, उसे स्पष्ट किया गया है, उसके कारण बताए गए हैं, और उपलब्धि की स्वतंत्रता के आधार पर उसका उपयोग दर्शाया गया है। (अध्याय 3 देखें।) व्यक्ति किसी कारण से जिन प्रकार्यों (फंक्शनिंग्स) को महत्त्व देता है उनको पाने के प्रति उसकी सामर्थ्य (कैपेबिलिटी) ही सामाजिक व्यवस्थाओं के मूल्यांकन के लिए एक सामान्य दृष्टिकोण प्रदान करती है और इसके कारण हम समानता और विषमता के मूल्यांकन के प्रश्न को एक विशेष प्रकार से देखने लगते हैं।

इन प्रकार्यों में अंतर हो सकते हैं। इनमें से कुछ तो बेहद मामूली हो सकते हैं, जैसे पूरी खुराक का मिलना, बचने योग्य रोगों से और अकाल मृत्यु से बचना आदि, तो कुछ बेहद जटिल और परिष्कृत उपलब्धियाँ भी इसमें शामिल हो सकती हैं, जैसे आत्मसम्मान से युक्त होना, समुदाय के जीवन में भाग लेने योग्य बनना आदि। विभिन्न प्रकार्यों के चयन और उन्हें भारमान (वेटिंग) देने की प्रक्रिया विभिन्न वैकल्पिक प्रकार्य-समूहों को पाने की क्षमता के आकलन पर प्रभाव डालती है।

इस दृष्टिकोण के मूल अरस्तू द्वारा किए गए भेदों में ढूँढ़े जा सकते हैं, पर इसकी तर्क-शृंखलाओं के अलग-अलग रूप हो सकते हैं। यहाँ विकसित संभावनाओं का विशेष वर्ग कुछ संभावित विकल्पों से कम मुखर है और उसके पूर्ण होने के प्रति हमारा आग्रह भी कम है। मगर यह अंतःवैयक्तिक व्यवस्थाओं के आगे कम तकाजे भी खड़े करता है और अनसुलझे विवादों के प्रति अधिक सहिष्णुता अपनाता है।

व्यवहारगत स्वतंत्रता का मूल्यांकन

केवल *उपलब्धि* के स्तर की जगह *उपलब्धि की स्वतंत्रता* पर दिया जाने वाला जोर वैकल्पिक *उपलब्धियों* के मूल्यांकन तथा उनको पाने की *स्वतंत्रता* के मूल्य के आपसी संबंध को लेकर कुछ गहन प्रश्न (अध्याय 4 देखें) उठाता है। यहाँ तक कि स्वतंत्रता पर आधारित परिप्रेक्ष्य में भी वास्तविक उपलब्धियों की प्रकृति और उनके महत्त्व पर खास ध्यान देना आवश्यक है, और उपलब्धि संबंधी विषमताएँ उपयोग में लाई जा रही संबद्ध स्वतंत्रताओं संबंधी विषमताओं पर रौशनी डाल सकती हैं। इस बात को स्वीकार करें तो आवश्यक हो जाता है कि इस 'चयन के दायरे' में मौजूद विकल्पों की संख्या गिनकर स्वतंत्रता का आकलन करने के लिए प्रस्तावित नियमों को रद्द कर दें। इससे भी रचनात्मक बात यह है कि यह दृष्टिकोण उपलब्धियों के बारे में देखे जा सकने वाले तथ्यों के उपयोग के लिए व्यावहारिक उपाय सुझाता है, ताकि हम विभिन्न व्यक्तियों को प्राप्त स्वतंत्रताओं का एक आंशिक, पर महत्त्वपूर्ण ज्ञान पा सकें।

इस संदर्भ में मैंने किसी व्यक्ति के कल्याण संबंधी उद्देश्यों और दूसरे उद्देश्यों के अंतर की विवेचना भी की है। इस अंतर के कारण स्वयं स्वतंत्रता की धारणा में थोड़ी-बहुत बहुलता पैदा होती है। इतना ही नहीं, उपलब्धियों के परिप्रेक्ष्य और स्वतंत्रताओं के परिप्रेक्ष्य के आपसी अंतर के सिलसिले में इसके कुछ महत्त्वपूर्ण निहितार्थ भी हैं।

यहाँ जिन परस्पर-संबंधित मुद्दों को उठाया गया है उसमें एक मुद्दा इस संभावना का भी है कि अधिक स्वतंत्रता किसी व्यक्ति के लिए हानिकारक भी हो सकती है। यह संभावना अगर आमतौर पर सच हो तो यह स्वतंत्रताओं के आधार पर विषमताओं को परखने के औचित्य को कम कर सकती है। मेरा तर्क यह है कि वास्तविक टकराव स्वयमेव स्वतंत्रता और आमतौर पर लाभों के बीच नहीं बल्कि विभिन्न प्रकार की स्वतंत्रताओं के बीच है।

विशिष्टताएँ : सामर्थ्य और उपयोगिता

प्रकार्यों के अंतराल—और प्रकार्यों को पाने की सामर्थ्य—पर केंद्रित यह दृष्टिकोण समानता के प्रति उन परंपरागत दृष्टिकोणों से काफी कुछ अलग है जो आय, संपत्ति, या प्रसन्नता जैसे चरों (अध्याय 3 और 4) पर ध्यान देते हैं। मानवीय विविधता का तथ्य समानता, दक्षता और न्याय के आकलन के लिए आवश्यक विभिन्न सूचना-भंडारों के बीच मौजूद अच्छे-खासे टकरावों से घनिष्ठ रूप से संबद्ध है।

उपलब्धि की सामर्थ्य के आधार पर समानता और दक्षता की यह परख खासतौर पर प्रामाणिक उपयोगितावादी दृष्टिकोणों के तथा साथ ही दूसरे कल्याणवादी सिद्धांतों से भिन्न है। कल्याणवाद में आमतौर पर और उपयोगितावाद में खासतौर पर अंततः केवल वैयक्तिक उपयोगिता को ही महत्त्वपूर्ण माना जाता है जिसे आनंद, प्रसन्नता, या इच्छा जैसी किसी मानसिक विशेषता के आधार पर परिभाषित किया जाता है।[5] वैयक्तिक लाभ पर ध्यान देने वाले इस दृष्टिकोण की दो सुस्पष्ट सीमाएँ हैं : (1) यह स्वतंत्रता को नजरअंदाज करके केवल उपलब्धियों पर ध्यान देता है, और (2) यह इन मानसिक क्षेत्रों में से किसी एक क्षेत्र की उपलब्धियों को छोड़कर बाकी उपलब्धियों को नजरअंदाज करता है। उपयोगिता से अभिप्राय जहाँ तक वैयक्तिक कल्याण से है, यह उसका एक अपेक्षाकृत सीमित विवरण ही प्रस्तुत करता है, कल्याण को—या किसी और उद्देश्य को—पाने की स्वतंत्रता पर सीधे-सीधे ध्यान नहीं देता। (अध्याय 3 देखें।)

वैयक्तिक लाभ पर ध्यान देने का यह दृष्टिकोण गहराई से जड़ें जमा चुकी विषमताओं के मुआमले में दृष्टि को खासकर सीमित करने वाला है। निरंतर प्रतिकूल और अभाव की स्थितियों में उनके शिकार लोग हर वक्त रोना-धोना नहीं मचाते; हो सकता है उनमें परिस्थितियों में मूलगामी परिवर्तन की इच्छा तक करने की प्रेरणा भी न हो। सच तो यह है कि जीवनयापन की रणनीति के एतबार से यह बात भी काफी वजनदार हो सकती है कि न मिट सकनेवाली प्रतिकूल स्थितियों से समझौता कर लिया जाए, छोटे-छोटे मौकों से फायदा उठाने की कोशिश की जाए, और असंभव या असाध्य की कामना तक का विरोध किया जाए। ऐसा व्यक्ति घोर अभावग्रस्त हो और बहुत ही निरीह जीवन जी रहा हो तो भी संभव है कि वह इच्छा और इच्छा-पूर्ति के मानस-जगत के आधार पर तथा सुख-दुख के हिसाब-किताब के आधार पर बहुत बुरी हालत में न दिखाई पड़े। किसी व्यक्ति का अभावग्रस्त होना उपयोगिता के पैमाने पर खासा सीमित दिखाई दे सकता है, भले ही उसके पास पूरी खुराक, अच्छे कपड़े, न्यूनतम शिक्षा या समुचित आवास पाने के भी अवसर न हों।

उपयोगिता के पैमाने की भ्रामक प्रकृति वर्ग, लिंग, जाति या समुदाय जैसे स्थायी विभेदीकरण के संदर्भ में खास महत्त्व रखती है। इसके ठीक विपरीत सामर्थ्यों का दृष्टिकोण है जो इन साधारण प्रकार्यों को पाने के प्रति वंचितजन की स्वतंत्रताहीनता का दो टूक विवरण (अध्याय 3) सामने लाता है।

सामर्थ्य और अवसर : समानता और दक्षता

सामर्थ्य का परिप्रेक्ष्य 'अवसर की समानता' की उन विभिन्न धारणाओं से भी अलग है जिनको लंबे समय से सामने लाया जाता रहा है। किसी व्यक्ति की उपलब्धि की सामर्थ्य एक बहुत बुनियादी अर्थ में अपने उद्‌देश्यों को पाने के अवसर की ही सूचक है। लेकिन नीतिगत दस्तावेजों में 'अवसर की समानता' की धारणा का उपयोग कुछ अधिक सीमित अर्थों में किया जाता रहा है। वहाँ इसकी परिभाषा किसी *विशेष साधन* की समान उपलब्धता के आधार पर या फिर कुछ *खास बाधाओं या बाध्यताओं* की समान मौजूदगी (या समान *गैर-मौजूदगी*) के संदर्भ में की जाती रही है।

इस अर्थ में 'अवसर की समानता' *समग्र* स्वतंत्रताओं की समानता के कहीं आसपास भी नहीं पहुँचती। इसके कारण हैं, (1) मानव प्राणियों की बुनियादी विविधता, तथा (2) उन विभिन्न साधनों (जैसे आय या संपत्ति) का अस्तित्व और महत्त्व जो आम तौर से परिभाषित 'अवसर की समानता' के दायरे में नहीं आते। इस पुस्तक और समर्थित दृष्टिकोण के आधार पर अवसर की 'वास्तविक' समानता पर विचार करने का एक कहीं अधिक उपयुक्त ढंग उस पर सामर्थ्यों की समानता के मार्फत विचार करना होगा (या फिर सामर्थ्यों की सुस्पष्ट विषमताओं के उन्मूलन के मार्फत, क्योंकि सामर्थ्य की तुलनाएँ सामान्यतः अपूर्ण होती हैं)।

पर समानता ही वह अकेला सामाजिक लक्ष्य नहीं जिससे हमारा सरोकार होना चाहिए, दक्षता के तकाजे भी अपनी जगह हैं। प्रायोजनों की समष्टि का ध्यान रखे बगैर सामर्थ्य की समानता पाने का प्रयास उन क्षमताओं में गंभीर कमी का कारण बन सकता है जो कुल मिलाकर लोगों के पास होती हैं। सामर्थ्य की समानता की माँगों को हमें दक्षता के और सामान्यतः सरोकारों की समष्टि के विरोधी दावों के संदर्भ में देखना होगा। बल्कि हम यह तर्क देंगे (अध्याय 1) कि समानता की धारणा के मर्म को प्रयोजनों की समष्टि पर—या मोटे तौर पर कहें तो 'दक्षता वाले पहलू' पर—साथ-ही-साथ ध्यान दिए बगैर ठीक से समझा भी नहीं जा सकता।[6]

राउल्स के सरोकार से अंतर

सामर्थ्य पर आधारित मूल्यांकन का तथा 'प्राथमिक वस्तुओं' (आय, संपत्ति, अवसरों जैसे संसाधनों, आत्मसम्मान के सामाजिक आधारों आदि) के स्वामित्व पर ध्यान केंद्रित करने की राउल्स की पद्धति (1971) का वैपरीत्य खासतौर पर एक महत्त्वपूर्ण अंतर है। यह राउल्स के उस 'अंतर सिद्धांत' (डिफरेंस प्रिंसिपुल) का एक अंग है जो स्वयं उनके 'न्याय बतौर निष्पक्षता' (जस्टिस ऐज फेयरनेस) के सिद्धांत का एक अभिन्न अंग है।[7] मेरा तर्क यह है कि राउल्स ने खुद जिन विशेष सूचनाओं पर ध्यान केंद्रित किया है वे ऐसे कुछ अभिप्रायों को नजरअंदाज करती हैं जो समानता के—तथा दक्षता के भी—ठोस मूल्यांकन के लिए बहुत महत्त्वपूर्ण हो सकते हैं।[8]

इस वैपरीत्य का महत्त्व एक बार फिर मानव की बुनियादी विविधता पर आधारित दिखाई देता है। अगर दो व्यक्तियों के पास एक समान प्राथमिक वस्तुएँ (प्राइमरी गुड्स) हों तो भी कल्याण की अपनी-अपनी धारणाओं का पालन करने के प्रति उनकी स्वतंत्रताएँ बहुत भिन्न हो सकती हैं (भले ही उनकी धारणाएँ आपस में मेल खाती हों या नहीं)। प्राथमिक वस्तुओं के अंतराल में समानता को—या उसी कारण से दक्षता को—परखने का मतलब स्वतंत्रता की *मात्राओं* के किसी भी आकलन पर स्वतंत्रता के *साधनों* को वरीयता देना होगा। यह बात कई संदर्भों में एक दोष साबित हो सकती है। लिंग, निवास-स्थान और वर्ग-संबंधी विषमताओं, और साथ ही विरासत में मिली विशेषताओं के सामान्य भेदों से सरोकार हो तो विविधता का व्यावहारिक महत्त्व बहुत अधिक हो सकता है।

आर्थिक विषमता और निर्धनता

प्रकार्यों और सामर्थ्यों का यह परिप्रेक्ष्य आर्थिक विषमता के मूल्यांकन के कुछ विशेष दृष्टिकोण सुझाता है। ये दृष्टिकोण आय, संपत्ति और उपयोगिताओं पर ध्यान देनेवाले कल्याण के अर्थशास्त्र में आमतौर पर प्रयुक्त सूचना-भंडारों (अध्याय 6) से भिन्न हैं। वे विषमता के मूल्यांकन की उन वैश्लेषिक पद्धतियों पर भी सवाल उठाते हैं जो आर्थिक सिद्धांत में बहुत प्रयोग की जाती हैं।

निर्धनता के मूल्यांकन के सिद्धांत से विषमता के मूल्यांकन के सिद्धांत का बहुत गहरा संबंध है तथा निर्धनों की पहचान और पहचानशुदा लोगों की अवस्थाओं से संबंधित सूचनाओं के समेकन में अंतराल का चयन एक केंद्रीय मुद्दा बन जाता है। अगर मामूली सामर्थ्यों की एक न्यूनतम पूर्ति से वंचित रहने को निर्धनता माना जाए तो और भी आसानी से यह बात समझी जा सकती है कि निर्धनता के निरपेक्ष और सापेक्ष, दोनों पहलू क्यों होते हैं। किसी भी (अमीर या गरीब) देश में निर्धनता पर विचार करते समय ये बातें महत्त्वपूर्ण होती हैं। मगर संयुक्त राज्य अमेरिका या पश्चिमी यूरोप के देशों जैसे अमीर देशों में निर्धनता की प्रकृति (अध्याय 7) को समझने के सिलसिले में ये ही बातें खासकर प्रासंगिक होती हैं। अन्यथा समृद्ध देशों में निर्धनता का जारी रहना ऊपरी तौर पर एक हैरान करने वाली परिघटना है जिसे समकालीन वाद-विवाद में अब गंभीरता से लिया जाने लगा है। विभिन्न अंतरालों में अभावों के पारस्परिक संबंध और खासकर आय तथा सुरक्षित और उद्देश्यपूर्ण जीवन जीने की सामर्थ्य के संबंध पर सुस्पष्ट रूप से विचार करें तो इस समस्या के निदान और उपचार, दोनों में सहायता मिल सकती है।

वर्ग, लिंग और अन्य प्रवर्ग

वर्ग, लिंग और दूसरी सामाजिक विशेषताओं संबंधी भेदों के संदर्भ में सामर्थ्य के परिप्रेक्ष्य की प्रासंगिकता की विवेचना अध्याय 8 में की गई है। आय, अवसर, प्रसन्नता,

प्राथमिक वस्तुओं आदि के अंतरालों से हटकर प्रकार्यों की प्राप्ति और उनको पाने की सामर्थ्य पर सीधे-सीधे विचार करने (अध्याय 4) की दृष्टि से सूचना संबंधी इस विचलन का महत्त्व एक बार फिर मानवीय विविधता के तथ्य के कारण और भी पुष्ट होता है।

सामर्थ्य का यह परिप्रेक्ष्य जड़ें जमाकर बैठे अभावों की समस्याओं के प्रति उन उपयोगितावादी दृष्टिकोणों से अधिक संवेदनशील है जो इच्छाओं और प्रत्याशाओं के प्रतिरक्षात्मक समायोजन के कारण बन सकते हैं (इस प्रकार वे उपयोगिताओं के जगत में विकृतियाँ पैदा करते हैं)। स्वतंत्रताओं के साधनों पर जोर देने की बजाय सीधे स्वतंत्रताओं की विवेचना करना अपेक्षाकृत अधिक उचित भी हो सकता है। वर्ग, लिंग और दूसरे सामाजिक विभाजनों की सीमाओं को काटते हुए विषमता और अन्याय का आकलन करने के लिए इन अंतरों का अपना महत्त्व है।

समानता, दक्षता और प्रोत्साहन

अंतिम अध्याय पुस्तक का 'सार-संक्षेप' प्रस्तुत नहीं करता (न मुख्य निष्कर्षों को सामने रखता है), पर इसमें पुस्तक में समेटे गए मुद्दों में से अनेक की खासी व्यापक विवेचना अवश्य मिलेगी। इसमें समानता की परख के आधार रूप में सामर्थ्य के परिप्रेक्ष्य के ठोस विश्लेषण के साथ समानता संबंधी पद्धतिशास्त्रीय तर्कों को जोड़ने की कोशिश भी की गई है।

इस संदर्भ में हमारा तर्क यह है कि समानता के तकाजों को दूसरे तकाजों, खासकर उद्देश्यों की समष्टि तथा समग्र दक्षता के तकाजों के संदर्भ में देखे बगैर उनका समुचित मूल्यांकन नहीं किया जा सकता। जब समानता पर दूसरे सरोकारों से अलग-थलग विचार किया जाता है तो उस पर जो अनावश्यक बोझ लद जाता है उसके कारण समानता के मूल्यांकन में विकृति आती है। (यह बोझ दक्षता संबंधी उद्देश्यों का परोक्षी (प्राक्सी) होता है जिन पर कहीं अन्यत्र विचार करना बेहतर है।) राउल्स के सिद्धांत समेत न्याय के सभी सिद्धांतों के निरूपण के लिए इस बात का कुछ महत्त्व अवश्य है।

समष्टिगत और वितरणमूलक उद्देश्यों के टकराव पर विचार करते समय प्रोत्साहन की समस्या तब समानतावाद के मुकाबले कम शक्तिशाली दिखाई देती है जब विषमताओं का जन्म गहरे पैठी हुई और पहले से मौजूद विविधताओं से होता है। (वर्ग, लिंग तथा अन्य असमायोजनीय और पहचान-योग्य बाधाओं के मुआमले में सामान्यतः यही स्थिति होती है। चूँकि व्यापक मानवीय विविधताओं की मौजूदगी में विषमता की समस्या खासतौर पर गंभीर हो सकती है, इसलिए आर्थिक और सामाजिक नीतियों के लिए यह प्रश्न थोड़ा-बहुत प्रासंगिक अवश्य है।)

पद्धतियाँ और अंतर्तत्त्व

प्रस्तुत पुस्तक का सरोकार पद्धतिशास्त्र के मुद्दों से है और अंतर्तत्त्व के मुद्दों से भी। प्रारंभिक अध्यायों में ज्यादातर अवधारणाओं के स्पष्टीकरण पर ध्यान दिया गया है।

इनमें 'समानता किस चीज की ?' के प्रश्न पर जोर दिया गया है और इसे व्यापक मानवीय विविधता के तथ्य से जोड़ा गया है। तात्त्विक दावों का रूप यह है कि उस प्रश्न का *उत्तर देने* का एक विशेष ढंग यहाँ प्रस्तावित किया गया है और उसके उत्तर के विभिन्न निहितार्थ भी सुझाए गए हैं। मेरा कथन यह है कि ये निहितार्थ मात्र सैद्धांतिक रुचि के नहीं हैं, बल्कि उनका कुछ व्यावहारिक महत्त्व भी है।

टिप्पणियाँ

1. मैंने इन मुद्दों की अन्यत्र विवेचना की है तथा मूलतः बहुलतापूर्ण चरों के समष्टिगत श्रेणीकरण और समग्र मूल्यांकन की समस्या को भी उठाया है। (सेन 1980-81, 1982 ए देखें)।
2. देखें नोजिक (1973, 1974)। पुनर्मूल्यांकन और कुछ-कुछ संशोधन के लिए देखें नोजिक (1989)।
3. खासतौर पर देखें हैरे (1953, 1963)।
4. संदर्भ सूची में सेन (1973 ए) : *आन इकानमिक इनइक्वैलिटी* देखें। चूँकि मैं इस पुस्तक को बार-बार उद्धृत करूँगा, इसलिए (मुख्य रूप से खुद को दोहराने से बचाने के लिए) मैं इसका हवाला एक अधिक आसान रूप में, अर्थात् *ओ ई आई* के रूप में दूँगा।
5. उपयोगिता के 'वरीयतावादी' दृष्टिकोण के निरूपण में थोड़ी अस्पष्टता पाई जाती है क्योंकि इसे बिलकुल अलग-अलग ढंगों से परिभाषित किया जा सकता है और किया गया है। अगर इसे (सैमुअल्सन 1938 की तरह) पूरी तरह वैयक्तिक चयन के आधार पर परिभाषित किया जाता है तो वरीयतावादी दृष्टिकोण *अंतःवैयक्तिक* तुलनाओं में कोई तात्कालिक अंतर्तत्त्व नहीं पैदा करता और इस तरह विषमता का कोई दो टूक निश्चय सामने नहीं रखता। इसे दिए गए अर्थ थोड़ा-बहुत कृत्रिम ढंग से निरूपित किए जा सकते हैं। (मसलन हर्सान्यी का 1955 का मनमोहक प्रस्ताव कि हम अपनी वरीयता का निश्चय इससे करें कि हम *क्या* बनना चाहते हैं।) मगर इन अर्थों के साथ अवधारणा की समस्याएँ भी हैं और अनुभवाश्रित कठिनाइयाँ भी हैं। (इस मुद्दे की विवेचना मैंने सेन (1982ए) में की है।) दूसरी तरफ, (एजवर्थ 1881 या हिक्स 1939 की तरह) अगर वरीयता को किसी व्यक्ति की इच्छा या संतुष्टि की भावना के आधार पर निरूपित करें तो वरीयता का यह दृष्टिकोण पाठ में विवेचित मेंटलमीट्रिक दृष्टिकोणों से मेल खाता है।
6. अनेक नीतिशास्त्रीय ढाँचों में दक्षता के विचारों पर स्पष्टतः अपर्याप्त ध्यान दिया गया है और साथ ही विषमता के मूल्यांकन के लिए अपेक्षाकृत असंवेदी सूचकों का चयन किया है। इस कारण दक्षता की यह उपेक्षा फौरी तौर पर अनाकर्षक परिणाम नहीं पैदा करती। लेकिन इस प्रकार की 'दोहरी सीमा' समानता या दक्षता किसी के भी साथ शायद ही न्याय करती हो। मेरा तर्क (अध्याय 9) है कि अंतर सिद्धांत के राउल्सवादी निरूपण में भी कुछ हद तक यही समस्या पाई जाती है।
7. राउल्स के विश्लेषण और मेरे अपने प्रस्ताव के अंतर पर ध्यान देने का एक कारण संक्षेप में यही है कि मैं राउल्स का ऋणी हूँ। राउल्स के दृष्टिकोण से अपने अंतर को थोड़े विस्तार से (अध्याय 5 और 9 में) विवेचित करने के क्रम में ही यह स्पष्ट करना संभव है कि यहाँ दावा ठीक-ठीक किस बात का किया जा रहा है और क्यों।
8. अपेक्षाकृत भिन्न कारणों से ही सही, पर ऐसी ही टिप्पणी रोनाल्ड ड्वार्किन (1981) के 'संसाधनों की समानता' संबंधी तर्कों के बारे में भी की जा सकती है (अध्याय 5, और साथ ही सेन 1984 : अध्याय 13 भी देखें)।

1

समानता किस चीज की ?

1.1 समानता क्यों ? कैसी समानता ?

समानता के नीतिशास्त्रीय विश्लेषण के दो केंद्रीय प्रश्न इस प्रकार हैं : (1) समानता क्यों ? और (2) समानता किस चीज की ? ये दोनों अलग, मगर काफी हद तक परस्पर निर्भर प्रश्न हैं। हम यह जाने बिना समानता का खंडन या मंडन नहीं कर सकते कि बात भला किस बारे में, किन विशेषताओं (अर्थात् आय, संपत्ति, अवसर, उपलब्धि, स्वतंत्रता, अधिकार) की समानताओं के बारे में हो रही है। दूसरे का जवाब दिए बिना संभवतः हम पहले सवाल का जवाब नहीं दे सकेंगे। यह बात बखूबी जाहिर है।

लेकिन अगर हम प्रश्न (2) का जवाब *देते ही हैं* तो क्या प्रश्न (1) का जवाब देने की *जरूरत* रहेगी ? अगर हम कामयाबी के साथ *क* की समानता का पक्ष लेते हैं (वह *क* कोई परिणाम, कोई अधिकार, कोई स्वतंत्रता, कोई सम्मान, कोई कुछ और कुछ भी क्यों न हो) तो मतलब यह कि हम *उस* प्रकार की समानता का पक्ष ले चुके हैं, और *क* हमारी तुलना का मानदंड है। इसी तरह अगर हम *क* की समानता के दावे का खंडन करते हैं तो मतलब कि हम उस प्रकार की समानता के खिलाफ खड़े हैं, और हमारी तुलना का मानदंड *क* है। इस नजरिए से 'समानता' क्यों—या क्यों नहीं—के बारे में कोई 'आगे का', कोई 'गहरा' सवाल नहीं रह जाता जिसका जवाब दिया जाए। इस विश्लेषण में सवाल (1) बहुत कुछ बेचारे से के सवाल (2) की तरह ही दिखाई देता है।

मुआमले को इस नजरिए से देखने का कुछ औचित्य जरूर है, मगर इससे एक और भी दिलचस्प तथा ठोस सवाल जुड़ा हुआ है। इसका संबंध इस तथ्य से है कि समय की कसौटी पर सामाजिक व्यवस्था का जो भी आदर्शमूलक सिद्धांत खरा उतरा है, वही *किसी तत्त्व की* समानता की माँग करता हुआ दिखाई देता है—कोई ऐसी चीज जिसे उस सिद्धांत में खासतौर पर महत्त्वपूर्ण माना जाता है। ये सिद्धांत परस्पर बहुत भिन्न हैं और अकसर एक-दूसरे से संघर्षरत रहते हैं, फिर भी उनमें यह विशेषता साझी लगती है। राजनीतिक दर्शनशास्त्र के समकालीन विवादों में जॉन राउल्स (समान स्वतंत्रता और 'प्राथमिक वस्तुओं' के वितरण की समानता), रोनल्ड ड्वार्किन ('समान मानते हुए व्यवहार', 'संसाधनों की समानता'), टामस नागेल ('आर्थिक समानता'), टामस स्कैनलन ('समानता'), और 'समानता-समर्थक' विचारों से जुड़े दूसरे विचारकों द्वारा किए गए

योगदानों में समानता को निश्चित ही एक प्रमुख स्थान प्राप्त है।[1] लेकिन किसी-न-किसी अंतराल में वे लोग भी समानता की माँग करते लगते हैं जो आमतौर पर 'समानता' या 'वितरणमूलक न्याय' का विरोध करते दिखाई देते हैं। मसलन राबर्ट नोजिक उपयोग की समानता या प्राथमिक वस्तुओं के स्वामित्व की समानता की माँग नहीं करते, मगर वे स्वतंत्र अधिकारों की समानता की माँग जरूर करते हैं—किसी को किसी और के मुकाबले अधिक स्वतंत्रता का अधिकार नहीं है। जेम्स बुखानन अपने एक उत्तम समाज के सिद्धांत में समान कानूनी और राजनीतिक व्यवहार को—तथा और भी बहुत सारी बातों को—शामिल करते हैं।[2] हर सिद्धांत में समानता की माँग किसी अंतराल में की गई है—ऐसे अंतराल में जिसे उस सिद्धांत-विशेष में केंद्रीय महत्त्वप्राप्त समझा जाता है।[3]

पर उपयोगितावाद के बारे में क्या कहेंगे ? तय है, उपयोगितावादी आमतौर पर विभिन्न लोगों को प्राप्त सभी उपयोगिताओं की समानता की बात नहीं करते। उपयोगितावादी सूत्र *सम्मिलित रूप से* सभी लोगों को प्राप्त उपयोगिताओं के योग को यथासंभव बढ़ाने की माँग करता है, और जाहिर है कि इसमें खासतौर पर समानतावादी कोई बात नहीं है।[4] सच तो यह है कि उपयोगितावाद जिस समानता की माँग करता है वह *उपयोगिताओं के हानि-लाभ* के अंतराल में मानव प्राणियों के साथ समान व्यवहार के रूप में सामने आती है। उपयोगितावाद के वस्तुनिष्ठ फलन (आब्जेक्टिव फंक्शन) में हर व्यक्ति को प्राप्त उपयोगिता को समान महत्त्व देने का आग्रह किया जाता है।

उपयोगितावादी दर्शन की 'प्रच्छन्न' समानता के इस निदान का इस आधार पर विरोध किया जा सकता है कि उपयोगितावाद वास्तव में समग्र को यथासंभव बढ़ाने के दृष्टिकोण पर आधारित है और फलस्वरूप यह समझा जा सकता है कि उपयोगितावाद की कोई भी समतावादी विशेषता आकस्मिक से अधिक कुछ भी नहीं हो सकती। लेकिन यह तर्क भ्रामक है। उपयोगितावादी दृष्टिकोण बिलाशक *यथासंभव वृद्धि* का दृष्टिकोण है, पर असल सवाल तो यह है कि जिस वस्तुनिष्ठ फलन में यथासंभव वृद्धि वह करना चाहता है उसकी प्रकृति क्या है ? वह वस्तुनिष्ठ फलन एक सिरे से विषमतावादी यानी कुछ लोगों के मुकाबले दूसरों को प्राप्त उपयोगी वस्तुओं को कहीं बहुत अधिक महत्त्व देने वाला नहीं हो सकता। उपयोगितावाद इसकी बजाय वस्तुनिष्ठ फलन में सभी को प्राप्त उपयोगिताओं को समान महत्त्व देता है और यह विशेषता—और साथ में यथासंभव वृद्धि का ढाँचा—इस बात की जमानत है कि इस यथासंभव वृद्धि के अमल में हरेक को प्राप्त उपयोगिता को समान महत्त्व दिया जाएगा। इस तरह समतावादी बुनियाद पूरे उपयोगितावादी दृष्टिकोण का केंद्रीय तत्त्व है। वास्तव में ठीक यही समतावादी विशेषता उपयोगितावाद का बुनियादी सिद्धांत है—कि 'सभी पक्षों के समान हितों को समान महत्त्व' (हैरे 1981 : 26) दिया जाए या 'सभी व्यक्तियों के हितों को हमेशा समान महत्त्व' (हर्सान्यी 1982 : 47) दिया जाए।[5]

इस तथ्य से हम क्या नतीजा निकालें ? एक स्पष्ट निष्कर्ष तो यह है कि समतावादी (अर्थात् भारी महत्त्व के अधिकारी समझे जानेवाले *इस या उस अंतराल* में

समतावादी) होना सचमुच कोई 'एकत्वकारी' विशेषता नहीं है।[6] विभिन्न लेखकों ने समानता के अनुमोदन के लिए जिन विभिन्न अंतरालों का सहारा लिया है उनके बीच वास्तव में भारी अंतर पाए जाते हैं। ठीक यही कारण है कि (महत्त्वपूर्ण समझे जानेवाले *किसी* अंतराल में समानता की माँग के रूप में) उनकी बुनियादी समानता स्पष्टता से कोसों दूर हो सकती है। खासतौर पर तब जब शब्द 'समानता' की परिभाषा—अमूमन निहित रूप से—किसी *विशेष* अंतराल में समानता के रूप में की जाए।

मसलन अपने दिलचस्प लेख 'द केस अगेंस्ट इक्वैलिटी' में विलियम लेट्विन (1983) ने इस विषय पर विभिन्न लेखकों के लेखों के एक महत्त्वपूर्ण संग्रह का परिचय दिया है। (पुस्तक का शीर्षक *अगेंस्ट इक्वैलिटी* है।) इसमें आय (या वस्तुओं) के समान वितरण के खिलाफ उनका कहना है : 'जहाँ तक लोग असमान हैं वहाँ तक यह मान लेना ही बुद्धिसंगत है कि उनके साथ असमान व्यवहार होना चाहिए, जिसका मतलब है जरूरतमंदों को या सुपात्रों को दूसरों से बड़ा भाग देना।' ('ए थ्योरेटिकल वीकनेस ऑफ इगैलिटेरियनिज्म', 8 देखें।) लेकिन 'आवश्यकताओं' की समान संतुष्टि की माँग भी तो (किसी विशेष अंतराल में) समानता का तकाजा है, और इसे लंबे समय से इसी रूप में उठाया भी जाता रहा है। वैयक्तिक 'सुपात्रता' के विचार का निरूपण करना कहीं अधिक मुश्किल है। फिर भी 'सुपात्रों को दूसरों से बड़ा भाग' देने की माँग की आम प्रस्तुतियों में समान योग्यता के लिए समान व्यवहार की माँग शामिल हो जाती है जिसके अनुसार हर व्यक्ति को उसकी योग्यता के लिए उतना ही पारितोषिक दिया जाना चाहिए जितना दूसरों को उनकी अपनी-अपनी योग्यताओं के लिए दिया जाता है। इस तरह समानतावाद की ये समालोचनाएँ उलटे *किसी और* अंतराल में समानतावाद का रूप ले लेती हैं।[7] इस तरह समस्या घटकर 'समानता किस चीज की ?' के सवाल का कोई और जवाब ढूँढ़ने की हो जाती है।

जब कोई जाहिरा तौर पर 'समानता क्यों ?' की विवेचना कर रहा होता है और समानता को एक *विशेष* अंतराल में परिभाषित कर रहा होता है तो कभी-कभी 'समानता किस चीज की ?' इस प्रश्न की *अप्रत्यक्ष* विवेचना भी कर ली जाती है। मसलन हैरी फ्रैंकफुर्ट (1987) के तर्कपूर्ण लेख में 'समानता बतौर नैतिक आदर्श' पर आक्रमण किया गया है। लेख का मुख्य सरोकार *आर्थिक* समानतावाद के दावों का खंडन करना है जो इस सिद्धांत के रूप में सामने आते हैं कि 'हरेक व्यक्ति को आय और संपत्ति (संक्षेप में, 'मुद्रा') के समान परिमाण की प्राप्ति ही वांछित है।' (पृ. 21 देखें।)[8] इसमें प्रस्तुति की भाषा खुद समानतावाद को कटघरे में खड़ा करने वाली है। मगर इसका प्रमुख कारण यह है कि फ्रैंकफुर्ट इस सामान्य शब्द का प्रयोग विशेष अर्थों में, 'आर्थिक समानतावाद' की एक विशेष धारणा के लिए करते हैं : 'आर्थिक समानतावाद (संक्षेप में, मात्र 'समानतावाद') की इस धारणा को इस सिद्धांत के रूप में भी पेश किया जा सकता है कि मुद्रा के *वितरण* में कोई विषमता नहीं होनी चाहिए।' (पृ. 21 देखें।)

इस तरह समानता के लिए अंतराल का चयन फ्रैंकफुर्ट की मुख्य प्रस्थापना का

केंद्रीय तत्त्व है।[9] लगता है उनके तर्क आर्थिक समानतावाद की एक आम व्याख्या की विशिष्ट माँग का खंडन करते हैं। उनका तर्क है कि (1) ऐसी किसी समानता का कोई भारी अंतर्निहित महत्त्व नहीं होता, *और* (2) यह अंतर्निहित महत्त्व वाले मूल्यों के हनन का कारण बनती है—उन मूल्यों के जो किसी अन्य, और भी अधिक प्रासंगिक ढंग से सभी को समान महत्त्व देने ही आवश्यकता से गहरा संबंध रखते हैं।

किसी वस्तु—महत्त्वपूर्ण समझी जानेवाली किसी वस्तु—की समानता का तकाजा करना बिलाशक एक प्रकार की समानता है, लेकिन यह समानता परस्पर-विरोधी पक्षों को एक खेमे में नहीं लाती। यह सिर्फ यह दिखाती है कि लड़ाई एक अहम अर्थ में 'समानता क्यों ?' के बारे में नहीं, 'समानता किस चीज की ?' के बारे में है।

राजनीतिक, सामाजिक या आर्थिक दर्शन में 'समानता' के दावों से कुछ अंतराल परंपरा से ही जुड़े चले आ रहे हैं। इसलिए इनमें किसी अंतराल (जैसे आय, संपत्ति, उपयोगिता) में समानता को ही आमतौर पर 'समानतावाद' शीर्षक के अंतर्गत रखा जाता है। मैं इसमें से किसी अर्थ में 'समानतावाद' शब्द का उपयोग जारी रखने के खिलाफ *नहीं* बोल रहा। अगर इसे किसी विशिष्ट अंतराल में समानता का दावा (और इसलिए निहित रूप में दूसरे अंतरालों में समानता का *विरोधी*) समझा जाए तो इस उपयोग को जारी रखने में कोई बुराई नहीं है। लेकिन इस उपयोग की सीमाओं को पहचानना अहम है और इस तथ्य को भी कि किसी एक अंतराल में समानता का तकाजा करना—चाहे वह परंपरा से कितना ही महिमामंडित हो—किसी और अंतराल में समानता का विरोधी भी हो सकता है। समग्र मूल्यांकन के ढाँचे में उसके तुलनात्मक महत्त्व का आलोचनात्मक मूल्यांकन हमें करना ही होगा।

1.2 निष्पक्षता और समानता

पिछले परिच्छेद के विश्लेषण में प्रश्न 'समानता क्यों ?' की आम व्याख्याओं के आंशिक चरित्र की तरफ इशारा किया गया है। मेरा तर्क यह है कि इस प्रश्न का सामना उसी कदर उन लोगों को भी करना होगा जिनको, खुद द्वारा और दूसरों द्वारा, 'समानता-विरोधी' समझा जाता है। कारण कि वे भी किसी-न-किसी ऐसे अंतराल में समानतावादी हैं जो उनके सिद्धांत में महत्त्व रखता है। लेकिन निश्चित ही हमारा तर्क यह न था कि प्रश्न 'समानता क्यों ?' किसी भी अर्थ में बेमानी था। हमसे कहा जा सकता है कि बुनियादी विवाद 'समानता किस चीज की ?' के बारे में से हो सकते हैं। पर फिर भी यह पूछा जा सकता है कि क्या *इस या उस* महत्त्वपूर्ण अंतराल में समानता की माँग करना *जरूरी* है। अगर यह पता चले कि सामाजिक व्यवस्था का जो भी महत्त्वपूर्ण सिद्धांत आज प्रचलित है वह वास्तव में किसी-न-किसी अंतराल में समानतावादी *है,* उस अंतराल में जिसे उस सिद्धांत में महत्त्वपूर्ण समझा जाता है, तो भी हर दृष्टांत में सामान्य विशेषता को स्पष्ट और पुष्ट करने की जरूरत रहती है। साझे व्यवहार का कुछ समर्थन आवश्यक है—भले ही वह व्यापक रूप से साझा हो।

यहाँ विचाराधीन प्रश्न यह नहीं है कि सामाजिक व्यवस्था के तमाम नैतिक सिद्धांतों में *शुद्ध औपचारिक कारणों से* (जैसे 'नैतिकता की भाषा' के आधार पर) क्या किसी-न-किसी स्तर पर सभी के साथ समान व्यवहार होना चाहिए।[10] यह एक रोचक और कठिन प्रश्न है, पर मैं इस पर मौजूदा संदर्भ में विचार नहीं करूँगा। मेरी राय में इसका उत्तर किसी भी तरफ स्पष्ट नहीं है। मेरा सरोकार यहाँ इस प्रश्न से अधिक है कि जिस दुनिया में हम रहते हैं उसमें ठोस विश्वसनीयता पाने के खयाल से नीतिशास्त्रीय सिद्धांतों में समानता की यह बुनियादी विशेषता अनिवार्य है या नहीं।

अगर सामाजिक व्यवस्था के नीतिशास्त्र के इतने सारे भिन्न-भिन्न सिद्धांतों में यह साझी विशेषता है कि वे सभी *किसी वस्तु*—किसी महत्त्वपूर्ण वस्तु—की समानता की माँग करते हैं तो ऐसा *क्यों* है, यह सवाल करना उपयोगी हो सकता है। मेरे विश्वास के अनुसार यह तर्क किया जा सकता है कि उस तरह की विश्वसनीयता पाने के लिए सामाजिक प्रश्नों संबंधी नीतिशास्त्रीय तर्कों में *किसी* ऐसे स्तर पर सभी के लिए समान प्रारंभिक व्यवहार की माँग शामिल होनी चाहिए जिसे महत्त्वपूर्ण समझा जाता हो। ऐसी समानता के अभाव में कोई भी सिद्धांत मनमाने ढंग से भेदभाव करने वाला हो सकता है जिसका पक्ष लेना कठिन होगा। हो सकता है कि अनेक चरों के आधार पर कोई सिद्धांत विषमता को न सिर्फ स्वीकारे, बल्कि उसकी माँग करे। मगर उन विषमताओं का समर्थन करते हुए किसी-न-किसी तरह, पर्याप्त ठोस ढंग से अंततः सभी के लिए समान व्यवहार से उन विषमताओं को जोड़ने की आवश्यकता से आँखें चुराना मुश्किल होगा।

संभवतः इस विशेषता का संबंध इस जरूरत से है कि खासकर सामाजिक व्यवस्थाओं के बारे में नीतिशास्त्रीय तर्क दूसरों—और संभावित रूप से दूसरे *सभी*—के दृष्टिकोण से विश्वसनीय होने चाहिए। 'यह व्यवस्था क्यों ?', इस प्रश्न का उत्तर गोया कि व्यवस्था के सभी भागीदारों के हित में देना होगा। इस तर्कपद्धति में कुछ कांटवादी तत्त्व भी हैं, भले ही अपेक्षित समानता का एक शुद्ध कांटवादी ढाँचा जरूरी तौर पर इसमें न हो।[11]

हाल में टामस स्कैनलन (1982) ने इस अपेक्षा की प्रासंगिकता और शक्ति का विश्लेषण किया है कि व्यक्ति को 'अपने कर्मों का औचित्य दूसरों के सामने ऐसे आधारों पर सिद्ध करने योग्य होना चाहिए कि उसे बुद्धिसंगत आधारों पर रद्द न किया जा सके।'[12] राउल्स (1971) ने अपना न्याय का सिद्धांत जिस 'न्यायप्रियता' (फेयरनेस) की अपेक्षा के आधार पर खड़ा किया है, उसे एक ऐसा विशिष्ट ढाँचा प्रदान करने वाला समझा जा सकता है जिसके आधार पर हम तय कर सकते हैं कि व्यक्ति बुद्धिसंगत आधारों पर किस बात को रद्द कर सकता या नहीं कर सकता है।[13] इसी तरह 'निष्पक्षता' (इंपार्शियालिटी) की जो माँगें—और 'सार्वभौमिकता' की जो कुछ ठोस शक्लें—आम अपेक्षाओं के रूप में पेश की जाती हैं उनमें समान सरोकार की यह विशेषता एक बड़ी हद तक पाई जाती है।[14] इस आम किस्म की तर्कशीलता का काफी

कुछ संबंध निश्चित ही नीतिशास्त्र के सिद्धांतों से है, और ठोस नीतिशास्त्रीय प्रस्तावों की पद्धतिशास्त्रीय बुनियादों के रूप में यह विभिन्न रूपों में सामने आती रही है।[15]

अपने सिद्धांतों, अपने निश्चयों और ऐसे दूसरे लोगों पर अपने दावों को पुष्ट करने की आवश्यकता जो प्रत्यक्ष-अप्रत्यक्ष रूप से परस्पर जुड़े हों, एक स्तर पर व्यवहार की समानता को ऐसी अपेक्षा का रूप दे देती है जिससे बचना मुश्किल होता है। इस शर्त की स्थिति से कुछ दिलचस्प पद्धतिशास्त्रीय प्रश्न जुड़े हुए हैं, खासकर : यह एक तार्किक अपेक्षा है या तात्त्विक माँग है[16] और यह कि क्या यह नीतिशास्त्र में 'वस्तुनिष्ठता' की आवश्यकता से जुड़ा है ?[17] यहाँ मैं इन प्रश्नों के विस्तार में नहीं जाऊँगा, कारण कि प्रस्तुत पुस्तक का प्रमुख सरोकार इन सवालों पर हमारे जवाबों पर निर्भर नहीं है।[18]

सीधी दिलचस्पी का सवाल इस दावे की विश्वसनीयता है कि किसी स्तर पर—किसी महत्त्वपूर्ण समझे जाने वाले स्तर पर—समान व्यवहार की माँग एक ऐसी माँग है जिससे सामाजिक व्यवस्था का एक राजनीतिक या नीतिशास्त्रीय सिद्धांत प्रस्तुत करते समय आसानी से नहीं बचा जा सकता। इस बात का भी पर्याप्त व्यावहारिक महत्त्व है कि किसी-न-किसी रूप में निष्पक्षता और समान सरोकार इस क्षेत्र में तमाम प्रमुख नीतिशास्त्रीय और राजनीतिक प्रस्तावों की साझा बुनियाद हैं जिनका तर्कसंपन्न समर्थन और बुद्धिसंगत सत्यापन आज भी किया जा रहा है।[19] इन सबका एक नतीजा यह है कि महत्त्वपूर्ण बातों में विभिन्न व्यक्तियों को प्राप्त, अलग-अलग लाभ की स्थितियों को उचित ठहराने की आवश्यकता स्वीकार की जाती है। वह औचित्य अकसर किसी *अन्य* महत्त्वपूर्ण—और कथित रूप से *अधिक* महत्त्वपूर्ण—अंतराल में प्राप्य समानता से उस विषमता का अभिन्न संबंध दिखाने का रूप ले लेता है।[20]

सच तो यह है कि उस अधिक महत्त्वपूर्ण अंतराल में प्राप्य समानता को दूसरे अंतरालों में *विषमता* की संबद्ध माँगों में योगदान देनेवाला तत्त्व समझा जा सकता है। कुछ विशेषताओं पर आधारित विषमता का औचित्य किसी अन्य विशेषता पर आधारित समानता पर कायम किया जाता है जिसे उस नीतिशास्त्रीय प्रणाली में अधिक बुनियादी माना जाता है, जिसे 'आधार' समझा जाता है और जिसका उपयोग दूरदराज की 'परिधियों' पर उत्पन्न विषमताओं का तर्कसंपन्न समर्थन करने के लिए किया जाता है।

1.3 मानव विविधता और आधारभूत समानता

मनुष्य एक-दूसरे से अनेक प्रकार से भिन्न होते हैं। हमारी भिन्न-भिन्न बाहरी विशेषताएँ और परिस्थितियाँ होती हैं। विरासत में मिली संपत्ति और ऋण की भिन्न-भिन्न मात्राओं के साथ हम अपना जीवन आरंभ करते हैं। हम भिन्न-भिन्न प्राकृतिक परिवेश में रहते हैं जिनमें कुछ कम तो कुछ अधिक शत्रुतापूर्ण होते हैं। जिन समाजों और समुदायों से हमारा संबंध होता है 'वे हम क्या कर और क्या नहीं कर सकते हैं', इसके बारे में बहुत अलग-अलग अवसर प्रदान करते हैं। जिस क्षेत्र में हम रहते हैं उसमें मौजूद रोगजनक कारक हमारे स्वास्थ्य और रहन-सहन पर गहरा असर छोड़ सकते हैं।

लेकिन प्राकृतिक और सामाजिक परिवेश तथा बाहरी विशेषताओं के इन भेदों के अलावा हमारी निजी विशेषताएँ (जैसे आयु, लिंग, शारीरिक और मानसिक योग्यताएँ) भी अलग-अलग होती हैं। ये विषमता के मूल्यांकन के लिए महत्त्वपूर्ण होती हैं। मसलन समान आय के बावजूद जो कुछ करना हम महत्त्वपूर्ण समझते हैं उसे करने की योग्यता के बारे में काफी विषमता संभव है। कोई अपंग व्यक्ति स्वस्थ व्यक्ति जैसे कार्य नहीं कर सकता, भले ही दोनों की आय बराबर हो। इस तरह एक चर (मसलन आय) संबंधी विषमता हमें किसी और चर (जैसे काम करने की योग्यता या खुशहाली) के अंतराल में विषमता की तुलना में बहुत भिन्न दिशा में ले जा सकती है।

एक-दूसरे की तुलना में लोगों की सापेक्ष बेहतरी और बदतरी की स्थितियों को अनेक भिन्न-भिन्न चरों के आधार पर परखा जा सकता है, जैसे उनकी सापेक्ष आय, संपत्तियाँ, उपयोगिताएँ, संसाधन, स्वतंत्रताएँ, अधिकार, जीवन की गुणवत्ता आदि। व्यक्तियों के बीच की विषमता को आँकने के लिए चरों (केंद्रीय चरों) की जिस बहुलता पर हम अपना ध्यान केंद्रित करते हैं वह बहुत प्रारंभिक स्तर पर वांछित परिप्रेक्ष्य के बारे में एक मुश्किल फैसला करना हमारे लिए आवश्यक बना देती है। 'आकलन के अंतराल' के चयन (अर्थात् प्रासंगिक केंद्रीय चरों के चयन) की यह समस्या विषमता के विश्लेषण में केंद्रीय महत्त्व रखती है।

व्यापक मानवीय विविधता के कारण ध्यानबिंदु के ये अंतर खासतौर पर अहम होते हैं। अगर सभी लोग हू-बू-हू एक जैसे होते तो एक अंतराल (जैसे आय) में समानता दूसरे अंतरालों (जैसे स्वास्थ्य, कल्याण, प्रसन्नता) संबंधी समानताओं से मेल खा रही होती। 'मानव की विविधता' का एक नतीजा यह होता है कि एक अंतराल में समानता वास्तव में दूसरे अंतरालों में विषमता के साथ जारी रहती है।

मिसाल के लिए नोजिक (1974) ने स्वतंत्रता के अधिकारों की जो परिभाषा की है उसकी समानता की माँग उठा देने के बाद हो सकता है कि हम–नोजिक के ही सुविधाजनक वर्णन का प्रयोग करें तो–कल्याण के स्तरों और ऐसे ही दूसरे 'प्रतिमानों' की समानता की माँग न कर सकें। अगर समान अधिकारों को इस रूप में स्वीकार करें तो उनके तमाम नतीजों को भी स्वीकार करना होगा, जिनमें आय, उपयोगिता, कल्याण, यह करने और वह बनने की सकारात्मक स्वतंत्रताओं संबंधी तमाम व्युत्पन्न विषमताएँ शामिल होंगी।

यह सफाई कितनी कारगर है, यहाँ मैं इसकी पड़ताल नहीं कर रहा हूँ।[21] मौजूदा बहस में अहम सवाल समानता के आधार पर विषमता को उचित ठहराने की रणनीति की प्रकृति का है। नोजिक का दृष्टिकोण इस सामान्य रणनीति का एक सुगम और सरस उदाहरण है। किसी महत्त्वपूर्ण अंतराल में विषमता उचित है (या अच्छी, या स्वीकार्य या बरदाश्त करने योग्य है), अगर इस दावे को बुद्धि के आधार पर पुष्ट करना हो (न कि, मसलन, विरोधियों को गोली मारकर), तो इस तर्क का रूप यह हो जाता है कि इस विषमता को किसी अन्य–और भी केंद्रीय महत्त्ववाले–अंतराल में प्राप्य समानता

का परिणाम दिखाया जाए। 'आधार' में समानता की मौजूदगी की आवश्यकता पर जो मोटा-मोटी सहमति पाई जाती है, और व्यक्तियों के बीच (पहले विवेचित) निष्पक्षता बरतने की गहरी आवश्यकता से इस मोटा-मोटी सहमति का जो संबंध होता है, उसे देखते हुए चुने हुए 'आधारों' के बुद्धिसंगत होने के तर्क ही महत्त्वपूर्ण तर्क होंगे। इस तरह इस संदर्भ में 'समानता किस चीज की ?' का प्रश्न इस प्रश्न से बुनियादी तौर पर भिन्न नहीं है कि 'आधारभूत' (बेसल) समानता के लिए सही अंतराल क्या है ?' 'समानता किस चीज की ?' के प्रश्न का जो उत्तर हम देंगे वह उस चुने हुए अंतराल में (जहाँ केंद्रीय चर आधारभूत समानता की माँगों से जुड़े होंगे) प्राप्य समानता का अनुमोदन ही नहीं करेगा, बल्कि दूसरे अंतरालों में (आवश्यक *विषमताओं* समेत) वितरण के प्रतिमानों के लिए भी उसके दूरगामी परिणाम होंगे। 'समानता किस चीज की ?' का प्रश्न वास्तव में एक भारी और केंद्रीय प्रश्न है।

1.4 समानता बनाम स्वाधीनता ?

अकसर समानता के महत्त्व को स्वाधीनता के महत्त्व के मुकाबले खड़ा कर दिया जाता है। सच तो यह है कि समानता और स्वाधीनता के तथाकथित टकराव में किसी रवैए को अकसर राजनीतिक दर्शनशास्त्र और राजनीतिक अर्थशास्त्र के बारे में उसके सामान्य दृष्टिकोण का एक अच्छा सूचक माना जाता है। मसलन (नोजिक जैसे) स्वाधीनतावादी विचारकों को समानता-विरोधी ही नहीं समझा जाता, उनको *ठीक* स्वतंत्रता के प्रति उनके अतिशय सरोकार *के ही कारण* समानता-विरोधी ठहराया जाता है।[22] इस तरह (डाल्टन 1920, टानी 1931, या मीड 1976 जैसे) जिन विचारकों को समानतावादी ठहराया जाता है, वे हो सकता है *ठीक इसी कारण* स्वतंत्रता के प्रति कम चिंतित लगें कि उनको समानता की माँगों से प्रतिबद्ध समझा जाता है।

पिछले परिच्छेदों की विवेचना की रौशनी में हमें कहना ही होगा कि समानता और स्वाधीनता के संबंध को देखने का यह ढंग एक सिरे से गलत है। हो सकता है, स्वाधीनतावादी इसे ही अहम मानें कि लोगों को स्वतंत्रता मिलनी ही चाहिए। इसे देखें तो फौरन ऐसे सवाल उठेंगे : *कौन, कितनी, किस तरह से वितरित, कितनी समानतामूलक ?* इस तरह स्वाधीनता के महत्त्व का दावा करें तो *पूरक* के रूप में फौरन समानता का मुद्दा उठ खड़ा होता है।[23] संबद्ध लोगों के बीच अधिकारों के वितरण का निरूपण करके हमें स्वाधीनतावादी प्रस्ताव को पूरा करना ही होगा।[24] वास्तव में स्वाधीनतावादियों की स्वाधीनता की माँग में आमतौर पर 'समान स्वाधीनता' का महत्त्वपूर्ण तत्त्व अर्थात् दूसरों के हस्तक्षेप से समान मुक्ति के आग्रह शामिल होते हैं। इस तरह स्वाधीनता के महत्त्वपूर्ण होने के विश्वास का इस विचार से कोई टकराव नहीं कि महत्त्वपूर्ण काम सामाजिक व्यवस्थाओं को इस प्रकार ढालना है कि लोगों को प्राप्त स्वाधीनताओं की समानता को बढ़ावा मिले।

अगर एक व्यक्ति स्वाधीनता से *इतर* किसी चर (मसलन आय, संपत्ति या

खुशहाली) की समानता की और दूसरा व्यक्ति केवल समान स्वतंत्रता की माँग करता है तो उनके बीच यकीनन एक टकराव मुमकिन है, पर यह टकराव 'समानता *किस चीज की ?'* के सवाल पर होगा। इसी तरह स्वाधीनता को यदि वितरण-निरपेक्ष रूप से आम बढ़ावा दिया जाए (अर्थात् उसे जहाँ भी संभव हो, वितरण के प्रतिमान पर ध्यान दिए बगैर बढ़ावा दिया जाए) तो यकीनन किसी और चर, मसलन आय, की समानता से उसका टकराव हो सकता है। पर यह टकराव (1) अंशतः स्वाधीनता पर और आय पर ध्यान केंद्रित करने के बीच का टकराव होगा, और (2) अंशतः वितरण (इस दृष्टांत में आय के वितरण) के प्रतिमानों से सरोकार और गैर-वितरणमूलक समष्टिगत विचारों (स्वाधीनता पर लागू होनेवाले विचारों) के बीच का टकराव होगा। इनमें से किसी भी मुआमले में मौजूद भेद को 'स्वाधीनता *बनाम* समानता' के रूप में सोचना न तो सटीक होगा और न सहायक।

सच तो यह है कि सटीक कहें तो इस बाद वाले विरोध के रूप में समस्या को सामने रखना एक 'प्रवर्ग (कैटेगरी) संबंधी गलती' है। वे एक-दूसरे के विकल्प नहीं हैं। स्वाधीनता समानता के *व्यवहार के संभावित क्षेत्रों* में है, और समानता स्वाधीनता के वितरण के संभावित *प्रतिमानों* में एक प्रतिमान है।[25]

जैसाकि पहले दिखाया गया, अंतराल के चयन का स्पष्ट सामना करने की आवश्यकता समानता की माँगों के विशिष्टीकरण तथा तार्किक मूल्यांकन का एक अपरिहार्य अंग है। एक सिरे पर सिर्फ समान स्वाधीनतावादी अधिकारों की माँगें हैं और दूसरे सिरे पर *उपलब्धियों* की एक व्यापक सूची और उसके संगत उपलब्धि की *स्वतंत्रताओं* की एक सूची से जुड़ी, समानता की विभिन्न श्रमसाध्य माँगें हैं। प्रस्तुत अध्ययन का इस बहुलता और इसके रंगारंग परिणामों से काफी सरोकार है।

1.5 बहुलता और तथाकथित शून्यत्व

समानता का मूल्यांकन जिन अंतरालों के आधार पर किया जा सकता है उनकी बहुलता की यह स्वीकृति समानता के विचार के अंतर्तत्त्व पर ही कुछ संदेह उत्पन्न कर सकती है। क्या इससे एक राजनीतिक विचार के रूप में समानता की शक्ति और अनिवार्यता कम नहीं होती ? अगर समानता के इतने सारे स्वर संभव हैं तो क्या हम इसकी किसी भी माँग को गंभीरता से ले सकते है ?[26]

सच तो यह है कि समानता के अंतर्तत्त्वों का यह जाहिरा लचीलापन कुछ विश्लेषकों को समानता के विचार के लिए एक गंभीर उलझन का कारण नजर आता रहा है। जैसाकि डगलस राइ (1981) ने (समानता की विभिन्न समकालीन धारणाओं पर अपने गहन और सुविधाजनक विश्लेषण में) कहा है (पृ. 151) : 'समानता के विरोध में जो एक विचार व्यवस्था या दक्षता या स्वतंत्रता से अधिक शक्तिशाली साबित हुआ है वह 'स्वयं समानता' ही है।'

राइ के मत में समानता का विचार गोया 'लबालब भरा हुआ' है। वहीं दूसरों ने

ऐसे ही आधारों पर यह तर्क दिया है कि समानता 'एक खोखला विचार' है; यह एक 'खोखली शक्ल है जिसका अपना कोई ठोस अंतर्तत्त्व नहीं है।'[27] चूँकि समानता की व्याख्या अलग-अलग अनेक ढंगों से की जा सकती है, इसलिए इस मत के अनुसार समानता की माँग को एक सचमुच की गंभीर माँग नहीं माना जा सकता।

यह बात सही है कि किस चीज की समानता बताए बगैर सिर्फ समानता की माँग करने को किसी खास चीज की माँग नहीं माना जा सकता। इससे शून्यत्व की प्रस्थापना को थोड़ी विश्वसनीयता जरूर मिल जाती है। फिर भी यह मेरा विश्वास है कि यह प्रस्थापना भ्रामक है। पहली बात, किसी विशेष अंतराल का चयन किया जाए, इससे भी पहले *खासतौर पर महत्त्वपूर्ण समझे जा रहे किसी अंतराल में* समानता को महत्त्व देने की सामान्य आवश्यकता कोई खोखली माँग नहीं है। इसका संबंध कुछ निष्पक्षता, समान सरोकार के किसी-न-किसी रूप द्वारा आरोपित की जाने वाली मर्यादा-सीमा से है। बहुत घटाकर कहें तो यह माँग प्रस्तावित मूल्यांकन प्रणाली के आधार की छानबीन करने की माँग है। इसमें पर्याप्त निषेध-शक्ति भी हो सकती है, इसमें आधारगत ढाँचे से रहित सिद्धांतों पर संदेह करने और अंततः जो सिद्धांत आधारभूत समानता से पूरी तरह रहित दिखाई दें उन्हें यह रद्द भी कर सकती है। इस सामान्य स्तर पर भी समानता तात्त्विक और ठोस माँग होती है।

दूसरे, एक बार संदर्भ निश्चित हो जाने के बाद समानता खासतौर पर शक्तिशाली और ध्यान खींचनेवाली माँग हो सकती है। मसलन अंतराल जब तय हो जाए तो समानता की माँगें प्रतिमानों का कोई-न-कोई श्रेणीकरण करती हैं, यहाँ तक कि तब भी जब समानता के किसी विशेष सूचकांक का अनुमोदन न हुआ हो। मसलन आय की विषमताओं की विवेचना करते हुए तथाकथित 'हस्तांतरण का डाल्टन सिद्धांत' यह तकाजा करता है कि किसी अपेक्षाकृत अमीर से किसी अपेक्षाकृत गरीब व्यक्ति तक आय का एक छोटा सा हस्तांतरण भी–उसका योग अपरिवर्तित रहे तो भी–वितरण में एक सुधार समझा जाना चाहिए।[28] इस संदर्भ में यह किसी विशेष सूचकांक या माप का सहारा लिये बगैर समानता की आम माँग के आधार पर आय की एक ही समष्टि के वितरण के श्रेणीकरण का एक काफी कुछ कायल करने वाला नियम है।

किसी अतंराल *विशेष* में प्रतिमानों के इस श्रेणीकरण के अलावा, खुद अंतराल के चयन के व्यापकतर कार्य का समानता की माँग में निहित प्रेरणा से स्पष्ट संबंध हो सकता है। मसलन न्याय, या समाज-कल्याण, या जीवनस्तर, या जीवन की गुणवत्ता के मूल्यांकन में अंतराल का चयन मात्र *औपचारिक* नहीं रहता, पर्याप्त भेदभाव का कारण बन जाता है। जैसाकि मैं आगे के अध्यायों में दिखाने की कोशिश करूँगा, एक बार संदर्भ का निश्चय हो जाए तो इनमें से अनेक अंतरालों के दावों का जोरदार विरोध संभव है। जरूरी नहीं कि इसके कारण हम हरेक संदर्भ में महत्त्व रखने वाली समानता के दावों का *एक ही* सटीक निरूपण प्रस्तुत करने लगें। फिर भी यह चीज किसी वास्तविक उलझन से कोसों दूर है। हर संदर्भ में समानता की माँगें अलग-अलग और जोरदार, दोनों

हो सकती हैं।

तीसरी बात, जिन अंतरालों में समानता की माँग की जा सकती है उनकी विविधता वास्तव में एक और भी गहरी विविधता को प्रतिबिंबित करती है। इसी कारण मूल्यवान वस्तुओं की विभिन्न पहचानें सामने आती हैं; विचाराधीन संदर्भों में वैयक्तिक लाभ की उपयुक्त धारणाओं के बारे में, भिन्न-भिन्न दृष्टिकोण सामने आते हैं। इस तरह विविधता की समस्या समानता के मूल्यांकन की कोई अनोखी विशेषता नहीं है। समानता की भिन्न-भिन्न माँगें, उस संदर्भ में किन वस्तुओं को प्रत्यक्षतः मूल्यवान माना जाए इसके बारे में, अलग-अलग दृष्टिकोणों को प्रतिबिंबित करती हैं। संबंधित कार्य में एक-दूसरे के सापेक्ष विभिन्न व्यक्तियों को प्राप्त लाभकर स्थितियों का कैसे मूल्यांकन किया जाए, वे माँगें इसके बारे में भिन्न-भिन्न विचारों की सूचक हैं। स्वतंत्रताएँ, अधिकार, उपयोगिताएँ, आमदनियाँ, संसाधन, प्राथमिक वस्तुएँ, आवश्यकताओं की पूर्ति आदि से भिन्न-भिन्न व्यक्तियों के अलग-अलग जीवन को देखने के भिन्न-भिन्न ढंग सामने आते हैं, और हर परिप्रेक्ष्य समानता के एक संगत दृष्टिकोण को जन्म देता है।

यह बहुलता—विभिन्न व्यक्तियों को प्राप्त लाभकर स्थितियों के आकलन की बहुलता—खुद को भिन्न-भिन्न दृष्टिकोणों में व्यक्त करती है। ये दृष्टिकोण केवल समानता के नहीं होते, बल्कि ऐसी किसी दूसरी सामाजिक धारणा के भी हो सकते हैं जिससे संबंधित सूचना-आधार में वैयक्तिक लाभ की स्थिति का काफी कुछ दखल हो। मिसाल के लिए अंतराल के चयन के मुआमले में 'दक्षता' की धारणा में भी ठीक ऐसी ही बहुलता दिखाई देगी।[29] अगर हर व्यक्ति को प्राप्त लाभकर स्थिति में वृद्धि हो (या कम-से-कम एक व्यक्ति के लिए वृद्धि हो और किसी के लिए इसमें कमी न हो) तो दक्षता में निस्संदेह वृद्धि होगी, पर उस निरूपण का अंतर्तत्त्व इस पर निर्भर होगा कि लाभकर स्थिति को परिभाषित कैसे किया जाता है। जब *केंद्रीय चर* तय हो जाए तो इस सामान्य ढाँचे में हमें दक्षता की एक विशिष्ट परिभाषा प्राप्त होती है।

दक्षता की तुलनाएँ अनेक चरों के आधार पर की जा सकती हैं। मसलन अगर लाभकर स्थिति पर वैयक्तिक उपयोगिता के आधार पर विचार किया जाए तो दक्षता की धारणा फौरन ही 'पैरेटो अभीष्टता' (पैरेटो आप्टिमैलिटी) की धारणा बन जाती है जिसका कल्याणकारी अर्थशास्त्र में भारी उपयोग होता है। इसका तकाजा यह है कि स्थिति ऐसी हो कि एक की उपयोगिता में कमी लाए बिना दूसरे की उपयोगिता में वृद्धि संभव न हो। लेकिन इसी तरह स्वतंत्रताओं, अधिकारों, आयों आदि के अंतरालों में भी दक्षता की परिभाषा की जा सकती है। मसलन उपयोगिताओं के अंतराल में पैरेटो अभीष्टता के ही समतुल्य स्वतंत्रता के आधार पर दक्षता का तकाजा यह होगा कि स्थिति ऐसी होनी चाहिए कि एक की स्वतंत्रता में कटौती किए बिना दूसरे की स्वतंत्रता में वृद्धि संभव न हो। अंतरालों की बहुलता के एतबार से देखें तो दक्षता की धारणाओं में औपचारिक रूप से वैसी ही बहुलता पाई जाती है जैसी हमने स्वतंत्रता के मुआमले में देखी है।

यह कोई आश्चर्य की बात नहीं है। कारण कि जिन अंतरालों में समानता पर विचार किया जा सकता है उनकी बहुलता एक गहनतर प्रश्न को, अर्थात् सामाजिक तुलनाओं में वैयक्तिक लाभ की समुचित धारणा संबंधी बहुलता को, प्रतिबिंबित करती है। इन अंतरालों के बीच चयन बिलाशक विषमता के मूल्यांकन संबंधी साहित्य का एक अभिन्न अंग है। लेकिन अंतरालों की बहुलता वास्तव में वैयक्तिक लाभ के तत्त्वपूर्ण दृष्टिकोणों की विविधताओं को, और अंतःवैयक्तिक तुलनाओं में प्रयुक्त सूचना-आधार की विविधताओं को प्रतिबिंबित करती है। अंतराल की बहुलता अपने आप में समानता के विचार से जुड़ी कोई अनोखी समस्या नहीं है, और न किसी विशेष उलझन का स्रोत है।

1.6 साधन और स्वतंत्रताएँ

पहले हमने यह संकेत दिया था कि सामाजिक व्यवस्था के आदर्शमूलक सिद्धांत, जिनसे हमारा सरोकार है, पहले विवेचित कारणों के किसी-न-किसी अंतराल में समानता की माँग करते हैं। यह समानता प्रणाली की 'आधारभूत समानता' का काम करती है तथा दूसरे अंतरालों में वितरण के प्रतिमानों के लिए इसके कुछ निहितार्थ होते हैं। वास्तव में आधारगत समानता दूसरे अंतरालों में प्राप्य विषमताओं के लिए सीधे-सीधे जिम्मेदार हो सकती है।

अंतराल के चयन और उसके महत्त्व की दो-एक मिसालों पर बहस करना उपयोगी होगा। आधुनिक राजनीतिक दर्शनशास्त्र में हाल के वर्षों में सबसे जोरदार आवाज जॉन राउल्स (1971) की रही है। उनका 'न्याय बतौर निष्पक्षता' का सिद्धांत अंतराल के चयन और उसके परिणामों की एक दिलचस्प और अहम मिसाल पेश करता है। उनके 'अंतर सिद्धांत' (डिफरेंस प्रिंसिपुल) में दक्षता और समानता, दोनों के विश्लेषण का संबंध व्यक्तियों के पास मौजूद प्राथमिक वस्तुओं से है।[30]

इस प्रणाली के अनुसार विरासत में मिली संपत्ति और प्रतिभा संबंधी विविधता उसी रूप में आय की विषमता पैदा नहीं करती जिस रूप में नोजिक की प्रणाली में करती है। कारण कि जिन प्राथमिक वस्तुओं के वितरण पर राउल्स का अंतर सिद्धांत एक समानतावादी अपेक्षा का आरोपण करता है उनके घटक तत्त्वों में आय भी शामिल है। इस प्रकार राउल्स की आधारगत समानता की माँगों में आय सीधे-सीधे शामिल है। लेकिन एक तरफ (आय समेत) *प्राथमिक वस्तुओं* और दूसरी तरफ *कल्याण* के बीच का संबंध (आय समेत) प्राथमिक वस्तुओं को कल्याण संबंधी उपलब्धियों में बदलने की संभावना के मुआमले में व्यक्तियों के बीच मौजूद विविधताओं के कारण भिन्न-भिन्न हो सकता है। मसलन किसी गर्भवती स्त्री को सुख-चैन से रहने के लिए ऐसी कठिनाइयों से जूझना पड़ सकता है जो जरूरी नहीं कि उसी आयु के किसी पुरुष के सामने भी आएँ, भले ही उन दोनों की आय और अन्य प्राथमिक वस्तुएँ ठीक एक जैसी हों।

इसी तरह *प्राथमिक वस्तुओं* तथा अपने उद्देश्यों के लिए—कल्याण और दूसरे

उद्देश्यों के लिए—प्रयास करने की *स्वतंत्रता* के संबंध भी अलग-अलग हो सकते हैं।[31] हमें विरासत में मिली संपत्तियाँ ही नहीं, हमारी निजी विशेषताएँ भी भिन्न-भिन्न होती हैं। शुद्ध वैयक्तिक भेदों (योग्यताओं, रुझानों, शारीरिक भेदों) को छोड़ दें तो समूहों के बीच सुव्यवस्थित भेद भी होते हैं। (जैसे गर्भधारण की संभावना और बच्चों के जन्म के बाद उनकी देखभाल जैसे खास मुआमलों में स्त्रियों और पुरुषों में अंतर है।) प्राथमिक वस्तुओं की मात्रा एक समान हो तो भी गर्भवती या शिशु की देखभाल कर रही स्त्री को अपने लक्ष्यों के लिए प्रयास करने की वह स्वतंत्रता प्राप्त नहीं होगी जो इन बोझों से मुक्त किसी पुरुष को होगी। एक तरफ *प्राथमिक वस्तुओं* तथा दूसरी तरफ *स्वतंत्रता* और *कल्याण* का संबंध विशिष्ट विशेषताओं के बारे में व्यक्तियों या समूहों के अंतर के अनुसार भिन्न-भिन्न हो सकता है।

विभिन्न 'अंतरालों' (जैसे आयों, प्राथमिक वस्तुओं, स्वतंत्रताओं, उपयोगिताओं, अन्य उपलब्धियों, अन्य स्वतंत्रताओं) संबंधी विषमताएँ एक-दूसरे से बहुत भिन्न हो सकती हैं। इसका दारोमदार इन अलग-अलग—मगर परस्पर-संबद्ध—चरों के आपसी संबंधों में पाए जानेवाले अंतःवैयक्तिक भेदों पर होगा। मानवीय विविधता जैसे बुनियादी तथ्य का एक परिणाम यह है कि विषमता का मूल्यांकन किस अंतराल में किया जाए, इसके बारे में निश्चित होना विशेष रूप से महत्त्वपूर्ण हो जाता है। व्यक्ति *1* के पास *2* और *3* से अधिक उपयोगी वस्तुएँ हो सकती हैं जबकि *2* की आय *1* और *3* से अधिक हो सकती है, और *3* हो सकता है ऐसे कुछ काम करने के लिए स्वतंत्र हो जो *1* और *2* न कर सकें। वगैरह-वगैरह। जब श्रेणियाँ समान हों तो भी सापेक्ष दूरियाँ (अर्थात् एक स्थिति पर दूसरी स्थिति की श्रेष्ठता की सीमाएँ) विभिन्न अंतरालों में बहुत अलग-अलग हो सकती हैं।

समानतावाद के कुछ बेहद केंद्रीय प्रश्न विभिन्न अंतरालों में समानता के बीच पाए जाने वाले विरोध के ही कारण पैदा होते हैं। समानता के नीतिशास्त्र को उन व्यापक विविधताओं पर ध्यान देना ही होगा जो विभिन्न अंतरालों के संबंधों को प्रभावित करते हैं। मानव प्राणियों की ऐन *विविधता* के ही कारण केंद्रीय चरों की बहुलता भारी अंतर पैदा कर सकती है।

1.7 आय का वितरण, कल्याण और स्वतंत्रता

हमारी शारीरिक और सामाजिक विविधताओं के कारण हम सब अथाह विविधतावाले प्राणी हैं। हम आयु, लिंग, शारीरिक और मानसिक स्वास्थ्य, शारीरिक बल, बौद्धिक योग्यताओं, जलवायु की परिस्थितियों, संक्रामक रोगों के सामने असहायता, सामाजिक परिवेशों और बहुत से दूसरे मुआमलों में एक-दूसरे से अलग हैं। लेकिन विषमता के मूल्यांकन के आम ढाँचे में ऐसी विविधताओं को पूरा-पूरा खपाना मुश्किल है। फलस्वरूप मूल्यांकन संबंधी साहित्य में इस बुनियादी सवाल को अकसर काफी हद तक अछूता छोड़ दिया जाता है।

एक अहम और अकसर उठने वाली समस्या इस बात से पैदा होती है कि विषमता के विश्लेषण में *आय* की विषमता पर ही मुख्य रूप से ध्यान केंद्रित किया जाता है। लोगों को किस हद तक अवसर की वास्तविक विषमता का सामना करना पड़ता है, इसे *आय* की विषमता से आसानी से नहीं समझा जा सकता। कारण कि हम क्या कर सकते हैं और नहीं कर सकते हैं, क्या कुछ पा सकते और नहीं पा सकते हैं, यह सिर्फ हमारी आय पर निर्भर नहीं होता, उस तरह-तरह की शारीरिक और सामाजिक विशेषताओं पर भी निर्भर होता है जो हमारे जीवन को प्रभावित करती हैं, हमें वह बनाती हैं जो हम हैं।

एक आसान सी मिसाल लीजिए। दूसरों के मुकाबले शारीरिक रूप से विकलांग किसी व्यक्ति की तुलनात्मक कठिनाइयों का समुचित आकलन उसकी आय के आधार पर नहीं किया जा सकता। कारण कि जिन उपलब्धियों को वह व्यक्ति महत्त्वपूर्ण समझता है अपनी आय को उनमें रूपांतरित करने में उसे भारी परेशानी का सामना करना पड़ सकता है।[33] यह समस्या सिर्फ इस तथ्य से नहीं पैदा होती कि आय हमारे वास्तविक लक्ष्यों के लिए केवल एक साधन है। यह (1) *अन्य* महत्त्वपूर्ण साधनों के अस्तित्व से, तथा (2) साधनों और हमारे विभिन्न लक्ष्यों के *संबंध* के बारे में अंतःवैयक्तिक भेदों से भी पैदा होती है।

अर्थशास्त्र में विषमता के माप संबंधी साहित्य में ये सवाल कुल मिलाकर उपेक्षित ही रहे हैं। मिसाल के लिए समतुल्य आय को सामाजिक हानि के आधार पर 'विषमता के सूचकांक' तैयार करने के उस दृष्टिकोण पर विचार कीजिए जिसे एटकिंसन (1970 ब) ने प्रस्तुत किया था।[34] सामाजिक कल्याण के समग्र मूल्यांकन से आय की विषमता संबंधी विचारों को *जोड़ने* के प्रयासों में यह दृष्टिकोण अनेक प्रकार से उल्लेखनीय सीमा तक प्रभावशाली और परिणामदायी साबित हुआ है।[35] इस दृष्टिकोण में विषमता की सीमा का आकलन *सभी* व्यक्तियों के लिए एक ही प्रत्युत्तर फलन (रिस्पांस फंक्शन) $u(y)$ का प्रयोग करके किया जाता है; इस फलन का निरूपण व्यक्तिगत आय के आधार पर किया जाता है।[36] इस तरह विषमता को मापने की इस रणनीति में हर व्यक्ति की आय पर सममितीय ढंग से विचार करने की बाध्यकारी विशेषता समाहित है। इससे कोई मतलब नहीं कि आय को कल्याण और स्वतंत्रता में रूपांतरित करने के मुआमले में दूसरों के मुकाबले कुछ लोगों के सामने क्या कठिनाइयाँ आती हैं।[37]

यह बात यकीनन सही है कि इस दृष्टिकोण का मकसद कल्याण के स्तरों की नहीं, विशिष्ट रूप से *आय* के वितरण की विषमता का मूल्यांकन करना है। लेकिन यह आकलन संबंधित व्यक्ति की आय से क्या *उपलब्धि* होती है, इसकी रौशनी में किया जाता है, और ये उपलब्धियाँ ही मिलकर समग्र रूप 'सामाजिक कल्याण' को निर्मित करती हैं। एटकिंसन ने आय की विषमता का आकलन समग्र आय के वितरण की विषमता के परिणाम के रूप में (समुतल्य समग्र आय की इकाइयों में) समाज-कल्याण

की जो हानि होती है, उसकी दृष्टि से किया है।[38] इस प्रेरणा को देखते हुए खुद *आय* की विषमता का आकलन करने के लिए लोगों के जीवन और कल्याण पर आमतौर पर दूसरे कारकों के प्रभावों का अध्ययन करना भी आवश्यक होगा।[39] आमतौर पर विषमता के मापन में दूसरे अंतरालों से संबंधित सूचनाओं को शामिल करना आवश्यक होगा— (1) *स्वयं* इन अंतरालों में विषमता के मापन के लिए भी, और (2) जिस उद्देश्य (एटकिंसन के दृष्टांत में समाज-कल्याण) के आधार पर अंततः आय की विषमता का आकलन करना हो उस पर पड़ने वाले दूसरे प्रभावों को ध्यान में रखते हुए, एक व्यापकतर ढाँचे में *आय की विषमता* का आकलन करने के लिए भी। इन सवालों की और विस्तृत विवेचना अध्याय 6 में की जाएगी।

अंतःवैयक्तिक विविधताओं को खारिज करने की प्रवृत्ति (जैसाकि विषमता के माप संबंधी साहित्य में होता है) केवल विश्लेषण को सीधा और आसान बनाने के व्यावहारिक लोभ से पैदा नहीं होती। यह, जैसाकि ऊपर दिखाया गया है, खुद समानता की लफ्फाजी (जैसे 'सभी इनसान बराबर पैदा हुए हैं') से भी पैदा होती है। ऐसी लफ्फाजी की चमक-दमक हमें मजबूर कर सकती है कि 'इन भेदों पर कोई ध्यान न देकर' या उन्हें, 'नामौजूद मानकर' उनको नजरअंदाज करें। इससे एक से दूसरे अंतराल में, मसलन आय से उपयोगिताओं में, प्राथमिक वस्तुओं से स्वतंत्रताओं में, संसाधनों से कल्याण में एक जाहिरा तौर पर आसान संक्रमण का संकेत मिलता है। इससे समानता संबंधी विभिन्न दृष्टिकोणों के आपसी टकराव में भी कमी आती है—मगर यह भी *जाहिरा तौर पर ही* होता है।

लेकिन इस सुविधा की भारी कीमत चुकानी पड़ती है। इस मान्यता के चलते हम, मिसाल के लिए, कल्याण और स्वतंत्रता के बीच मौजूद उन महत्त्वपूर्ण विषमताओं को नजरअंदाज करने लगते हैं जो (हमारी भिन्न-भिन्न आवश्यकताओं तथा अलग-अलग निजी और सामाजिक परिस्थितियों के कारण) आय के समान वितरण की प्रत्यक्ष *उपज* हो सकती हैं। व्यवहार में सुविधाजनक पगडंडियाँ तथा भारी-भरकम लफ्फाजियाँ, दोनों ही कुछ उद्देश्यों में सहायक तो दूसरे उद्देश्यों के लिए एकदम व्यर्थ और भ्रामक हो सकती हैं।

टिप्पणियाँ

1. देखें राउल्स (1971, 1988 अ), आर. ड्वार्किन (1978, 1981), नागेल (1979, 1986), स्कैनलन (1982, 1988 ब) आधुनिक उपयोगितावादियों ने जो रवैए अपनाए हैं वे एक और पेचीदा सवाल खड़ा करते हैं, जिस पर ज्यादा कुछ बाद में कहा जाएगा। लेकिन 'सभी पक्षों के समान हितों को समान महत्त्व देने' (हैरे 1982 : 26) जैसी कोई चीज या फिर 'सभी व्यक्तियों के हितों को हमेशा समान भारमान प्रदान करने' (हर्सान्यी 1982 : 47) की पद्धति ही इनका प्रस्थान-बिंदु होती है।

2. देखें नोजिक (1973, 1974), जे. एम. बुखानन (1975, 1986)। जे. एम. बुखानन और टलक (1962) भी देखें।
3. जाहिर है यह बात (किसी अंतराल विशेष में) समानता की उन समालोचनाओं पर नहीं लागू होती जिनमें किसी कार्य का प्रस्ताव शामिल न हो। ऐसे किसी रचनात्मक कार्य की प्रस्तुति या समर्थन से किसी *और* अंतराल में समानता की माँग, अक्सर निहित ढंग से, जुड़ी होगी, ऐसी आशा की जा सकती है। किसी अल्प अंतराल में समानता की माँग की यह आशा उन सिद्धांतों पर भी लागू नहीं होती जिनमें मानव का कोई स्थान नहीं है। जैसे 'संपत्ति के कुल बाजार मूल्य में यथासंभव वृद्धि' संबंधी प्रस्तावों पर। किसी-न-किसी प्रकार की समानता की एक अंतर्निहित माँग ऐसे ही किसी *रचनात्मक* प्रस्ताव में संभव है जिसमें किसी-न-किसी मानवीय दशा का प्रयोग किया गया हो।
4. विषमता पर अपनी पिछली किताब (सेन 1973 अ : *आन इकानमिक इनइक्वैलिटी*) में मैंने (अध्याय 1 देखें) इस बात पर कुछ विस्तार से विचार किया है कि कुछ महत्त्वपूर्ण दृष्टियों से उपयोगितावाद क्यों विषमतावादी है। जैसाकि प्रस्तावना में संकेत दिया गया है प्रस्तुत पुस्तक में इस पुस्तक का हवाला ओ ई आई रूप में किया गया है।
5. जॉन राउल्स (1971 : 181) का तर्क है कि 'क्लासिकी उपयोगितावाद व्यक्तियों के आपसी भेद पर गंभीर रूप से विचार करने में एक अर्थ में असफल रहा है।' एक उपयोगितावादी सिद्धांतकार मात्र सुख, आनंद आदि में यथासंभव वृद्धि की पैरवी करता है। वह इस तथ्य पर कोई ध्यान नहीं देता कि ये चीजें विशेष व्यक्तियों की विशेषताएँ हैं। इस हद तक राउल्स के दावे में काफी दम है। पर एक उपयोगितावादी उपयोगिता को एक नितांत वैयक्तिक विशेषता भी मान सकता है जिस पर ध्यान देना ठीक इसीलिए जरूरी है कि संबद्ध व्यक्तियों की भलाई को आदर और सम्मान प्राप्त होता है। इसके बारे में बेंथम (1789), मिल (1861), एजवर्थ (1881), पीगू (1952), हैरे (1981), हर्सान्यी (1982) और मिरलीस, (1982) देखें। उपयोगितावाद की इस सीमित 'पैरवी' को एक समुचित नीतिशास्त्रीय या राजनीतिक सिद्धांत के तौर पर उसका समर्थन न समझा जाए। उपयोगितावाद में सचमुच गंभीर खामियाँ हैं। (मैंने अन्यत्र–सेन 1970 अ, 1979 ब, 1982ब–में उनकी विवेचना का प्रयास किया है।) मगर विभिन्न व्यक्तियों के आपसी भेदों पर गंभीरता से ध्यान न देने का आरोप सामान्यतः उपयोगितावाद के खिलाफ एक सही आरोप नहीं है।
6. इस और इससे जुड़े सवालों पर बी. विलियम्स (1973 अ), सपीज (1977), सेन (1980 अ), आर. ड्दार्किन (1981), राइ (1981), बेते (1983 ब) देखें।
7. इसी तरह पीटर बावेर (1981) ने इसकी जोरदार पैरवी की है कि व्यक्तियों ने जो कुछ 'पैदा' किया है उसके उपयोग पर उन सबका समान अधिकार है। यह भी उस विशेष अंतराल में–व्यक्ति के उत्पादक योगदान के अनुसार उसे पारितोषिक की प्राप्ति के अंतराल में–एक समतावादी माँग है।
8. जे. आर. ल्यूकस (1965, 1980) भी देखें। फ्रैंकफुर्ट की प्रस्थापना की एक तीखी समालोचना के लिए गुडिन (1987) देखें।
9. वास्तव में जो मान्यताएँ समानता की माँग या अस्वीकृति का रूप लेती हैं उन सबके लिए अंतराल की प्रकृति का केंद्रीय महत्त्व होता है। मसलन मेरे *ओ ई आई* में 'समता की एक कमजोर मान्यता' रखी गई है जो *समग्र कल्याण* के अंतराल में समानता को वरीयता दिए जाने का संकेत देती है। वह शर्त संभवतः जरूरत से ज्यादा थी क्योंकि इसमें समग्रमूलक विचारों पर समानता को शब्दकोश वाले अर्थ में प्राथमिकता दी गई थी। फिर भी *अन्य अंतरालों में,* मसलन व्यक्तियों के बीच विशेषज्ञ चिकित्सा सेवा के आवंटन में, औपचारिक अपेक्षा की व्याख्या करने के मुआमले में इस शर्त की कुछ समालोचनाएँ गलत हैं। (देखें जे. ग्रिफिन 1981, 1986; साथ ही ब्रांट , उनकी

समालोचना पर मेरी प्रतिक्रिया के लिए सेन 1980-81 भी देखें)

10. विश्लेषण के स्तर पर ऐसे महत्त्वाकांक्षी दावे की एक क्लासिकी प्रस्तुति और हिमायत के बारे में हैरे (1952, 1963) देखें।

11. कांटवादी एकरूपी ढाँचे के कम-से-कम कुछेक संस्करणों में जो अंतर (मसलन वैयक्तिक प्रतिबद्धताओं या वचनबद्धताओं के जो अंतर) उपेक्षित हो जाते हैं उनको ध्यान में क्यों रखा जाना चाहिए, इसके कारणों के बारे में विलियम्स (1981), हैंपशियर (1982), टेलर (1982) देखें। कुछ संबद्ध प्रश्नों पर विलियम्स (1973 अ) देखें जिसमें इसकी विवेचना भी की गई है कि 'समानता के विचार के विभिन्न तत्त्व' क्यों हमें 'अलग-अलग दिशाओं' में (पृ. 248) खींचते हैं। लेकिन जाहिर है कि भिन्न-भिन्न वचनबद्धताओं और प्रतिबद्धताओं के महत्त्व को स्वीकार करने से अपने नीतिशास्त्र को दूसरों के लिए विश्वसनीय बनाने की जरूरत खत्म नहीं हो जाती।

12. स्कैनलन (1988 अ) भी देखें। संबद्ध प्रश्नों पर राउल्स (1971, 1988 स), बी. विलियम्स (1972, 1985), मैकी (1978 अ), एकरमान (1980, 1988), पर्फिट (1984), ओ' नील (1989) देखें।

13. राउल्स (1985, 1988 अ, 1990) में इस संबंध का परवर्ती, अधिक स्पष्ट विश्लेषण भी देखें।

14. मैकी (1978 अ) देखें। हर्सान्यी (1955) और हैरे (1963) ने उपयोगितावादी नीतिशास्त्र के चयन को उचित ठहराने के लिए निष्पक्षता पर आधारित तर्कपद्धति का प्रयोग किया है। निष्पक्षता की अपेक्षा के रूप में समान सरोकार के विचार का सहारा ऐसे सिद्धांतों की स्थापना के लिए भी लिया जाता है जो स्पष्ट रूप से 'समानता-विरोधी' दिखाई देते हैं। मसलन 'रजामंदी पर आधारित नैतिकता' के समर्थन में गासिपर (1986) जोर देकर कहते हैं; और अपनी समानता की विशेष परिभाषा के आधार पर सही कहते हैं, कि 'समानता हमारे सिद्धांत का कोई बुनियादी सरोकार नहीं है।' मगर फौरन ही वे यह भी सफाई देने लगते हैं कि 'हमने सौदेबाजों की समान बुद्धिमत्ता का सहारा यह दिखाने के लिए लिया है कि उनकी रजामंदी *निष्पक्षता* के नैतिक मानदंड पर खरी उतरती है।' (पृ. 270, जोर हमारा।)

15. इसके बारे में सेन (1970 अ : अध्याय 9) देखें।

16. इस मुद्दे की तुलना जान मैकी (1978 अ : 96) की इस पड़ताल से की जा सकती है कि सार्वभौमीकरण की आवश्यकता 'एक तार्किक प्रस्थापना' है या 'एक तात्त्विक व्यावहारिक प्रस्थापना' है।

17. वस्तुनिष्ठता की संभावना के बारे में नागेल (1980, 1986), मैकडोवेल (1981, 1985), विगिंस (1985, 1987), एच. पुटनैम (1987, 1991) और हर्ली (1989) देखें। दूसरी तरफ हर्मन (1977), मैकी (1978 अ, 1978ब) और बी. विलियम्स (1981, 1985) भी देखें।

18. सेन (1983 ब, 1985 अ) ने इस प्रश्न के कुछ विशेष पहलुओं की विवेचना की है।

19. यह टिप्पणी खासकर *सामाजिक व्यवस्थाओं* पर और इसलिए नैतिकता की बजाय राजनीतिक दर्शन के सिद्धांतों पर लागू होती है। *निजी* व्यवहार के नीतिशास्त्र में विभिन्न व्यक्तियों के साथ सुलूक में स्पष्ट *असममितियों* (एसिमेट्रीज) की इजाजत देने या अपेक्षा करने के पक्ष में जोरदार तर्क दिए गए हैं। मसलन ऐसे तर्कों का संबंध दूसरों के मुकाबले व्यक्ति के अपने हितों, उद्देश्यों और सिद्धांतों पर विशेष ध्यान देने की छूट से, बल्कि संभवतः आवश्यकता से, हो सकता है। या फिर उनका संबंध इस अपेक्षा से हो सकता है कि व्यक्ति अपने परिवार के सदस्यों और जिनसे 'जुड़ा हुआ' है उन दूसरे लोगों के प्रति और अधिक जिम्मेदारी सँभाले। निजी नैतिकता में जो अनेक प्रकार की असममितियाँ पाई जाती हैं उनकी विवेचना बी. विलियम्स (1973 अ, 1973 ब, 1981), मैकी (1978अ), नागेल (1980, 1986), शेफलर (1982), सेन (1982 ब, 1983 ब), रीगन (1983)

और पर्फिट (1984) ने की है। अपेक्षाकृत विशेष प्रकारों की समानता की माँगों के आधार पर इन अपेक्षाओं को समझा जा सकता है। मगर तो भी वे 'अनाम' समानता की आम राजनीतिक धारणाओं के खिलाफ जाती हैं। (इसके बारे में सेन 1970अ देखें)

20. इस अपेक्षाकृत अधिक महत्त्व को स्वयं अंतराल में *निहित* समझा न जाए। मसलन राउल्स (1971, 1982, 1985, 1988 अ) के विश्लेषण में प्राथमिक वस्तुओं की या रोनल्ड ड्वार्किन (1981, 1987) के सिद्धांत में संसाधनों की समानता का औचित्य प्राथमिक वस्तुओं या संसाधनों के निहित महत्त्व के आधार पर नहीं बतलाया गया है। इन अंतरालों में समानता को इसलिए अहम कहा गया है कि वे लोगों को किसी-न-किसी रूप में समान अवसर देने के *साधन* हैं, ताकि वे अपने-अपने लक्ष्यों और उद्देश्यों के लिए प्रयास कर सकें। मेरा दावा है कि यह दूरी वास्तव में इन सिद्धांतों में कुछ आंतरिक तनाव पैदा करती है। कारण कि प्राथमिक वस्तुओं या संसाधनों का व्युत्पन्न महत्त्व सापेक्ष अवसरों पर निर्भर होता है, ताकि प्राथमिक वस्तुओं या संसाधनों को अपने-अपने लक्ष्यों की प्राप्ति या उनके लिए प्रयास करने की स्वतंत्रताओं में रूपांतरित किया जा सके। रूपांतरण की ये सँभावनाएँ भिन्न-भिन्न व्यक्तियों के लिए सचमुच बहुत *अलग-अलग* हो सकती हैं, और मेरा तर्क यह है कि यह बात प्राथमिक वस्तुओं या संसाधनों के स्वामित्व संबंधी समानता के व्युत्पन्न महत्त्व के तर्क को कमजोर करती है। इसके बारे में अध्याय 3 और 5 (साथ ही सेन 1980 अ, 1990 ब भी) देखें।

21. सेन (1982 ब, 1984) में इस दृष्टिकोण की कुछ आलोचना मिलेगी।

22. यहाँ मैं खासतौर पर नोजिक (1973, 1974) का हवाला दे रहा हूँ। उनके दृष्टिकोण के एक पुनर्मूल्यांकन और परिष्कार के लिए नोजिक (1989) देखें।

23. स्वतंत्रता के महत्त्व का पक्ष लेने के अलग-अलग ढंग हो सकते हैं। एक अंतर का संबंध शुभ और उचित की भिन्न-भिन्न धारणाओं से हो सकता है। पहली बात, स्वतंत्रता को एक *शुभ* वस्तु समझा जा सकता है जो लोगों के पास होनी चाहिए, और स्वतंत्रता के हनन को स्थिति की शुभता में कमी का कारण समझा जा सकता है। दूसरे, स्वतंत्रता को शुभता के विचार का घटक नहीं, बल्कि *उचित* सामाजिक व्यवस्था की विशेषता माना जा सकता है। अगर किसी की स्वतंत्रताओं का हनन होता है तो *दूसरों* के क्या कर्त्तव्य हैं, इसके बारे में भी मतभेद हो सकते हैं जो ऊपर के अंतर से असंबद्ध नहीं होंगे। मैंने अन्यत्र (सेन 1970 अ, 1982 ब, 1983 अ, 1992 अ) इन प्रश्नों की विवेचना की है और यहाँ अब उन्हें नहीं उठाऊँगा।

24. इस संदर्भ में 'समान स्वतंत्रता' की प्राथमिकता पर राउल्स (1971 : अध्याय 4) की विवेचना देखें। साथ में बर्लिन (1955-56,1969), वोलहाइम (1955-56), हायेक (1960, 1967), बुखानन (1975, 1986), हक्सर (1978), गुटमान (1980), गुडिन (1988), सपीज (1988) और ल्यूकस (1990) को भी देखें।

25. जिसे 'प्रतिमान' (पैटर्न) कहते हैं उसके बारे में यकीनन कुछ भ्रम हो सकते हैं। कभी-कभी शब्द 'प्रतिमान' का उपयोग घटक विशेषताओं पर कुछ खास अपेक्षाएँ आरोपित करने के लिए किया जाता है, मिसाल के लिए, रंगों की तीव्रताओं के प्रतिमान (जैसे हर इकाई की एक जैसी तीव्रता, या कुल मिलाकर अधिकतम तीव्रता) और जिन विशेष रंगों (जैसे नीला) की तीव्रता परखी जानी है उनके उपयोग के बीच का अंतर समानता और स्वतंत्रता के लिए एक उपयुक्त उपमा है।

26. इससे जुड़ा मगर अलग सवाल भी है कि क्या समानता किसी सामाजिक ढाँचे का भरपूर औचित्य प्रदान करती है। राबर्ट गुडिन (1988 : 51-69) एक दिलचस्प सवाल करते हैं कि क्या 'कल्याणकारी राज्य के कार्यकलापों' में निहित 'जाहिरा समानतावाद' अंततः मात्र 'गौणफल' (एपिफेनामिनल) है। जैसा कि गुडिन कहते हैं, इस तर्क का दारोमदार इस पर है कि समानता को

कैसे परिभाषित किया जाता है। इस प्रश्न पर उनका सकारात्मक उत्तर समानता के विभिन्न विचारों के टकराव पर आधारित है। (जिसे वह 'निष्पक्षता' कहते हैं उसमें निहित विचार भी इनमें से एक है।)

27. वेस्टन (1982 : 596) देखें।

28. इसके बारे में डाल्टन (1920), कोम (1969), एटकिंसन (1970 ब, 1983) को देखें। इस गुण के कुछ और आदर्शमूलक निहितार्थों के बारे में दासगुप्त, सेन और स्टैरेट (1973), रोथ्सचाइल्ड और स्टिग्लिट्ज (1973), और *ओ ई आई* , अध्याय 3 देखें।

29. यह बहुलता सिद्धांततः हू-ब-हू समान है। फिर भी हो सकता है कि अनुभवाश्रित दृष्टि से दक्षता की तुलनाओं के मुकाबले विषमता की तुलना में अंतराल के बारे में अधिक विविधताएँ हों। इस बारे में सेन (1992 ब) देखें।

30. 'न्याय बतौर निष्पक्षता' के बारे में राउल्स के दो सिद्धांतों में प्राथमिक वस्तुओं के वितरण से अंतर सिद्धांत का ही सरोकार है। मुआमले को अति सरल ढंग से न लिया जाए, इसके लिए इन बातों पर ध्यान देना होगा : (1) राडल्स का पहला सिद्धांत, जिसे प्राथमिकता प्राप्त है, सिर्फ निजी स्वतंत्रताओं से संबंधित है (और *समान* स्वतंत्रता की माँग करता है); (2) अंतर सिद्धांत का सरोकार केवल वितरण संबंधी बातों से नहीं, दक्षता से भी है (इस रूप में कि जो भी परिवर्तन बदतरीन समूह समेत हरेक की स्थिति में सुधार लाए उसे सुधार माना गया है); (3) ये सिद्धांत यांत्रिक सूत्र नहीं है, और राउल्स ने अपने न्याय बतौर निष्पक्षता के सिद्धांत के अंग रूप में उनका प्रयोग करते समय काफी कुछ व्याख्या और विश्लेषण का सहारा लिया है। (इस सिद्धांत के ठीक-ठीक दावों पर हाल के स्पष्टीकरणों के बारे में राउल्स 1985, 1988 अ, 1988 ब, 1988 स, 1990; साथ में लैडेन 1991 अ भी देखें।) इन शर्तों के बावजदू जाहिर है कि राउल्स की राजनीतिक नीतिशास्त्र की संरचना में प्राथमिक वस्तुओं के स्वामित्व की समानता एक महत्त्वपूर्ण स्थान रखती है।

31. इस सवाल पर सेन (1990 ब) देखें।

32. राउल्स (1985, 1987, 1988 अ) ने स्वयं व्यक्तियों के बीच *एक और* प्रकार की विविधता पर, अर्थात् उनकी शुभ की अपनी-अपनी धारणाओं के अंतर पर जोर दिया है। इसके कारण वे उद्देश्य अलग-अलग हो जाते हैं जिनके लिए वे अपने-अपने कारणों से प्रयास करते हैं। उद्देश्यों की पूर्ति (या उद्देश्यों की *पूर्ति योग्यता*) में संसाधनों और प्राथमिक वस्तुओं को रूपांतरित करने की योग्यता संबंधी विविधता से इस विषमता को अलग समझना होगा। इनमें से कोई भी विविधता दूसरी से जुड़ी नहीं है तथा दोनों प्रकार की अंतःवैयक्तिक विविधताओं पर विचार करना आवश्यक है। इन सवालों की विवेचना अध्याय 5 में की गई है।

33. इस प्रकार दृष्टांतों को समझने के महत्त्व की आवश्यकता की खासी विस्तृत विवेचना *ओ ई आई,* अध्याय 1 में की गई है। वहाँ इस पर मुख्यतः उपयोगितावाद तथा मात्र *समष्टिगत* (समिंग) उपयोगिताओं के बारे में उसके सरोकार की समालोचना के आधार रूप में विचार किया गया है। मैं उस समालोचना से कुछ भी वापस नहीं लूँगा, पर समस्या वास्तव में उससे कहीं बहुत व्यापक है जितनी उसे मैंने तब बतलाया था। दूसरे प्रामाणिक दृष्टिकोणों की समीक्षा करते हुए स्पष्ट हो जाएगा कि उनमें से लगभग सभी उस समस्या के साथ न्याय करने में असफल रहे हैं जो इस दृष्टांत में दिखाई देती है।

34. विषमता के मूल्यांकन के प्रति इस कल्याणकारी अर्थशास्त्रीय दृष्टिकोण की और आगे विवेचना अध्याय 6 में की गई है।

35. इस दृष्टिकोण की विस्तृत विवेचना *ओ ई आई* अध्याय 3 में की गई है। विषमता के मूल्यांकन पर हालिया साहित्य तथा साथ ही उस साहित्य पर एटकिंसन के दृष्टिकोण के प्रभावों के ज्ञानवर्धक

विवरण और आकलन ब्लैकोर्बी और डोनाल्डसन (1978, 1984) और फोस्टर (1985) के यहाँ मिलेंगे। एटकिंसन (1983) ने स्वयं उस साहित्य का एक आलोचनात्मक मूल्यांकन किया है और उठाए गए कुछ सवालों पर टिप्पणियाँ की हैं। संबद्ध प्रश्नों पर कोम (1969, 1976) देखें।

36. इस *u* फलन की व्याख्या अकसर 'उपयोगिता फलन' के रूप में की गई है। लेकिन जरूरी नहीं कि *u* को 'उपयोगिता' ही माना जाए। इसके बारे में एटकिंसन (1983 : 5-6) देखें। समाज-कल्याण को वैयक्तिक आय का एक अतिरिक्त और अलग किया जा सकने योग्य फलन माना जाता है। संबद्ध व्यक्तियों की आय पर निर्भर समाज-कल्याण के परिणाम हर व्यक्ति के लिए एक ही फलन से व्युत्पन्न है, और फिर उन्हें जोड़कर समग्र समाज-कल्याण की गणना की जाती है। *u* को अगर उपयोगिता मानें (जिसे स्वीकार किया जा सकता है और जिससे शायद सबसे सरल और निश्चित ही सबसे अधिक प्रचलित व्याख्या प्राप्त होती है) तो सभी के लिए एक ही *u* फलन की मान्यता हरेक के लिए समान उपयोगिता फलन की मान्यता बन जाती है। लेकिन और भी आम सतह पर लें तो *u(y)* की चाहे जो व्याख्या स्वीकार कीजिए, *उस* फलन में सभी के लिए समान होने की विशेषता होनी चाहिए। इसी तरह मैंने अपनी पुस्तक *ओ ई आई* (पृ. 38-42) में एटकिंसन के माप को विस्तारित करके उसे ऐसी रूपरेखा पर लागू करने का प्रस्ताव रखा था जो जरूरी नहीं कि अतिरिक्त और अलग की जाने योग्य हो। उसमें एक *सममितीय* (सिमेट्रिकल) समग्र *w* फलन की मान्यता का अर्थ यह होगा कि हरेक की आय का *समग्र* प्रभाव एक ही होगा। औपचारिक रूप से ये सब बातें अनेक अलग-अलग निहित मान्यताओं से मेल खाती हैं। फिर भी केंद्रीय प्रश्न विभिन्न लोगों के लिए (आय और उपलब्धि के बीच) *एक ही* रूपांतरण संबंध की मान्यता पर आधारित है। रूपांतरण के सामान्य प्रश्न पर फिशर और शेल (1972), सेन (1979 स) और फिशर (1987) देखें।

37. सभी के लिए ही उपयोगिता फलन को लें तो उपयोगिता को आय (या आय और कार्य) से जोड़ना भी संसाधनों के आवंटन की कई दूसरी शाखाओं में काफी कुछ प्रामाणिक है। मिसाल के लिए, 'अभीष्टतम कराधान' संबंधी साहित्य में जिसकी बुनियाद जेम्स मिरलीस (1971) ने रखी थी। उस साहित्य का एक सुविधाजनक विवरण टुओमला (1971) ने दिया है। यह बात लागत-लाभ विश्लेषण पर भी लागू होती है; ड्रेज और सेन (1987) का आलोचनात्मक सर्वेक्षण देखें।

38. इस दृष्टिकोण (देखें एटकिंसन 1970 ब, 1975, 1983) से विश्लेषण की एक ऐसी शैली विकसित होती है जिसकी खोज मूलतः डाल्टन (1920) ने की थी और जिसे कोम (1969) ने भी पुनर्स्थापित किया। इस दृष्टिकोण की मुख्य बातों और उसमें निहित विश्लेषण की विवेचना *ओ ई आई* में भी की गई है।

39. इस और संबद्ध प्रश्नों पर अंतःदृष्टि से संपन्न टिप्पणियों के लिए एटकिंसन (1983 : भाग 1) देखें।

2

स्वतंत्रता, उपलब्धि और संसाधन

2.1 स्वतंत्रता और चयन

किसी सामाजिक व्यवस्था में एक व्यक्ति की स्थिति को दो प्रकार से परखा जा सकता है : (1) उसकी वास्तविक उपलब्धि की दृष्टि से, और (2) उसकी उपलब्धि की स्वतंत्रता की दृष्टि से। उपलब्धि का संबंध इससे है कि हम क्या-क्या कर *पाते* हैं, और स्वतंत्रता का संबंध जिसे हम महत्त्वपूर्ण समझते हैं उसे कर पाने के *वास्तविक अवसर* से है। जरूरी नहीं कि दोनों समान हों। विषमता पर विचार उपलब्धियों और स्वतंत्रताओं की दृष्टि से किया जा सकता है और दोनों का सहधर्मी होना आवश्यक नहीं। यह अंतर दक्षता को परखने के लिए भी महत्त्वपूर्ण है जिसे वैयक्तिक उपलब्धियों *या* उपलब्धि की स्वतंत्रताओं के आधार पर परखा जा सकता है। इस तरह उपलब्धि और स्वतंत्रता का अंतर सामाजिक मूल्यांकन के लिए केंद्रीय महत्त्व रखता है।[1]

उपलब्धि को परखने के यकीनन कई ढंग हैं। जैसे उपयोगिता (प्राप्त खुशियों या पूरी हुई इच्छाओं), या समृद्धि (प्राप्त हो रही आय या उपभोग), या जीवन की गुणवत्ता (जैसे जीवन स्तर के कुछेक मापों) के आधार पर।[2] जैसाकि पिछले अध्याय में दिखाया गया है, इन विभिन्न अंतरालों के चयन का सवाल हमारे जीवन और उपलब्धियों के मूल्यांकन के लिए एक बहुत ही महत्त्वपूर्ण सवाल है। साथ ही यह विषमता के मूल्यांकन (खासकर 'समानता किस चीज की ?' सवाल का जवाब देने) के लिए केंद्रीय महत्त्व का प्रश्न भी है। लेकिन उपलब्धि के निरूपण के किसी भी विशेष ढंग के साथ एक और सवाल भी जुड़ा हुआ है। यह सवाल (1) *उपलब्धि* की सीमा, और (2) उपलब्धि की *स्वतंत्रता* के अंतर का है।

वैयक्तिक लाभ की स्थितियों के मूल्यांकन और उत्तम सामाजिक व्यवस्थाओं के आकलन के कुछ सुज्ञात दृष्टिकोणों का सरोकार प्रत्यक्षतः केवल उपलब्धि से रहा है। ये उपलब्धि की स्वतंत्रता को पूरी तरह साधन वाला महत्त्व देते, उसे वास्तविक उपलब्धियों का साधन मानते रहे हैं। एक सुस्पष्ट उदाहरण उपयोगितावाद का है। उपयोगितावादी दृष्टिकोण की विशेषताएँ इस प्रकार हैं : (1) सामाजिक आकलन के लिए अंतःवैयक्तिक तुलनाओं को केवल उपलब्धियों तक सीमित रखना, और (2) उपलब्धियों की पहचान प्राप्त उपयोगिताओं के रूप में करना। वैयक्तिक और

सामाजिक आकलन के लिए अलग-अलग उपयोगिताओं की अंतःवैयक्तिक तुलनाओं पर उपयोगितावादियों के ध्यान का केंद्र ये ही दो विशेषताएँ हैं।

इसी तरह सामाजिक कल्याण के बर्गसाँ-सैमुअलसन फलन प्रत्यक्ष रूप से केवल उपलब्धियों (जैसे वरीयता की पूर्ति, उपभोक्ता की संतुष्टि) पर ध्यान देते हैं और वैयक्तिक स्वतंत्रता को केवल अप्रत्यक्ष, उपलब्धि के साधन रूप में महत्त्व देते हैं। इन फलनों की प्रस्तुति और जाँच-परख उनकी क्लासिक रचनाओं (बर्गसाँ 1938; सैमुअलसन 1947) में मिलती है। ऐरो के सामाजिक चयन के संगत ढाँचों पर भी यह बात एक हद तक लागू होती है।[3] इन ढाँचों का संबंध भी मुख्यतः स्थितियों के बारे में व्यक्तियों की वरीयताओं से है; वे खुद स्थितियों *के बीच* चयन की स्वतंत्रता पर ध्यान नहीं देते। लेकिन बहुत कुछ इस बात पर निर्भर है कि स्थितियों का निरूपण कैसे किया जाता है—खासतौर से इस पर कि क्या दूसरी स्थितियों में *पहुँचने* के विकल्प हर विशेष स्थिति के *अंग* हैं।[4] सामाजिक चयन के सिद्धांत के हालिया विकासक्रमों में स्वतंत्रता संबंधी विचार-विमर्श को स्वाधीनता के मूल्यांकन के विशेष संदर्भ में, मूल्यांकन के ढाँचे के तहत, लाने की कोशिशें की गई हैं।[5]

केवल उपलब्धियों पर ध्यान देने की प्रवृत्ति को अभी हाल में ऐसे तर्कों से चुनौती मिली है जिनके अनुसार राजनीतिक मूल्यांकन उपलब्धि के *साधनों* पर केंद्रित होना चाहिए जैसे 'प्राथमिक वस्तुओं' के वितरण से राउल्स का सरोकार, 'संसाधनों' के वितरण पर ड्वार्किन का जोर, आदि। चूँकि संसाधनों और प्राथमिक वस्तुओं आदि के रूप में मौजूद साधन निश्चित रूप से (दूसरी बातों के समान रहते हुए) उपलब्धि की स्वतंत्रता में बढ़ोत्तरी करते हैं इसलिए मात्र उपलब्धियों के मूल्यांकन से ध्यान हटाकर इन प्रयासों को स्वतंत्रता की *तरफ* ले जाने वाले कदम मानना गलत नहीं होगा। अगर हमारा लक्ष्य संसाधनों के या प्राथमिक वस्तुओं के अंतराल में समानता पाना है तो इसे मात्र 'उपलब्धि' से ध्यान हटाकर मूल्यांकन-कार्य को स्वतंत्रता के आकलन की ओर ले जाया जाना माना जा सकता है।

पर साथ ही यह भी मानना होगा कि संसाधनों या प्राथमिक वस्तुओं के स्वामित्व के समान हो जाने पर जरूरी नहीं कि विभिन्न व्यक्तियों को प्राप्त स्वतंत्रताएँ भी समान हो जाएँ। कारण कि स्वतंत्रताओं में संसाधनों या प्राथमिक वस्तुओं के *रूपांतरण* को लेकर महत्त्वपूर्ण अंतर संभव हैं। रूपांतरण की समस्याओं में कुछ बेहद पेचीदा सामाजिक मुद्दे गुँथे हुए हो सकते हैं, खासकर तब जबकि संबद्ध उपलब्धियाँ पेचीदा अंतःसमूह संबंधों और अंतःक्रियाओं से प्रभावित हो रही हों।[6] पर जैसा कि पहले दिखाया गया है, रूपांतरण संबंधी अंतर मामूली शारीरिक भेदों से भी पैदा हो सकते हैं। मिसाल के लिए (पहले दिए मामूली से उदाहरण के आधार पर देखें तो) एक गरीब औरत की कुपोषण से स्वतंत्रता सिर्फ उसके संसाधनों और बुनियादी सामानों के मालिकाने पर (जैसे खाना खरीदने की उसकी क्षमता पर आय के असर के मार्फत से) ही निर्भर नहीं होगी; यह उसकी उपापचय दरों, लिंग, गर्भावस्था, जलवायु, परजीवियों से फैलने वाले

रोगों की संभावना आदि पर भी निर्भर होगी। संभव है, एक समान आय और (राउल्स या ड्वार्किन के सिद्धांतों में निरूपित अर्थ में) एक जैसे प्राथमिक वस्तुओं और संसाधनोंवाले व्यक्तियों में से एक को कुपोषण से बचने की पूरी स्वतंत्रता प्राप्त हो, पर दूसरा इस स्थिति को पाने के लिए इस कदर स्वतंत्र न हो।[7]

उपलब्धि की बजाय उपलब्धि के *साधनों* पर (प्राथमिक वस्तुओं पर राउल्स के या संसाधनों पर ड्वार्किन के जोर के रूप में[8]) दिए जाने वाले जोर के कारण हो सकता है कि आर्थिक साहित्य का ध्यान स्वतंत्रता के महत्त्व को समझने की *ओर* मुड़ा हो, पर यह परिवर्तन स्वतंत्रता के *परिमाण* को समझने के लिए पर्याप्त नहीं है। अगर हमारा सरोकार स्वतंत्रता बजाते-खुद से है तो हमारे पास जो कुछ पाने की शक्ति है उसकी प्राप्ति के वैकल्पिक उपायों के रूप में स्वतंत्रता को निरूपित करने से हम बच नहीं सकते। इससे पहले कि हम (परिच्छेद 2.3 तथा अध्याय 3.5 में) इस अधिक श्रमसाध्य प्रश्न की विवेचना करें, हमें उपलब्धि और स्वतंत्रता के अंतर के एक और अहम पहलू को खँगालना होगा जिसका संबंध मानक आर्थिक सिद्धांत से है।

2.2 वास्तविक आय, अवसर और चयन[9]

उपलब्धि और स्वतंत्रता के अंतर को वास्तविक आय के विश्लेषण की दो अलग-अलग व्याख्याओं से दर्शाया जा सकता है। ये व्याख्याएँ आर्थिक साहित्य में मिलती हैं और अकसर इनमें स्पष्ट अंतर नहीं किया जाता। वास्तविक आय के मूल्यांकन को उस लाभ का मूल्यांकन समझा जा सकता है जो कोई व्यक्ति अपने हासिल किए हुए मालों के किसी *विशेष समूह* से प्राप्त करता है : 'क्या समूह x इस व्यक्ति के लिए y की अपेक्षा बेहतर समूह है ?' यहाँ तुलना सीधे-सीधे चुने गए वस्तु-समूहों की प्रकृति के बीच है, और हम इसे 'चयन (सेलेक्शन) का दृष्टिकोण' कह सकते हैं। या फिर यह भी हो सकता है कि केवल खरीदी गई विशेष वस्तुओं पर ध्यान न देकर उन सभी वस्तु-समूहों के *समुच्चय* (सेट) पर ध्यान दिया जाए जिनको वह व्यक्ति उस आय से खरीद *सकता था :* 'क्या बजट-समुच्चय A इस व्यक्ति को बजट-समुच्चय B की अपेक्षा बेहतर विकल्प मुहैया करता है ?' इसे 'विकल्पों का दृष्टिकोण' कहा जा सकता है।

वास्तविक आय की तुलनाओं के स्वयंसिद्ध ढाँचे की तार्किकता तुलनाओं की व्याख्या पर निर्भर करती है और प्रत्यक्षतः या निहितार्थ रूप में, चयन और विकल्प, दोनों ही दृष्टिकोणों का व्यापक उपयोग होता रहा है।[10] विकल्पों के दृष्टिकोण का उपयोग समुच्चय B से y की अपेक्षा समुच्चय A से x के चयन की श्रेष्ठता जताने का रूप ले चुका है बशर्ते कि समुच्चय A अन्य बातों के अलावा y के चयन की संभावना भी प्रस्तुत करता हो।[11] यह वास्तविक आय की तुलना का 'उद्‌घाटित वरीयता' (रिवील्ड प्रेफरेंस) का दृष्टिकोण है।[12] इसकी तार्किकता चयन की स्वतंत्रता की किसी विशेष तुलना के मकसद से दामों और खरीदारी के आँकड़ों के उपयोग पर आधारित है, यानी इस पर कि क्या कोई A में से भी वही वस्तु चुन सकता है जो उसने B में से चुनी है।

दूसरी तरफ चयन का दृष्टिकोण केवल वस्तु-समूहों x और y की तुलना पर ध्यान केंद्रित करता है, और इसके लिए वरीयताओं के एक विशेष ढाँचे (खासकर *उत्तलता (कंवेक्सिटी)*, मूलतः विस्थापन की अवृद्धिक सीमांत दरों) की मान्यता लेकर चलता है। दामों और खरीदारियों के आँकड़ों का उपयोग *स्थानीय रूप से* (अर्थात् वास्तव में खरीदी गई मात्राओं के आधार पर) विभिन्न वस्तुओं को दिए जाने वाले सापेक्ष भारमानों के निश्चय के लिए किया जाता है। विस्थापन की अवृद्धिक सीमांत दरों की मान्यता का उपयोग इसे तय करने के लिए किया जाता है कि क्या A से चुने गए वस्तु-समूह x को B से चुने गए y के मुकाबले बेहतर ठहराया जा सकता है।[13] इस पद्धति में चयन बजाते-खुद के अवसरों की तुलना नहीं की जाती।

ये दोनों ही दृष्टिकोण प्रामाणिक मान्यताओं के तहत वास्तविक आय की तुलना से मिलते-जुलते परिणाम सामने लाते हैं। मगर (1) उनकी रणनीतियाँ अलग-अलग हैं, और (2) अगर (प्रतियोगिता मूलक बाजारों जैसी) प्रामाणिक मान्यताएँ छोड़ दी जाएँ तो उनसे अलग-अलग निष्कर्ष प्राप्त होते हैं।[14] यहाँ हमारा सरोकार दोनों रणनीतियों के अंतर से है, खासतौर पर *विकल्पों* की तुलना तथा सीधे-सीधे *चुने गए* वस्तु-समूहों की अच्छाई की तुलना के वैपरीत्य से।

फिर भी मैं यह बात कहूँगा कि उद्घाटित वरीयता के दृष्टिकोण में विकल्पों वाली रणनीति के उपयोग में भी—वास्तव में विश्लेषण इस प्रकार किए गए हैं कि—अपने आप में चयन की स्वतंत्रता के परिमाण का हकीकतन कोई *अंतर्जात* (इंट्रिंसिक) महत्त्व नहीं दिया गया है। इसकी बजाय चयन के अवसरों को केवल वरीयता प्राप्त वस्तु-समूहों को पाने का *साधन* समझा गया है। लेकिन उद्घाटित वरीयता के दृष्टिकोण में विकल्पों की तुलना के तर्कशास्त्र को इस तरह से जरूर विस्तार दिया जा सकता है कि खुद चयन की स्वतंत्रता का एक अंतर्जात महत्त्व स्थापित हो।[15] चयन का दृष्टिकोण सीधे-सीधे वस्तु-समूहों की अच्छाई को देखता है। (किसी और बात से इसे मतलब नहीं होता।) मगर वहीं विकल्पों के दृष्टिकोण के आधार पर चयन की स्वतंत्रता के परिमाणों की तुलना की जा सकती है। उद्घाटित वरीयता संबंधी साहित्य में स्वतंत्रता बजाते-खुद का कोई अंतर्जात महत्त्व नहीं है और इसका मूल्यांकन शुद्ध रूप से साधन के तौर पर (चुने गए वस्तु-समूह के मूल्य के आधार पर) किया जाता है। लेकिन (अगर स्वतंत्रता को अपने आप में महत्त्वपूर्ण समझा जाए तो) विश्लेषण की इसी तकनीक के सहारे स्वतंत्रता के अंतर्जात मूल्य का आकलन करने के लिए भी रखा जा सकता है।

2.3 संसाधनों से भिन्न रूप में स्वतंत्रता

अब हम *स्वतंत्रता* और *स्वतंत्रता के साधनों* (जैसे अधिक स्वतंत्रता पाने में प्राथमिक वस्तुओं या संसाधनों) के अंतर की ओर फिर पलटते हैं। आरंभ हम वस्तुओं के उपयोग के संदर्भ में इस अंतर को समझने के प्रयास से कर सकते हैं; हालाँकि यह हमारा अंतिम ध्यानकेंद्र नहीं है। 'बजट-समुच्चय' इस अंतराल में संबद्ध व्यक्ति की स्वतंत्रता, अर्थात्

विभिन्न वैकल्पिक वस्तु-समूहों के उपयोग की स्वतंत्रता के परिमाण का सूचक है। यह बजट-समुच्चय उस व्यक्ति के संसाधनों पर (इस दृष्टांत में आय के स्तर तथा विशेष मूल्यों पर वस्तुएँ खरीदने के अवसर पर) आधारित होता है। जिन संसाधनों पर बजट-समुच्चय निर्भर होता है उनका और खुद बजट-समुच्चय का अंतर स्वतंत्रता के *साधनों* तथा स्वतंत्रता के *परिमाण* (इस दृष्टांत में इसे सभी को प्राप्य उपभोक्ता वस्तुओं के समूहों के रूप में समझा जा सकता है) के सामान्य अंतर का एक आसान सा उदाहरण है।

उपलब्धि से हटकर संसाधनों पर (अर्थात् *चुने गए* वस्तु-समूह से हटकर उन वस्तु-समूहों को खरीद सकने वाली आय पर) ध्यान केंद्रित करने की इस पद्धति को (जैसा पहले ही कहा जा चुका है) स्वतंत्रता पर अधिक ध्यान देने की *दिशा* में एक कदम माना जा सकता है। कारण कि हम वस्तु-समूहों के किस समुच्चय से चयन कर सकते हैं, इसका पता संसाधन ही देते हैं।[16] व्यक्ति की वास्तव में क्या उपलब्धियाँ हैं, इससे अलग संसाधनों पर व्यक्ति के अधिकार के आधार पर उसकी लाभ की स्थितियों को परखने की यह रणनीति अपना ध्यान उपलब्धियों से हटाकर स्वतंत्रता के साधनों पर लगाने की रणनीति है। यह एक स्पष्ट अर्थ में स्वतंत्रता के प्रति कृतज्ञता ज्ञापन ही है।

समकालीन राजनीतिक और नैतिक दर्शनशास्त्र के अनेक महत्त्वपूर्ण विकासक्रमों ने (जैसे राउल्स के न्याय-सिद्धांत में प्राथमिक वस्तुओं पर जोर ने और 'संसाधनों की समानता' के पक्ष में ड्वार्किन के तर्कों ने) किसी-न-किसी रूप में, वैयक्तिक लाभकारी स्थितियों की अंतःवैयक्तिक तुलनाओं के आधार के रूप में, *संसाधनों* पर व्यक्ति के अधिकार पर ध्यान केंद्रित किया है। ये सिद्धांत अंशतः समानता के महत्त्व के प्रति मौजूद एक सरोकार से प्रेरित रहे हैं।

यह (जहाँ तक स्वतंत्रता का सवाल है) सही दिशा में उठाया गया एक कदम है। फिर भी स्वतंत्रता पाने में *सहायक संसाधनों* तथा *स्वयं स्वतंत्रता* के परिमाण के बीच का अंतर सिद्धांत की सतह पर महत्त्वपूर्ण है और व्यवहार में इसकी नाजुक अहमियत हो सकती है। स्वतंत्रता को सिर्फ उपलब्धि से नहीं, बल्कि संसाधनों से और स्वतंत्रता के साधनों से भी भिन्न समझना होगा।[17]

संसाधनों को वस्तु-समूहों में बदलने के मुआमले में अंतःवैयक्तिक अंतर की यह समस्या अपेक्षाकृत असंभव लग सकती है। कारण कि इन विषयों से संबंधित आर्थिक साहित्य में एक समान दामों, प्रतियोगितामूलक बाजारों आदि की प्रामाणिक मान्यताएँ भी रखी जाती हैं। लेकिन यह अंशतः सिद्धांत का वाक्छल है। व्यवहार में असमान मूल्य और रूपांतरण के दूसरे अंतःवैयक्तिक अंतर आम पाए जाते हैं। पर इससे भी अहम बात यह है कि अगर हम एक बार वस्तुओं के अंतराल से ध्यान हटा लें और इस अंतराल पर ध्यान दें कि व्यक्ति वास्तव में क्या कर या बन सकता है (या कैसी जिंदगी गुजार सकता है) तो रूपांतरण में अंतःवैयक्तिक अंतर के अनेक और भारी स्रोत दिख सकते हैं।[18]

किसी व्यक्ति के पास जो संसाधन हैं या जो प्राथमिक वस्तुएँ हैं, वे यह करने या वह बनने के बारे में उस व्यक्ति की वास्तव में प्राप्त स्वतंत्रता के बहुत ही अधूरे सूचक हैं।[19] जैसाकि पिछले अध्याय में दिखाया गया, विभिन्न व्यक्तियों की निजी और सामाजिक विशेषताएँ, जो बहुत अलग-अलग हो सकती हैं, *उपलब्धियों* में संसाधनों और प्राथमिक वस्तुओं के रूपांतरण की प्रक्रिया में अच्छे-खासे अंतःवैयक्तिक अंतर पैदा कर सकती हैं। और ठीक इसी कारण से इन निजी और सामाजिक विशेषताओं के अंतःवैयक्तिक अंतर उपलब्धि की *स्वतंत्रता* में संसाधनों और प्राथमिक वस्तुओं के रूपांतरण में भी ऐसे ही अंतर पैदा कर सकते हैं।

अगर चयन की स्वतंत्रता में हमारी दिलचस्पी है तो हमें देखना होगा कि वास्तव में व्यक्ति के पास *चयन के कितने विकल्प* हैं। हम यह न समझें कि उसके *संसाधनों* पर विचार करने से वैसे ही निष्कर्ष प्राप्त होंगे। समकालीन राजनीतिक दर्शनशास्त्र में संसाधनों के आधार पर अंतःवैयक्तिक तुलनाएँ करने के प्रयासों (जैसे राउल्स और ड्वार्किन के प्रयासों) को निश्चित ही ऐसे प्रयास माना जा सकता है जो हमें स्वतंत्रता पर ध्यान देने की *दिशा* में ले जाते हैं, पर ये प्रयास काफी कुछ अपर्याप्त हैं।[20] संसाधनों और प्राथमिक वस्तुओं की तुलनाएँ आमतौर पर स्वतंत्रता की तुलनाओं का आधार नहीं बन सकतीं। स्वतंत्रता को महत्त्व देना हमसे बहुत अधिक ध्यान की अपेक्षा करता है—ऐसी अपेक्षा जो किसी और बात पर नज़र रखते हुए पूरी ही नहीं की जा सकती।[21]

टिप्पणियाँ

1. विभिन्न प्रकार की अर्थव्यवस्थाओं के मूल्यांकन के संदर्भ में स्वतंत्रता के परिप्रेक्ष्य की महत्ता की पड़ताल यूरोपीय आर्थिक समिति द्वारा आयोजित एक परिचर्चा में, कोर्नाय (1988), लिंडबेक (1988), और सेन (1988 अ) ने की है।
2. 'जीवन स्तर' पर टैनर व्याख्यान देते हुए मैंने इनमें स कुछ प्रश्न उठाए हैं। देखें सेन आदि (1987), जिसमें वाद-विवाद में भाग लेनेवाले जान म्यूलबावेर, रवि कँवर, कीथ हार्ट, बर्नाड विलियम्स और जियोफ्री हाथर्न की टिप्पणियाँ और विश्लेषण भी शामिल हैं। इस संकलन का संपादन भी जियोफ्री हाथर्न ने किया है।
3. देखें ऐरो (1951, 1963)।
4. इस पांडुलिपि को पूरा कर चुकने के बाद मैंने मई 1991 में स्टैनफर्ड विश्वविद्यालय में केनेथ ऐरो व्याख्यान ('फ्रीडम एंड सोशल च्वायस') में सामाजिक चयन के सिद्धांत के ढाँचे में स्वतंत्रता के परिप्रेक्ष्य को समाहित करने की संभावना परखने का प्रयास किया है।
5. इस दिशा में सेन (1970 अ, 1970 स) ने एक प्रयास किया है। सामाजिक चयन के सिद्धांत में स्वतंत्रता की व्याख्या संबंधी विशाल साहित्य की भरपूर विवेचना और छानबीन दूसरों के अलावा सुजूमुरा (1983), रिगिल्सवर्थ (1985) और राइली (1987) ने की है। स्वतंत्रता के महत्त्व की व्याख्या के संदर्भ में (1) परंपरागत सत्ताविरोधी वक्तव्यों, (2) कल्याणकारी अर्थशास्त्र के मानक वक्तव्यों, और (3) क्रीड़ा-सिद्धांत की व्याख्याओं के मुकाबले सामाजिक चयन के ढाँचे के लाभ भी

हैं और उसकी कुछ सीमाएँ भी हैं। इन और संबद्ध प्रश्नों की विवेचना एक विशद साहित्य में की गई है जिसमें सामाजिक चयन के ढाँचे में स्वतंत्रता संबंधी विचारों को समोने के ढंग भी परखे गए हैं। ऐसे साहित्य में अन्य के अलावा निम्नलिखित कृतियाँ शामिल हैं : सेन (1970 अ, 1976 स, 1982 ब, 1982 स, 1983 अ, 1992 अ), न्ग (1971, 1979), बत्रा और पटनायक (1972), पीकाक और रोली (1972), नोजिक (1973, 1974), बेर्नहोल्ज (1974, 1980), गिबर्ड (1974), बलाउ (1975), फाइन (1975 ब), सील (1975, 1986 ब, 1990), कैंपबेल (1976, 1989), फेरेल (1976) केली (1976 अ, 1976 ब, 1978), आल्ड्रिच (1977), ब्रेयर (1977), पेरेली-मिनेटी (1977), फेरेजान (1978), कर्नी (1978), स्टीवेंस और फोस्टर (1978), सुजूमुरा (1978, 1980, 1983, 1991), आस्टिन-स्मिथ (1979, 1982), म्यूलर (1979), बर्निस (1980) ब्रेयर और गार्डनर (1980), ब्रेयर और गिग्लियोत्ती (1980), फाउंटेन (1980), गार्डनर (1980), मैकलियन (1980), वील (1980) गैर्टनर और क्रूगर (1981, 1983), ग्यार्डिनफोर्स (1981), पी. जे. हैमंड (1981, 1982), श्वार्ट्ज (1981, 1986), सुग्डेन (1981, 1985), लेवी (1982, 1986), रिगिल्सवर्थ (1982, 1985), चैपमैन (1983), के. बसु (1984), गैर्टनर (1985, 1986), केल्सी (1985, 1988), शोटर (1985), कफलिन (1986), बैरी (1986), एल्स्टर और हाइलैंड (1986), हाइलैंड (1986), वेब्स्टर (1986), हैरेल और निट्ज़न (1987), मैकइनटायर (1987, 1988), मेजेट्टी (1987), नुर्मी (1987), रिली (1987, 1989 अ, 1989 ब), सोंस्टेगार्ड (1987), सुब्रमण्यन (1987), एलेन (1987), गिग्लियोत्ती (1988), पटनायक (1988), एस. ओ. हैंसन (1988), देव (1989), ग्यार्डिनफोर्स और पेटिट (1989), ए. हैमलिन (1989), हर्ली (1989), वैलेंटाइन (1989), शू (1990), गैर्टनर, पटनायक और सुजूमुरा (1992) तथा अन्य।

6. यह निर्धनता के आकलन का एक खासतौर पर महत्त्वपूर्ण प्रश्न है जिसमें समुदाय के जीवन में भाग लेने जैसे कुछ न्यूनतम सामाजिक प्रकार्यों में प्राप्त असफलता पर ध्यान दिया जाता है। इसके बारे में सेन (1983 द) तथा आगे अध्याय 7 देखें।
7. अनुभवाश्रित उदाहरणों के साथ इस तरह के प्रश्न के व्यावहारिक महत्त्व पर सेन (1985 ब), खासकर परिशिष्ट *अ* और *ब* देखें। आर्नेसन (1989 अ, 1990 अ, 1990 ब, 1991) तथा जी. ए. कोहेन (1989, 1990, 1992) भी देखें।
8. ड्वार्किन के प्रस्ताव में बहुत सारी बातों का दारोमदार वास्तव में निजी व्याधियों के खिलाफ उनके बीमा उपायों के कार्यक्षेत्र और विस्तार पर है।
9. इस परिच्छेद में आर्थिक सिद्धांत की कुछ मानक पद्धतियों का सहारा लिया गया है। इससे यह बाकी पुस्तक की अपेक्षा कुछ अधिक 'तकनीकी' हो गया है, पर कोई भारी, विशेषज्ञोंवाला ज्ञान भी नहीं चाहिए। फिर पुस्तक की रचना इस प्रकार की है कि अगर यह परिच्छेद छोड़ भी दिया जाए तो किसी गैर-अर्थशास्त्री पाठक के लिए बाद के परिच्छेदों को समझना मुश्किल नहीं होगा।
10. इन उपयोगों की छानबीन सेन (1979 स) में की गई है।
11. ध्यान दें कि यह समुच्चय A और B की *पूरी* तुलना नहीं है, बल्कि यह B से चुने गए तत्त्व y की रौशनी में A को परखने के समान है।
12. सैमुअलसन (1938, 1947); साथ ही हाउथेकर (1950) और लिटिल (1950) भी देखें। 'उद्घाटित वरीयता' के दृष्टिकोण में चयन के विकल्पों की तुलना करके किसी व्यक्ति का उपयोगिता फलन, विभिन्न वस्तु-समूहों के संकलनों से उसके चयन के आधार पर, निकाला जाता है। चयन से उपयोगिता का पता करने की इस पद्धति में अनेक समस्याएँ हैं। इनमें व्यक्ति के लक्ष्यों की प्रकृति संबंधी कुछ कठिन पूर्वमान्यताएँ तथा व्यक्ति के निजी उपयोगिता फलन के रूप

में लक्ष्य के फलन की व्याख्या भी शामिल हैं। (इसके बारे में सेन 1973 ब, 1977 स देखें।) यहाँ हमारा सीधा सरोकार प्रेक्षित चयनों से निजी उपयोगिता के फलनों को 'वापस लेने' की रणनीति से नहीं, उस अंतःदृष्टि से है जो किसी व्यक्ति *के चुने हुए* वस्तु-समूहों की बजाय उसके चयन के *विकल्पों* की तुलना करके प्राप्त होती है। इस तरह हम यहाँ 'उद्घाटित वरीयता' की तर्क-पद्धति की पूरी शृंखला का नहीं, उसके एक भाग का ही उपयोग कर रहे हैं।

13. हिक्स (1939, 1940), सैमुअलसन (1947) और ग्राफ (1957) देखें।
14. इसके बारे में मजूमदार (1969) और सेन (1979 स) देखें।
15. स्वतंत्रता के *साधनवत* और *अंतर्जात* मूल्य के अंतर के महत्त्व और आर्थिक सिद्धांत के लिए उनके निहितार्थों के बारे में सेन (1988 अ) देखें।
16. मगर ध्यान रखें कि किसी विशेष समय में एक व्यक्ति को प्राप्त संसाधन या स्वतंत्रताएँ अतीत की उपलब्धियों के परिणाम हो सकते हैं। उपलब्धियों तथा स्वतंत्रता के साधनों के वैपरीत्य पर विचार करते हुए हमारा इस संबंध से इनकार करने का कोई इरादा नहीं। सच तो यह है कि इस संबंध के और भी भरपूर निरूपण के लिए संबद्ध अंतःसंबंधों का एक समुचित अंतःकालिक विवरण आवश्यक होगा।
17. वस्तुओं के अंतराल तक में किसी व्यक्ति का वस्तु-समूहों के जिस *समुच्चय* पर अधिकार है वह (वस्तुओं के उस अंतराल में) स्वतंत्रता का एक बेहतर सूचक हो सकता है, बनिस्बत उन संसाधनों के, जिनका इस्तेमाल वस्तु-समूहों के किसी समुच्चय पर अधिकार पाने के लिए किया जा सकता है। हम द्वितीयोक्त से प्रथमोक्त पर पहुँचते तो हैं, पर यह रूपांतरण कुछ संबद्ध परिस्थितियों, जैसे बाजारों और दामों पर निर्भर होगा। अगर ये रूपांतरण अलग-अलग व्यक्तियों के लिए भिन्न-भिन्न हों तो संसाधनों के अंतराल में एक व्यक्ति आगे, मगर वस्तुओं के अंतराल में (मसलन सार्वजनिक आवास नीति के अंग रूप में भिन्न-भिन्न किरायों के साथ) प्राप्य स्वतंत्रता के आधार पर पीछे हो सकता है।
18. अंतःवैयक्तिक भेदों की जिन मिसालों की अधिक विवेचनाएँ हुई हैं उनमें से एक का संबंध विभिन्न व्यक्तियों की खुराक की 'आवश्यकताओं' से है। इन भेदों की विवेचना के विभिन्न ढंगों के बारे में अन्य लेखकों के अलावा सुखात्मे (1977, 1982), श्रीनिवासन (1981, 1992), गोपालन (1983), लिपटन (1983), ब्लैक्स्टर और वाटरलो (1985), पायनी (1985) वैद्यनाथन (1985), स्क्रिमशा (1987), पायनी और लिपटन (1988), आनंद और हैरिस (1990, 1992), दासगुप्त और रे (1990), उस्मानी (1990 अ, 1992 अ, 1992 ब) और भार्गव (1991) देखें।
19. इस प्रश्न की और विस्तृत विवेचना के लिए सेन (1980 अ, 1991 ब) देखें। संबद्ध विषयों पर लेहूनिंग (1989) और पोग (1989) देखें।
20. इसके बारे में और विस्तार से अध्याय 5 में, जब हम न्याय के सिद्धांतों के संदर्भ में विषमता के मूल्यांकन की समस्या पर विचार करेंगे।
21. अगले अध्याय में हम स्वतंत्रता संबंधी विषमताओं की जाँच-पड़ताल की तैयारी के तौर पर खुशहाली पाने की स्वतंत्रता के विचार की छानबीन करेंगे।

3

प्रकार्य और सामर्थ्य

3.1 सामर्थ्य समुच्चय

यह अध्याय (1) कल्याण, और (2) कल्याण के प्रयास की स्वतंत्रता के मूल्यांकन के लिए 'सामर्थ्य' (कैपेबिलिटी) के परिप्रेक्ष्य की पड़ताल करता है। कुछ विस्तार से इस दृष्टिकोण की विवेचना अन्यत्र की गई है।[1] यहाँ मैं अपने को इस परिप्रेक्ष्य के कुछ प्रारंभिक पक्षों तक की सीमित रखूँगा।

किसी व्यक्ति के कल्याण को उस व्यक्ति के जीवन की गुणवत्ता (गोया कि 'उत्तमता') के आधार पर समझा जा सकता है। जीवन को हम अंतःसंबद्ध 'प्रकार्यों' (फंक्शनिंग्स) का समुच्चय (सेट) मान सकते हैं; इन प्रकार्यों में होना और करना, दोनों आते हैं। इस दिशा में किसी व्यक्ति की उपलब्धि को उसके प्रकार्यों के सदिश मान के रूप में देखा जा सकता है। महत्त्वपूर्ण प्रकार्यों में बहुत प्रारंभिक चीजें भी हो सकती हैं, जैसे अच्छा भोजन मिलना, अच्छा स्वास्थ्य होना, बचाव योग्य रोगों और अकाल मृत्यु से बचना आदि। दूसरी तरफ इसमें प्रसन्न होना, आत्मसम्मान से युक्त होना, समुदाय के जीवन में भाग लेना आदि अधिक जटिल उपलब्धियाँ भी शामिल हो सकती हैं।[2] दावा यह है कि प्रकार्य किसी व्यक्ति के अस्तित्व के *घटक* होते हैं, और कल्याण का मूल्यांकन इन घटक तत्त्वों का ही मूल्यांकन होना चाहिए।[3]

कार्य के *सामर्थ्य* से प्रकार्यों की धारणा का गहरा संबंध है। यह उन प्रकार्यों (होने और करने) के विभिन्न संयोगों का सूचक है जो व्यक्ति कर सकता है। इस तरह सामर्थ्य प्रकार्यों के वाहकों का एक समुच्चय है जो व्यक्ति इस या उस प्रकार का जीवन जीने की स्वतंत्रता को प्रतिबिंबित करता है।[4] जिस तरह वस्तुओं के अंतराल में तथाकथित 'बजट-समुच्चय' एक व्यक्ति की वस्तु-समूहों को खरीदने की स्वतंत्रता का सूचक है,[5] उसी प्रकार प्रकार्यों के अंतराल में 'सामर्थ्य का समुच्चय' संभावित जीवन शैलियों के चयन के बारे में व्यक्ति की स्वतंत्रता का प्रतिबिंब है।

यह बात आसानी से समझी जा सकती है कि किसी व्यक्ति का कल्याण उसके अस्तित्व की प्रकृति पर, अर्थात् उसके पूरा किए हुए प्रकार्यों पर काफी हद तक निर्भर होता है। एक व्यक्ति अच्छी खुराक खाता है या नहीं, स्वस्थ है या नहीं, आदि का उस व्यक्ति के जीवन की उत्तमता के लिए अंतर्जात महत्त्व है, पर हम जरूर पूछ सकते हैं

कि *सामर्थ्य* का *अर्जित प्रकार्यों* के विपरीत कल्याण से क्या संबंध है ?

किसी व्यक्ति के कल्याण के लिए उसके सामर्थ्य का महत्त्व दो अलग-अलग मगर परस्पर संबद्ध कारणों से पैदा होता है। पहला, अगर संपन्न प्रकार्य ही किसी व्यक्ति के कल्याण के घटक हैं तो प्रकार्यों को संपन्न करने की सामर्थ्य (अर्थात् व्यक्ति जो प्रकार्य चुनता है उनके सभी वैकल्पिक संयोग) ही कल्याण का लक्ष्य पाने के प्रति व्यक्ति की स्वतंत्रता के—अर्थात् वास्तविक अवसरों के—घटक होंगे। नीतिशास्त्रीय और राजनीतिक विश्लेषण में इस 'कल्याण की स्वतंत्रता' की प्रत्यक्ष प्रासंगिकता हो सकती है।[6] मसलन सामाजिक स्थिति की शुभता पर कोई राय कायम करने के अमल में उन स्वतंत्रताओं को महत्त्व दिया जा सकता है जो विभिन्न व्यक्तियों को अपने कल्याण के प्रयासों के संदर्भ में प्राप्त हैं या फिर अगर सामाजिक स्थिति की 'शुभता' में कल्याण की स्वतंत्रता को शामिल न करें तो इसे केवल इस बात का 'अधिकार' माना जा सकता है कि व्यक्तियों को कल्याण की पर्याप्त स्वतंत्रता प्राप्त होनी चाहिए।[7]

कल्याण के लिए एक व्यक्ति के अवसरों को प्रतिबिंबित करने वाली इस स्वतंत्रता को कम-से-कम *साधन* संबंधी कारणों से महत्त्व मिलना चाहिए, मसलन यह तय करने में कि व्यक्ति को समाज में कितना अच्छा 'सुलूक' प्राप्त है। पर इसके अलावा, जैसी कि हम चर्चा कर रहे थे, स्वतंत्रता को एक अच्छे ढाँचे के लिए अंतर्जात महत्त्व वाली वस्तु समझा जा सकता है। इस दृष्टि से एक अच्छा समाज एक स्वतंत्रतायुक्त समाज भी होता है।[8] ऐसी ही ठोस व्यवस्थाओं के पक्ष में दलील देने के लिए समाज की 'अच्छाई' के विपरीत उसके 'उचित' होने की धारणा का प्रयोग भी संभव है। जो लोग इस अंतर को बहुत बुनियादी मानते हैं और 'शुभ के विचारों पर उचित को प्राथमिकता देने' का पक्ष लेते हैं (जैसाकि राउल्स (1988 अ) ने कहा है), उन्हें इस प्रश्न पर इसी सिरे से विचार करना होगा।

कल्याण और सामर्थ्य का दूसरा संबंध सीधे-सीधे स्वयं *अर्जित* कल्याण को कार्य की *सामर्थ्य* पर निर्भर बनाने का रूप लेता है। चयन खुद ही जीवन का एक मूल्यवान अंग हो सकता है, और इसी कारण से गंभीर विकल्पों से युक्त सच्चे चयन वाला जीवन अधिक समृद्ध कहा जा सकता है।[9] इस दृष्टि से सामर्थ्य की कम-से-कम कुछ किस्में ऐसी हैं जो कल्याण में *सीधे-सीधे* योग देती हैं, और सुचिंतित चयन के अवसर के सहारे उसके जीवन को अधिक समृद्ध बनाती हैं। लेकिन अगर सामर्थ्य रूपी स्वतंत्रता को केवल साधन के तौर पर मूल्यवान मानें (और कल्याण के स्तर को अपने आप में चयन की स्वतंत्रता के परिमाण पर निर्भर न समझें) तो भी कार्य की स्वतंत्रता सामाजिक मूल्यांकन का एक अहम अंग हो सकती है। सामर्थ्य का समुच्चय प्रकार्य के उन विभिन्न वाहकों के बारे में हमें जानकारी देता है जो किसी व्यक्ति की पहुँच के अंदर हैं, और यह जानकारी अहम होती है—भले ही हम कल्याण को ठीक-ठीक किसी भी प्रकार निरूपित करते हों।

रूप कोई भी हो, सामर्थ्य का दृष्टिकोण वैयक्तिक और सामाजिक मूल्यांकन के उन अपेक्षाकृत अधिक परंपरागत दृष्टिकोणों से साफ तौर पर और अहम अर्थों में भिन्न है

जो (राउल्स की मूल्यांकन प्रणालियों में) *प्राथमिक वस्तुओं,* (ड्वार्किन के सामाजिक विश्लेषण में) *संसाधनों,* या (सकल राष्ट्रीय या घरेलू उत्पाद, वस्तुओं[10] आदि पर केंद्रित विश्लेषणों में) *वास्तविक आय* जैसे चरों पर आधारित हैं। इन सभी चरों का संबंध कल्याण और अन्य उद्देश्यों की प्राप्ति के *साधनों* से है, और इन्हें भी स्वतंत्रता के *साधन* माना जा सकता है। इसके विपरीत प्रकार्य कल्याण के घटक तत्त्वों में शामिल होते हैं। सामर्थ्य इन घटक तत्त्वों को पाने की स्वतंत्रता को प्रतिबिंबित करती है और—जैसाकि इसी अनुच्छेद में पहले कहा गया है—जहाँ तक निर्णय और चयन जीवन के अंग हैं वहाँ तक स्वयं कल्याण में उनकी एक प्रत्यक्ष भूमिका हो सकती है।[11]

3.2 मूल्यधारी वस्तुएँ और मूल्यांकन अंतराल

किसी भी मूल्यांकन-कार्य में दो प्रश्नों के बीच स्पष्ट अंतर करना होता है : (1) मूल्यधारी वस्तुएँ कौन सी हैं ?, और (2) ये वस्तुएँ कितनी मूल्यवान हैं ? *औपचारिक रूप से* पहला सवाल दूसरे सवाल का एक बुनियादी पक्ष होता है (इस अर्थ में कि मूल्यधारी वस्तुएँ वे होती हैं जिनके *सकारात्मक* भारमान होते हैं) तो भी मूल्यधारी वस्तुओं की पहचान ही वह *महत्त्वपूर्ण* प्राथमिक कार्य होता है जिससे दूसरे प्रश्न को उठाना संभव होता है।

इसके अलावा सकारात्मक भारमानों वाली मूल्यधारी वस्तुओं के किसी समूह की पहचान खुद 'वर्चस्व के श्रेणीकरण' को जन्म देती है। (अगर x हर मूल्यधारी वस्तु को कम-से-कम बराबर मात्रा में और कम-से-कम एक वस्तु को अधिक मात्रा में प्राप्त कर सकता है तो उसका y से ऊपर स्थान होगा।) हम दिखा सकते हैं कि महत्त्व के इस श्रेणीकरण में नियमितता के कुछ मानक गुण होते हैं जैसे संक्रमणशीलता। मूल्यांकन के कार्य में यह श्रेणीकरण कुछ दूरी तक—और अकसर खासी दूरी तक—हमारी सहायता कर सकता है।[12]

मूल्यधारी वस्तुओं की यह पहचान उस चीज का निरूपण करती है जिसे हम मूल्यांकन का अंतराल कह सकते हैं। (अध्याय 1 में इसकी संक्षिप्त चर्चा की गई है।) मसलन प्रामाणिक उपयोगितावादी विश्लेषण में मूल्यांकन का अंतराल (आनंद, सुख या इच्छा-पूर्ति जैसे सामान्य आधारों पर परिभाषित) अलग-अलग उपयोगिताओं से बनता है। दरअसल एक समग्र मूल्यांकन-दृष्टिकोण में 'सूचना-संबंधी बाध्यताओं' की एक श्रेणी भी होती है। इसका रूप यह होता है कि (जिन सूचनाओं का मूल्यांकन के अंतराल से संबंध नहीं होता) उनका प्रत्यक्ष उपयोग नहीं किया जाता।[13]

सामर्थ्य के दृष्टिकोण का सरोकार *मुख्य रूप से* मूल्यधारी वस्तुओं की पहचान से है। इसमें प्रकार्य और प्रकार्य की सामर्थ्य मूल्यांकन के अंतराल के अंग होते हैं। यह यकीनन अपने आप ही में एक मूल्यांकन है, पर प्रश्न (1) का उत्तर देने के क्रम में मूल्यधारी वस्तुओं की पहचान अपने आप उनके सापेक्ष मूल्यों के बारे में प्रश्न (2) का कोई विशेष उत्तर नहीं प्रदान करती। लेकिन अंतराल के चयन में भी अच्छा-खासा पक्षपात संभव है क्योंकि इसमें संभावित रूप से मूल्यवान जो कुछ है वह *शामिल* कर

लिया जाता है, और साथ ही जिन वस्तुओं को अंतर्जात महत्त्व दिया गया है उनकी सूची से कुछ अन्य वस्तुओं को *खारिज* कर दिया जाता है।

मिसाल के लिए, सामर्थ्य का दृष्टिकोण उपयोगितावादी मूल्यांकन से (और भी सामान्य ढंग से कहें तो 'कल्याणवादी' मूल्यांकन[14] से) अलग है। इसमें उन तरह-तरह के कार्यों और स्थितियों की जगह है जिनको अपने आप में महत्त्वपूर्ण समझा जाता है। (सिर्फ *इसलिए* नहीं कि उनसे उपयोगिता की प्राप्ति होती है, और न सिर्फ उस सीमा तक, जहाँ तक उनसे उपयोगिता प्राप्त होती है।[15]) इस अर्थ में सामर्थ्य का परिप्रेक्ष्य उन तरह-तरह के तरीकों का जिनसे जीवन अधिक समृद्ध या अधिक निर्धन बनता है दूसरों की तुलना में भरपूर ध्यान रखता है। यह दृष्टिकोण उन दृष्टिकोणों से भी भिन्न है जो मूल्यांकन का आधार उन वस्तुओं को बनाते हैं जो किसी भी अर्थ में निजी प्रकार्यों या सामर्थ्यों में नहीं आतीं। मसलन ऐसे दृष्टिकोण जो वास्तविक आय, संपत्ति, समृद्धि, संसाधनों, स्वाधीनताओं या प्राथमिक वस्तुओं के आधार पर कल्याण का मूल्यांकन करते हैं।

3.3 चयन और भारमान

प्रासंगिक प्रकार्यों और महत्त्वपूर्ण सामर्थ्यों की सूची में शामिल किए जाने वाले प्रकार्यों के बारे में यथार्थ चयन के कुछ तत्त्व हमेशा होते हैं। 'करने' और 'होने' की सामान्य रूपरेखा में अतिरिक्त 'उपलब्धियों' को परिभाषित और सम्मिलित करने की गुंजाइश है। कुछ प्रकार्यों का वर्णन आसान है, पर वे अधिकतर संदर्भों में किसी बड़े महत्त्व के नहीं होते। (जैसे दूसरे धुलाई के पाउडरों की तरह किसी *विशेष* पाउडर का इस्तेमाल।[16]) किसी प्रकार्य-श्रेणी के चयन और सामर्थ्यों के संगत वर्णन में मूल्यांकन की समस्या से बचा नहीं जा सकता। इसमें ध्यानकेंद्र का संबंध उन निहित सरोकारों और मूल्यों से जोड़ना होगा जिनके आधार पर कुछ प्रकार्य महत्त्वपूर्ण तथा दूसरे प्रकार्य काफी क्षुद्र और नगण्य कहे जा सकते हैं।[17] प्रकार्यों और सामर्थ्यों की अवधारणा विकसित करने के लिए चयन और विवेक की आवश्यकता किसी उलझन का कारण नहीं होती, न यह कोई अजीबोगरीब कठिनाई है।[18]

कल्याण के कुछेक विश्लेषणों के संदर्भ में, मसलन विकासशील अर्थव्यवस्थाओं में घोर निर्धनता की विवेचनाओं में, केंद्रीय महत्त्व वाले प्रकार्यों (और संगत बुनियादी सामर्थ्यों) की अपेक्षाकृत छोटी संख्या के चलते हम अच्छी-खासी कामयाबी हासिल कर सकते हैं (जैसे अच्छा भोजन और अच्छा आवास पाने की सामर्थ्य, बचाव योग्य रोगों और अकाल मृत्यु आदि से बचने की सामर्थ्य)।[19] आर्थिक विकास की सामान्यतर समस्याओं समेत दूसरे संदर्भों में यह सूची बहुत लंबी और कहीं बहुत अधिक विविधतापूर्ण हो सकती है।[20]

मेरी पहले की एक रचना पर लिखे गए समीक्षालेख में चार्ल्स बाइत्ज (1986) ने सामर्थ्य के दृष्टिकोण की विभिन्न विशेषताओं की ज्ञानवर्धक विवेचना की है और काफी

मजबूती से एक नाजुक अहमियत वाला सवाल भी उठाया है (जिसे अलग-अलग रूपों में अन्य बहुत से आलोचकों ने भी उठाया है) :

> अंतःवैयक्तिक तुलनाओं के प्रति सामर्थ्य के दृष्टिकोण की प्रमुख सैद्धांतिक कठिनाई इस सुस्पष्ट तथ्य से पैदा होती है कि सभी सामर्थ्यों का एक समान महत्त्व नहीं होता। मसलन चल-फिर सकने की सामर्थ्य का महत्त्व बास्केटबाल खेलने की सामर्थ्य से अलग होता है।[21]

इस सवाल का सामना करने में कठिनाई स्वाभाविक है; अहम बात यह है कि सवाल को सामने रखा जाए और उससे जूझा जाए। यह तो यकीनन स्पष्ट है कि मोटे तौर पर लें तो कुछ सामर्थ्यों की अहमियत कम होती है और जिनकी अहमियत होती भी है उनको दूसरों के मुकाबले रखकर देखना होता है। लेकिन ऐसे अंतर सामर्थ्य के दृष्टिकोण के अभिन्न अंग हैं; और चयन करने तथा भारमान देने की आवश्यकता सचमुच, चाहे इसे किसी भी अर्थ में लें, उलझन का कारण ('एक सैद्धांतिक कठिनाई') हो सकती है।[22]

विभिन्न सामर्थ्यों का भिन्न-भिन्न महत्त्व भी सामर्थ्य के दृष्टिकोण का वैसे ही एक अंग है जैसे विभिन्न मालों के अलग-अलग मूल्य वास्तविक आय के विश्लेषण के अंग होते है। सभी घटकों को समान महत्त्व देना इनमें से किसी के लिए भी आवश्यक नहीं होता। हम माल-केंद्रित मूल्यांकन की इस आधार पर आलोचना नहीं कर सकते कि अलग-अलग मालों के मूल्य अलग-अलग हैं। ठीक यही बात प्रकार्यों और सामर्थ्यों पर लागू होती है। सामर्थ्य के दृष्टिकोण का आरंभ मूल्यांकन के लिए एक प्रासंगिक अंतराल की पहचान से होता है, इस तर्क से नहीं कि उस अंतराल के खाँचे में जिन वस्तुओं को रखा जा सकता है वे सभी महत्त्वपूर्ण हों, उनका समान रूप से महत्त्वपूर्ण होना तो ख़ैर कोई मायने ही नहीं रखता।

मुख्य दावा यह है कि प्रकार्य और सामर्थ्य कल्याण के मूल्यांकन की महत्त्वपूर्ण वस्तुएँ हैं। इस दावे का मतलब यह नहीं कि सभी सामर्थ्यों का मूल्य समान हो; न ही इससे यह संकेत मिलता है कि सामर्थ्य कोई भी हो, चाहे वह संबद्ध व्यक्ति से पूरी तरह असंबद्ध क्यों न हो, उस व्यक्ति के कल्याण का आकलन करते समय उस सामर्थ्य का कुछ मूल्य होगा ही होगा। इन उपलब्धियों और स्वतंत्रताओं के *साधनों* (जैसे संसाधनों, प्राथमिक वस्तुओं या आयों) तक ध्यान सीमित न रखकर सामर्थ्य का दृष्टिकोण प्रकार्यों और सामर्थ्यों के मूल्य को परखने की आवश्यकता पर जोर देता है, और इसी अर्थ में उसमें कुछ नतीजा देने की क्षमता है। विभिन्न प्रकार्यों और सामर्थ्यों के सापेक्ष मूल्यों का निर्धारण इस मूल्यांकन का अभिन्न अंग होगा।

3.4 अपूर्णता : मूलभूत और व्यावहारिक

अब मैं एक अलग, पर जुड़ा हुआ सवाल उठाऊँगा। जहाँ विभिन्न प्रकार्यों को सापेक्ष भारमान देने के बारे में पूरी-पूरी सहमति न हो वहाँ भी सामर्थ्य का दृष्टिकोण अकसर निश्चित उत्तर देने में समर्थ है। पहली बात, मूल्यवान वस्तुओं (इस दृष्टांत में मूल्यवान स्वीकार किए गए प्रकार्यों और सामर्थ्यों) का कोई विशेष चयन सापेक्ष भारमानों का निश्चय किए बगैर भी 'वर्चस्व का एक आंशिक क्रम' प्रस्तुत करेगा। *प्रत्येक* प्रासंगिक प्रकार्य या सामर्थ्य का अधिक परिमाण में मिलना एक सुस्पष्ट सुधार है, और विभिन्न प्रकार्यों और सामर्थ्यों को *सापेक्ष* भारमान देने के बारे में सहमति का इंतजार किए बिना भी इसका फैसला किया जा सकता है।

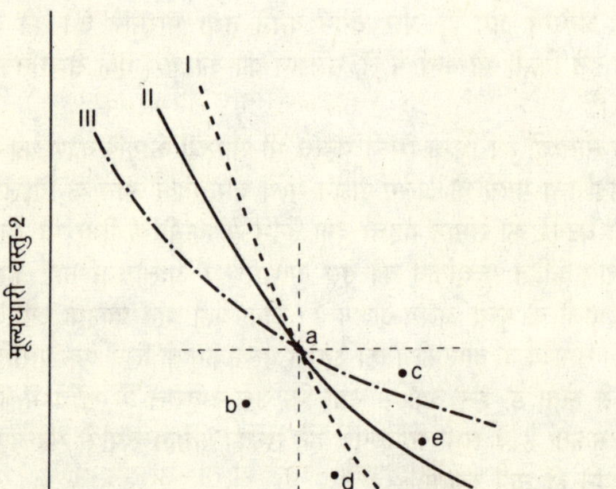

चित्र : 3.1 वर्चस्व और प्रतिच्छेदन

इससे भी अहम बात यह है कि सापेक्ष मूल्यों पर पूरी सहमति न हो तो भी 'वर्चस्व के आंशिक क्रम' का विस्तार संभव है। मसलन, मान लें कि y के सापेक्ष x को भारमान देने के बारे में चार परस्पर-विरोधी विचार हैं कि उसे 1/2, 1/3, 1/4 और 1/5 माना जाए। तो यहाँ एक निहित सहमति अवश्य है कि यह सापेक्ष मूल्य 1/2 से अधिक और 1/5 से कम नहीं होगा। लेकिन सामान्यतः यह सहमति भी ऐसे जोड़े—संभवतः कई जोड़े—बनाने की इजाजत देती है जो वर्चस्व के श्रेणीकरण में नहीं आते। मिसाल के

लिए अगर भारमान निश्चित हो चुके हों तो x की एक और y की दो इकाइयों का प्राप्त होना साफ तौर पर x की दो और y की एक इकाइयों से बेहतर होगा। (तब भी जबकि कोई भी जोड़ा x और y दोनों में से प्रत्येक की अलग-अलग मात्रा के अर्थ में दूसरे जोड़े से बेहतर न हो।)

यह 'प्रतिच्छेदन (इंटरसेक्शन) का दृष्टिकोण, जो केवल *सभी* संभव वैकल्पिक भारमानों के *साझे* निहितार्थों वाले निर्णयों का मुखर रूप होता है, हमें अच्छी-खासी दूरी तक ले जा सकता है।[23] जो सहमति पहले से है उससे अधिक का तकाजा यह नहीं करता। चित्र 3.1 में दोनों अक्षों पर मूल्यवान वस्तुओं (प्रासंगिक प्रकार्यों) को दर्शाया गया है। (मूल्यवान वस्तुओं की पहचान पर) यह सहमति पहले ही वर्चस्व का श्रेणीकरण कर चुकी है, जैसे यह कि a तो b से श्रेष्ठ है। लेकिन वर्चस्व का यह श्रेणीकरण अधूरा है तथा c, d या e के मुकाबले a की श्रेणी तय नहीं करता।

अब उन विभिन्न संभावित 'अनधिमान वक्रों' (इनडिफरेंस कर्व्स) पर (और भी आम ढंग से कहें तो जहाँ दो से अधिक मूल्यवान वस्तुएँ हों वहाँ तलों पर) विचार करें जिनके बारे में यहाँ तक कि यह स्पष्ट नहीं होता कि कौन सा वक्र सही मूल्य बतलाता है (या कि सही मूल्य उनमें से केवल एक बतलाता है) मान लीजिए कि I, II और III बिंदु a से होकर गुजरने वाले संभावित अनधिमान वक्र हैं। चूँकि a उन सभी में c से नीचे स्थित है, इसलिए परिच्छेदन का दृष्टिकोण a को c से निकृष्ट ठहराता है। इसी तरह उन सभी में a चूँकि d से ऊपर स्थित है, इसलिए a को d से श्रेष्ठ कहा जा सकता है। इस तरह परिच्छेद की विधि वर्चस्व के आंशिक श्रेणीकरण को विस्तार देती है। संभव है इस विस्तार के बाद भी एक आंशिक श्रेणीकरण ही देखने को मिले। इसका दृष्टांत यह तथ्य है कि एक अनधिमान वक्र पर a तो e से ऊपर और पर दूसरे पर वही e से नीचे है, और इस तरह इस दृष्टांत में a और e का श्रेणीकरण संभव नहीं है। परिच्छेदन का दृष्टिकोण अधिक निर्णायक और मुखर है, पर यह निर्णयहीनता को समाप्त नहीं करता। वह अवशिष्ट निर्णयहीनता—अगर हो तो—उलझन का कारण नहीं होगी कि क्योंकि इससे बस यह सच्चाई प्रतिबिंबित होगी कि अंशतः असंबद्ध मूल्यों के होते हुए पूर्ण सहमति संभव नहीं होगी।

अहम बात यह है कि सामर्थ्य के दृष्टिकोण के उपयोग को 'सब कुछ या कुछ नहीं' का खेल न माना जाए। सच तो यह है कि कल्याण की अंतःवैयक्तिक तुलनाओं में और एक विज्ञान के रूप में विषमता के मूल्यांकन में उनकी प्रकृति के ही कारण, उन कार्यों के एक नियमित अंग के रूप में, अपूर्णता का होना संभव है। ऐसा एक दृष्टिकोण जो हर दूसरे व्यक्ति के मुकाबले हर व्यक्ति विषमताओं की तुलना कर सके, हो सकता है इन विचारों की प्रकृति से ही मेल न खाता हो। कल्याण और विषमता, दोनों की व्यापक और अंशतः अपारदर्शी धारणाएँ हैं। पूर्ण और सुस्पष्ट श्रेणियों के रूप में उन्हें प्रस्तुत करने का प्रयास इन धारणाओं की प्रकृति के साथ न्याय नहीं करता। यहाँ अतिसटीकता का खतरा वास्तविक है।

सापेक्ष भारमानों में सचमुच अपूर्णता, विषमता या संदिग्धता जहाँ तक है, वहाँ तक वह कल्याण के पारित मूल्य के निश्चय में संगत संदिग्धताओं के रूप में प्रतिबिंबित होगी। इससे पद्धतिशास्त्र का एक मुद्‌दा जुड़ा हुआ है जिसे मैंने अन्यत्र कहीं प्रस्तुत किया है—यह कि अगर किसी निहित विचार में एक बुनियादी संदिग्धता हो तो उस विचार के किसी *सटीक* निरूपण में वह संदिग्धता *आनी* चाहिए, खोनी नहीं चाहिए।[24]

अंतःवैयक्तिक तुलनाओं का विषमता के मूल्यांकन में आंशिक श्रेणीकरण के उपयोग का औचित्य दो प्रकार से है। पहला, जैसाकि अभी-अभी कहा गया है, कल्याण और विषमता के विचारों में इतनी संदिग्धता और अस्पष्टता संभव है कि इनमें से किसी के पूर्ण श्रेणीकरण का प्रयास एक गलती होगा। इसे 'अपूर्णता का मूलभूत कारण' कह सकते हैं। दूसरे, किसी एक पूर्ण श्रेणीकरण का प्रयास गलत न हो तो भी हो सकता है कि हम व्यवहार में उसकी निशानदेही न कर सकें। उस श्रेणीकरण के पक्षों में बारे में असहमति तथा उन पक्षों की विवेचना कैसे करें, इस बारे में विवाद संभव हैं। तो भी दूसरे पक्षों के बारे में सहमति हो सकती है। 'अपूर्णता का व्यावहारिक कारण' श्रेणीकरण के जिन पक्षों की सुस्पष्ट विवेचना संभव है उनका उपयोग करना है, बजाय इसके कि जब तक हर बात का निश्चय न हो जाए और दुनिया जगमग-जगमग न करने लगे तब तक हम मुकम्मल खामोशी बनाए रखें।

यह व्यावहारिक ढर्रा यकीनन एक क्रम में जारी रह सकता है और जब भी अनिश्चित पक्षों का समाधान निकल आए, उन पर आंशिक श्रेणीकरण लागू किए जा सकते हैं। मगर विस्तार की संभावना को स्वीकार करने के बावजूद अगर हर बात का समाधान निकलने तक हम जो पक्ष स्पष्ट हैं उनके बारे में भी कुछ न कहें और कोई निर्णय न लें तो यह एक गलती होगी। 'समग्र की प्रतीक्षा' एक व्यावहारिक कार्य के मामले में कोई चालाकी भरी रणनीति ही हो, यह जरूरी नहीं है।

3.5 सामर्थ्य या प्रकार्य ?

सामर्थ्य मुख्यतः मूल्यवान प्रकार्यों को संपन्न करने की स्वतंत्रता की सूचक है। यह स्वतंत्रता पाने के साधनों की बजाय स्वयं स्वतंत्रता पर प्रत्यक्ष ध्यान देती है, और हमारे पास मौजूद वास्तविक विकल्पों की पहचान कराती है। इस अर्थ में इसे पर्याप्त स्वतंत्रता का प्रतिबिंब कहा जा सकता है। प्रकार्य जहाँ तक कल्याण के घटक हैं, सामर्थ्य वहाँ तक एक व्यक्ति की कल्याण संबंधी स्वतंत्रता की सूचक होती है।

हो सकता है यह संबंध सीधा-सादा नजर आए, पर—जैसाकि इस अध्याय के पहले अनुच्छेद में कहा गया है—सामर्थ्य केवल *कल्याण संबंधी* स्वतंत्रता के लिए नहीं, *प्राप्त कल्याण के स्तर* के लिए भी प्रासंगिक है। कल्याण की सिद्धि उस प्रक्रिया से स्वतंत्र नहीं होती जिसके जरिए हम विभिन्न प्रकार्यों को संपन्न करते हैं। साथ ही उन चयनों में हमारे फैसले जो भूमिका निभाते हैं उनसे भी वह स्वतंत्र नहीं होती। अगर इस तर्क-शृंखला को एक व्यापक क्षेत्र के लिए महत्त्वपूर्ण माना जाए तो प्राप्त कल्याण से

स्वतंत्रता ही नहीं, सामर्थ्य का संबंध जोड़ने का भी एक औचित्य होगा।

तो भी संभव है यह तरीका काफी पेचीदा और शायद दिमाग चकराने वाला भी लगे। इतना तय है कि इससे (1) *कल्याण* की सिद्धि से जोड़े जा रहे प्रकार्यों, और (2) कल्याण संबंधी *स्वतंत्रता* से जोड़ी जा रही *कार्य* की *सामर्थ्य* का सुघड़ ढाँचा चरमराता हुआ लगेगा। तर्क दिया जा सकता है कि चयन की स्वतंत्रता (और इसलिए सामर्थ्य) का कल्याण के प्राप्त स्तर पर कुछ प्रत्यक्ष प्रभाव संभव है। तो भी प्राप्त कल्याण को *वास्तविक संपन्न प्रकार्यों* की बजाय सामर्थ्य-समुच्चयों का एक फलन 'मात्र' समझना यकीनन कुछ 'ज्यादती' होगी। एक छोटे से प्रभाव की गुंजाइश बनाते समय संपन्न प्रकार्यों और प्राप्त कल्याण के सीधे-सरल और महत्त्वपूर्ण संबंध को नजरअंदाज कर देना, क्या हमारे लिए सहज-स्वाभाविक नहीं है ?

इस पेचीदा मसले को सुलझाते हुए ध्यान देने वाली पहली बात यह है कि सामर्थ्य की परिभाषा प्रकार्यों की ही तरह *उन्हीं* केंद्रीय चरों के आधार पर की गई हो। प्रकार्यों के अंतराल में कोई भी बिंदु n-गुना प्रकार्यों का सूचक होगा। सामर्थ्य ऐसे ही n-गुना प्रकार्यों का *समुच्चय* है और ऐसे विभिन्न वैकल्पिक प्रकार्य-समूहों का सूचक है जिनमें से व्यक्ति किसी एक समूह को चुन लेता है।[25] सामर्थ्य के दृष्टिकोण की एक महत्त्वपूर्ण शक्ति यह है कि हम वस्तुओं, आयों, उपयोगिताओं आदि के अंतराल से हटकर जीवन के घटक तत्त्वों के अंतराल में पहुँच सकते हैं। इस कारण इस बात पर ध्यान देना खासकर महत्त्वपूर्ण है कि *जहाँ तक अंतराल का सवाल है,* प्रकार्यों पर *या* सामर्थ्यों पर ध्यान देने के बीच कोई अंतर नहीं है। कोई प्रकार्य-समूह इस अंतराल का एक *बिंदु* होता है जबकि सामर्थ्य ऐसे बिंदुओं का एक *समुच्चय* होता है।

फिर इस पर भी ध्यान दें कि सामर्थ्य के समुच्चय में दूसरी चीजों के अलावा वास्तव में चुने गए प्रकार्य-समूह संबंधी सूचनाएँ भी हों क्योंकि स्पष्ट है कि वह भी व्यावहारिक संयोगों में से एक है। वास्तव में ऐसी कोई वजह ही नहीं है जो हमें किसी सामर्थ्य समुच्चय के मूल्यांकन को ठीक-ठीक उसके ही एक *चुनिंदा प्रकार्य-समूह* के आकलन पर आधारित करने से रोक ले। सच तो यह है कि अगर कल्याण मूल्यांकन में स्वतंत्रता का केवल *साधन-रूपी* महत्त्व होता और उसकी कोई अंतर्जात प्रासंगिकता न होती तो केवल *चुने गए* प्रकार्य-समूह के मूल्य के आधार पर सामर्थ्य-समुच्चय के मूल्य की निशानदेही करना उचित होता। यह किसी सामर्थ्य-समुच्चय के बेहतरीन तत्त्व के आधार पर (या और आम ढंग से कहें तो *एक* बेहतरीन तत्त्व के आधार पर, क्योंकि उसका अद्वितीय होना आवश्यक नहीं), उस समुच्चय का मूल्यांकन करने के समान होगा, बशर्ते वह व्यक्ति वास्तव में इस तरह चयन करे कि उसके कल्याण में यथासंभव वृद्धि हो सके। इन भिन्न-भिन्न विधियों को, जिनसे समान परिणाम मिल सकते हैं और नहीं भी मिल सकते, हम उस मूल्यांकन की मिसालें समझ सकते हैं जिसे 'प्रारंभिक मूल्यांकन' कहा जा सकता है–अर्थात् किसी समुच्चय के एक विशिष्ट (मसलन, चुनिंदा या बेहतरीन या ऐसे ही किसी) तत्त्व के मूल्य के आधार पर उस पूरे समुच्चय का मूल्यांकन करना।[26]

सामर्थ्य-समुच्चय के प्रारंभिक मूल्यांकन की संभावना से स्पष्ट है कि हमारा सरोकार अंततः (उपलब्धियों के साधन-रूप को छोड़कर) स्वतंत्रताओं से न होकर केवल उपलब्धियों से हो *तो भी* मूल्यांकन के लिए सामर्थ्य-समुच्चय का उपयोग किया जा सकता है। सामर्थ्य का समुच्चय हमें हमारी आवश्यकता से अधिक जानकारी देता है, पर चुना गया समूह सामर्थ्य के समुच्चय का ही एक *अंग* होता है।[27] इस अर्थ में, सामान्यतः सामर्थ्य के आधार पर कल्याण के मूल्यांकन के सिद्धांत का एक औचित्य अवश्य है, चाहे चुने गए तत्त्वों से इतर तत्त्वों का वास्तव में सहारा लिया जाए या न लिया जाए। (यह चयन की प्रक्रिया को दिए जा रहे महत्त्व पर निर्भर होगा।)[28]

इसके अलावा व्यक्ति के जीवन की गुणवत्ता और उसके कल्याण के लिए चयन की स्वतंत्रता का सीधा महत्त्व हो सकता है। इस संबंध के चरित्र की थोड़ी और विवेचना उपयोगी ही होगी। इस दृष्टिकोण के अनुसार स्वतंत्र कर्म करने और चुनने में समर्थ बनने से कल्याण को सीधे-सीधे बढ़ावा मिलता है, और सिर्फ इसलिए नहीं कि अधिक स्वतंत्रता से अधिक विकल्प प्राप्त होते हैं। निश्चित ही यह दृष्टिकोण मानक उपभोक्ता सिद्धांत में स्वीकृत दृष्टिकोण के विपरीत है जिसमें किसी व्यावहारिक चयन-समुच्चय के योगदान को पूरी तरह उपलब्ध बेहतरीन तत्त्व के आधार पर परखा जाता है।[29] किसी व्यावहारिक समुच्चय (जैसे एक 'बजट-समुच्चय') के चुनिंदा बेहतरीन तत्त्वों *से* इतर सभी तत्त्वों के निष्क्रमण को भी कोई 'वास्तविक हानि नहीं' समझा जाता। कारण कि इस दृष्टिकोण में चयन की स्वतंत्रता अपने आप में कोई महत्त्व नहीं रखती। इसके विपरीत अगर चयन को जीवन का अंग मानें और 'कार्य x' को 'x को करने के लिए चुनने और उसे करने' से भिन्न समझें तो कल्याण की सिद्धि तक को उस स्वतंत्रता से प्रभावित समझना होगा जो सामर्थ्य-समुच्चय में प्रतिबिंबित होती है।

वास्तव में प्रकार्यों को इस तरह दर्शाना भी संभव है कि वे उपलब्ध विकल्पों और इस तरह प्रयोग की जा रही चयन-क्षमताओं को प्रतिबिंबित करें। मिसाल के लिए एक प्रकार्य के रूप में 'व्रत' रखना केवल भूखे रहना नहीं; इसका मतलब *अन्य विकल्पों के उपलब्ध होने पर भी भूखे रहने का निश्चय करना* है। किसी भूखे व्यक्ति के कल्याण को परखने के लिए इस जानकारी का सीधा-सीधा महत्त्व है कि क्या वह व्रत कर रहा है या उसके पास भोजन पाने के साधन ही नहीं हैं। इसी तरह किसी जीवन-शैली को चुनना ठीक-ठीक वही नहीं है जो उस जीवन-शैली का होना है, चाहे वह किसी भी तरह चुनी गई हो, और वह जीवन-शैली कैसे प्राप्त हुई, इसी पर संबद्ध व्यक्ति का कल्याण निर्भर है।[30]

व्यक्ति के *सामर्थ्य-समुच्चय* के मात्र कुछ चुनिंदा तत्त्वों की बजाय खुद उस समुच्चय से संबंधित व्यापकतर सूचना-भंडार से *प्राप्त* कल्याण के विश्लेषण को जोड़ने की योग्यता प्राप्त हो जाए तो उसके कुछ वास्तविक लाभ होते हैं। तेकिन यह कहने का मतलब इस बात से इनकार करना नहीं है कि अवलोकित प्रकार्यों के विपरीत सामर्थ्य-समुच्चय संबंधी सूचनाएँ पाने में जो कठिनाइयाँ आती हैं उनके कारण अकसर इस संभावित लाभ

से हमें वंचित रहना पड़ता है। वास्तव में सामर्थ्य-समुच्चय का सीधे-सीधे अवलोकन संभव नहीं, और उसे कुछ मान्यताओं के आधार पर गढ़ना होता है। (ठीक उसी तरह जैसे उपभोक्ता विश्लेषण में आय, दामों और विनिमय की परिकल्पित संभावनाओं संबंधी आँकड़ों के आधार पर 'बजट-समुच्चय' को गढ़ना पड़ता है।) इस तरह व्यवहार में सामर्थ्य-समुच्चय को लाने की बजाय (जिसमें इस तरह गढ़ने के अमल का आधार बनने वाली मान्यता अनुभवाश्रित दृष्टि से संदिग्ध होती है), अकसर सिद्ध—और अवलोकित—प्रकार्यों से कल्याण का संबंध स्थापित करना पड़ सकता है।[31]

लेकिन आँकड़ों की उपलब्धता की व्यावहारिक कठिनाइयों के आधार पर जो तरीका हमें स्वीकार्य होता है, और सूचनाओं के सीमित न होने की दशा में कार्य करने का जो सही तरीका होता है, हमें उन दोनों के बीच अंतर करना चाहिए। सिद्ध कल्याण के विश्लेषण में सामर्थ्य-समुच्चय के महत्त्व की दलीलें देते हुए भी हम सूचनाओं की उपलब्धता संबंधी व्यावहारिक समस्याओं की ओर से आँखें बंद नहीं कर रहे। न ही हम उस दोयम दर्जे के विश्लेषण के महत्त्व को अनदेखा कर रहे हैं जो सीमित आँकड़ों के आधार पर भी हम कर सकते हैं। लेकिन इस बारे में भी स्पष्ट होना महत्त्व रखता है कि सिद्धांत के स्तर पर कौन से आँकड़े प्रासंगिक और उपयोगी हो सकते हैं, हालाँकि हो सकता है *अनेक दृष्टांतों में* हम उनको प्राप्त न कर सकें। अपनी नज़र (1) आखिरकार अपनी रुचियों के दायरे, और (2) सूचनाओं की उपलब्धता से जुड़ी परिस्थितियों, दोनों पर ही रखकर हमें व्यावहारिक समझौता करने पड़ेंगे।

आँकड़ों की सीमित उपलब्धता की व्यावहारिक स्वीकृति हमें जब सामर्थ्य-समुच्चयों की पूरी-पूरी प्रस्तुति से बहुत कम पर उतरने पर मजबूर करती है, तब भी निहित प्रेरणाओं की स्पष्ट समझ रखना और उन विशेष परिस्थितियों में बेहतर ढंग से व्यावहारिक समझौते करने की कोशिश करना भी महत्त्वपूर्ण होता है। सच्चाई यह है कि वैयक्तिक उपयोगिताओं या मालों के स्वामित्व जैसे जो विकल्प आमतौर पर सुझाए जाते हैं उनकी अपेक्षा प्रकार्यों का सूचना-भंडार हर लिहाज से जीवन की गुणवत्ता और आर्थिक प्रगति के मूल्यांकन का एक बहुत अधिक परिष्कृत आधार है।

इस तरह सामर्थ्य के दृष्टिकोण का उपयोग परिष्कार की अलग-अलग मात्राओं के साथ किया जा सकता है। हम इस दिशा में कहाँ तक जा सकते हैं, इसका दारोमदार व्यावहारिक तथ्यों पर होगा कि कैसे आँकड़े हमें मिल सकते हैं और कैसे नहीं मिलेंगे। आदर्श तो यह होगा कि सामर्थ्य का दृष्टिकोण विभिन्न प्रकार्य-समूहों के बीच चयन की पूरी-पूरी स्वतंत्रता पर ध्यान दे, मगर व्यावहारिक सीमाएँ अकसर विश्लेषण को केवल *सिद्ध हो चुके* प्रकार्य-समूहों के परीक्षण तक सीमित कर देती हैं। जब हम सामर्थ्य के दृष्टिकोण का उपयोग करते हैं तो वास्तव में प्राप्त *कल्याण* की बजाय *स्वतंत्रता* का मूल्यांकन करना कहीं बड़ी समस्या पैदा करता है, पर प्राप्त कल्याण के मुआमले में भी पहले बताए गए कारणों से आँकड़ों की सीमा तक खासी बड़ी ख़ामी रह जा सकती है।

3.6 सामर्थ्य की तुलना में उपयोगिता

अब इस अध्याय का अंत करने से पहले हम सामर्थ्य के दृष्टिकोण की एक संक्षिप्त तुलना वैयक्तिक कल्याण के मार्गदर्शक रूप में तथा सामाजिक नैतिकता और समानता के मूल्यांकन के आधार रूप में, उपयोगिता पर भरोसा करने के विकल्प के साथ करेंगे। कल्याण के अर्थशास्त्र के काफी बड़े साहित्य में स्पष्ट रूप से या निहित रूप में मूल्य की जिस उपयोगितावादी धारणा का प्रयोग किया जाता है उसमें मूल्य को अंततः वैयक्तिक उपयोगिता पर आधारित समझा जाता है और वैयक्तिक उपयोगिता की परिभाषा सुख, आनंद, इच्छा आदि किसी मनोदशा के आधार पर की जाती है।

उपयोगिता की 'इच्छापूर्ति' वाली व्याख्या को कभी-कभी 'मनोदशा' वाली समझ से इस आधार पर नितांत भिन्न समझा जाता है कि उसमें प्रसन्न जैसी किसी मानस दशा की प्राप्ति की बजाय एक वांछित अवस्था की वस्तुगत सिद्धि से ही उपयोगिता की प्राप्ति होती है। (जे. ग्रिफिन 1982, 1986 देखें।) इस अंतर का एक वास्तविक महत्त्व है। यह भी यकीनन सच है कि इच्छापूर्ति के अर्थ में किसी उपयोगिता के *अस्तित्व* के निर्धारण में किसी मानसिक पैमाने की जरूरत नहीं पड़ती; हमें कुल मिलाकर यह देखना होता है कि वांछित उद्‌देश्य सिद्ध हुआ है या नहीं। फिर भी एक भरपूर कल्याणवादी मूल्यांकन के लिए उपयोगिता के अस्तित्व के निश्चयमात्र से अधिक भी किसी चीज की जरूरत होती है। खासतौर पर कहें तो इसके लिए किसी-न-किसी रूप में उपयोगिताओं को मापने, उनकी तुलना करने की जरूरत पेश आती है। इस मकसद से, अगर इच्छापूर्ति के महत्त्व को इच्छा की तीव्रता से जोड़ने पर ही हमारा दृष्टिकोण आधारित हो तो *इच्छाओं की तीव्रताओं के बीच* तुलना करनी पड़ेगी। सच तो यह है कि उपयोगितावादी और उपयोगिता पर आधारित दूसरे मूल्यांकनों में उपयोगिता के *इच्छापूर्ति* वाली समझ का उपयोग करने के लिए अपने आप में *इच्छा* के मानसिक पैमाने का व्यापक उपयोग करना होगा।

प्रकार्यों या स्वयं सामर्थ्यों का मूल्यांकन मानसिक पैमानों, मसलन इच्छाओं की तीव्रता का उपयोग करके न किया जाए, और अगर किया जाता है तो उपयोगिता पर आधारित ऐसा कोई आकलन सामर्थ्य के दृष्टिकोण का एक संभावित *अंग* माना जाए—भले ही इसका कोई विशेष कारण न दिखाई पड़े। सामर्थ्यों और प्रकार्यों का ऐसा इच्छाओं पर आधारित कोई आकलन मोटे तौर पर परिभाषित सामर्थ्य के दृष्टिकोण का एक विशेष रूप न समझा जाए—दरअसल इसका कोई कारण भी नहीं है। लेकिन प्रेरणाओं संबंधी वैपरीत्य से संबंधित कुछ समस्याएँ अवश्य हैं।

उपयोगिता की अलग-अलग व्याख्याओं के साथ अलग-अलग समस्याएँ हैं। पर उनमें एक साझी बात भी है। वे सभी प्रसन्नता या इच्छा जैसे किसी मानसिक पैमाने का उपयोग करते हुए *परोक्ष* मूल्यांकन के कार्य करती हैं। खास कठिनाई ठीक इसी बात को लेकर है। हो सकता है प्रसन्न रहने को एक महत्त्वपूर्ण प्रकार्य माना जाए। पर वास्तव में यही जिए जा रहे जीवन का आदि और अंत नहीं है। (दूसरे शब्दों में, इसे एकमात्र

महत्त्वपूर्ण प्रकार्य शायद ही कहा जा सके। अगर उपयोगिता-आधारित मूल्यांकन प्रसन्नता या सुख की दृष्टि से किया जाता है तो व्यवहार में दूसरे प्रकार्यों का महत्त्व नहीं रहता, उनको सिर्फ अप्रत्यक्ष मूल्य दिया जाएगा और उसी सीमा तक दिया जाएगा जहाँ तक वे आनंद या सुख में सहायक होंगे।

दूसरी तरफ अगर इच्छापूर्ति को मानदंड मानें तो सामर्थ्यों और प्रकार्यों के मूल्यांकन की एक बहुत ही खास विधि चुननी होगी। सामर्थ्यों और प्रकार्यों के मूल्यांकन के इस विशेष परिप्रेक्ष्य की उपयुक्तता बेहद विवादास्पद है। कारण कि तर्कपूर्ण आकलन की समस्या से सीधे-सीधे दो-चार होने की बजाय इच्छाओं के पैमाने का कोई भी मशीनी इस्तेमाल आदर्शमूलक मूल्यांकन के साथ नाइंसाफी ही करेगा।[32]

सुस्थापित विषमताओं और अभावों के संदर्भ में यह समस्या खासकर तीखी होती है। एक बेहद अभावग्रस्त और एक बेहद तुच्छ जीवन गुजार रहा व्यक्ति, हो सकता है, इच्छा और इच्छापूर्ति के मानसिक पैमाने पर उतना बदहाल न दिखाई पड़े बशर्ते कि उसने अपनी मुश्किलों को खामोशी के साथ, मन मारकर स्वीकार कर लिया है। दीर्घकालीन अभाव की स्थितियों में उसके शिकार हर वक्त रोना-धोना नहीं मचाते, और अकसर तो छोटी-छोटी बातों से खुश होने की, निजी इच्छाओं को मामूली—'यथार्थवादी'—सीमाओं तक कम कर देने की भारी कोशिशें करते पाए जाते हैं। वास्तव में जिन विपरीत परिस्थितियों को उनके शिकार वैयक्तिक स्तर पर नहीं बदल सकते, उनमें *मसलहत की सोच* यही सुझाती है कि वे उन्हीं छोटी-छोटी चीजों को अपनी इच्छाओं का केंद्र बनाएँ जिनको वे *संभवतः* पा सकते हों, बजाय इसके कि जो कुछ हासिल नहीं होने वाला उसके लिए बेमतलब रोते रहें। तो इस तरह इच्छापूर्ति के पैमाने पर हो सकता है किसी व्यक्ति की अभावग्रस्तता दिखाई ही न पड़े, भले ही वह व्यक्ति पेट-भर भोजन, उम्दा कपड़ों, न्यूनतम शिक्षा और समुचित आवास पाने में एकदम असमर्थ हो।

विषमता के अनेक दृष्टांतों में सुस्थापित अभाव की समस्या खासतौर पर गंभीर होती है। वर्ग, समुदाय, जाति और लिंग संबंधी भेदों पर यह बात खासतौर पर लागू होती है। महत्त्वपूर्ण सामर्थ्यों के मुआमले में समाजजन्य भेदों पर ध्यान केंद्रित करके इन अभावों की प्रकृति अधिक स्पष्ट ढंग से उभारी जा सकती है। लेकिन अगर खुद सामर्थ्यों का आकलन उपयोगिताओं के पैमाने पर किया जाए तो उपरोक्त विधि के लाभ कुछ-न-कुछ अवश्य नष्ट हो जाएँगे। सामर्थ्य के परिप्रेक्ष्य के पूरक रूप में अगर हम पुराने वाले अनुरूपतावाद (कन्फार्मिज्म) की ओर पलटते हैं तो इस परिवर्तन से प्राप्त लाभ, कम-से-कम आंशिक रूप से सही, जरूर नष्ट हो जाएँगे; खासकर इसलिए कि तब उन सामर्थ्यों का महत्त्व कम करके आँका जाएगा जिनके सपने भी दीर्घकाल से अभावग्रस्त प्राणी नहीं देख सकते। सामर्थ्यों के मूल्यांकन का काम उन सामर्थ्यों से पैदा उपयोगिताओं के महज जोड़-घटाव तक नहीं सीमित रखा जा सकता। गहरे जड़ जमाकर बैठी और आसानी से न मरने वाली विषमताओं के मुआमले में इस अंतर के काफी दूरगामी परिणाम हो सकते हैं।

टिप्पणियाँ

1. अवधारणात्मक आधार के विभिन्न पहलुओं तथा मापन और मूल्यांकन की व्यावहारिक समस्याओं की विवेचना सेन (1980 अ, 1985 अ, 1985ब) में की गई है। प्रस्तुत अध्याय सेन (1991 ब) पर आधारित है।
2. जीवन की गुणवत्ता के विविध घटक तत्त्वों की एक उपयोगी विवेचना के लिए ऐलर्ट (1981, 1992), एरिकसन और एबर्ग (1987), एरिकसन (1991), येसैंडर (1992) देखें। जीवन की परिस्थितियों पर 'स्कैंडिनेवियाई अध्ययनों' ने वास्वत में जीवन की गुणवत्ता के आधार रूप में विविध प्रकार्यों को परखने की अनुभाश्रित संभावना को काफी कुछ दर्शाया और स्पष्ट किया है। संबद्ध विषयों पर फ्यूक्स (1983), मैक और लैंसली (1986), कूलियर (1986) और ए. विलियम्स (1991) भी देखें।
3. इस दृष्टिकोण के दार्शनिक आधार को अरस्तू की रचनाओं में ढूँढ़ा जा सकता है जिनमें 'कार्यकलाप के अर्थ में जीवन' के आधार पर 'मनुष्य की शुभता' की एक गहरी छानबीन शामिल है। (विशेष रूप से द *निकोमाखियन एथिक्स,* I, 7 देखें।) *एथिक्स* और *पालिटिक्स,* दोनों में अरस्तू आगे बढ़कर 'मानव की उन्नति' के अर्थ में कल्याण पर ध्यान केंद्रित करने के राजनीतिक और सामाजिक निहितार्थों की पड़ताल भी करता है। अरस्तूवादी दृष्टिकोण तथा सामर्थ्य के परिप्रेक्ष्य की हालिया खोजों से उसके संबंधों के बारे में नसबाम (1988 अ, 1988 ब) देखें।
4. कार्यरत वाहकों (और भी सामान्य ढंग से कहें तो कार्यरत n-tuples) को तथा ऐसे वाहकों (n-tuples) के सामर्थ्य-समुच्चयों को दर्शाने और उनका मूल्य आँकने में अनेक तकनीकी समस्याएँ हैं। सेन (1985 ब, 1991 ब) देखें।
5. इसके बारे में अध्याय 2, परिच्छेद 2.2 देखें।
6. सामाजिक और राजनीतिक नीतिशास्त्र में सिद्ध कल्याण के विपरीत 'कल्याण की स्वतंत्रता' की विशेष प्रासंगिकता की विवेचना मेरे डेवी व्याख्यानों (सेन, 1985 अ) में खासकर दूसरे और तीसरे व्याख्यानों में की गई है। इन व्याख्यानों में 'कल्याण की स्वतंत्रता' और 'साधन की स्वतंत्रता' के अंतर की विवेचना भी की गई है। द्वितीयोक्त स्वतंत्रता एक अधिक सामान्य प्रकार की स्वतंत्रता—(संभवतः अपने कल्याण के प्रयासों से भी आगे बढ़कर) अपने जो भी उद्देश्य हों उनको पाने की स्वतंत्रता—की सूचक है। आगे अध्याय 4 देखें।
7. 'उचित' और 'शुभ' के अंतर के महत्त्व पर राउल्स (1988 अ) को देखें। शुभ को यथासंभव बढ़ाने की बजाय उचित के विचारों के आधार पर राज्य के कर्तव्यों को समझा जाए, इसके पक्ष में एक जोरदार प्रस्तुति के लिए सुग्डेन (1989) देखें। सेन (1987) ने अन्य बातों के साथ यह भी तर्क दिया है कि यह अंतर आमतौर पर जितना समझा जाता है उससे कम स्पष्ट और संभवतः कम बुनियादी हो सकता है।
8. स्वाधीनतावादी लेखकों की महत्त्वपूर्ण रचनाओं (मसलन हाल के योगदानों में हायेक 1960, 1967; नोजिक 1974; जे. एम. बुखानन 1975, 1986) से स्वतंत्रता का परिप्रेक्ष्य बहुत कुछ जुड़ा हुआ है। लेकिन स्वतंत्रता के बुनियादी महत्त्व पर ध्यान देने के पक्ष में एक पुराना तर्क मार्क्स के राजनीतिक दर्शनशास्त्र में मिलता है जिसमें उन्होंने 'व्यक्तियों के स्वतंत्र विकास और कार्यकलाप की दशाओं को उनके अपने नियंत्रण में' लाने पर जोर दिया है। मार्क्स की नजर में भविष्य के मुक्त समाज में 'मेरे लिए मुमकिन होगा कि आज मैं एक तो कल दूसरा काम करूँ; सुबह को शिकार करूँ, दोपहर को मछली मारूँ, शाम को मवेशियों की देखभाल करूँ, भोजन के बाद कुछ मीसांसा करूँ, उसी तरह जैसे यह सब मेरे मस्तिष्क में हो, और वह भी शिकारी, मछुवारा, चरवाहा या

मीमांसक बने बिना।' (मार्क्स 1845-46 : 22 देखें।) जाहिर है कि यह स्वतंत्रता का *समग्रवादी* दृष्टिकोण है (कि सब बातों पर गौर करने के बाद कोई क्या कर सकता है), जबकि स्वाधीनतावादी साहित्य के एक बड़े भाग में इसके विपरीत *नकारात्मक* अधिकारों पर (व्यक्ति को जो कुछ करने की मनाही नहीं है, उस पर) जोर दिया जाता है। इस अंतर के बारे में बर्लिन (1969) देखें। स्वतंत्रता के अंतर्जात मूल्य संबंधी वैकल्पिक दृष्टिकोणों के बारे में मेरी रचना 'फ्रीडम ऑफ च्वायस : कंसेप्ट एंड कंटेंट' (सेन 1988 अ) देखें। स्वतंत्रता के मार्क्सवादी दृष्टिकोण पर दूसरे लेखकों के अलावा कोलाकोव्स्की (1978), सी. टेलर (1979), ब्रेनकर्ट (1980, 1983), ए. ई. बुखानन (1982), एल्सटर (1986), ल्यूकस (1985), जी. ए. कोहेन (1986, 1988, 1989), रामचंद्रन (1990) देखें।

9. कहने का मतलब यह नहीं कि हर वैयक्तिक चयन व्यक्ति के कल्याण में वृद्धि करता है, न ही यह कि चयन का *कर्तव्य* लाजमी तौर पर उसकी स्वतंत्रता को बढ़ाता है। यह प्रश्न अगले अध्याय में उठाया जाएगा।
10. इससे संबंधित वैश्लेषिक साहित्य के आलोचनात्मक सर्वेक्षण के लिए सेन (1979 स) देखें।
11. सामर्थ्य के दृष्टिकोण में निहित प्रेरणा और रणनीति संबंधी मुद्दों की भरपूर विवेचना सेन (1980 अ, 1985 अ, 1985 ब, 1991 ब) में मिलेगी। उस दृष्टिकोण की समालोचनाओं और उसके विस्तार के बारे में तथा संबद्ध मगर भिन्न परंपराओं वाली रचनाओं के सिलसिले में दूसरों के अलावा रोमर (1982, 1986 अ), स्ट्रीटेन (1984), बाइत्ज (1986), कुलियर (1986), पी. दासगुप्त (1986, 1988, 1990), दे *ब्योस* (1986), दे लियोनार्दो, मरकरी और रोटेली (1986), देलबोनो (1986), हैमलिन (1986), हेल्म (1986), काकवानी (1986), ल्यूकर (1986), ओ' नील (1986, 1992), राइली (1986, 1987), *जैमाग्नी* (1986), आसाही (1987), के. बसु (1987 अ), ब्रैनन और विल्सन (1987), एरिकसन और एबर्ग (1987), हाथर्न (1987), के. हार्ट (1987), कँवर (1987), कुमार (1987), म्यूलबावेर (1987), रिंगन (1987), बी. विलियम्स (1987), विल्सन (1987), गार्टनर (1988, 1991), गुडिन (1988), आर्नेसन (1984 अ, 1990 ब), जी.ए. कोहेन (1989, 1990), ड्रेज़ और सेन (1989), के. ग्रिफिन और नाइट (1989), नसबाम (1988 अ, 1988 ब), सुजूमुरा (1988), स्टेवर्ट (1988) पोगी (1989), सीब्राइट (1989, 1991), देसाई (1990), हुसैन (1990), स्टाइनर (1990), वान पारिज्स (1990 अ, 1990 ब), आहतीसारी (1991), डी. ए. क्रोकर (1991 अ, 1991 ब), ए. विलियम्स (1991), ब्लिस (1992), ब्राक (1992), ए. के. एस. कुमार (1992) देखें।
12. इसके बारे में सेन (1970 अ, 1970 ब) देखें।
13. दरअसल किसी मूल्यांकन प्रणाली का उपयोगी विश्लेषण उससे जुड़ी सूचना संबंधी सीमाओं के आधार पर, जिस प्रकार की सूचनाओं को यह उपयोग से 'खारिज' करती है उसके आधार पर, किया जा सकता है। 'मूल्यांकन के सिद्धांतों के सूचनात्मक विश्लेषण' की इस रणनीति के बारे में सेन (1977 ब, 1979 द) देखें।
14. उपयोगितावाद के तीन सुस्पष्ट घटक किए जा सकते हैं : (1) *परिणामवाद* (कांसेक्वेंशियलिज्म) (निर्णय संबंधी चर जैसे कानूनों, नियमों आदि को तज्जनित स्थितियों की शुभता से परखा जा सकता है); (2) *कल्याणवाद* (स्थितियों को संबद्ध राज्य में वैयक्तिक उपयोगिताओं से परखा जा सकता है); (3) *समग्र-श्रेणीकरण* (सम-रैंकिंग) (वैयक्तिक उपयोगिताओं की परख मात्र उन्हें जोड़कर की जाए)। इस कारक-विघटन की प्रकृति तथा इस आम ढाँचे के अंदर उपयोगितावाद के भिन्न-भिन्न रूपों के बारे में सेन (1979 अ, 1979 ब) तथा सेन और विलियम्स (1982, प्रस्तावना) देखें।

15. उपयोगिता के विभिन्न रूपों में उपयोगितावाद के विभिन्न रूपों में उपयोगिता की परिभाषा अनेक रूपों में (जैसे प्रसन्नता, सुख या इच्छापूर्ति के रूप में) की जाती है। (मिसाल के लिए गोसलिंग 1969 देखें।) पर यहाँ की गई टिप्पणी उन सब पर लागू होती है। दूसरी तरफ 'उपयोगिता' की परिभाषा अगर, जेम्स ग्रिफिन (1986) के शब्दों में 'कतई एक ठोस मूल्य के रूप में नहीं, बल्कि इसके एक औपचारिक विश्लेषण के रूप में की जाती है कि वह क्या चीज है जो किसी वस्तु को किसी व्यक्ति के लिए मसलहत के तौर पर मूल्यवान बनाती है' (पृ. 31-32), तो पूरे मुद्दे का दारोमदार ठीक इस बात पर आ जाता है कि वह 'औपचारिक विश्लेषण' किया कैसे जाता है। ग्रिफिन ने उपयोगितावाद की जिस पुनर्व्याख्या का प्रस्ताव किया है, क्या उससे यह दृष्टिकोण फिर भी, किसी भी सुस्पष्ट अर्थ में, उपयोगितावाद के खाने में ही रह जाता है—यह ऐसा मुद्दा है जिसे मैं यहाँ नहीं उठाऊँगा। न ही मैं यहाँ इस सवाल की पड़ताल करूँगा कि ग्रिफिन के उपरोक्त वक्तव्य में जो सामान्य रणनीति दिखाई देती है उसके, तथा तात्त्विक नीतिशास्त्रीय विश्लेषणों में मसलहत की सोच की तीव्रता का जो विशेष उपयोग उन्होंने किया है के, बीच क्या कोई सुसंगति है।
16. जीवन स्तर पर मेरे टैनर व्याख्यानों पर टिप्पणी करते हुए बर्नार्ड विलियम्स (1987) ने यह सवाल उठाया है। इसके बारे में उनकी विवेचना (पृ. 98-101) तथा मेरा जवाब (सेन आदि, 1987 : 108-9) देखें।
17. निहित प्रेरणा से मूल्यांकन के सरोकारों को जोड़ने की आवश्यकता पर ब्राक (1991) देखें। उन्होंने स्वास्थ्य-रक्षा के ठोस मुद्दों की दृष्टि से इस सामान्य प्रश्न की उपयोगी विवेचना की है। बेते (1983 अ), वर्बा आदि (1987), डी. ए. क्रोकर (1991 ब) भी देखें।
18. 'वर्णन बतौर चयन' से जुड़े कुछ सामान्य पद्धतिशास्त्रीय प्रश्नों की विवेचना का प्रयास मैंने सेन (1980 ब) में किया है।
19. सेन (1984, 1988 ब) देखें। सेन (1980 अ) में मैंने 'समानता किस चीज की ?' में जिस शब्दावली 'बुनियादी सामर्थ्य' का प्रयोग किया था उसका मकसद कुछ खास स्तरों तक कुछ खास प्रारंभिक और नाजुक अहमियत वाले प्रकार्यों को पूरा करने की योग्यता को अलग करना था। जाहिर है कि इस शब्दावली का प्रयोग दूसरे तरीकों से भी बखूबी किया जा सकता है क्योंकि बुनियादीपन की धारणा में एक द्वयर्थकता अवश्य है, जैसे व्यक्ति की उन *संभावित* सामर्थ्यों के अर्थ में जिनका विकास किया जा सकता है, भले ही वे सचमुच साकार हों या न हों। (नसबाम 1988 अ, 1988 ब ने इस शब्द का प्रयोग इसी अर्थ में किया है।)
20. किसी व्यक्ति के कल्याण या साधन संबंधी उपलब्धियों के आकलन के लिए जो प्रकार्य या सामर्थ्य दिलचस्पी की चीज हो सकते हैं उनका दायरा बहुत व्यापक हो सकता है। इसके बारे में मेरे डेवी व्याख्यान (सेन 1985 अ) देखें।
21. बाइत्ज (1986 : 287) देखें। आर्नेसन (1989 अ, 1990 ब) और जी. ए. कोहेन (1989, 1990) भी देखें।
22. जिस अरस्तूवादी दृष्टिकोण का पहले हवाला दिया गया है वह विभिन्न प्रकार्यों और सामर्थ्यों की एक क्रमबद्ध सूची के रूप में भारमान देने की समस्या का एक और भी जोरदार समाधान सुझाता है, भले ही विशिष्ट प्रकार्यों की पूर्ति के ढंग अलग-अलग हों। इसके बारे में नसबाम (1988 अ, 1988 ब) देखें। जिसे कभी-कभी 'पूर्णतावाद' (परफेक्शनिज्म) कहा जाता है, उस सामान्य दृष्टिकोण के गुण-दोष के बारे में हक्सर (1979) देखें। सामान्यतः हो सकता है भारमान की समस्या का इतना मुकम्मल और भरपूर हल न निकले जितना अरस्तूवादी दृष्टिकोण इशारा करता है, पर ऐसे रैखिक क्रम के बिना भी सामर्थ्य के दृष्टिकोण का लाभकारी उपयोग किया जा सकता है।
23. प्रतिच्छेदन के दृष्टिकोण से जुड़े गणितीय और व्याख्यात्मक मुद्दों पर सेन (1970 अ, 1970 ब,

1973 अ, 1985 ब, 1986 अ), ब्लैकोर्बी (1975), फाइन (1975 अ), के. बसु (1979), बेजेमबाइंडर और वान एकर (1979, 1986) देखें। 'अस्पष्ट' (फ़ज़ि) समुच्चयों और मापों पर भिन्न मगर प्रेरणा की दृष्टि से संबद्ध साहित्य पर मसलन जादेह (1965), गग्वेन (1967), बेलमैन और जादेह (1970), तथा विषमता और संबद्ध सामाजिक चरों के माप में उसके संभावित प्रयोग पर मसलन एस. आर. चक्रवर्ती और राय (1985), के. बसु (1987 ब) देखें।

24. इसके बारे में सेन (1970 अ, 1989 ब) देखें। निश्चित ही यह समस्या केवल सामर्थ्य के दृष्टिकोण के साथ नहीं है। आमतौर पर सामाजिक, आर्थिक व राजनीतिक सिद्धांत के अनेक अवधारणात्मक ढाँचों में ये ही प्रश्न उठते हैं।
25. औपचारिक निरूपण के लिए सेन (1985 ब : अध्याय 2 और 7) देखें।
26. सेन (1985 ब : 60-61) देखें।
27. इस पद्धति के प्रयोग के लिए निश्चित ही यह जानना जरूरी है कि हर समुच्चय से क्या चुना गया है, न कि सिर्फ यह कि चयन किस समुच्चय से किया जा रहा है। यह वास्तविक अवलोकन से या किसी व्यवहार संबंधी मान्यता (जैसे प्रासंगिक वस्तुनिष्ठ फलन की यथासंभव वृद्धि) के जरिए जाना जा सकता है।
28. वास्तव में 'समानता किस चीज की ?' (सेन 1980 अ) में सामर्थ्य दृष्टिकोण की मेरी पहली प्रस्तुति में कल्याण के सामर्थ्यवादी प्रकार्यवादी दृष्टिकोणों में कोई अंतर नहीं किया गया था। इस सवाल पर कोहेन (1990), देसाई (1990), अहतीसारी (1991), को भी देखें।
29. मसलन मानक उपभोक्ता सिद्धांत में समुच्चय-मूल्यांकन का रूप प्रारंभिक मूल्यांकन का होता है। उस परंपरा से कुछ विशेष अलगावों के बारे में कूपमैंस (1964) और क्रेप्स (1979) देखें। मगर वहाँ भी प्राप्त स्वतंत्रता का अपने आप में मूल्य समझने की नहीं, *अपनी खुद की भावी वरीयताओं* से जुड़ी अनिश्चितता पर ध्यान देने की प्रेरणा दिखाई देती है जिसमें भविष्य में और अधिक विकल्प पाने के लाभ को साधन रूप में महत्त्व दिया जाता है। प्रेरणा संबंधी भेदों के बारे में सेन (1985 ब) देखें।
30. जीवन-मूल्य में चयन के महत्त्व पर अरस्तू (*निकोमाखियन एथिक्स,* II और IV; रास 1980 में प्राप्य) तथा मार्क्स (1844, 1845-46) समेत अनेक लेखकों ने जोर दिया है। उपलब्धियों और स्वतंत्रताओं, दोनों को महत्त्व देने तथा मूल्यांकन के ढाँचे में हरेक की गुंजाइश पैदा करने में अनेक औपचारिक और अवधारणात्मक समस्याएँ हैं। मैंने अन्यत्र इन समस्याओं की विवेचना की कोशिश की है, और उन्हें यहाँ नहीं उठाऊँगा। सेन (1985 अ, 1991 ब) देखें।
31. वास्तव में, जैसाकि अध्याय 4 में दिखाया जाएगा, कभी-कभी केवल प्राप्त कल्याण ही नहीं, बल्कि *स्वतंत्रता* तक के विश्लेषण के लिए अंशतः *अस्तित्व की अवलोकित अवस्थाओं* को आधार बनाना पड़ सकता है। (इसके लिए केवल चयन के *कृत्य* पर ध्यान केंद्रित करने की बजाय व्यक्ति जो कुछ *चुनता* है उसे पाने की शक्ति पर आधारित स्वतंत्रता का परिप्रेक्ष्य अपनाना पड़ता है।)
32. यह एक मुश्किल सवाल है, और पेचीदा तर्क का जो लब्बो-लुबाब यहाँ पेश किया गया है वह संतोषजनक नहीं है। इस प्रश्न की एक अधिक भरपूर विवेचना के लिए मेरा दूसरा डेवी व्याख्यान (सेन 1985 अ : 185-203) देखें। संबद्ध प्रश्नों पर डेविडसन (1986), गिब्बर्ड (1986) और स्कैनलन (1975, 1990, 1992) को भी देखें।

4

स्वतंत्रता, निमित्ति और कल्याण

4.1 निमित्ति की तुलना में कल्याण

पिछले अध्याय में स्वतंत्रता की विवेचना करते हुए हमारा ध्यान उन प्रकार्यों को पूरा करने की स्वतंत्रता तक सीमित रहा जो व्यक्ति के कल्याण के लिए प्रासंगिक होते हैं। लेकिन अपने खुद के कल्याण से इतर भी व्यक्ति के कुछ लक्ष्य और जीवनमूल्य हो सकते हैं, और आमतौर पर होते हैं। डेवी व्याख्यानों (सेन, 1985 अ) में मैंने एक व्यक्ति के 'निमित्ति पक्ष' (एजेंसी ऐस्पेक्ट) और 'कल्याण पक्ष' के अंतर की विवेचना का प्रयास किया था। वहाँ हमारा तर्क यह था कि उपरोक्त दोनों पक्षों को जबरन एक-दूसरे पर आरोपित कराने के लिए किसी व्यक्ति को घटाकर एक ही आयाम तक सीमित नहीं किया जा सकता।

किसी व्यक्ति की निमित्ति संबंधी उपलब्धि का संबंध उन लक्ष्यों और जीवनमूल्यों के साकार होने से होता है जिन्हें वह किसी कारणवश पाना चाहता है, चाहे उनका संबंध उसके अपने कल्याण से हो या न हो। निमित्त (एजेंट) रूप में जरूरी नहीं कि व्यक्ति अपने ही कल्याण की भावना से प्रेरित हो। निमित्ति संबंधी उपलब्धि से अभिप्राय उसके सुविचारित लक्ष्यों और उद्देश्यों की संपूर्णता के बारे में उसकी सफलता से है।[1] मान लीजिए किसी का उद्देश्य अपने देश की स्वतंत्रता हो, या अपने समुदाय की समृद्धि हो, या ऐसा ही कोई और सामान्य लक्ष्य हो, तो उसकी निमित्ति संबंधी उपलब्धि में उन उद्देश्यों की रौशनी में स्थिति का मूल्यांकन भी शामिल होगा। वह ऐसा मूल्यांकन सिर्फ उन उपलब्धियों की रौशनी में नहीं करेगा जो उसके अपने कल्याण में सहायक हों।

निमित्ति और कल्याण संबंधी उपलब्धियों के अंतर के संगत एक व्यक्ति की 'निमित्ति संबंधी स्वतंत्रता' और 'कल्याण संबंधी स्वतंत्रता' के बीच भी एक अंतर पाया जाता है। पहली से मुराद उन उपलब्धियों को पाने की स्वतंत्रता है जिन्हें व्यक्ति मूल्यवान समझता और साकार करना चाहता है। वहीं दूसरी से मुराद उस वस्तुओं को पाने की स्वतंत्रता है जो व्यक्ति के अपने कल्याण के घटक होते हैं। किसी व्यक्ति के *सामर्थ्य समुच्चय* में दूसरी स्वतंत्रता ही सबसे अच्छे ढंग से प्रतिबिंबित होती है, जिसके कारणों की विवेचना पहले की जा चुकी है। दूसरी तरफ हमें निमित्ति की स्वतंत्रता को व्यापकतर अर्थ में समझना होगा। इसमें वे स्थितियाँ भी आती हैं जिनका संबंध व्यक्ति

के निमित्तिमूलक उद्देश्यों से है। (इससे मतलब नहीं कि वे उसके कल्याण में प्रत्यक्ष रूप से सहायक हैं या नहीं।) मैंने अन्यत्र इस अंतर की विस्तृत विवेचना की है[2] और इसे यहाँ नहीं उठाऊँगा।

जोर देने की बात यह है कि कल्याण और निमित्ति, दोनों पक्ष परस्पर-स्वतंत्र हैं, ऐसा कोई दावा यहाँ नहीं किया जा रहा। वे अलग-अलग हैं और उनमें अंतर किया जा सकता है, हालाँकि वे बेहद परस्पर-निर्भर भी हैं। कल्याण का प्रयास निमित्त के महत्त्वपूर्ण लक्ष्यों में एक हो सकता है। साथ ही, कल्याण से *इतर* लक्ष्यों को पाने की असफलता कुंठा और इस तरह कल्याण में कमी का कारण हो सकती है। दूसरे संबंध भी पाए जाते हैं। अहम बात एक से *स्वतंत्र* समझकर दूसरे के विश्लेषण की संभावना का दावा करना *नहीं,* बल्कि एक अहम अंतर को स्वीकार करना है।

4.2 निमित्ति, अभिकरण और सिद्धि

निमित्तिमूलक उद्देश्यों के विश्लेषण में एक और अंतर किया जा सकता है : (1) उन वस्तुओं की मौजूदगी जिनको व्यक्ति महत्त्व देता है और जिन्हें पाना चाहता है, (2) ऐसी वस्तुओं की मौजूदगी जो व्यक्ति के *अपने* प्रयासों से पैदा हों (या जिन्हें सामने लाने में व्यक्ति ने *स्वयं* एक प्रमुख भूमिका निभाई हो)[3]। पहले का संबंध व्यक्ति के उद्देश्यों की सिद्धि से है; इस सिद्धि में उसकी अपनी भूमिका से कोई मतलब नहीं होता। इसके विपरीत दूसरा पक्ष यानी निमित्ति संबंधी सफलता एक अधिक सुनिरूपित धारणा है, जो विशिष्टतः निमित्त *रूप में* व्यक्ति की सफलता पर जोर देती है।[4]

अगर मेरे देश की स्वतंत्रता या अकालों की समाप्ति मेरे निमित्तिमूलक उद्देश्यों में शामिल हों तो पहले पक्ष के अनुसार निमित्तिमूलक उपलब्धि का उद्देश्य इससे पूरा हो जाता है कि देश *सचमुच* आजाद हो जाए या अकाल सचमुच खत्म हो जाएँ, चाहे उस उपलब्धि को साकार करने में मेरी निजी भूमिका कुछ भी रही हो। जिन उद्देश्यों को मैं पाना चाहता हूँ—या प्रभावी निमित्त होने की दशा में मैं सचमुच जिनको पाने के प्रयास करूँगा—और उन उद्देश्यों की वास्तविक सिद्धि (उसमें भूमिका वास्तव में चाहे जिसकी हो) की सीधी-सीधी तुलना पर ही निमित्तिमूलक सफलता का यह विचार आधारित है।

दूसरे विचार में *भागीदारी* का तत्त्व अधिक है। मुझे उन उद्देश्यों की सिद्धि में खुसूसी तौर पर अपनी खुद की भूमिका पर सोचना होगा। इस विचार के अनुसार इस संकीर्णतर अर्थ में मेरी निमित्तिमूलक सफलता ठीक उस भूमिका पर निर्भर होगी। जिसे मैं स्वयं उन उद्देश्यों की सिद्धि के प्रयत्न में निभाता हूँ। इन दो दृष्टांतों के हवाले देने के लिए संभवतः हम '*साकार* निमित्तिमूलक सफलता' (*रियलाइज्ड* एजेंसी सक्सेस) और '*अभिकारणिक* निमित्तिमूलक सफलता' (*इंस्ट्रूमेंटल* एजेंसी सक्सेस) की बीच एक उपयोगी अंतर कर सकते हैं।

किसी व्यक्ति के निमित्ति पक्ष के इन दो तत्त्वों का अंतर कुछ संदर्भों में महत्त्वपूर्ण

हो सकता है। कुछ हद तक इस सवाल का गहरा ताल्लुक हमारे मूल्यों की प्रकृति से है—अर्थात् जिसे हम महत्त्व देते हैं क्या वह अभिकारणिक प्रक्रिया से परे कोई उपलब्धि है, या क्या इस मूल्य-निर्धारण का सीधा संबंध उस भूमिका से है जिसे हम स्वयं से परिणाम पाने के लिए अदा करते हैं। वास्तव में उद्देश्यों का अधिक सटीक निरूपण करके, मसलन '*A* की प्राप्ति' और 'हमारे अपने प्रयासों से *A* की प्राप्ति' के बीच अंतर करके 'साकार निमित्तिमूलक सफलता' के सामान्य ढाँचे में हम 'अभिकारणिक निमित्तिमूलक सफलता' की खास विशेषता को औपचारिक रूप से समाहित कर सकते हैं। मगर यह एक औपचारिक तरीका है जिसकी यहाँ आगे छानबीन मैं नहीं करूँगा।[5]

अभिकरण के सवाल का गहरा संबंध उस 'नियंत्रण' के विचार से भी है जो व्यक्ति को परिणामों की सिद्धि पर प्राप्त होता है। स्वतंत्रता के कुछेक दृष्टिकोणों में व्यक्ति जो कुछ पाना चाहता है उसे पाने की प्रक्रिया पर स्वयं उसके नियंत्रण को निश्चित और भारी महत्त्व दिया जाता है। इस अध्याय में आगे चलकर मैं 'स्वतंत्रता बतौर नियंत्रण' के विचार की छानबीन करूँगा और स्वतंत्रता को केवल इसी रूप में देखने से जुड़ी कुछ समस्याओं पर विचार करूँगा, पर उससे पहले मैं व्यक्ति के निमित्ति और कल्याण पक्षों के सामान्य अंतर के कुछेक निहितार्थों की छानबीन करना चाहूँगा।

4.3 क्या स्वतंत्रता का कल्याण से टकराव भी संभव है ?

एक स्वतंत्रता-केंद्रित मूल्यांकन प्रणाली का पक्ष लेते हुए कभी-कभी एक सामान्य मान्यता भर होती है कि अधिक स्वतंत्रता का होना हमेशा लाभकारी होता है, या कम-से-कम हानिकारक तो नहीं ही होता। क्या यह मान्यता सही है ?[6] यह बात तो साफ लगती है कि यह हर हाल में सही नहीं हो सकती। वास्तव में कभी-कभी चयन की अधिक स्वतंत्रता व्यक्ति को चकराकर और उसकी जिंदगी को अजीरन बनाकर रख देती है।[7] फैसले लेने की कुछ कीमत भी अदा करनी पड़ती है और चुप बैठकर दूसरों को विस्तृत चयन-कार्य करते देखना फायदेमंद हो सकता है। ऐसे तरह-तरह के परिदृश्य खींचे जा सकते हैं जिनमें स्वतंत्रता अधिक होने पर व्यक्ति का सुख निश्चित ही कम होता है, बल्कि संभवतः उसकी उपलब्धियाँ भी कम हो जाती हैं।[8]

यह दिलचस्प मुआमला दो अलग तरह के मुद्दे उठाता है। एक तो यह सवाल है कि क्या स्वतंत्रता—निमित्ति और कल्याण, दोनों से संबंधित स्वतंत्रता—का कल्याण से टकराव भी हो सकता है, और अगर हाँ तो किस अर्थ में, और किन कारणों से ? मैं इस मुद्‌दे (स्वतंत्रता और कल्याण के टकराव) की छानबीन पहले करूँगा। पर एक और मुद्‌दा है, जो कुछ कम अहम नहीं है—और यह चयन के कुछ विशेष प्रकारों के प्रसार से, संभवतः परस्पर-विरोधी प्रभावों से पैदा होता है। क्या इस विरोध को बेहतरीन ढंग से तभी समझा जा सकता है जब इसे एक ओर स्वतंत्रता और दूसरी ओर लाभ की स्थिति का टकराव माना जाए, यानी जब स्वतंत्रता में वृद्धि *हानिकर* होती हो ? या यह कि यह समस्या बड़ी हद तक स्वयं स्वतंत्रता की प्रकृति के बारे में एक अस्पष्टता

का प्रतिबिंब है जिसे दूर करना होगा ? मैं इस (स्वतंत्रता की प्रकृति से जुड़े) दूसरे मुद्‌दे को अगले परिच्छेद में, स्वतंत्रता और कल्याण के संभावित टकरावों की विवेचना के बाद, उठाऊँगा।

इस पुस्तक में जितनी विवेचना अब तक की गई है उसे देखते हुए इसमें कोई ताज्जुब नहीं होना चाहिए कि स्वतंत्रता और कल्याण के रास्ते एक हों, बल्कि उनकी एक ही दिशा हो, यह कोई जरूरी नहीं है। इस सवाल की विवेचना के लिए *कल्याणमूलक स्वतंत्रता* और *निमित्तिमूलक स्वतंत्रता* का अंतर खास अहमियत रखता है। इस बात में कोई भी अंतर्विरोध नहीं कि *निमित्तिमूलक स्वतंत्रता* में वृद्धि (अर्थात् जिन लक्ष्यों को व्यक्ति किसी कारणवश पाना चाहता हो उनको पाने की योग्यता में वृद्धि) *कल्याणमूलक स्वतंत्रता* में कमी (और इसी के संगत *प्राप्त कल्याण* में कमी) का कारण बन सकती है। सच तो यह है कि निमित्ति और कल्याण का अंतर ऐसे ही टकरावों के कारण महत्त्वपूर्ण है।[9]

मिसाल के लिए मैं जिस अपराध को रोकना चाहता हूँ उस अपराध के स्थान से कोसों दूर होने की बजाय अगर मैं उसके स्थान पर मौजूद रहूँ तो मेरी निमित्तिमूलक स्वतंत्रता निश्चित ही बढ़ेगी। (मतलब यह कि जिस भयानक घटना को मैं रोकना चाहूँगा उसे रोकने के लिए मैं कुछ कर सकूँगा।) मगर इसके कारण मेरे कल्याण में कमी आ सकती है। (जैसे मेरे प्रयास अगर सफल रहे तो भी हो सकता है कि मैं इस प्रक्रिया में जख्मी हो जाऊँ।) सब बातों पर गौर करने के बाद मैं तय करता हूँ कि यह जोखिम मोल लिया जा सकता है। (तात्पर्य यह कि मेरे कल्याण में जो कमी आ सकती है वह मेरे दूसरे निमित्तिमूलक उद्‌देश्यों के आगे हेय है।) मगर इस तथ्य से निश्चित ही यह मतलब नहीं निकलता कि मेरे सुविचारित प्रयासों के कारण *बजाते-ख़ुद* मेरे कल्याण में कमी नहीं आ सकती।[10] अगर स्वतंत्रता को *निमित्तिमूलक* स्वतंत्रता समझें तो ऐसी परस्पर-विरोधी गतियाँ बिलकुल संभव हैं जिनमें स्वतंत्रता (अर्थात् निमित्तिमूलक स्वतंत्रता) तो बढ़ती है, मगर कल्याण में कमी आती है।

वास्तव में *कल्याण संबंधी उपलब्धि* ही नहीं, बल्कि *कल्याणमूलक स्वतंत्रता* की दिशा भी *निमित्तिमूलक स्वतंत्रता* के विपरीत हो सकती है। 'अपराध की रोकथाम' के जिस मुआमले की विवेचना ऊपर की गई है उसमें अपराधस्थल से दूर होने की बजाय अपराधस्थल पर मौजूद होने के कारण मेरा कल्याण ही कम नहीं होता, बल्कि (मेरी निमित्तिमूलक स्वतंत्रता में वृद्धि के बावजूद) मेरी कल्याणमूलक *स्वतंत्रता* भी संभवतः कम होती है। मसलन हो सकता है कि अगर मैं घटना के बहुत करीब रहूँ तो उसमें शामिल होने से न बच सकूँ (भागने का कोई रास्ता न हो), और इस तरह मेरी अपराध को रोकने की योग्यता में वृद्धि अपना खुद का कल्याण करने की योग्यता में कमी से जुड़ी होगी। पर शायद इससे भी अहम बात यह है कि अगर हस्तक्षेप किए बिना मैं चला भी जाऊँ (अगर मैं 'दुबककर निकल जाना' पसंद करूँ), तो घटनास्थल पर मौजूद रह चुकने के कारण हो सकता है मैं मन की शांति न पा सकूँ तथा सुरक्षा और

अपराधबोध से मुक्ति, *दोनों का* सुख न ले सकूँ जो मैं दूर रहकर (जब मुझे खतरे में पड़े प्राणी को बचाने से सायास मुकरने की जरूरत महसूस न होती) पा सकता था।[11] यानी कि यह ऐसी मिसाल है जिसमें मेरी कल्याणमूलक स्वतंत्रता भी कम हो सकती है और जरूरी नहीं कि कल्याण की सिद्धि और कल्याणमूलक स्वतंत्रता की दिशाओं में कोई वैपरीत्य हो। (कारण कि जहाँ निमित्तिमूलक स्वतंत्रता और उपलब्धि, दोनों में वृद्धि हुई है वहीं कल्याणमूलक स्वतंत्रता और कल्याण की सिद्धि, दोनों में कमी आई है।)

इस तरह स्वतंत्रता की चाहे जैसी व्याख्या की जाए, कल्याण और स्वतंत्रता की गति परस्पर विपरीत हो सकती है। अगर स्वतंत्रता से हम *निमित्तिमूलक स्वतंत्रता* का अभिप्राय लें तो यह भी संभव है कि (निमित्तिमूलक) स्वतंत्रता के प्रसार के साथ कल्याणमूलक स्वतंत्रता और सिद्धि, दोनों में कमी आए। इसके विपरीत अगर हम स्वतंत्रता से *कल्याणमूलक स्वतंत्रता* का भाव लेते हैं तो स्वतंत्रता और प्राप्त कल्याण में बढ़ी हुई (कल्याणमूलक) स्वतंत्रता के साथ कल्याण की सिद्धि के अवसर कम होने के कारण यकीनन कोई टकराव पैदा नहीं होगा। पर दोनों (कल्याणमूलक स्वतंत्रता और कल्याण की सिद्धि) के बीच फिर भी एक टकराव मुमकिन है क्योंकि जरूरी नहीं कि किसी व्यक्ति का चयन उसने अपने कल्याण की भावना से प्रेरित हो। अगर कल्याणमूलक स्वतंत्रता में वृद्धि के साथ ऐसे परिवर्तन जुड़े हों जो व्यक्ति की चयनवृत्ति को दूसरे–कल्याण से इतर–उद्देश्यों की ओर मोड़ते हों, तो कल्याणमूलक *स्वतंत्रता* के बढ़ने के साथ कल्याण की *सिद्धि* में कमी बिलकुल संभव है। यह अंतिम स्थिति पहली नजर में थोड़ी अजीब लगेगी (कल्याण के प्रयास की स्वतंत्रता में *वृद्धि* कल्याण की सिद्धि में *कमी* भला कैसे कर सकती है ?), पर सच पूछें तो यह कोई पहेली नहीं है। जो परिवर्तन कल्याणमूलक स्वतंत्रता में वृद्धि करता है वही व्यक्ति को और भी जोरदार ढंग से दूसरे (कल्याण से इतर) लक्ष्यों के लिए प्रयास की प्रेरणा दे सकता है, और इससे व्यक्ति जिस प्रकार के कल्याण की आकांक्षा रखता है उसके परिमाण में कमी ऐन मुमकिन है।

एक उदाहरण उपयोगी हो सकता है। मान लें एक डाक्टर है जो एक भयानक रूप से गरीब और फटेहाल देश में जाकर काम करने और अपनी खुशी को कुरबान करने के लिए तैयार है, मगर उस दूरदराज इलाके तक पहुँचने के साधन और अवसर न होने के कारण ऐसा नहीं कर पाता। अब फर्ज कीजिए कि उसकी तनख्वाह बढ़ जाती है–इससे मतलब नहीं कि कैसे बढ़ती है–और इस नई आर्थिक स्थिति में उसे अधिक कल्याणमूलक स्वतंत्रता प्राप्त है (उसके लिए ढेरों अच्छी-अच्छी चीजें खरीदना संभव है) और उसे अधिक निमित्तिमूलक स्वतंत्रता भी प्राप्त है (उसके लिए उस दूरदराज देश में जाना तथा दुखी मानवता की भलाई के लिए अनथक काम करके अपनी खुशहाली को कुरबान करना संभव है)। अगर वह अब दूसरा रास्ता चुने तो उसकी खुशहाली में कमी आना ऐन संभव है (हालाँकि उसकी निमित्तिमूलक सफलता पहले से अधिक होगी)। इस तरह उसकी कल्याणमूलक स्वतंत्रता और निमित्तिमूलक स्वतंत्रता, दोनों में वृद्धि के साथ उसकी कल्याण की सिद्धि में कमी संभव है।

इस तरह हम स्वतंत्रता की व्याख्या चाहे उसकी निमित्तिमूलक या चाहे कल्याणमूलक स्वतंत्रता के रूप में करें, स्वतंत्रता और कल्याण की दिशाएँ अलग-अलग हो सकती हैं। ऐसा टकराव कितना आम होगा, यह निश्चित ही एक अलग सवाल है। अकसर कल्याण के प्रयास के अधिक अवसरों—अर्थात् कल्याणमूलक स्वतंत्रता में वृद्धि—का फायदा उठाया जा सकता है। इसके अलावा, जैसाकि इस अध्याय के पिछले परिच्छेदों में कहा गया है, स्वतंत्रता में वृद्धि *स्वयं ही* कल्याण की सिद्धि में सहायक हो सकती है क्योंकि चयन और निर्णय अच्छा जीवन जीने के अंग हो सकते हैं, पर उन तमाम बातों के बावजूद एक ओर कल्याण की सिद्धि और दूसरी ओर किसी भी प्रकार की (निमित्तिमूलक या कल्याणमूलक) स्वतंत्रता के बीच एक टकराव संभव है। इस संभावित टकराव के कारण अलग-अलग हो सकते हैं, पर अंततः उनका संबंध व्यक्ति के दोनों—कल्याण और निमित्तिवाले—पक्षों के बीच के अंतर के अंतर्तत्त्व से होता है। यह अंतर विषमता के मूल्यांकन के दो अलग-अलग परिप्रेक्ष्यों की तरफ इशारा करता है। इतना ही नहीं, जैसाकि हमने अभी-अभी कहा है, यह अंतर इस आशा का आधार भी प्रदान करता है कि *किसी भी* परिप्रेक्ष्य में देखें तो यह संभव है कि कल्याण की वही दिशा न हो जो स्वतंत्रता की है।

4.4 स्वतंत्रता और अहितकर चयन

अगर स्वतंत्रता और कल्याण की दिशाएँ एक जैसी न हों तो भी यकीनन इसका मतलब यह नहीं निकलता कि किसी व्यक्ति की स्वतंत्रता में वृद्धि उसके लिए अहितकर होगी। हितकर स्थिति को परखने के अनेक ढंग हैं जिनका संबंध अंशतः कल्याण और निमित्ति संबंधी उद्‍देश्यों से तथा अंशतः उपलब्ध अवसरों और उद्‍जनित स्थितियों के वैपरीत्य से है। कल्याण का प्राप्त स्तर आवश्यक नहीं कि व्यक्ति जिन अवसरों को सबसे अधिक महत्त्व देता है उनको परखने का एकमात्र मानदंड हो। पर एक दूसरा सवाल भी है जिसे पहले (परिच्छेद 4.3 के आरंभ में) उठाया जा चुका है और जिसका संबंध इस संभावना से है कि स्वतंत्रता में वृद्धि व्यक्ति के लिए *अहितकर* भी हो सकती है क्योंकि वह उसे ऐसे ढेरों चयन करने के लिए समय और ऊर्जा गँवाने पर मजबूर कर सकती है जिन्हें वह शायद न करना चाहे। बहुत अधिक चयन करने में भी असुविधा और परेशानी होती है और हितकर स्थिति की परिभाषा हम चाहे जैसे करें, यह बात हितकर तो नहीं ही हो सकती।

यह सवाल हमें सचमुच स्वतंत्रता की प्रकृति के बारे में एक महत्त्वपूर्ण मुद्‍दे की तरफ ले जाता है। यानी यह कि जो चयन व्यक्ति कर सकता है—और करने के लिए बाध्य होता है—क्या उसमें किसी वृद्धि को स्वतंत्रता में वृद्धि समझा जाना चाहिए ? जैसाकि आगे कहा जाएगा, यह मुद्‍दा स्वतंत्रता में वृद्धि से जुड़े सामाजिक ढाँचों और सार्वजनिक नीतियों के मूल्यांकन के लिए केंद्रीय महत्त्व का है।

स्वतंत्रता एक जटिल धारणा है। अधिक विकल्प उपलब्ध होने को हमेशा ही,

व्यक्ति जो कुछ करना चाहता है उसे करने की स्वतंत्रता में वृद्धि नहीं समझा जा सकता।[12] अगर परेशानियों से मुक्त जीवन को महत्त्व दिया जाए (और लगातार फैसले करने के व्यस्तता भरे ढर्रे को महत्त्व न दिया जाए) तो जरूरी नहीं कि क्षुद्र चयन-कार्यों की बहुतायत से पसंदीदा जीवन शैली पाने की स्वतंत्रता में वृद्धि हो। जो चीज देखने में स्वतंत्रता और हितकर स्थिति का टकराव लगती है, हो सकता है वह उस तरह का कुछ भी न हो, और हो सकता है कि स्वतंत्रता की गलत समझ का नतीजा हो, जिसके चलते व्यक्ति एक शांत और कष्टमुक्त जीवन जीने के *विकल्पों की समाप्ति* को नजरअंदाज कर देता है। (विकल्पों की यह समाप्ति ऐसे क्षुद्र चयन-कार्यों की बहुतायत की देन है जिनको मन मारकर *करना पड़ता* है।)

ऐसे तमाम क्षुद्र फैसले करने के अवसरों में वृद्धि के मुकाबले एक, कष्टमुक्त जीवन का खोया हुआ अवसर क्या अधिक महत्त्वपूर्ण नहीं होता, इसका फैसला करते वक्त हम मूल्यांकन की आवश्यकता से बच नहीं सकते। वास्तव में यह सवाल इस परख की आवश्यकता पर निर्भर है कि कौन से विकल्प महत्त्वपूर्ण हैं और कौन से नहीं। जो चयन हमें करने हैं उनमें वृद्धि एक *अवसर* भी होती है (वह चयन व्यक्ति स्वयं कर *सकता* है) और एक *बोझ* भी होती है (वह चयन व्यक्ति को खुद *करना होता* है)। ऐसी परिस्थितियों की आसानी से कल्पना की जा सकती है जिनमें *ये विशेष चयन करने या न करने की छूट हो* तो व्यक्ति के पास 'नहीं' कह सकने के अच्छे-खासे तर्क भी होंगे। इससे संकेत मिलता है कि इन *विशेष विकल्पों* और कर्तव्यों में वृद्धि को स्वतंत्रता में महत्त्वपूर्ण वृद्धि समझना आवश्यक नहीं है।

चयन का कार्य जीवन का एक अंग है, यह महत्त्वपूर्ण स्वीकृति, जिसकी हम पहले ही विवेचना कर चुके हैं, एक दोधारी तलवार है। कुछ प्रकार के चयन जीवन के *मूल्यवान* तत्त्व होते हैं और इसी कारण हम उन्हें सँजोकर रखते हैं। पर ऐसे दूसरे चयन भी हो सकते हैं जिनको महत्त्व देने का कोई भारी कारण नहीं होता, और उनको निपटाने की मजबूरी हमारे समय और ऊर्जा की बरबादी का कारण बनती है जिसके कारण हम उनका विरोध करते हैं। इस तरह चयन के कुछ प्रकारों में वृद्धि, जिन जीवन शैलियों को हम महत्त्वपूर्ण समझते हैं उनको चुनने की हमारी योग्यता को कम कर सकती है।

इसलिए सच पूछें तो यहाँ टकराव एक तरफ हमारी स्वतंत्रता और दूसरी तरफ हमारे चयन की सुविधाओं के बीच नहीं, बल्कि मुख्य रूप से विभिन्न *प्रकार* की स्वतंत्रताओं के बीच–बहुत सारे (संभवतः क्षुद्र) विकल्पों के बीच सक्रिय चयन की स्वतंत्रता तथा लगातार क्षुद्र चयन-कार्य करते रहने की उलझन से मुक्त फुरसत का जीवन जीने के बीच–है। स्वतंत्रता और हितकर स्थिति के बीच गोचर टकराव का कुछ अंश स्वतंत्रता के अल्पाकलन से ही पैदा होता है–यानी जब हम इस तथ्य की उपेक्षा करते हैं कि इन तमाम अवांछित विकल्पों में से चुनने की आवश्यकता का वरण करना हमारे लिए आवश्यक *नहीं* है। जैसाकि पहले दिखाया जा चुका है, इस समस्या का संबंध स्वतंत्रता के मूल्यांकन संबंधी महत्त्व-निर्धारण की अपरिहार्य अपेक्षाओं से है।

4.5 *नियंत्रण और प्रभावी स्वतंत्रता*

इस संबंधित प्रश्न का सरोकार स्वतंत्रता और *प्रत्यक्ष नियंत्रण* के अंतर से है। मैंने अन्यत्र (सेन, 1982 स) यह दिखाने की कोशिश की है कि 'स्वतंत्रता बतौर नियंत्रण' का दृष्टिकोण बेहद सीमित होता है। अनेक स्वतंत्रताएँ, जो कुछ हम महत्त्वपूर्ण समझते और पाना चाहते हैं उसे पाने की योग्यता का रूप ले लेती हैं जबकि नियंत्रण के कल-पुर्जे *सीधे-सीधे* हमारे इस्तेमाल में नहीं होते। ये नियंत्रण, जो कुछ हम अहम समझते और पाना चाहते हैं उसकी तर्ज पर (अर्थात् हमारे प्रतितथ्यात्मक (काउंटर फैक्चुअल) फैसलों को—जो हम *चुनेंगे* उसकी—तर्ज पर) लागू किए जाते हैं, और इस अर्थ में जैसा जीवन हम जीना चाहते हैं उसे जीने के बारे में हमें अधिक शक्ति और अधिक स्वतंत्रता प्रदान करते हैं। नियंत्रण के साथ स्वतंत्रता को गड्ड-मड्ड करने से उस महान् विचार के कार्यक्षेत्र और बल में भारी कमी आ जाती है।

पहले एक खासी मामूली सी मिसाल लें। जब एक प्रूफ रीडर गलतियाँ निकालने और हिज्जे दुरुस्त करने के लिए इस किताब के प्रूफ पढ़ेगा तो वह मेरी इस स्वतंत्रता में कमी का कारण नहीं होगा कि अपनी किताब को मैं जिस तरह चाहूँ, छपवा सकूँ। नियंत्रण दूसरे के हाथों में होगा, पर प्रूफ रीडर तो वही कर रहा होगा जो प्रतितथ्यात्मक स्तर पर तब मैं करता जब प्रूफ रीडर जैसी तीक्ष्ण दृष्टि से सारे प्रूफ मुझे देखने पड़ते। वह मेरे प्रत्यक्ष निर्देशों का पालन करता है या नहीं, या *अगर माँगे जाने पर मेरे निर्देश क्या होते,* इसे वह जानता है या नहीं—यह सचमुच मुझे प्राप्त स्वतंत्रताओं को परखने के लिए कोई भारी महत्त्व नहीं रखता। जब तक नियंत्रण के कल-पुर्जो का इस्तेमाल, व्यवस्थित ढंग से *जो कुछ मैं चाहूँ* उसी की तर्ज पर और *ठीक उसी कारण से* हो रहा है, तब तक मेरी 'प्रभावी स्वतंत्रता' अप्रभावित रहती है, हालाँकि 'नियंत्रण रूप में मेरी स्वतंत्रता' सीमित या नामौजूद हो सकती है।[13]

आधुनिक समाज में सामाजिक संगठन की पेचीदा प्रकृति के मद्देनजर ऐसी व्यवस्था करना जिसमें हर व्यक्ति को अपने खुद के जीवन पर पूरा-पूरा नियंत्रण प्राप्त हो असंभव नहीं हो तो भी अकसर बेहद मुश्किल होता है। लेकिन दूसरे लोग नियंत्रण का व्यवहार करते हैं, इस तथ्य से यह मतलब नहीं निकलता कि व्यक्ति की स्वतंत्रता से और कोई सवाल नहीं जुड़ा हुआ है। दरअसल फ़र्क इससे पड़ता है कि नियंत्रण कैसे इस्तेमाल किए जाते हैं।

यहाँ (इस अध्याय में पहले विवेचित) 'अभिकारणिक निमित्तिमूलक सफलता' और 'साकार निमित्तिमूलक सफलता' के अंतर की अपनी प्रासंगिकता है। 'स्वतंत्रता बतौर नियंत्रण' के दृष्टिकोण का सरोकार समस्या के केवल 'अभिकारणिक' पक्ष से है। इस दृष्टांत में ध्यान पूरी तरह इस बात पर केंद्रित रहता है कि व्यक्ति स्वयं अपनी उपलब्धियों को साकार करने का साधन होता है। इस परिप्रेक्ष्य में 'साकार सफलता' का व्यापकतर प्रश्न अनुत्तरित रहता है। 'प्रभावी स्वतंत्रता' का विचार सफलता के साथ इसी व्यापकतर दृष्टिकोण से जुड़ा हुआ है।

प्रूफ में हिज्जे दुरुस्त करने की अपेक्षा अधिक महत्त्वपूर्ण एक अन्य उदाहरण लें। महामारियों से मुक्त वातावरण में जीना हमारे लिए अहम हो सकता है, और विकल्प हो तो हम ऐसा ही जीवन जीना चाहेंगे। पर महामारी की सामान्य रोकथाम संबंधी नियंत्रण, हो सकता है, हमारे हाथों में न हो; इसके लिए राष्ट्रीय नीतियों की आवश्यकता होगी और संभवतः अंतर्राष्ट्रीय नीतियों की भी। अगर महामारियों के उन्मूलन की प्रक्रिया पर हमारा नियंत्रण नहीं है तो जहाँ तक इस क्षेत्र में हमारी 'स्वतंत्रता बतौर नियंत्रण' का सवाल है, और कुछ कहने को नहीं रहता। पर एक व्यापकतर परिप्रेक्ष्य में स्वतंत्रता का सवाल फिर भी रहता है। महामारियों को मिटाने वाली कोई सार्वजनिक नीति महामारियों से मुक्त जो जीवन *हम जीना चाहेंगे,* उसे जीने की स्वतंत्रता में वृद्धि करती है।[14]

महामारियों का उन्मूलन निश्चित ही हमारे कल्याण में भी वृद्धि करता है।[15] यह एक अलग सवाल है (जो असंबद्ध तो नहीं मगर पहले वाला सवाल भी नहीं है), और जिस सवाल से यहाँ हमारा सीधा सरोकार है वह अपनी *पसंद का* जीवन जीने की स्वतंत्रता का सवाल है। उपरोक्त दृष्टांत में इससे संभवतः हमारे कल्याण में भी वृद्धि होगी, यह एक अलग सवाल है। जिन लोगों के हाथों में नियंत्रण के कल-पुर्जे हैं वे अगर उनका इस्तेमाल, मान लीजिए, महामारी *फैलाने* के लिए करते हैं, न कि उसका उन्मूलन करने के लिए, तो भी हमारी 'स्वतंत्रता बतौर नियंत्रण' अपरिवर्तित रहेगी (अर्थात् पहले की तरह नामौजूद रहगी), लेकिन हमारी 'प्रभावी स्वतंत्रता' (खासतौर पर जिस प्रकार का जीवन हम जीना चाहते हैं उसे जीने की स्वतंत्रता) काफी हद तक कम हो जाएगी।

जो स्वतंत्रताएँ हमें प्राप्त हैं उनका मूल्यांकन करने और इस बारे में हम किस कदर असमान हैं, इसे परखने के क्रम में मूल्यांकन मे प्रयुक्त सूचना-भंडार में हमारे प्रतितथ्यात्मक विकल्पों (जो कुछ हम *चुनते*) का तथा जो कुछ घटित कराया जाता है उससे उनके संबंध का समावेश भी होना चाहिए। पूरी तरह नियंत्रण के कल-पुर्जों पर ध्यान केंद्रित करना हमारी स्वतंत्रताओं के विश्लेषण के लिए अपर्याप्त होगा। हो सकता है इससे स्वतंत्रताओं के विश्लेषण के लिए आवश्यक सूचनाओं की भारी माँग में और भी इजाफा होता हुआ लगे, पर इससे विश्लेषण की वास्तविक समस्याएँ पहले से अधिक दुरूह नहीं बनेंगी। कभी-कभी प्रतितथ्यात्मक चयन की प्रकृति का अनुमान लगाना बहुत आसान होता है; मसलन लोग महामारियों, कीड़ों-मकोड़ों, अकालों, लंबी भुखमरी आदि से बचना चाहते हैं। लोग जो कुछ पाना चाहते हैं वह उन्हें दिलाने के लिए प्रयासरत सार्वजनिक नीतियों के जरिए इन अवांछित बातों के उन्मूलन को लोगों की वास्तविक स्वतंत्रता में वृद्धि कहा जा सकता है। इस अर्थ में साकार स्थितियों के मामूली अवलोकन भी प्राप्त स्वतंत्रताओं के विश्लेषण के लिए सीधे-सीधे प्रासंगिक हो सकते हैं, बशर्ते हम मात्र 'स्वतंत्रता बतौर नियंत्रण' के सीमित दृष्टिकोण पर भरोसा करना छोड़ दें।

विभिन्न लोगों को प्राप्त स्वतंत्रताओं और हमें प्राप्त स्वतंत्रताओं में व्याप्त विषमताओं के अनुभवाश्रित विश्लेषण के लिए इस स्वीकृति की कुछ खासी दूरगामी प्रासंगिकता है।

अगले परिच्छेद में इस सवाल की और विस्तृत पड़ताल की गई है।

4.6 भूख, मलेरिया और अन्य व्याधियों से स्वतंत्रता

'स्वतंत्रता' शब्द का प्रयोग अकसर 'भूख से स्वतंत्रता' और 'मलेरिया से स्वतंत्रता' जैसी बातों के लिए किया जाता है। कभी-कभी यह भी सुझाया जाता है कि यह स्वतंत्रता की धारणा का दुरुपयोग है, और इन अभिव्यक्तियों में मौजूद विचारों का वास्तविक अर्थ में स्वतंत्रता से कुछ खास लेना-देना नहीं है।[16] मलेरियाग्रस्त न होने या भूखे न होने से व्यक्ति के कल्याण में वृद्धि अवश्य होती है, लेकिन–तर्क यह दिया जाता है कि–यह किसी भी अर्थ में *अधिक स्वतंत्रता* का उपभोग नहीं है।[17]

प्रस्तुत अध्याय के पिछले परिच्छेदों में प्रस्तुत विश्लेषण के आधार पर इस निदान को चुनौती दी जा सकती है। इस विश्लेषण के एतबार से *प्रतितथ्यात्मक चयन* का विचार–विकल्प होने पर व्यक्ति क्या चुनता, इसका विचार–उसकी स्वतंत्रता के लिए प्रासंगिक होता है।[18] सच तो यह है कि चयन की वास्तविक प्रक्रिया पर व्यक्ति का नियंत्रण स्वाधीनता और स्वंत्रता के विचारों का एकमात्र संदर्भबिंदु शायद ही हो। जब इसाइया बर्लिन (1969 : 179) 'अपनी इच्छा का जीवन चुनने के बारे में किसी व्यक्ति या किसी जनगण की स्वाधीनता' की बात करते हैं तो प्रत्यक्ष संदर्भ पसंद का जीवन चुनने की योग्यता का होता है, न कि नियंत्रण की व्यवस्था का। अगर लोग भूख या मलेरिया से रहित जीवन चाहते ही हैं तो सार्वजनिक नीतियों के जरिए इन व्याधियों का उन्मूलन 'पसंद का जीवन जीने की स्वाधीनता' में वास्तविक वृद्धि करता है। जिन लोगों को इन व्याधियों से पहले से अधिक मुक्ति दिलाई गई है उनमें से अधिकांश के हाथों में नियंत्रण के कल-पुर्जे नहीं होते–यह तथ्य पसंद का जीवन जीने के प्रति उनकी प्रभावी स्वतंत्रता में हुई वृद्धि के महत्त्व को कम नहीं करता।

फिर भी *विपरीत* दृष्टिकोण का ('मलेरिया से स्वतंत्रता' का विचार सही नहीं, यह कोई *स्वतंत्रता* नहीं, इस विचार का) औचित्य जरूरी नहीं कि नियंत्रण के साधनों पर ध्यान केंद्रित करने से स्थापित हो। निश्चित ही यह तर्क दिया जा सकता है कि सार्वजनिक नीतियों के जरिए मलेरिया का उन्मूलन, जहाँ तक मलेरिया से ग्रस्त होने न होने का सवाल है, व्यक्ति के विकल्पों में वृद्धि नहीं करता, 'पहले हमें मलेरिया से ग्रस्त होना ही पड़ता था, हम उससे बच नहीं सकते थे। अब हमें मलेरिया से ग्रस्त नहीं होना पड़ता, मगर दूसरी तरफ हम चाहें तो भी इससे *ग्रस्त नहीं हो सकते।* इस तरह *चयन* की स्वतंत्रता में कोई वृद्धि नहीं हुई है ! अगर स्वतंत्रता का मूल्यांकन करते हुए हमें यह देखना पड़े कि हमारे पास *कितने* विकल्प मौजूद हैं तो इस अर्थ में स्वतंत्रता में सचमुच कोई वृद्धि नहीं हुई है।[19]

ठीक यहीं आकर प्रतितथ्यात्मक चयन की भूमिका प्रासंगिकता, बल्कि केंद्रीय महत्त्व प्राप्त कर लेती है।[20] एक व्यक्ति मलेरिया से मुक्ति चाहता है, ऐसा ही जीवन चाहता है, और *विकल्प हो* तो वह ऐसा ही जीवन चुनता है। आदमी जैसा चाहता है, अच्छा

समझता और पसंद करता है, वैसा ही जीवन जीना उसकी स्वतंत्रता में एक योगदान है। (यह सिर्फ उसके कल्याण या निमित्तिमूलक उपलब्धि में योगदान नहीं है, हालाँकि यह वह *भी* है।) 'मलेरिया से स्वतंत्रता' जैसी अभिव्यक्ति में प्रयुक्त 'स्वतंत्रता' शब्द अपने आप में किसी भी प्रकार निर्णायक नहीं है। मगर व्यक्ति ने जो कुछ चुना होता (और जिसे चुनने के उसके पास कुछ कारण होते) उससे परिणामों का संबंध स्वतंत्रता के लिए—अपनी पसंद का जीवन चुनने की स्वतंत्रता के लिए—सीधे-सीधे प्रासंगिक है।

आज हम '*अ*-मलेरिया' से स्वतंत्रता प्राप्त कर चुके हैं, यह कहना सचमुच एक बकवास होगा। यह बात एकदम साफ है, पर यह बकवास *क्यों* है ? इसलिए कि अ-मलेरिया कोई बोझ नहीं, और अगर प्रतितथ्यात्मक धरातल पर हमें यह विकल्प दिया जाए तो उसे अस्वीकार करने (अर्थात् उसकी जगह मलेरिया को चुनने का) कोई खास कारण हमारे पास नहीं है। इस तरह यह भाषा स्वतंत्रता के उस विश्लेषण के अनुरूप है जिसमें प्रतितथ्यात्मक चयन का सवाल शामिल है। निश्चित ही इस विशेष भाषायी प्रयोग को इसका प्रमाण नहीं माना जा सकता कि स्वतंत्रता का प्रतितथ्यात्मक चयन वाला दृष्टिकोण सही है। इसकी बजाय, पहले विवेचित कारणों से, प्रतितथ्यात्मक चयन के दृष्टिकोण की उपयुक्तता ही दिखाती है कि यहाँ प्रयुक्त भाषा कोई आकस्मिक नहीं है। यह स्वतंत्रता के किसी अजूबा जैसे स्वप्निल विचार का सहारा लेते दिखाई देने की बजाय स्वतंत्रता की एक व्यापक, सामान्य धारणा से पूरी तरह मेल खाती है।

यहाँ बात यह नहीं है कि 'चार बुनियादी मानवीय स्वतंत्रताओं' के बारे में फ्रैंकलिन रुजवेल्ट के कथन जैसे वक्तव्य प्रतितथ्यात्मक चयन की प्रासंगिकता 'सिद्ध' करते हैं। ('तीसरी स्वतंत्रता अभाव से स्वतंत्रता', और 'चौथी स्वतंत्रता भय से स्वतंत्रता' है।) बात इसकी उलटी है। स्वतंत्रता को अन्य बातों के अलावा प्रतितथ्यात्मक चयन के आधार पर समझने से हमें इन वक्तव्यों को समझने, व्याख्यायित करने और सुसंगत बनाने में सहायता मिलती है (और हम उन्हें भावोत्तेजक मगर दुरुपयुक्त लफ्फाजी के उदाहरण के बतौर नहीं लेते)। रुजवेल्ट वास्तव में स्वतंत्रता की ही बात कर रहे *थे।*

एक मूल्य के रूप में स्वतंत्रता का तकाजा है कि *इस कारण से ही* कुछ चीजों को हम गंभीरता से लें। (इससे कोई मतलब नहीं कि किसी और कारण से हम उन्हें महत्त्व देते हैं या नहीं देते)। स्वतंत्रता की यह धारणा कि व्यक्ति जो कुछ *चुनता* है, यह उसे पाने की प्रभावी शक्ति का नाम है, स्वतंत्रता के सामान्य विचार का एक महत्त्वपूर्ण तत्त्व है।

एक अंतिम बात कहकर मैं इस परिच्छेद को खत्म करता हूँ। मैंने स्वतंत्रता के विचार की व्याप्ति पर यहाँ कुछ विस्तार से विचार किया है। अंशतः इसका कारण यह है कि स्वतंत्रता सबसे अधिक शक्तिशाली सामाजिक विचारों में एक है तथा समानता और न्याय के विश्लेषण के लिए इसकी दूरगामी और भारी प्रासंगिकता है। जब हम परिहार्य रोगों, या परिहार्य भुखमरी, या अकाल मृत्यु से बचने की योग्यता के आधार पर दुनिया भर में व्याप्त विषमताओं का मूल्यांकन करते हैं तो हम सिर्फ कल्याण संबंधी अंतरों की नहीं, बल्कि जिन बुनियादी स्वतंत्रताओं को हम अहम और अजीज समझते

हैं उसके बारे में मौजूद अंतरों की जाँच-पड़ताल भी कर रहे होते हैं। यह एक महत्त्वपूर्ण दृष्टिकोण है। और स्थिति यह है कि बीमारी, भूख और अकाल मृत्यु की *मौजूदगी* के बारे में उपलब्ध आँकड़े कुछ केंद्रीय, बुनियादी स्वतंत्रताओं की मौजूदगी-नामौजूदगी के बारे में हमें बहुत कुछ बतलाते हैं। विषमता के विश्लेषण में जो उद्‌देश्य निहित है उसे देखते हुए अहम बात यह है कि हम इस महत्त्वपूर्ण परिप्रेक्ष्य की उपेक्षा न करें।

4.7 कल्याण की प्रासंगिकता

तर्क दिया जा सकता है कि किसी व्यक्ति का निमित्ति-पक्ष कल्याण-पक्ष से एक महत्त्वपूर्ण अर्थ में अधिक व्यापक है। अधिकतर 'सामान्य' लोगों के मुआमले में देखें तो एक व्यक्ति के लक्ष्यों में उसके अपने कल्याण संबंधी प्रयास भी शामिल होते हैं। वास्तव में कुल मिलाकर देखें तो निमित्त संबंधी उद्‌देश्यों के संतुलन को, थोड़ा-बहुत विश्वसनीय ढंग से, उन भारमानों का प्रतिबिंब समझा जा सकता है जिन्हें एक व्यक्ति स्वयं, जिन बातों के लिए वह प्रयासरत है *उनके बीच,* अपने खुद के कल्याण को देता है। इस आधार पर यह तर्क देने का लोभ पैदा हो सकता है कि विभिन्न लोगों के लिए सापेक्ष लाभ की स्थितियों को परखने के वास्ते मात्र उनकी अपनी-अपनी निमित्तिमूलक स्वतंत्रताएँ ही तुलना का उपयुक्त आधार हो सकती हैं। निमित्त-पक्ष संबंधी सूचनाओं में अन्य बातों के अलावा यह भी शामिल होगा कि अपने निमित्ति संबंधी उद्‌देश्यों में अपने कल्याण को कोई व्यक्ति स्वयं कितना महत्त्व देता है, इसकी रौशनी में उसके कल्याण का क्या मूल्य है ! किसी व्यक्ति को दूसरे क्या समझते हैं, इसका सबसे अच्छा निर्णायक अगर स्वयं उसी व्यक्ति को मानें तो ऐसा लगेगा गोया कि दूसरों के लिए जो कुछ जानना महत्त्वपूर्ण है उसकी पूरी जानकारी उन्हें निमित्ति-पक्ष से ही मिलेगी।

इस तर्क में अनेक बातें अनदेखी की गई हैं। एक मुद्‌दे का संबंध तो हमारे सरोकारों की बहुलता के स्थायी महत्त्व से है, तब भी जबकि हम अमल के मकसद से कोई-न-कोई समझौता करते हैं। हमें क्या करना चाहिए, यह तय करने के लिए हमें परस्पर-विरोधी तकाजों के बीच मध्यस्थता करनी पड़ सकती है—इस तथ्य से यह संकेत नहीं मिलता कि जहाँ तक मूल्यांकन का सवाल है, बात यहीं खत्म हो जाती है, खासकर तब जब हम गहरी दुविधाओं से ग्रस्त हों। ऐसी ही एक दुविधा का बयान विलियम बटलर यीट्स ने किया था :

> *अक्ल इनसानों की है मजबूर चुनने के लिए—*
> *जिंदगी या कारनामे, एक की तकमील को।*[21]

जाहिर है कि व्यक्ति जो कुछ चुनता है वह अहम होता है, पर 'इनसान की अक्ल' दोनों में से चाहे जिसका चयन करे, वह चयन दूसरे—जिंदगी *या* कारनामा—को महत्त्व से वंचित नहीं करता।[22] आपने अपनी जिंदगी की तकमील (पूर्णता) पर अपने कारनामे (कृतित्व) की तकमील को वरीयता दी है, या अपने निमित्ति संबंधी उद्‌देश्यों में से अपने खुद के कल्याण पर अपने दूसरे लक्ष्यों को वरीयता दी है—यह तथ्य यह मानने का कोई

कारण नहीं कि उसके लिए या दूसरों के लिए आगे से आपके जीवन या आपके कल्याण का कोई महत्त्व नहीं रह जाता।[23]

एक और महत्त्वपूर्ण मुद्दे का संबंध उन बहुत ही भिन्न-भिन्न भूमिकाओं से है जो *विविध प्रकार के* कार्यों में अंतःवैयक्तिक तुलनाओं के उपयोग के खयाल से कल्याण और निमित्त के पक्षों की हो सकती है। हो सकता है, समाज किसी व्यक्ति के कल्याण की कुछ जिम्मेदारी उठाए, खासकर तब जब उसके आगे बहुत ही निम्न दीन-हीन बन जाने का खतरा मौजूद हो। पर इसका मतलब यह नहीं कि समाज को उस व्यक्ति के दूसरे निमित्ति संबंधी उद्देश्यों की पूर्ति में उतनी ही दिलचस्पी लेनी चाहिए। मिसाल के लिए, हो सकता है, इसके सुनिश्चय में समाज की एक खास जिम्मेदारी मानी जाए कि कोई भूखा न मरे या कोई गंभीर मगर पूरी तरह इलाज योग्य बीमारी में चिकित्सा व देखभाल से वंचित न रहे। दूसरी तरफ, इससे यह मतलब नहीं जुड़ा होता कि, मिसाल के तौर पर, अगर वह व्यक्ति किसी खास जननायक का मुरीद है तो उसकी मूर्ति लगवाने संबंधी लक्ष्य के प्रति भी समाज उसी तरह संरक्षणवादी रवैया अख्तियार करे। (तब भी जबकि वह व्यक्ति खुद भरपेट भोजन पाने या चिकित्सा की सुविधा पाने के मुकाबले ऐसी मूर्ति के लगाए जाने को ज्यादा महत्त्व देता हो।)

फिर भी ऐसे दूसरे संदर्भ हो सकते हैं जिनमें निमित्ति-पक्ष—अर्थात् या तो निमित्तिमूलक उपलब्धि या निमित्तिमूलक स्वतंत्रता—की तुलनाएँ ही प्रासंगिक अंतःवैयक्तिक तुलनाएँ हो सकती हैं। तब हमें यह जानने की इच्छा भी होगी कि अपने-अपने लक्ष्यों की पूर्ति के प्रयास में किसे कितनी शक्ति प्राप्त है।[24] तब यह जाँचने में भी हमारी दिलचस्पी होगी कि वे जो कुछ पाना चाहते हैं उसे पाने में किस हद तक सफल रहे हैं। ऐसे समाजों के बारे में हमारे कुछ राजनीतिक या नैतिक दृष्टिकोण हो सकते है जिनमें कुछ लोग तो अपने सारे लक्ष्यों को पा लेते हैं जबकि दूसरों को ऐसी बाधाओं का सामना करना पड़ता है जिनसे वे पार नहीं पाते।

संदर्भ के अनुसार निमित्ति-पक्ष को प्रमुखता प्राप्त हो सकती है या कल्याण-पक्ष को। यह सोचना भी भूल है कि *हरेक* दिलचस्प आकलन में इनमें से कोई *एक ही पक्ष* अंतःवैयक्तिक तुलना के लिए हमेशा ही अधिक प्रासंगिक होगा। हमें (पहले विवेचित) अंतरालों की बहुलता के साथ *उद्देश्यों* की बहुलता का भी पर्याप्त ध्यान रखना होगा। विषमता का मूल्यांकन उद्देश्यों से स्वतंत्रता तो नहीं ही हो सकता और (1) विषमता के मूल्यांकन के उद्देश्यों, और (2) सूचनाओं के ध्यानकेंद्र के चयन के बीच एक उपयुक्त तालमेल बिठाना हमारी एक अहम जरूरत है। अगले अध्याय में इस सवाल पर और भी सामान्य स्तर पर बात की जाएगी।

कल्याण का पक्ष सामाजिक सुरक्षा, निर्धनता-निवारण, भारी आर्थिक विषमता की समाप्ति, और सामाजिक न्याय के सामान्य प्रयासों के लिए खासतौर पर अहम होता है। जैसाकि हमने कहा है, वह दृष्टांत इस पर निर्भर नहीं होता कि व्यक्ति स्वयं अपने निमित्ति संबंधी उद्देश्यों में अपने खुद के कल्याण को भारी महत्त्व देता है। एक

आत्मबलिदानी आदर्शवादी किसी 'ध्येय' के लिए अपने कल्याण को पूरी तरह कुरबान करने के लिए तैयार है, तो इससे यह मतलब नहीं निकलता कि जब तक उसके 'ध्येय' को नुकसान नहीं पहुँचता, दूसरों का उसके कल्याण की उपेक्षा करना ठीक है। अपनी जीवन रक्षा और अपने कल्याण के लिए समाज के दूसरे व्यक्तियों की सहायता पर व्यक्ति का अधिकार जरूरी नहीं कि उसकी इस आत्मकेंद्रीयता पर निर्भर हो कि वह अपने तमाम निमित्तिसंबंधी उद्देश्यों में दूसरे मूल्यों और लक्ष्यों के मुकाबले अपने हितों को प्राथमिकता देता है।

सामाजिक विषमता के विश्लेषण और सार्वजनिक नीतियों के मूल्यांकन के लिए एक व्यक्ति के कल्याण-पक्ष की अपनी एक भारी अहमियत होती है। विभिन्न वर्गों और समूहों के बीच मौजूद सामाजिक अन्याय और विषमता की समस्याओं का कल्याण संबंधी व्यापक विषमताओं से गहरा संबंध होता है। इसमें वह स्वतंत्रता भी शामिल होती है जो हमें अपने-अपने कल्याण के प्रयास के सिलसिले में प्राप्त होती है।[25] पुस्तक में आगे जो विश्लेषण आएँगे उनमें से कुछ में कल्याण संबंधी स्वतंत्रता की विषमताओं पर और उसी के अनुरूप कल्याण की सिद्धि संबंधी विषमताओं पर खास ध्यान दिया जाएगा। लेकिन इस विश्लेषण के लिए भी निमित्ति-पक्ष की प्रासंगिकता को मद्देनजर रखना होगा। कारण कि व्यक्ति द्वारा अपनी कल्याण संबंधी स्वतंत्रता का वास्तविक *उपयोग* अन्य बातों के अलावा उसके निमित्ति संबंधी उद्देश्यों पर भी निर्भर होगा। (इसलिए कि इनसे उसके वास्तविक चयन प्रभावित होते हैं।)[26]

इस तरह कल्याण या कल्याण के प्रयास की स्वतंत्रता विषमता के विश्लेषण का प्रमुख ध्यानकेंद्र हो तो भी निमित्ति संबंधी व्यापकतर सरोकार विषमता के सामाजिक या आर्थिक विश्लेषण के लिए प्रासंगिक होते हैं। इसलिए निमित्ति और कल्याण संबंधी वह अंतर, जिसकी इस अध्याय में विवेचना की गई है, तब भी महत्त्वपूर्ण होता है जब हमारा मूल्यांकन कल्याण (संबंधी स्वतंत्रता या उसकी सिद्धि) की विषमता पर केंद्रित होता है। आगे के अध्यायों में विवेचित कुछ समस्याओं के साथ ठीक यही बात है। अपने मूल्यांकन के ध्यानकेंद्र को (व्यक्ति के कल्याण पर) केंद्रित रखने के इस कार्य से यह भी समझना चाहिए कि हमने मनुष्यों की प्रेरणाओं को किसी तंग दायरे तक सीमित मान रखा है।

टिप्पणियाँ

1. मनन की या व्यक्ति के लक्ष्यों और उद्देश्यों के कुछ कारण होने की शर्त एक ऐसी शर्त है जो काफी कुछ कठोर हो सकती है। किसी समय-विशेष में अगर व्यक्ति में कोई मनमौजीपन या सनक हो तो जरूरी नहीं कि वह यहाँ प्रयुक्त अर्थ में 'निमित्ति संबंधी उद्देश्यों' का आधार भी बन सके। इस बाध्यता की प्रासंगिकता पर सेन (1985 अ) देखें। अपने उद्देश्यों के तर्कसंगत पक्ष-पोषण संबंधी कुछ आम सवालों के बारे में दूसरों के अलावा राउल्स (1971), ग्लोवर (1977), हैरे

(1981), बी. विलियम्स (1981, 1984), हर्शमान (1982), शेलिंग (1984), पर्फिट (1984), नागेल (1986), विगिंस (1987) और हर्ली (1989) भी देखें। आर्थिक विश्लेषण के संदर्भ में ब्रूम (1978) ने 'बुद्धिसंगत आकलन' की अकसर उपेक्षित आवश्यकता को अच्छी तरह सामने रखा है। इस पुस्तक में मैं समस्या के इस पहलू पर कोई खास ध्यान नहीं दूँगा, और सिर्फ यह मान लूँगा कि किसी व्यक्ति के 'उद्देश्य' और 'लक्ष्य' ऐसे उद्देश्य और लक्ष्य हैं जिनको उसने कुछ कारणों के आधार पर स्वीकार किया है। (मतलब यह कि मैं उन्हें उसके किसी आवेग या मनमौजीपन की पैदावार नहीं समझूँगा।)

2. मेरा तीसरा डेवी व्याख्यान (सेन 1985 अ) देखें।
3. डेवी व्याख्यानों (सेन 1985 अ) में मेरा ध्यान मुख्य रूप से 'कल्याण-पक्ष' और 'निमित्ति-पक्ष' के अंतर पर केंद्रित था। नतीजा यह हुआ कि निमित्ति-पक्ष की दो अलग-अलग विशेषताओं के बीच मैंने कोई स्पष्ट अंतर नहीं किया। इन दो तत्त्वों को अलग-अलग करने के महत्त्व पर भरपूर कायल करने वाली विवेचना के लिए मैं सूसन ब्राइसन का अत्यंत आभारी हूँ।
4. 'संलग्नता' (इनवाल्वमेंट) को लोग जो महत्त्व देते हैं (और जो महत्त्व देने के कुछ कारण समझते हैं) वह इस अंतर के महत्त्वपूर्ण तत्त्वों में एक है। इसके बारे में हर्शमान (1982) देखें।
5. इस प्रश्न का संबंध इससे है कि स्थितियों को कैसे समझा जाए। यह परिणामवाद की सीमाओं का विश्लेषण करने के मुआमले में थोड़े-बहुत महत्त्व का सवाल है। इसके बारे में सेन (1982 ब, 1983 ब) देखें।
6. अधिक स्वतंत्रता अहितकर भी हो सकती है, इससे संबंधित तर्कों और दृष्टांतों के लिए एल्सटर (1979), जी. ड्वार्किन (1982), शेलिंग (1984) और फ्रैंकफुर्ट (1987) देखें।
7. हिचक भी जानलेवा हो सकती है। एक उदाहरण बरीडन के गधे का है जो सामने पड़े घास के दो गट्ठरों में से चुन नहीं सका और भूखों मर गया। कोई आदेश देने वाला होता तो उसकी जान बच जाती। आत्मनिर्देश के महत्त्व के बारे में शेलिंग (1984) देखें।
8. हम खुद फैसले करने तथा अनेक विकल्पों के मौजूद होने को जो महत्त्व देते हैं उससे संबंधित अंतःसांस्कृतिक भेदों के बारे में भी एक दिलचस्प सवाल उठाता है। कहा गया है कि कुछ संस्कृतियों में चयन की अधिक स्वतंत्रता अच्छी नहीं समझी जाती। अन्य बातों के साथ सांस्कृतिक भेदों की विवेचना से जुड़े मुद्दों के बारे में एफेल मार्गलिन और मार्गलिन (1990) देखें।
9. इसके बारे में मेरा तीसरा डेवी व्याख्यान (सेन, 1985 अ; विशेषकर पृ. 203-8) देखें।
10. कल्याणमूलक सफलता और निमित्तिमूलक सफलता को निश्चित रूप से 'बुद्धिमान मूर्ख' (रेशनल फूल) के माडल में गड्ड-मड्ड किया जा सकता है। यह माडल आर्थिक सिद्धांत की एक आम व्यवहारगत मान्यता है जिसके अनुसार माना जाता है कि व्यक्ति जो भी चयन-कार्य करता है, अपने ही कल्याण में वृद्धि के लिए करता है। इस व्यवहारगत ढाँचे की सीमाओं के बारे में सेन (1973 ब, 1977 स, 1987) देखें। इसके अलावा हर्शमान (1982), मैकफर्सन (1982, 1984), एकरलाफ (1984), वाल्श (1987, 1991), हाउसमान और मैकफर्सन (1991) और मीक्स (1991) देखें।
11. इस तरह की समस्या 'नैतिक भाग्य' के मुद्दे से कुछ मेल खाती है। इसके बारे में बी. विलियम्स (1973 अ, 1981, 1985), नागेल (1979) और नसबाम (1985) देखें। मगर ध्यान रहे कि इस पुस्तक में (और सेन, 1985 अ में) कल्याण और निमित्ति के जिस द्वैत की विवेचना की गई है उसके आधार पर कोई व्यक्ति *पहले से भाग्यशाली* भी हो सकता है कि वह अपने *निमित्ति संबंधी* उद्देश्यों में अधिक सफल रहता है, और *कम भाग्यशाली* भी हो सकता है कि वह अपने *कल्याण* के मुआमले में अधिक बँधा हुआ है। इस पुस्तक में 'नैतिक भाग्य' के आम संदर्भ में आने वाले अंतरों की और अधिक विवेचना मैं नहीं करूँगा।

12. स्वतंत्रता के परिणामों के मूल्यांकन के सिलसिले में विभिन्न अभिगृहीत (एक्जियमेटिक) दृष्टिकोणों के बारे में कूपमैंस (1964), क्रेप्स (1979), सेन (1985 अ, 1991 अ), सपीज (1987), पटनायक और शू (1990) देखें।

13. यहाँ जिसे 'प्रभावी स्वतंत्रता' कहा गया है उसे ही सेन (1982 स) में 'स्वतंत्रता बतौर शक्ति' कहा गया है। जी. ए. कोहेन और ज्याँ ड्रेज ने मुझे अच्छे कारण बतलाकर सोचने पर मजबूर किया कि यह अंतर करने के लिए शब्द 'शक्ति' कुछ खास सहायक नहीं होगा, और रोजमर्रा की भाषा में 'शक्ति' और 'नियंत्रण' के बीच अंतर करना कठिन है। इसलिए ही यहाँ एक भिन्न शब्द का प्रयोग व्यक्ति की इस योग्यता के बारे में किया गया है कि वह जो कुछ *चुनता है* उसे व्यवस्थित ढंग से पा लेता है, भले ही वास्तव में नियंत्रण के कल-पुर्जे किसी के भी हाथों में हों।

14. अगर किसी की अजीबोगरीब वरीयता यह है कि वह कोई महामारी पा ले तो महामारियों से संबंधित यह नीति उसकी वरीयता को कुछ खास संतुष्ट नहीं करेगी। इस दृष्टांत में यह नकारात्मक निहितार्थ स्वतंत्रता से भी जुड़ जाता है, बशर्ते कि सबक वरीयता अच्छी-खासी हदतक समर्थन-योग्य हो।

15. निश्चित ही यहाँ *विभिन्न* व्यक्तियों के चयन-कार्यों के आपसी संबंधों को लेकर एक अहम सवाल उठेगा। इस स्थिति में महामारी की रोकथाम के सवाल पर हमारी सामान्य वरीयताओं में एक समानता की आशा की जा सकती है। जो जीवन हम जीना चाहते हैं उसे जीने के मुतल्लिक हमारी अपनी-अपनी शक्तियाँ ठीक उसी समानता के कारण आपस में नहीं टकरातीं। संबद्ध उद्देश्यों की प्रकृति के अनुसार शक्ति और नियंत्रण के संबंध में सुव्यवस्थित परिवर्तन होते रहते हैं, और सच पूछें तो सार्वजनिक नीतियों के मानदंड और 'सामाजिक बुद्धिमता' की प्रकृति, दोनों की छानबीन में यह एक नाजुक मुद्दे की हैसियत रखता है। सार्वजनिक वस्तुओं संबंधी तथा संसाधनों के आवंटन संबंधी साहित्य में पहले वाले मुद्दे की विवेचना इसी संदर्भ में हुई है।

16. विश्व विकास-अर्थशास्त्र अनुसंधान संस्थान (वर्ल्ड इंस्टीट्यूट आफ डेवलपमेंट इकानमिक्स रिसर्च) द्वारा हेलसिंकी में जुलाई 1988 में आयोजित एक सम्मेलन में अनेक भागीदारों ने इस बिंदु को जोरदार ढंग से उठाया था।

17. बजाते-खुद *मलेरिया* से स्वतंत्रता तथा *मलेरिया न होने से उत्पन्न* दूसरी स्वतंत्रताओं (जैसे आजादी से घूमने-फिरने, काम शुरू करने आदि की योग्यताओं) के बीच हमें निश्चित ही अंतर करना होगा। इन स्वतंत्रताओं पर कोई विवाद नहीं। 'मलेरिया से स्वतंत्रता' के विचार के मूल्यांकन से सवाल तो यह जुड़ा हुआ है कि (मलेरिया के उन्मूलन के परिणामस्वरूप संभव हुई तमाम कामों को करने की स्वतंत्रता से अलग) खुद मलेरिया के संदर्भ में स्वतंत्रता क्या कोई मुद्दा है।

18. निजी स्वाधीनता और नकारात्मक स्वतंत्रताओं के विश्लेषण में प्रतितथ्यात्मक चयन की प्रासंगिकता पर सामाजिक चयन के सिद्धांत साहित्य में विस्तृत विचार विमर्श हुआ है। इस तथा इससे जुड़े मुद्दों के बारे में अन्य विद्वानों के अलावा सेन (1970 अ, 1983 अ), कैंपबेल (1976), फरेल (1976), केली (1976 अ, 1976 ब, 1978), सुजूमुरा (1980, 1983, 1991), ग्रीन (1980), गैर्टनर और क्रूगर (1980, 1983), हैमंड (1981, 1982, 1985), बसु (1984), नर्मी (1984, 1987), रिगिल्सवर्थ (1985), एल्सटर और हाइलैंड (1986) और राइली (1987, 1989 अ, 1989 ब) देखें। (अध्याय 2 में टिप्पणी 5 भी देखें।)

19. इस पद्धति की अभिगृहीत व्युत्पन्न शाखाओं तथा चुने गए स्वयंसिद्ध तथ्यों की संभावित आलोचना के लिए पटनायक और शू (1990) तथा सेन (1990 अ, 1991 अ) देखें।

20. कभी-कभी जोर देकर कहा जाता है कि अगर कोई व्यक्ति *जो कुछ x नहीं है* उसे पाना सुनिश्चित करने के लिए स्वतंत्र नहीं है तो उसे x की प्राप्ति के बारे में भी स्वतंत्र नहीं कहा जा सकता। आग्रह से कभी-कभी स्वतंत्रता का विचार इससे जरा सा धुँधला जाता है। लेकिन यह एक बेमानी

शर्त है। बिल जो कुछ चाहे, एन बिल से शादी करने के लिए स्वतंत्र है, मगर यह स्वतंत्रता एन की बिल से विवाह सुनिश्चित करने (अर्थात् बिल से 'विवाह नहीं' *न* करने) की योग्यता पर निर्भर नहीं है, बिल की चाहे जो इच्छा हो। इसी तरह, संभव है, बिल को यह सुनिश्चित करने की स्वतंत्रता हो कि वह 90 की उम्र से पहले ही मर जाए (यहाँ यह मान लें कि आत्महत्या विरोधी कानूनों की शक्ति सीमित है), पर इस स्वतंत्रता का दारोमदार बिल की यह सुनिश्चित करने की योग्यता पर नहीं होगा कि वह 90 की उम्र से पहले *नहीं* मरेगा।

21. विलियम बी. यीट्स, *वेरियोरम एडिशन आफ द पोयम्स आफ डब्ल्यू. बी. यीट्स,* सं : पी. ऐल्ट और आर. के. आल्सपाख, न्यूयार्क : मैकमिलन, 1957, पृ. 495 देखें। इन पंक्तियों की तरफ मेरा ध्यान खींचनेवाले विवियन वाल्श ने मानव व्यवहार और आर्थिक चयन में निहित बौद्धिकता की व्याप्ति और सीमाओं का एक ज्ञानवर्धक और सुंदर विश्लेषण प्रस्तुत किया है। (वाल्श 1991 देखें।)
22. इस मुद्दे पर बी. विलियम्स (1973 अ, 1981), मार्क्स (1980) और नसबाम (1985) देखें।
23. यह बात तब भी लागू होगी जब व्यक्ति का चयन निमित्ति संबंधी उद्देश्यों के संपूर्ण श्रेणीकरण पर आधारित होगा। उस श्रेणीकरण और पहचानशुदा 'बेहतरीन' चयन में आमतौर पर, बल्कि उस चयन के विशिष्ट संदर्भ में भी, खारिज कर दिए गए विचार प्रतिबिंबित न होंगे, बल्कि उस फैसले के लिए प्रासंगिक रद्दो-कुबूल के बारे में आपका दृष्टिकोण प्रतिबिंबित होगा। मगर इसके अलावा यह भी स्वीकार करना होगा कि हमारे निमित्तिमूलक फैसले, हो सकता है कि कभी-कभी एक संपूर्ण श्रेणीकरण पर (या एक 'बेहतरीन' विकल्प की मौजूदगी पर) आधारित न हों, और यह कि उस चयन के विशिष्ट संदर्भ तक में 'हारा हुआ पक्ष' आपकी अपनी बुद्धि के कारण 'खारिज' न हुआ हो। इन मुद्दों पर सेन (1970 अ, 1982 अ) और लेवी (1986) देखें।
24. सामाजिक शक्ति की विषमता के विभिन्न पहलुओं तथा एक विकसित पूँजीवादी अर्थव्यवस्था के संदर्भ में उसके आर्थिक और राजनीतिक निहितार्थों के अंतःदृष्टि-संपन्न विश्लेषणों के लिए गैलब्रैथ (1952, 1958, 1967) देखें। साथ ही डह्रेनडोर्फ (1988) भी देखें।
25. लोगों को प्राप्त स्वतंत्रताओं पर केंद्रित किसी भी मूल्यांकन के ढाँचे में (जिसमें परिणामों की बजाय स्वतंत्रताएँ ही केंद्रीय चर हों), केंद्रीय चरों की समानता से अपने आप में *परिणामों* का कोई भी प्रतिमान सीधे-सीधे सामने नहीं आएगा। परिणामों का प्रतिमान स्वयं व्यक्तियों के फैसलों पर निर्भर होगा। जाहिर है कि यह बात 'कल्याण संबंधी स्वतंत्रता' पर भी लागू होती है। अगर कल्याण संबंधी स्वतंत्रता की पूर्ण समानता साफ-साफ निरूपित की जा सके और वह पूरी तरह साकार भी हो जाए तो भी जरूरी नहीं कि इससे *प्राप्त* कल्याण की समानता स्थापित हो। कारण कि (अपनी-अपनी कल्याण संबंधी स्वतंत्रताओं का उपयोग करते समय) विभिन्न व्यक्ति अपने खुद के कल्याण के प्रयासों को अलग-अलग सीमा तक प्राथमिकता देंगे।
26. साथ ही, वंचित और दरिद्र प्राणियों के लिए दूसरे व्यक्तियों की सहायता मददगारों के निमित्ति संबंधी उद्देश्यों से जुड़ी हो सकती है। यह बात सिर्फ दान-दक्षिणा और दूसरी सहायताओं पर नहीं, राजनीतिक कार्रवाई पर भी लागू होती है। मिसाल के लिए देखा गया है कि स्वतंत्र प्रेस से युक्त एक लोकतंत्र समय पर निरोधक कार्रवाई के लिए सरकार पर आम जनता का दबाव डलवाकर अकालों को रोकने का काम अंजाम देता है। (अगर सरकार इसमें नाकाम रहती है तो उसकी भविष्य की चुनावी संभावनाएँ खतरे में पड़ जाती हैं।) इस बारे में दूसरों के अलावा सेन (1984, 1988 स), रेड्डी (1988), ड्रेज और सेन (1989), आर्टिकल 19 (1990), डी'सूजा (1990), राम (1991) देखें। अकाल के असहाय शिकारों का कल्याण (ये आमतौर पर आबादी का एक छोटा सा भाग होते हैं) लोकतांत्रिक राजनीति में काफी हद तक दूसरों की निमित्तिमूलक कार्रवाइयों पर निर्भर होता है।

5

न्याय और सामर्थ्य

5.1 न्याय संबंधी सूचना-भंडार

कोई भी मूल्यांकनपरक फैसला कुछेक सूचनाओं की सच्चाई पर निर्भर और अन्य सूचनाओं के सच या झूठ होने से स्वतंत्र होता है। 'किसी फैसले का सूचना-भंडार' उन सूचनाओं की पहचान कराता है जिन पर वह निर्णय सीधे-सीधे निर्भर है। मगर इससे कुछ कम अहम बात यह भी नहीं कि वह इस बात की पुष्टि भी करता है कि अन्य प्रकार की सूचनाओं का सच-झूठ उस निर्णय विशेष की सच्चाई को *सीधे-सीधे* प्रभावित नहीं कर सकता।

इस तरह *न्याय* संबंधी निर्णयों का सूचना-भंडार उन चरों की पहचान कराता है जो वैकल्पिक प्रणालियों या व्यवस्थाओं की न्यायिकता के मूल्यांकन से सीधे-सीधे जुड़े होते हैं। (अन्य चरों की कोई भूमिका होती भी है तो गौण होती है।) मिसाल के लिए न्याय के उपयोगितावादी सिद्धांत में मूल्यांकनाधीन स्थितियों में सूचना-भंडार के दायरे में सिर्फ वे वस्तुएँ आती हैं जो संबद्ध व्यक्तियों की दृष्टि में उपयोगी हों। मैंने अन्यत्र यह दिखाने की कोशिश की है कि मूल्यांकन के प्रत्येक दृष्टिकोण का सूचना-भंडार उस दृष्टिकोण की जाँच और छानबीन करने का एक उपयोगी जरिया होता है।[1]

इस मूल्यांकन के दो अलग-अलग, मगर परस्पर-संबंधित पक्षों में प्रयुक्त सूचनाओं के आधार पर न्याय के अधिकांश सिद्धांतों का विश्लेषण भी संभव है। ये पक्ष है : (1) *प्रासंगिक वैयक्तिक विशेषताओं* का चयन, और (2) *संयोगकारी विशिष्टताओं* का चयन। मसलन मानक उपयोगितावादी सिद्धांत में *वैयक्तिक उपयोगिताएँ* ही वे एकमात्र 'प्रासंगिक वैयक्तिक विशेषताएँ' होती हैं जिनका अपना एक निहित महत्त्व होता है। इसमें उपयोग में आनेवाली एकमात्र 'संयोगकारी विशिष्टिता' है *संकलन* (समेशन) जिनसे उन उपयोगिताओं के *योग* का पता चलता है। उपयोगितावाद 'कल्याणवादी' सिद्धांतों का एक विशिष्ट उदाहरण है। ऐसे सभी सिद्धांतों को लें तो उनमें पहला भाग तो बना रहता है (अर्थात् केवल उपयोगिताओं को ही प्रासंगिक वैयक्तिक विशेषताएँ माना जाता है), मगर वे दूसरी संयोगकारी विशिष्टताओं का इस्तेमाल भी कर सकते हैं। जैसे उपयोगिता पर आधारित महत्तम (या शब्दकोशीय अर्थ में महत्तम), उपयोगिताओं के अवतल रूपों का संयोग (मसलन उपयोगिताओं के लघुगणकों का योग) आदि।[2]

उपयोगिताओं से इतर जिन 'प्रासंगिक वैयक्तिक विशेषताओं का चयन होता रहा है उनके कुछ उदाहरण इस प्रकार हैं–*स्वाधीनताएँ* और *निजी वस्तुएँ* (राउल्स 1971), *अधिकार* (नोजिक 1974), *संसाधन* (आर. ड्वार्किन 1981), *वस्तुओं के समूह* (फोली 1967, पाजनर और श्माइडलर 1974, वेरियन 1974, 1975, बाउमोल 1986) और विभिन्न *मिले-जुले* अंतराल (सुजूमुरा 1983, रिगिल्सवर्थ 1985, राइली 1987) आदि। ध्यान दें कि कुछ मिसालों में प्रासंगिक विशेषताएँ मोटे तौर पर *परिणाम* की श्रेणी वाली हैं (जैसे उपयोग की वस्तुओं का समूह), जैसाकि कल्याणवादी सिद्धांतों में आम है (एक दृष्टांत उपयोगितावाद का है), जबकि दूसरी मिसालों में उनका संबंध इस या उस प्रकार के परिभाषित *अवसरों* से है (जैसे प्राथमिक वस्तुएँ, अधिकार, संसाधन)।

वैयक्तिक विशेषताओं के साथ हमें एक संयोगकारी सूत्र का चयन भी करना पड़ता है। जैसे *योग में अधिकतम संभव वृद्धि,*[3] *शब्दकोशीय प्राथमिकताएँ और महत्तम,*[4] *समानता*[5] तथा संयोग के *दूसरे* बहुत से नियमों में कोई एक।[6]

इस तरह न्याय के सिद्धांतों के अंतर्तत्त्व अनेक काफी भिन्न प्रकार के सूचना-आधारों पर और साथ ही उन सूचनाओं के बेहद भिन्न-भिन्न उपयोगों पर आधारित रहे हैं। सूचनाओं से संबंधित इन अंतरों का गहरा संबंध केंद्रीय चरों की बहुलता के उस प्रश्न से है जिनसे इस पुस्तक में हमारा सरोकार है। जैसाकि कहा गया, न्याय का हर सिद्धांत 'आधारभूत समानता' की एक विशेष माँग के सुस्पष्ट या निहित चयन पर आधारित है जो बदले में विषमता के मूल्यांकन में प्रयुक्त केंद्रीय चर के चयन को प्रभावित करता है। न्याय की विभिन्न धारणाओं के अपने-अपने दावों का समानता के संगत दृष्टिकोणों की प्रासंगिकता से गहरा संबंध होता है।

5.2 राउल्स का न्यायवाद और राजनीतिक धारणा

जॉन राउल्स का 'न्याय बतौर निष्पक्षता' का सिद्धांत इस सदी में प्रस्तुत किया गया सबसे प्रभावशाली–और मेरी समझ से सबसे महत्त्वपूर्ण–सिद्धांत है। इस सिद्धांत के प्रमुख पक्ष सभी को पता हैं और उनकी विस्तृत विवेचनाएँ भी की जा चुकी हैं।[7] कुछ विशेषताओं पर खास ध्यान दिया गया है। इनमें राउल्स द्वारा 'मूल अवस्था' का उपयोग भी शामिल है। इससे मुराद आदिम समानता की वह परिकल्पित अवस्था है जिसमें लोगों के बारे में यह माना जाता है कि वे वैकल्पिक सिद्धांतों में से किसी सिद्धांत का चयन करेंगे और समाज का बुनियादी ढाँचा इसी सिद्धांत से संचालित होगा (इस चयन के कारण वे लोग स्वयं क्या बन जाएँगे, इसका उन्हें पता नहीं होता)। इस प्रक्रिया को निष्पक्ष माना जाता है तथा उस निष्पक्ष प्रक्रिया में बुनियादी सामाजिक ढाँचे के जो सिद्धांत चुने जाते हैं उनको न्यायोचित माना जाता है।

न्याय के नियमों में सिद्धांतों का एक जोड़ा शामिल रहता है। इन सिद्धांतों का निरूपण राउल्स ने *द थ्योरी आफ जस्टिस* (1971 : 60, 83, 90-95) में किया था। मगर तब से उनमें कुछ तबदीली की गई है। अंशतः इसका उद्देश्य अस्पष्ट को स्पष्ट

करना मगर अंशतः कुछ प्रारंभिक आलोचकों (मसलन एच. एल. ए. हार्ट 1973) का जवाब देना भी था। अपने 1982 के टैनर व्याख्यानों में राउल्स ने ये सिद्धांत इस प्रकार प्रस्तुत किए थे :

> 1. समान बुनियादी स्वाधीनताओं की उस सर्वथा उपयुक्त योजना पर हर व्यक्ति का समान अधिकार है जो सभी के लिए स्वाधीनताओं की ऐसी ही योजना के समतुल्य हो।
> 2. सामाजिक और आर्थिक विषमताओं से दो शर्तें पूरी होनी चाहिए। एक, वे अवसर की समुचित समानता की दशाओं में हरेक के लिए मुक्त पदों और स्थितियों से जुड़ी होनी चाहिए, और दूसरे, उनसे समाज के सबसे कम सौभाग्यशाली सदस्यों को भारी लाभ मिलना चाहिए।[8]

पहले सिद्धांत में स्वाधीनता वाली शर्त में कुछ ढील दी गई है। ('सर्वथा उपयुक्त योजना' 1971 के संस्करण में प्रस्तुत 'व्यापकतम संपूर्ण व्यवस्था' वाली मूल अपेक्षा से बहुत कम का तकाजा करती है।) दूसरे सिद्धांत में अभी भी तथाकथित 'अंतर सिद्धांत' शामिल है जिसका ध्यानकेंद्र 'सबसे कम सौभाग्यशालियों को सबसे अधिक लाभ दिलाने' पर है। इसमें लाभ को 'प्राथमिक वस्तुओं' के स्वामित्व (राउल्स 1971 : 90-95) के आधार पर मापा जाता है। लेकिन यहाँ 'अवसर की समुचित समानता' पर नए सिरे से जोर दिया गया है।

राउल्स के सिद्धांत की इन विशेषताओं पर अर्थशास्त्रियों तक ने बड़े पैमाने पर ध्यान दिया है, पर अहम बात यह है कि इस दृष्टिकोण के कुछ राजनीतिक पक्षों की रौशनी में इन विशेषताओं की व्याख्या की जाए। खासतौर पर खुद राउल्स ने अपने सिद्धांत को 'न्याय की एक राजनीतिक धारणा' (राउल्स 1985, 1987, 1988 अ, 1988 ब, 1988 स, 1990) समझने की आवश्यकता पर जोर दिया है। मैं अब उसी विशेषता की तथा विशेष सामाजिक परिस्थितियों में समानता के प्रश्नों के महत्त्व पर उससे पड़ सकने वाले प्रभाव की छानबीन करूँगा।

राउल्स ने अपनी न्याय की राजनीतिक धारणा जिस रूप में प्रस्तुत की है उसकी दो सुस्पष्ट विशेषताओं को अलग-अलग करके देखना उपयोगी होगा। एक विशेषता का संबंध राजनीतिक धारणा की *विषय-वस्तु* से है : 'न्याय की एक राजनीतिक धारणा ...एक विशिष्ट प्रकार की विषय-वस्तु के लिए अर्थात् राजनीतिक, सामाजिक और आर्थिक संस्थाओं के लिए विकसित की गई एक नैतिक धारणा है।'[9] इसमें किसी ऐसे विशेष सिद्धांत की बात नहीं कही गई है जिसका इस्तेमाल एक नैतिक धारणा को राजनीतिक बनाने के लिए करना होगा। मुआमले का दारोमदार इस पर है कि क्या विषय 'राजनीतिक' है, अर्थात् क्या इसमें 'राजनीतिक, सामाजिक और आर्थिक संस्थाओं' की विवेचना की गई है।

इसके विपरीत दूसरी विशेषता का संबंध उपयोग में आने वाले ठीक उस विशेष सिद्धांत से है जो सामाजिक निर्णय और चयन के एक विशिष्ट रूप से जुड़ा है। यह रूप एक 'संवैधानिक लोकतंत्र' का है जिसमें 'जहाँ तक संभव हो, न्याय की लोक धारणा विवादास्पद दार्शनिक और धार्मिक मतों से स्वतंत्र होनी चाहिए।' 'ऐसी किसी धारणा के निरूपण के लिए स्वयं दर्शन पर हम सहिष्णुता का सिद्धांत लागू करेंगे : न्याय की लोक धारणा तत्त्व मीमांसीय नहीं, राजनीतिक होनी चाहिए।'[10] इस निरूपण में विषयवस्तु अपने आप में महत्त्व नहीं रखती। निर्णायक महत्त्ववाली 'राजनीतिक' विशेषता संभवतः विविध प्रकार के व्यापक मतों के प्रति 'सहिष्णुता' है। (शर्त यह है कि शुभ के ये विचार खुद भी सहिष्णुता की कुछ शर्तों को पूरा करते हों यानी 'शामिल किए जाने वाले विचार राजनीतिक विचार हों।')

राउल्स के विश्लेषण में इन दोनों सुस्पष्ट विशेषताओं के बीच गहरा संबंध है, इतना गहरा कि लगता है वे खुद उन्हें अभिन्न समझते हों। फिर भी यह पूरी तरह संभव है कि कोई दृष्टिकोण (राउल्स द्वारा निरूपित) विषय-वस्तु के अर्थ में 'राजनीतिक' हो, मगर साथ ही 'सहिष्णुता' की शर्त का अनुमोदन न करे जो न्याय के दावेदार किसी सिद्धांत के लिए एक जरूरी शर्त है। मैं अगर यह बात कह रहा हूँ तो मतलब यह नहीं कि मैं सहिष्णुता के सवाल को गैर-अहम मानता हूँ। इसके विपरीत मैं इसे न्याय संबंधी राजनीतिक चिंतन के *केंद्रीय प्रश्नों में एक* समझता हूँ।[11] लेकिन राउल्स ने जिस प्रकार की बहुलतावादी सहिष्णुता की बात सामने रखी है वह नामौजूद *हो तब भी* 'राजनीतिक, सामाजिक और आर्थिक संस्थाओं' के चयन से न्याय और अन्याय के अहम मुद्दे जुड़े हुए हो सकते हैं। शुभ के विभिन्न व्यापक विचारों के प्रति राउल्स वाले अर्थ में 'सहिष्णुता' निश्चित ही किसी समाज के सामूहिक जीवन के अहमतरीन राजनीतिक पहलुओं में एक है। इसके बावजूद यह सामाजिक जीवन का एकमात्र 'राजनीतिक' तत्त्व नहीं है।[12] राउल्स की 'राजनीतिक धारणा' में परिभाषा के स्तर पर ही कुछ चीजें खारिज हो जाती हैं। इसके कारण न्याय की धारणा का विस्तार काफी हद तक सीमित हो जाता है, और इसलिए राजनीतिक दृष्टि से सही और गलत की वह पहचान अकसर कठिन हो जाती है जो न्याय के किसी भी सिद्धांत में होनी *चाहिए।*

सटीक रूप से कहें तो सहिष्णुता के अभाव के आधार पर बहुत सारे व्यापक मतों को एक सिरे से खारिज किया जा सकता है (सच तो यह है कि कुछ स्थितियों में विभिन्न राजनीतिक समूहों द्वारा प्रचारित कोई भी सिद्धांत बाकी नहीं बचेगा) और फिर भी विभिन्न पक्षों के वाद-विवाद में विषमता, अभाव और अन्याय की बेहद सुस्पष्ट समस्याएँ मौजूद हो सकती हैं। ऐसी समस्याएँ उठाने में सक्षम किसी सिद्धांत से वंचित होना (जबकि विभिन्न पक्षों में असहिष्णुता पाई जाती हो) और उनके विवादों को न्याय की तथाकथित राजनीतिक धारणा के दायरे से *बाहर* समझना न्याय की राजनीतिक धारणा के दायरे को भोंडे ढंग से सीमित कर देता है।

मिसाल के लिए सामाजिक चयन की उस सुप्रसिद्ध सूक्ति को लें जिसके बारे में

समझा जाता है कि इसे सम्राट् हेल सेलासी ने इथियोपिया में 1973 के अकाल के समय प्रतिपादित किया था। इसमें उन्होंने अपनी सरकार द्वारा अकाल-राहत कार्य शुरू न करने की सफाई इस प्रकार दी थी : 'हमने कहा है कि दौलत कठोर श्रम से ही हासिल करनी पड़ती है। हमने कहा है कि जो लोग काम नहीं करते, वे भूखों मरें।' यकीनन यह एक पुराना 'बकवास नहीं' वाला सिद्धांत है, जिसे अकसर सामने रखा जाता रहा है, और अगर कुछ खींचतान से काम लें तो बाइबिल भी इसकी पुष्टि करती हुई दिखाई देती है।[14] वास्तव में उस 'सिद्धांत' का हेल सेलासी के इथियोपिया में बहुत कारगर इस्तेमाल किया गया, और 1973 के अकाल के चरमबिंदु पर भी राज्य ने राहत की व्यवस्था लगभग नहीं के बराबर की।[15]

यह बात कही जा सकती है कि सेलासी के वक्तव्य में सामाजिक और राजनीतिक संस्थाओं के बारे में जो राजनीतिक नैतिकता व्यक्त होती है वह न्याय की अपेक्षाओं का खुल्लमखुल्ला उल्लंघन करती है। वास्तव में तात्त्विक स्तर पर कोई शख्स बहुत आसानी से अकाल के मारों और बाकी समाज की सामर्थ्यों के बीच मौजूद घोर विषमताओं की ओर—और इस दृष्टांत में प्राथमिक वस्तुओं के स्वामित्व को लेकर मौजूद भारी विषमताओं की ओर भी—इशारा कर सकता है। तर्क दिया जा सकता है कि अकाल के मारे बेरोजगारों को—जो जीवनरक्षा के लिए उजरती काम पाने में असमर्थ हैं—बाकी समाज की सहायता से वंचित रखना गलत है।[16] राजनीतिक नैतिकता में इस सिद्धांत को विकसित करने के अनेक ढंग हैं, और राउल्स की 'मूल अवस्था' का सहारा लेना इसके सबसे कारगर उपायों में एक होगा।

लेकिन सम्राट् सेलासी हों या उनके शासन के विरोधी जिन्होंने अकाल के भयानक बनने के दिनों में एक खूनी विद्रोह द्वारा अंततः उनका तख्ता पलट दिया, शुभ के बारे में दूसरे के विचार के प्रति सहिष्णुता का कोई सिद्धांत स्वीकार करने का संकेत किसी ने नहीं दिया। वास्तव में हर पक्ष दूसरे पक्ष के उद्देश्यों पर कोई ध्यान दिए बगैर अपने उद्देश्यों के लिए प्रयास करता रहा, और जहाँ तक हम देख सकते हैं, सामूहिक जीवन की इच्छा और सहिष्णुता पर आधारित किसी राजनीतिक समाधान में कोई दिलचस्पी नहीं दिखाई। न्याय का जो भी राजनीतिक सिद्धांत ऐसी सहिष्णुता की अपेक्षा करता है उसके आधार पर इस दृष्टांत में न्याय संबंधी कोई विचार व्यक्त करना मुश्किल होगा। और फिर भी यह दावा अजीबोगरीब होगा कि संस्थागत अकाल-राहत संबंधी विवाद में राजनीतिक धारणा वाले न्याय का कोई तय हो सकने योग्य मुद्दा था ही नहीं, और यह कि हेल सेलासी के वक्तव्य में सामाजिक चयन के जो सिद्धांत निहित हैं (मसलन अकाल के मारे बेरोजगारों के लिए राज्य की सहायता का अभाव) वे न्याय की राजनीतिक धारणा के *दायरे* से बाहर ही हैं। इस सीमित राजनीतिक धारणा में न्याय के साथ एक भारी कीमत जुड़ी हुई दिखाई देती है।[17]

इन तमाम बातों को जरूरी नहीं कि न्याय के उस सिद्धांत के लिए उलझन का कारण माना जाए जो सचेत ढंग से 'एक विशेष राजनीतिक परंपरा के अंदर जन्म लेता

है', और जिसे इस आशा के साथ प्रस्तुत किया जाए कि 'न्याय की इस राजनीतिक धारणा को कम-से-कम उस प्रकार का समर्थन मिलेगा जिसे हम 'पारस्परिक सहमति' कह सकते हैं, अर्थात् ऐसी सहमति जो उन तमाम परस्पर-विरोधी दार्शनिक और राजनीतिक मतों के बीच पाई जाए जो संभवतः जारी रहें और एक कमोबेश-न्यायपूर्ण संवैधानिक लोकतांत्रिक समाज में अपने समर्थक जुटाते रहें।' (राउल्स 1985 : 225-26 देखें।) इस तरह राउल्स के अपने कार्यक्रम की दृष्टि से यह उनके विश्लेषण के लिए कोई वास्तविक समस्या ही नहीं है।

फिर भी यह सवाल अहम है कि क्या यह विशेष राजनीतिक धारणा न्याय के विचार को—यहाँ तक कि *राजनीतिक* अर्थ में न्याय के विचार को भी—उसका समुचित महत्त्व देती है। दुनिया की सामाजिक परिस्थितियों में ऐसे अनेक घोर अन्याय होते रहते हैं जहाँ 'राजनीतिक उदारवाद' और 'सहिष्णुता के सिद्धांत' का सहारा लेना न तो आसान होता है और न कुछ खास मददगार ही है। और फिर भी इन मुआमलों को 'न्याय की राजनीतिक धारणा' से बाहर रखना उसके दायरे को बेहद सीमित करने के बराबर होगा। दुनिया भर में सामाजिक संस्थाओं के राजनीतिक चयन से न्याय और अन्याय के बहुत से सुस्पष्ट प्रश्न जुड़े होते हैं, और न्याय की किसी ऐसी राजनीतिक धारणा को स्वीकार करना आसान नहीं होगा जो संवैधानिक लोकतंत्रों से वैचारिक दूरी के आधार पर ऐसे प्रश्नों में से अधिकांश को खारिज कर देती है। 'राजनीतिक' की सीमाओं को इस कदर तंग समझने की जरूरत भी नहीं है। दुनिया में विषमता और अन्याय की व्यापक समस्याओं के लिए एक कहीं कम संकीर्ण दृष्टिकोण की आवश्यकता है।

राउल्स ने हाल में 'सहिष्णुता' के पहलू पर जो जोर दिया है खासकर उसकी रौशनी में उपरोक्त विवेचना उनकी न्याय की धारणा के सीमित दायरे का संकेत देती है। फिर भी यह स्वीकार करना ही होगा कि आर्थिक-सामाजिक विकास संबंधी साहित्य में राउल्स के परिप्रेक्ष्य का और खासकर उनके अंतर सिद्धांत का व्यापक उपयोग किया गया है। राउल्स के 'न्याय बतौर निष्पक्षता' के विश्लेषण से लोगों को जो अंतःदृष्टियाँ प्राप्त हुई हैं वे उन सीमाओं से काफी आगे जाती हैं जो राउल्स ने खुद कायम की हैं, और मुझे नहीं लगता कि ये सारी-की-सारी अंतःदृष्टियाँ गलत ढंग से प्राप्त या प्रयुक्त की गई हैं। जब सवाल राउल्स के न्याय-सिद्धांत का उसकी समग्रता में मूल्यांकन करने का आएगा तो निश्चित ही उसे स्वयं लेखक द्वारा कायम विशिष्ट सीमाओं के दायरे में देखना आवश्यक होगा, लेकिन एक कम संकीर्ण अर्थ में लें तो 'राउल्स के दृष्टिकोण' ने समकालीन राजनीतिक, सामाजिक और आर्थिक चिंतन के एक कहीं व्यापकतर दायरे पर अपनी गहरी छाप छोड़ी है। जब राउल्स की क्लासिक किताब पहले-पहले सामने आई तब से खासकर विषमता के मूल्यांकन का सिद्धांत वही नहीं रहा जो वह पहले हुआ करता था।

5.3 प्राथमिक वस्तुएँ और सामर्थ्य

न्याय संबंधी हालिया साहित्य में ऐसे अनेक दृष्टिकोण हैं जो अनेक प्रकार से परिभाषित *अवसरों* की समानता पर ध्यान केंद्रित करते हैं। राउल्स ने अपने अंतर सिद्धांत में 'प्राथमिक वस्तुओं' के वितरण पर जो ध्यान केंद्रित किया है उसे इसी दिशा में एक कदम कहा जा सकता है। इन वस्तुओं में 'अधिकार, स्वाधीनताएँ और अवसर, आय और संपत्ति, तथा आत्मसम्मान के सामाजिक अधिकार'[19] शामिल हैं। जैसाकि मैंने इस पुस्तक में पहले कहा है, इस दृष्टिकोण की व्याख्या ऐसे भी की जा सकती है कि यह हमें लोगों को वास्तव में प्राप्त कुल स्वतंत्रता की दिशा में ले जाता है, और इसी के फलस्वरूप समानता और न्याय के विश्लेषण का रुख बदलकर प्राप्त परिणामों तक सीमित रहने की बजाय प्राप्त स्वतंत्रताओं की तरफ हो गया। एक महत्त्वपूर्ण समस्या इस तथ्य से पैदा होती है कि प्राथमिक वस्तुएँ अपने आप में स्वतंत्रता के मूलतत्त्व नहीं होतीं, बल्कि ज्यादा-से-ज्यादा स्वतंत्रता के *साधन* कही जा सकती हैं। (हम पहले, परिच्छेद 3.3 में इस मुद्दे की विवेचना कर चुके हैं।) 'संसाधनों की समानता' के पक्ष में रोनल्ड ड्वार्किन (1981, 1987) के तर्कों को भी मोटे तौर पर इसी दायरे में रखा जा सकता है क्योंकि संसाधन भी स्वतंत्रता के साधन मात्र होते हैं और ड्वार्किन ने वास्तव में संसाधनों का लेखा-जोखा रखने और 'संसाधनों की समानता' के विषय में फैसला देने का एक विशेष ढंग ही प्रस्तुत किया है।

एक समस्या मूल्य-निर्धारण की है। साधनों का महत्त्व अंततः किसी और चीज के लिए होता है। इस कारण साधनों के मूल्य-निर्धारण की एक ऐसी योजना तैयार करना आसान नहीं जो साध्यों से सचमुच स्वतंत्र हो। इस संबंध का होशियारी से इस्तेमाल करके ही जॅन रोमर (1986 ब) ने एक गणितीय परिणाम सामने रखा जिसकी व्याख्या उन्होंने यह की कि 'संसाधनों की समानता में कल्याण की समानता भी निहित है।' (यही उनके लेख का शीर्षक है।) यह परिणाम स्वयंसिद्ध तथ्यों के एक विस्तृत संकलन पर आधारित है, लेकिन इसके पीछे मौजूद बुनियादी अंतःदृष्टि यह कही जा सकती है कि संसाधनों से *प्राप्त परिणामों* के आधार पर *संसाधनों* का मूल्य परखा जाए। संसाधनों का महत्त्व अपने आप में तो कुछ होता नहीं, इसलिए इस संबंध में कुछ सुस्पष्ट विश्वसनीयता भी है। रोमर के प्रमेय में एक ऐसा प्रतिरूप (मॉडल) लिया गया है जिसमें कल्याण एकमात्र अंतिम साध्य है, और इसीलिए यह निष्कर्ष निकलता है कि संसाधनों की समानता से कल्याण की समानता प्राप्त होगी।

कल्याण के मूल्यांकन से संसाधनों के मूल्यांकन की इस सुसंगति की जगह ऐसी ही एक और सुसंगति ली जा सकती है—उस चीज से सुसंगति जिसे साध्य समझा जाता है और जिसकी पूर्ति को संसाधनों के मूल्यांकन का आधार कहा जाता है। इस रोचक निष्कर्ष के पीछे मौजूद वास्तविक प्रश्न है साध्यों के मूल्यांकन और साधनों के मूल्यांकन की परस्पर निर्भरता (न कि विशिष्टतः संसाधनों और कल्याण की पारस्परिक निर्भरता)।

आगे जो कुछ कहा जाएगा उसमें मेरा खास सरोकार राउल्स के *न्याय बतौर*

निष्पक्षता के सिद्धांत से होगा, हालाँकि कुछ टिप्पणियाँ ड्वार्किन के दृष्टिकोण पर भी लागू हो सकती हैं।

राउल्स वाले अर्थ में न्याय की राजनीतिक धारणा के मुआमले में खास मुद्दा प्राथमिक वस्तुओं से संबंधित सूचनाओं की पर्याप्तता है और यदि जरूरी हो तो सामर्थ्य पर ध्यान केंद्रित करने की आवश्यकता। प्राथमिक वस्तुएँ वे 'वस्तुएँ हैं जिनके बारे में हम मान सकते हैं कि उन्हें हर तर्कशील व्यक्ति चाहेगा' और इसमें 'आय और संपत्ति', 'बुनियादी स्वाधीनताएँ', 'आवाजाही तथा व्यवसाय के चयन की स्वतंत्रता', 'जिम्मेदारी के पदों और स्थितियों से जुड़ी शक्तियाँ और विशेषाधिकार' और 'आत्मसम्मान के सामाजिक आधार' शामिल हैं।[20] इस तरह प्राथमिक वस्तुएँ वे सामान्य उपयोग के साधन या संसाधन हैं जो व्यक्तियों के शुभ संबंधी विभिन्न विचारों को साकार रूप देने के काम आती हैं।

इस पुस्तक में पीछे (खासकर अध्याय 3 में) मैंने न्याय के स्वतंत्रता पर आधारित मूल्यांकन की दृष्टि से किसी व्यक्ति को वास्तव में प्राप्त स्वतंत्रता के *परिमाण* की जगह स्वतंत्रता के *साधन* पर ध्यान केंद्रित करने की तथाकथित पर्याप्तता को चुनौती दी थी। प्रकार्यों और अन्य उपलब्धियों के विभिन्न वैकल्पिक संयोगों के बीच चयन करने की स्वतंत्रता को लें तो इन प्राथमिक वस्तुओं और संसाधनों का उस स्वतंत्रता में रूपांतरण हर व्यक्ति के लिए अलग-अलग सीमाओं तक होता है। इसलिए प्राथमिक वस्तुओं या संसाधनों के स्वामित्व की समानता के साथ विभिन्न व्यक्तियों को प्राप्त वास्तविक स्वतंत्रताओं में गंभीर विषमताओं की मौजूदगी भी संभव है। मौजूदा संदर्भ में केंद्रीय प्रश्न यह है कि क्या न्याय की राजनीतिक धारणा में निहित विचार को परवान चढ़ाने के साथ स्वतंत्रता संबंधी ऐसा कोई तालमेल मुमकिन है।

न्याय के सामर्थ्य पर आधारित मूल्यांकन में व्यक्तियों के दावों का आकलन उनको प्राप्त प्राथमिक वस्तुओं या संसाधनों के आधार पर नहीं किया जाता। इसका मूल्यांकन उन स्वतंत्रताओं के आधार पर किया जाता है जो उन्हें अपने पसंद का जीवन चुनने के एतबार से वास्तव में प्राप्त हैं।[21] प्रकार्यों को विभिन्न वैकल्पिक संयोगों के बीच कोई चयन करने की व्यक्ति की 'सामर्थ्य' का प्रतिनिधित्व यही वास्तविक स्वतंत्रता करती है।

वास्तव में प्राप्त स्वतंत्रता का प्रतिनिधित्व करने वाली सामर्थ्य का निम्नलिखित दोनों बातों से अंतर करना आवश्यक है : (1) प्राथमिक वस्तुओं (और अन्य संसाधनों) से, और (2) उपलब्धियों से (जिनमें वास्तव में हासिल प्रकार्य और अन्य उपलब्ध परिणाम भी शामिल हैं)। पहले अंतर का एक उदाहरण लें। एक व्यक्ति अगर अपंग है तो हो सकता है कि उसके पास प्राथमिक वस्तुएँ (आय, संपत्ति, स्वाधीनता आदि) अधिक हों, मगर (अपंगता के कारण) उसकी सामर्थ्य कम होगी। एक और उदाहरण देखिए, जो निर्धनता संबंधी अध्ययनों से लिया गया है। हो सकता है कि एक व्यक्ति की आय अधिक हो और खुराक भी अधिक हो, लेकिन उपापचय की तेज दर,

परजीवियों से पैदा रोगों का अधिक शिकार होने की स्थिति, अधिक बड़ी काया, या केवल गर्भावस्था के कारण, संभव है उसकी स्वस्थ जीवन जीने की स्वतंत्रता कम हो। इसी तरह अधिक धनी देशों में निर्धनता के प्रश्न की विवेचना करते समय हमें इस बात को भी ध्यान में रखना होगा कि जो लोग आय और दूसरी प्राथमिक वस्तुओं की दृष्टि से गरीब हैं उनमें से बहुतों में ऐसी विशेषताएँ भी होती हैं—जैसे आयु, अपंगता, बार-बार रोग पकड़ने की प्रवृत्ति आदि—जिनके कारण उनके लिए प्राथमिक वस्तुओं को बुनियादी सामर्थ्यों, मसलन चलने-फिरने, स्वस्थ जीवन जीने, समुदाय के जीवन में भाग लेने की सामर्थ्यों में बदलना अधिक कठिन होता है। अपेक्षाकृत अधिक व्यापक अर्थों में लें तो किसी व्यक्ति की सामर्थ्य का प्रतिनिधित्व न तो प्राथमिक वस्तुएँ करती हैं और न संसाधन।

अब दूसरे अंतर की मिसाल लें। हो सकता है, दो व्यक्तियों की सामर्थ्य बराबर हो, फिर भी एक व्यक्ति अपने खास लक्ष्यों को ध्यान में रखकर प्रकार्यों के एक अलग ही समूह का चयन करता है। इसके अलावा एक जैसी वास्तविक सामर्थ्यों, बल्कि समान लक्ष्योंवाले दो व्यक्तियों के लिए भी परिणाम इसलिए अलग-अलग हो सकते हैं कि वे अपनी स्वतंत्रताओं के व्यवहार के लिए अलग-अलग रणनीतियों और कार्यनीतियों का उपयोग करते हैं।

मेरी समालोचना का जवाब देते समय राउल्स ने यह मान लिया था कि यह इस मान्यता पर आधारित है कि सभी व्यक्तियों के ध्येय समान हैं—सभी के उद्देश्य *साझे* हैं। इसका आधार यह विश्वास है कि अगर उनके उद्देश्य अलग-अलग होते तो सामर्थ्यों में प्राथमिक वस्तुओं के रूपांतरण की भिन्न-भिन्न दरों का निश्चय संभव न होता। अगर वह (सभी के *समान* उद्देश्यों की) मान्यता ली गई है तो वह निश्चित ही राउल्स की न्याय की राजनीतिक धारणा के विरोध में जाएगी। कारण कि इस धारणा में ध्येय संबंधी अंतःवैयक्तिक अंतरों की गुंजाइश है—कि हर व्यक्ति के पास 'शुभ के बारे में अपनी एक व्यापक दृष्टि' है। मेरी आपत्ति पर *अपनी व्याख्या* को राउल्स ने संक्षेप में इस प्रकार रखा है :

> ...प्राथमिक वस्तुओं वाला विचार गलत हो सकता है। कारण कि वे वह नहीं हैं जिसे, किसी के व्यापक मतवाद के दृष्टिकोण से, अंततः महत्त्वपूर्ण माना जा सकता है। आमतौर पर वे मानव-जीवन के बुनियादी मूल्यों के बारे में किसी के विचार का पर्याय नहीं हैं इसलिए कोई यह एतराज भी कर सकता है कि प्राथमिक वस्तुओं पर ध्यान केंद्रित करना ज्यादातर एक गलत अंतराल पर ध्यान देना है—संस्थागत विशेषताओं और भौतिक वस्तुओं के अंतराल पर ध्यान देना है, न कि बुनियादी नैतिक मूल्यों के अंतराल पर।[22]

मेरी आपत्ति पर अपनी व्याख्या करने के बाद राउल्स ने उसका उत्तर इस प्रकार

दिया है :

> उत्तर यह है कि प्राथमिक वस्तुओं के किसी सूचकांक का उद्देश्य जो कुछ अंततः महत्त्वपूर्ण है उसके नजदीक पहुँचना नहीं है। इस महत्त्व का निश्चय नैतिक मूल्यों को ध्यान में रखने वाले किसी विशेष और व्यापक मत के आधार पर होता है।[23]

इस उत्तर के साथ प्रमुख समस्या यह है कि इसमें आपत्ति की प्रकृति को गलत समझा गया है। सामर्थ्य वैकल्पिक जीवन पद्धतियों (प्रकार्य-समूहों) में से किसी एक को चुनने के बारे में व्यक्ति की स्वतंत्रता की सूचक है, और उसका मूल्यांकन करने के लिए किसी विशेष उद्देश्य-समूह (या राउल्स के शब्दों में, 'किसी विशेष और व्यापक मत') के बारे में एकराय होने की शर्त नहीं है। जैसाकि हमने पहले कहा, अहम बात (सामर्थ्य में प्रतिबिंबित) स्वतंत्रता और (वास्तविक प्रकार्यों में प्रतिबिंबित) उपलब्धि के बीच अंतर करना है, और जरूरी नहीं कि सामर्थ्य का मूल्यांकन किसी ऐसे विशेष और व्यापक मत के आधार पर हो जो उपलब्धियों और जीवन पद्धतियों का श्रेणीकरण करता हो।[24]

दूसरी समस्या पहली से ही जुड़ी है। इसका संबंध राउल्स के इस दावे से है कि प्राथमिक वस्तुओं का 'उद्देश्य जो कुछ अंततः महत्त्वपूर्ण है उसके नजदीक पहुँचना नहीं है' और यह कि इस महत्त्व का निश्चय किसी *विशेष* और व्यापक मत के आधार पर होता है।' (जोर हमारा) यह राउल्स की 'न्याय की राजनीतिक धारणा' के लिए एक पर्याप्त वैध सरोकार है, पर प्राथमिक वस्तुओं से संगति का अभाव सिर्फ यहीं नहीं देखा जाता। यह अभाव इस तथ्य में भी पाया जाता है—और मौजूदा संदर्भ में यह तथ्य अधिक महत्त्वपूर्ण है—कि किसी वंचित व्यक्ति के पास दूसरों से कम प्राथमिक वस्तुएँ होंगी, *चाहे उसका मत कितना ही व्यापक हो।*

एक मिसाल देखिए। दो व्यक्तियों *1* और *2* की कल्पना कीजिए जिनमें (शारीरिक अपंगता, मानसिक व्याधि, रोग से पीड़ित होने की अधिक प्रवृत्ति जैसे) किसी मुआमले में *2* की स्थिति कमजोर है। उनके ध्येय या उद्देश्य, या शुभ संबंधी विचार समान *नहीं* हैं। व्यक्ति *1* वस्तु *A* को *B* से अधिक महत्त्व देता है, जबकि *2* की राय उलटी है। हरेक *2A* को *A* से, *2B* को *B* से अधिक महत्त्व देता है, और दोनों के श्रेणीकरण (जो उनके अपने-अपने 'व्यापक मतों' के प्रासंगिक अंशों के सूचक हैं) इस प्रकार हैं :

व्यक्ति 1	*व्यक्ति 2*
2A	*2B*
2B	*2A*
A	*B*
B	*A*

प्राथमिक वस्तुओं के किसी समूह विशेष के सहारे व्यक्ति *1* तो *2A* या *2B* को प्राप्त कर सकता है, और *A* या *B* को भी, हालाँकि इसमें कोई बड़ी बात नहीं होगी। दूसरी

तरफ अगर *2* की कमजोरी को देखें तो उन्हीं प्राथमिक वस्तुओं के सहारे वह सिर्फ *A* या *B* को प्राप्त कर सकता है। अब व्यक्ति *1* तो *2A* को प्राप्त करने के प्रयास करता है (जो उसके लिए सर्वोत्तम संभव परिणाम है) जबकि व्यक्ति *2* (अपने लिए सर्वोत्तम संभव परिणाम) *B* पर तसल्ली कर लेता है। समस्या सिर्फ यह नहीं है कि किसी *विशेष* व्यापक मत (अपने या व्यक्ति *1* के मत) के आधार पर व्यक्ति *2* कुछ वंचित है। बल्कि समस्या यह है कि हम *चाहे* जो भी व्यापक मत चुनें, उसकी स्थिति कमजोर ही रहती है। प्राथमिक वस्तुओं की समानता ने किसी भी *एक* व्यापक मत के आधार पर *2* की सिर्फ *उपलब्धि* ही कम नहीं की है, बल्कि उसकी *उपलब्धि की स्वतंत्रता* को भी कम किया है।

अब अगर प्राथमिक वस्तुओं के आधार पर नहीं, सामर्थ्यों के आधार पर तुलना की जाए तो *2* की कमजोर स्थिति स्पष्ट हो जाएगी। व्यक्ति *1* की सामर्थ्य का समुच्चय *(A, B, 2A, 2B)* पर आधारित है, जबकि *2* की सामर्थ्य का समुच्चय उसका केवल एक उपसमुच्चय *(A, B)* है, और हम चाहे जो भी व्यापक मत स्वीकार करें, बेहतरीन तत्त्व *2* से छिन जाते हैं। सामर्थ्य सूचक है *स्वतंत्रता* की जबकि प्राथमिक वस्तुएँ केवल स्वतंत्रता के *साधनों* की सूचना देती हैं, तथा साधनों और उपलब्धि की वास्तविक स्वतंत्रता के बीच का संबंध अलग-अलग व्यक्तियों के लिए अगल-अलग होता है। राउल्स का यह सोचना सही है कि मेरी आपत्ति केवल प्राथमिक वस्तुओं के *साधन* होने को लेकर है, लेकिन वह समस्या यह कह देने भर से हल नहीं होती कि उनका उद्देश्य 'किसी विशेष और व्यापक मत' के नजदीक नहीं पहुँचता है।[25]

5.4 विविधताएँ : ध्येय और वैयक्तिक विशेषताएँ

प्राथमिक वस्तुओं (या संसाधनों) के रूप में किसी व्यक्ति के *साधनों* और ध्येय की *पूर्ति* के बीच जो संबंध होते हैं उनमे अंतर वास्तव में दो कारणों से पैदा होते हैं। एक तो *ध्येय* के बीच का अंतर है—विभिन्न व्यक्तियों की शुभ की धारणाएँ अलग-अलग होती हैं। दूसरा है संसाधनों (जैसे प्राथमिक वस्तुओं) और लक्ष्यों के लिए प्रयास करने की स्वतंत्रता के संबंध में *अंतःवैयक्तिक* अंतर। राउल्स पहले अंतर के प्रति बहुत अधिक संवेदनशील हैं और इस विविधता के प्रति आदर का भाव बनाए रखना चाहते हैं। (उनकी बहुलतावादी राजनीतिक धारणा के आधार पर यह सही भी है।) इस समस्या की विवेचना के लिए राउल्स ने मान लिया है कि *एक समान* प्राथमिक वस्तुएँ सभी ध्येयों की प्राप्ति में सहायक होती हैं।[26]

जहाँ तक दूसरे अर्थात् *अंतःवैयक्तिक* अंतर (संसाधनों और स्वतंत्रताओं के संबंध में अंतर) का सवाल है, इससे पैदा समस्या पहले (ध्येयों और उद्देश्यों संबंधी) अंतर के कारण किसी भी तरह कम नहीं होती। अपने ध्येय के लिए प्रयास करने के प्रति किसी को प्राप्त वास्तविक स्वतंत्रता दोनों निम्नलिखित बातों पर निर्भर होती है : (1) उसके ध्येय क्या हैं, और (2) प्राथमिक वस्तुओं को अपने ध्येयों की पूर्ति में बदलने

के बारे में उसे कितनी शक्ति प्राप्त है। ध्येय एक समान हों *तो भी* दूसरी समस्या गंभीर हो सकती है, पर ऐसा भी नहीं कि यह *सिर्फ* एक समान ध्येयों के होने पर ही गंभीर हो। पहली समस्या के होने से दूसरी की व्याप्ति और प्रासंगिकता में कमी नहीं आती।

नतीजा यह निकला कि इनसानों में विविधता होती तो है, पर यह तरह-तरह की होती है। एक विविधता का संबंध ध्येयों और उद्देश्यों के अंतर से है। राउल्स के न्याय बनाम निष्पक्षता के विश्लेषण के फलस्वरूप हम इस विविधता के नैतिक और राजनीतिक निहितार्थों को आज बेहतर समझते हैं। लेकिन एक महत्त्वपूर्ण विविधता और भी है—संसाधनों को वास्तविक स्वतंत्रताओं में बदलने के प्रति हमारी योग्यता की विविधता। लिंग, आयु, जन्मगत गुणों और दूसरी अनेक विशेषताओं में अंतर होने के कारण अगर हमारे पास एक समान प्राथमिक वस्तुएँ हों तो भी अपने जीवन में स्वतंत्रता निर्मित करने के प्रति हमारी शक्तियाँ बहुत भिन्न-भिन्न होती हैं।[27]

न्याय के प्रति राउल्स के दृष्टिकोण के कारण इस मुद्दे पर हमारा सोचने का ढंग बदल चुका है, और इस सिद्धांत के चलते हम अब परिणामों और उपलब्धियों की बजाय अवसरों और स्वतंत्रताओं संबंधी विषमताओं के बारे में सोचने लगे हैं। लेकिन स्वतंत्रता के *परिणाम* की बजाय स्वतंत्रता के *साधनों* पर केंद्रित होने के कारण उनका समाज के एक न्यायपूर्ण बुनियादी ढाँचे का सिद्धांत स्वयं स्वतंत्रता पर पर्याप्त ध्यान देने से चूक जाता है। हो सकता है कि स्वतंत्रता के *साधन* पर ध्यान केंद्रित करने के पीछे राउल्स का यह विश्वास मौजूद रहा हो कि परिणामों और उपलब्धियों के बाद *विशेष* व्यापक दृष्टिकोण को चुनना ही एकमात्र विकल्प रह जाएगा। मगर वहीं यह मान्यता, जैसाकि हमने दिखाया है, एकदम सही नहीं है। स्वतंत्रता को उसे सहारा देने वाले *साधनों* तथा उससे सहारा पाने वाली *उपलब्धियों,* दोनों से अलग करके समझा जा सकता है।

राउल्स के न्याय-सिद्धांत की अनेक सुस्पष्ट विशेषताएँ हैं और यह न समझा जाए कि यहाँ उठाए गए प्रश्नों का उद्देश्य इस पूरे दृष्टिकोण को ध्वस्त करना है। सच तो यह है कि आज ऐसा एक न्याय-सिद्धांत विकसित करना कठिन होगा जिस पर राउल्स के गहन और मर्मभेदी विश्लेषण की गहरी छाप न हो।[28] आलोचना का सरोकार विशेषतः प्राथमिक वस्तुओं पर राउल्स के जोर तथा अपने उद्देश्यों के लिए हमें प्राप्त स्वतंत्रताओं के प्रति उनके सरोकार के आपसी तनाव से है। जहाँ तक हमारे सरोकार का विषय स्वतंत्रताएँ हैं, मैंने यह दलील देने की कोशिश की है कि वितरण के प्रश्न को परखने का एक—तथा अधिक सटीक ढंग और भी है। वास्तव में राउल्स का सरोकार दूसरी बहुत सी बातों से भी है, जिनमें कुछेक उदार संस्थाएँ और प्रक्रियाएँ भी शामिल हैं, और निजी स्वाधीनता पर आँच आने की दशा में लोकनीति को मजबूर करने की आवश्यकता भी शामिल है। यहाँ प्रभावी स्वतंत्रताओं की समानता पर जो विवेचना प्रस्तुत की गई है वह राउल्स के सरोकारों के इन पहलुओं पर प्रश्नचिह्न नहीं लगाती।

राउल्स के न्याय-सिद्धांत में स्वाधीनता की जो भूमिका बताई गई है उससे इस बात को समझा जा सकता है। राउल्स न्याय के दूसरे सिद्धांतों पर स्वाधीनता के सिद्धांत को

पूरी प्राथमिकता देते हैं, और हरबर्ट हार्ट (1973)[29] ने इस अपेक्षाकृत अतिवादी विचार की सुघड़ आलोचना की है। दूसरी तरफ हम कह सकते हैं (इसके बारे में सेन, 1970 अ, 1983 अ देखें) कि एक प्राथमिक वस्तु के रूप में, कल्याण पर प्रभाव डालने वाले एक तत्त्व के रूप में, या किसी व्यक्ति की सामर्थ्य के एक निर्धारक कारण के रूप में भी स्वाधीनता पर जितना ध्यान दिया जाता है उससे अलग उसे कुछ और अधिक मान्यता मिलनी ही चाहिए। वास्तव में किसी व्यक्ति के सामर्थ्य में ऐन एक ही ढंग से दो मुआमलों में कमी आ सकती है : (1) उसकी स्वाधीनता के हनन के कारण (किसी निजी क्षेत्र में उसकी स्वतंत्रता के हनन करने वाले किसी व्यक्ति द्वारा), और (2) उसकी अपनी किसी आंतरिक अयोग्यता के कारण। सामर्थ्य के अंतराल में इन दो स्थितियों के बीच अंतर करना संभव नहीं है। तो भी न्याय का कोई भरपूर सिद्धांत इन दो स्थितियों के अंतर की उपेक्षा नहीं कर सकता। इस अर्थ में सामर्थ्य का परिप्रेक्ष्य, किसी न्याय-सिद्धांत के लिए अपने केंद्रीय महत्त्व के बावजूद, उसके लिए पूरी तरह पर्याप्त नहीं है। एक अतिरिक्त सिद्धांत के रूप में स्वाधीनता के तकाजों को उसमें शामिल करना एक वास्तविक जरूरत है। (तब भी जबकि उस सिद्धांत को पूरी-पूरी प्राथमिकता न दी जाए जिसकी सिफारिश राउल्स ने की है।) उपलब्धि की *समग्रतामूलक* स्वतंत्रता का महत्त्व *नकारात्मक* स्वतंत्रता के विशेष महत्त्व को समाप्त नहीं कर सकता।[30]

वर्तमान विवेचना में हमारा ध्यान राउल्स के न्याय-सिद्धांत के एक विशेष अंश पर तथा उनके सरोकारों में से एक सरोकार और उसकी विवेचना के लिए उनके द्वारा प्रस्तावित ढंग के संबंध पर केंद्रित रहा है। लेकिन राउल्स के न्याय-सिद्धांत के उस विशेष—और मेरी समझ में महत्त्वपूर्ण—अंश के बारे हमारे विश्लेषण से जो बात उभरती है वह—मेरी दलील है कि—कुछ अवधारणात्मक और व्यावहारिक महत्त्व की अधिकारी है। अपने लक्ष्यों के बारे में स्वतंत्रता की समानता प्राथमिक वस्तुओं के वितरण की समानता से पैदा नहीं होती। अपने लक्ष्यों और उद्‌देश्यों के लिए प्रयास करने की अपनी अलग-अलग सामर्थ्यों में प्राथमिक वस्तुओं (या और भी आम ढंग से कहें तो संसाधनों) के रूपांतरण के मुआमले में हमारे बीच जो अंतःवैयक्तिक विविधताएँ हैं, हमें उनकी छानबीन भी करनी होगी।

हमारा सरोकार अगर स्वतंत्रता की समानता से है तो उसके *साधनों* की समानता की माँग उसके *परिणामों* की समानता की चाहत से अधिक महत्त्वपूर्ण नहीं हो सकती। स्वतंत्रता का संबंध तो दोनों से है, मगर वह इनमें से किसी की भी समानार्थी नहीं है।

टिप्पणियाँ

1. आदर्शमूलक चयन और निश्चय के सूचना-भंडारों की भूमिकाओं की विविधता की विवेचना सेन (1974, 1977 ब, 1979 द, 1985 अ) ने की है। खासतौर पर सामान्यतः निहित ढंग से आ खड़ी होने वाली 'सूचना संबंधी बाध्यताओं' की भूमिका जटिल और दूरगामी, दोनों हो सकती है।
2. *एक ही* उपयोगिता के अंतराल तक में काफी कुछ भिन्न संयोगकारी विशेषताओं के बारे में दूसरों के अलावा सपीज (1966, 1977), कोम (1969, 1976), सेन (1970 अ, 1977 ब), मिरलीस (1971), राउल्स (1971), फल्पस (1973), पी. जे. हैमंड (1976 अ), स्ट्रैस्निक (1976), ऐरो (1917), ब्लैकोर्बी और डोनल्डसन (1977), द' ऐस्प्रेमोंत और गेवर्स (1977), मैस्किन (1978), गेवर्स (1979), राबर्ट्स (1980 अ), ब्लैकोर्बी, डोनल्डसन और वीमार्क (1984), द' ऐस्प्रेमोंत (1985), तथा थाम्सन और वेरियन (1985) ने भी तर्क दिए हैं। इन तथा इनसे संबंधित रचनाओं में विवेचित संयोगकारी संरचनाओं के स्वयंसिद्ध तथ्यों को अधिकतर उपयोगिता के अंतराल में निरूपित किया गया है। फिर भी ज्यादातर मुआमलों में उनको आसानी से दूसरे अंतरालों में भी प्रस्तुत किया जा सकता है जिनसे दूसरी विशेषताएँ (जैसे प्राथमिक वस्तुओं या संसाधनों या सामर्थ्यों के सूचकांक) जुड़ी हुई हों। इस तरह अंतराल की प्रकृति से जितना संकेत मिलता है, स्वयंसिद्ध संरचनाएँ वास्तव में उससे कहीं अधिक दिलचस्पी की चीज हो सकती हैं।
3. हर्सान्यी (1955), द' ऐस्प्रेमोंत और गेवर्स (1977), मैस्किन (1978) देखें।
4. राउल्स (1971), हैमंड (1976 अ), स्ट्रैस्निक (1976), द' ऐस्प्रेमांत और गेवर्स (1977), सेन (1977 ब) देखें।
5. फोली (1967), नोजिक (1974), आर. ड्वार्किन (1981), वान पेरिज्स (1990 अ) देखें।
6. अन्य रचनाओं के अलावा वेरियन (1975), गेवर्स (1979), राबर्ट्स (1980 अ), सुजूमुरा (1983), ब्लैकोर्बी, डोनल्डसन और वीमार्क (1984), द'ऐस्प्रेमोंत (1985), रिगिल्सवर्थ (1985), बाउमोल (1986), राइली (1987), माउलिन (1989, 1990) देखें।
7. नार्मन डेनियल्स के संकलन *रीडिंग राउल्स* (डोनियल्स 1975) में कुछ आरंभिक प्रत्युत्तर देखे जा सकते हैं। 'आर्थिक न्याय' पर फल्पस (1973) का संकलन भी देखें।
8. राउल्स आदि (1987 : 5) में पुनर्मुद्रित।
9. राउल्स (1985 : 224)
10. राउल्स (1985 : 223)
11. इसके बारे में सेन (1970 अ, 1985 अ) देखें।
12. राजनीतिक उदारतावाद में 'तटस्थता' की ठीक-ठीक भूमिका तथा न्याय और निष्पक्षता के सिद्धांतों पर तटस्थता लादने की व्यावहारिकता और वांछनीयता से एक व्यापकतर मुद्दा भी जुड़ा हुआ है। इस प्रश्न का अलग-अलग मूल्यांकनों के बारे में, मिसाल के लिए, ड्वार्किन (1978, 1975), फिशकिन (1983), राज (1986) लैरमोर (1987), ऐकरमान (1988), राउल्स (1988 अ), पोगी (1989), वान पेरिज्स (1991) देखें। उस प्रश्न से प्रस्तुत विवेचना का संबंध अवश्य है, पर मैं वृहत्तर समस्या की और भरपूर विवेचना यहाँ नहीं करूँगा।
13. ग्लांत्ज (1976 : 108) में एल. वाइजबर्ग कृत 'ऐन इंटरनेशनल पर्सपेक्टिव आन द अफ्रीकन फैमींस' में उद्धृत।
14. 'कोई अगर काम नहीं करता तो खाएगा भी नहीं।' (2 थेसालोनियंस 3 : 10 देखें।)
15. वास्तव में सम्राट् के सिद्धांत सार्वजनिक राहत की व्यवस्था में घातक देरी के एकमात्र कारण नहीं

थे। इससे दूसरे कारक भी जुड़े हुए थे जिनमें अकाल की प्रकृति और उसके कारणों का एक गलत निदान भी शामिल था। (इसके बारे में सेन 1981 अ, अध्याय 7 तथा ग्लांज 1976 भी देखें।) लेकिन यहाँ मेरा सरोकार उन मुद्दों से नहीं है।

16. प्रसंगवश यह दृष्टांत जूडिथ श्कलर (1990) के इस सामान्य तर्क के दमखम को भी दिखाता है कि *अन्याय* का बोध सामाजिक विश्लेषण और मूल्यांकन के लिए खासतौर पर उपयुक्त प्रस्थानबिंदु है।
17. असहिष्णुता के लिए सेलासी की निंदा करना यकीनन आसान है। पर संबद्ध अन्याय का संबंध सिर्फ इसी से नहीं, अकाल-राहत—और सही कहें तो *अ*-राहत—के उन सिद्धांतों से भी है जिनका सरकार ने पालन किया। सहिष्णुता को एक साझा स्वीकृत आधार मानने पर जोर दें तो इस प्रश्न को उठाना भी संभव नहीं होगा।
18. सवाल 'राजनीतिक' शब्द के प्रयोग का नहीं, एक राजनीतिक धारणा के विचार में निहित प्रेरणा का है। फिर भी यह तर्क दिया जा सकता है कि राउल्स ने राजनीतिक शब्द की एक खासतौर पर संकीर्ण परिभाषा पर अमल किया है।
19. राउल्स (1971 : 60-65) देखें।
20. राउल्स (1971 : 60-65; 1982 : 162; 1988 अ : 256-57) देखें।
21. अध्याय 3 और 4 में इस दावे के विभिन्न पक्षों और निहितार्थों की विवेचना की गई है।
22. राउल्स (1988 अ : 256-59) देखें।
23. राउल्स (1988 अ : 259) देखें। अपने लेख 'रिप्लाई टु सेन' (राउल्स 1988 ब) में राउल्स ने मेरी आलोचना का उत्तर देने का एक अपेक्षाकृत अलग ढंग अपनाया है। उनका कहना है कि उनके न्याय के संपूर्ण सिद्धांत में, जितना मैं समझता हूँ, उससे ज्यादा 'लोच' है, और जिन अंतःवैयक्तिक विविधताओं, जैसे 'वैधानिक' और 'न्यायिक' विविधताओं से मेरा सरोकार है उनकी व्याख्या आगे के चरणों में की जा सकती है। एक ऐसा पेचीदा, चरणबद्ध ढाँचा किन कार्य पद्धतियों और आवंटन के सिद्धांतों पर खरा उतरेगा, इसके बारे में आसानी से किसी निश्चय पर नहीं पहुँचा जा सकता। पर अगर मुआमला इतना ही है कि तमाम प्रासंगिक अंतःवैयक्तिक विविधताओं की कारगर व्याख्या आगे किसी-न-किसी चरण में की जाएगी, तो निश्चित ही इससे आलोचना का जोर कम हो जाता है। सामर्थ्य में प्राथमिक वस्तुओं के रूपांतरण संबंधी अंतःवैयक्तिक विविधताएँ जो सवाल खड़े करती हैं बहरहाल उनमें कुछ पर तब ध्यान दिया जा सकेगा।
24. सामर्थ्य के ढाँचे में उपलब्धि प्रासंगिक प्रकार्यों की n-गुना होती है, जबकि स्वयं सामर्थ्य ऐसे n-गुनों का समुच्चय है जिनमें से एक को चुना जा सकता है। प्रतिनिधित्व के कुछ वैकल्पिक रूपों पर तथा वैयक्तिक लाभ और इस प्रकार विषमता के अध्ययन के लिए उनकी प्रासंगिकता पर अध्याय 3 और 4 भी देखें।
25. सामर्थ्यों के अंतराल में प्रभुत्व के लिए किसी एक व्यापक मत पर सहमति कोई जरूरी शर्त नहीं है। कारण कि एक सामर्थ्य-समुच्चय दूसरे का उपसमुच्चय हो सकता है। (दिए गए उदारहरण में ऐसा ही है।) इसके अलावा विभिन्न सामर्थ्य-समुच्चय एक-दूसरे के उपसमुच्चय न हों तो भी उनके श्रेणीक्रम पर, सहमति के लिए किसी एक व्यापक मत को स्वीकार करना आवश्यक नहीं है। सामर्थ्यों के आंशिक श्रेणीकरण प्रासंगिक व्यापक मतों में से *प्रत्येक* द्वारा संकेतित श्रेष्ठता पर आधारित हो सकते हैं। पर एक *पूर्ण श्रेणीकरण* का आग्रह करना समस्याजनक होगा। (राउल्स के अंतर सिद्धांत में प्राथमिक वस्तुओं के स्वामित्व के संपूर्ण सूचकांक तैयार करने से भी ऐसी ही समस्या जुड़ी है। कारण कि विभिन्न प्राथमिक वस्तुएँ विभिन्न व्यापक ध्येयों की पूर्ति में अलग-अलग सीमा तक कारगर हो सकती हैं। इस तथा संबद्ध समस्याओं के बारे में प्लाट 1978; गिब्बर्ड 1979; ब्लेयर

1988; सेन 1992 स देखें।) पर आंशिक श्रेणीकरण अनेक मूल्यांकनों के लिए पर्याप्त आधार हो सकते हैं, खासकर विषमता की गंभीर समस्याओं की विवेचना के संबंध में। सामर्थ्य के समुच्चयों के श्रेणीकरण कितने व्यापक हो सकते हैं, इसका दारोमदार (1) प्रासंगिक व्यापक मतों की भिन्नता पर, और (2) श्रेणीकरण में शामिल समुच्चयों के अंतरों पर होगा। इससे जुड़ी वैश्लेषिक समस्याओं की विवेचना सेन (1970 अ, 1970 ब, 1985 ब) ने की है। अध्याय 3 भी देखें।

26. यह मानकर चलें कि निष्पक्षता के हित में ऐसी स्थिति नहीं होनी चाहिए कि कुछ लोगों के ध्येय को प्राथमिक वस्तुएँ (दूसरों के ध्येय के मुकाबले) इस तरह अपूर्ण ढंग से पूरा करें पहला समूह प्राथमिक वस्तुओं के आधार पर वैयक्तिक लेन-देन को लेकर उचित तौर पर शिकायत करने लगे। राउल्स का यह व्यापक कथन कि प्राथमिक वस्तुओं को 'मूल्यों के किन्हीं अन्य अंतरालों के सन्निकट लाने की आवश्यकता नहीं है' (बल्कि उससे बचना ही चाहिए) इस विशेष समस्या की प्रकृति को अनदेखा करता हुआ दिखाई देता है। अगर प्राथमिक वस्तुओं की प्रत्येक संभव सूची (और सूचकांक तैयार करने के हर ढंग) से कुछ लोगों के ध्येय अच्छी तरह और दूसरों के ध्येय बहुत कम पूरे होते हैं तो 'तटस्थता' जैसा महत्त्वपूर्ण तत्त्व नष्ट हो जाता है और 'न्याय बतौर निष्पक्षता' की पूरी तर्कश्रृंखला काफी हद तक कमजोर पड़ जाती है। इस तरह प्राथमिक वस्तुओं तथा अन्य मूल्यों के अंतरालों के संबंध पर कुछ भारी-भरकम शर्तें आयद होती हैं। यहाँ मैं इस प्रश्न की और विवेचना नहीं करूँगा। रुथ अन्ना पुटनैम (1991) भी देखें।

27. इससे जुड़े कुछ अनुभवाश्रित प्रश्नों की विवेचना सेन (1984, 1985 ब, 1988 स) तथा किंच और सेन (1983) ने की है।

28. अपना वैकल्पिक राजनीतिक सिद्धांत सामने रखते हुए राबर्ट नोजिक (1974 : 183) कहते हैं : 'राजनीतिक दर्शनशास्त्रियों को अब या तो राउल्स के सिद्धांत के दायरे में काम करना होगा या बतलाना होगा कि वे ऐसा क्यों नहीं करेंगे। हमने जिन विचारों और भेदक धारणाओं को विकसित किया है वे एक वैकल्पिक धारणा की राउल्स द्वारा की गई सिद्धहस्त प्रस्तुति से आलोकित हैं और उसे भी आलोकित करने में सहायक हैं। राउल्स की सुव्यवस्थित दृष्टि से मल्ल युद्ध करने के बाद जो लोग उससे संतुष्ट नहीं हैं वे भी इसका गहन अध्ययन करके कुछ सीख सकते हैं।' कहने की जरूरत नहीं कि आखिरी कथन उन लोगों पर ज्यादा लागू होता है जो रोउल्स की पूरी धारणा के मात्र *कुछ विशेष भागों के कायल* नहीं हैं। मगर यहाँ हमारा सरोकार खासकर ऐसे ही एक भाग से है, और इसलिए ही सहमति के अनेक बिंदुओं, और न्याय की छानबीन का क्या मतलब होता है उसके बारे में राउल्स की शिक्षा के प्रति हमारे भारी आभार भाव पर ध्यान केंद्रित करने की बजाय राउल्स से हमारे *मतभेदों* पर ध्यान केंद्रित किया गया है।

29. फिर भी ध्यान दें कि स्वाधीनता के जिस सिद्धांत को यह प्राथमिकता दी गई है वह खुद ही राउल्स की 1971 की प्रस्तुति की अपेक्षा परवर्ती प्रस्तुति में, जिसे इस अध्याय में पहले उद्धृत किया गया है, कम कठोर है। हार्ट (1973) की जोरदार समालोचना इस परिवर्तन का प्रमुख कारण रही है।

30. इसके बारे में सेन (1970 अ, 1976 स, 1985 अ : तीसरा व्याख्यान) देखें।

6

कल्याणकारी अर्थशास्त्र और विषमता

6.1 अंतराल का चयन और मूल्यांकन का उद्देश्य

जैसाकि पिछले अध्याय में दिखाया गया है, विषमता के मूल्यांकन में उन बहुत सारे अंतरालों को भी ध्यान में रखना होता है जिसमें विषमता को तथा व्यक्तियों की विविधता को परखा जाता है। लोगों को दूसरों के मुकाबले सापेक्ष लाभ और हानि की जो स्थितियाँ प्राप्त होती हैं उनको अनेक अलग-अलग परिप्रेक्ष्यों में जाँचा जाता है जिनमें स्वाधीनताओं, अधिकारों, आय, संपत्ति, संसाधनों, प्राथमिक वस्तुओं, उपयोगिताओं, सामर्थ्य आदि अलग-अलग तत्त्वों पर ध्यान केंद्रित किया जाता है। फलस्वरूप विषमता के मूल्यांकन का प्रश्न उस अंतराल के चयन पर निर्भर होता है जिसमें समानता को मापा जाता है। विभिन्न अंतरालों में विषमता की तसवीरें एक-दूसरे से असंबद्ध तो नहीं होतीं, फिर भी इनसानों की व्यापक विविधता उन्हें परस्पर असंगत, बल्कि एक-दूसरे से काफी अलहदा कर देती है।

इन बातों की कुछ विस्तार से विवेचना पहले ही की गई है। मगर जोर देने की बात यह भी है कि विभिन्न अंतरालों की सापेक्ष उपयुक्तता अंततः विषमता के मूल्यांकन के पीछे मौजूद प्रेरणा पर निर्भर होती है। विषमता को किसी *उद्देश्य* से मापा जाता है, और उसी उद्देश्य की रौशनी में अंतराल का और उस अंतराल में विषमता की विशेष मापों का चयन किया जाता है। यकीनन इस मान्यता में कुछ भी आश्चर्य की बात नहीं कि अंतःवैयक्तिक तुलनाओं की प्रकृति और विषमता का आकलन उस मकसद पर निर्भर हो जिसे हम पाना चाहते हैं।[1]

कभी-कभी हमारी दिलचस्पी यह जानने में हो सकती है कि विभिन्न व्यक्तियों के कल्याण के स्तर कितने भिन्न-भिन्न हो सकते हैं। मसलन विभिन्न वर्गों या समुदायों को, या किसी समूह विशेष में स्त्रियों और पुरुषों के। पिछले अध्याय की बहस की रौशनी में हम कह सकते हैं कि कल्याण के विश्लेषण के लिए *प्रकार्य के अंतराल* में की गई तुलनाएँ आय, प्राथमिक वस्तुओं या संसाधनों के अंतराल में की गई तुलनाओं से अधिक प्रासंगिक हो सकती हैं। तो भी किसी और संदर्भ में हो सकता है कि हमारी दिलचस्पी आय या प्राथमिक वस्तुओं या संसाधनों के आधार पर विभिन्न व्यक्तियों (या समूहों) की सापेक्ष स्थितियों में हो। वैसे तो आय का वितरण हमें स्वयं कल्याण संबंधी

विषमताओं के बारे में कुछ खास नहीं बतलाता, मगर इसका मतलब यह भी नहीं कि आय का वितरण प्रत्यक्ष रुचि का विषय नहीं है। कारण कि कल्याण की तुलना से अलग भी हमारे कुछ मकसद हो सकते हैं।

मसलन हमारी दिलचस्पी यह जानने में हो सकती है कि अपराध या सामाजिक असंतोष पर या फिर अन्य बातों के अलावा कल्याण के वितरण पर *आय की विषमता* के क्या प्रभाव पड़ते हैं। इसी तरह हमारी यह पता लगाने की इच्छा हो सकती है कि राजसत्ता या कोई राजनीतिक व्यवस्था *प्राथमिक वस्तुओं* के (या *संसाधनों* के) किस प्रकार के वितरण के लिए प्रयास कर रही है। यह स्वयं कल्याण या स्वतंत्रता को बढ़ावा देने के लिए न सही, सभी को स्वतंत्रता उपलब्ध कराने में लोक नीति की भूमिका को समझने के लिए छानबीन का एक दिलचस्प मुद्दा हो सकता है।[2] कल्याण (या स्वतंत्रता) की विषमताओं को मापने के लिए प्रकार्यों (या सामर्थ्यों) पर अधिक ध्यान देने संबंधी पैरवी को इन चरों को *हर मकसद के* लिए वरीयता देना नहीं समझना चाहिए।

6.2 कमियाँ, उपलब्धियाँ और क्षमताएँ

विषमता को लेकर कल्याणकारी अर्थशास्त्र संबंधी हालिया साहित्य में कुछ विशेष प्रश्नों पर काफी कुछ बहसें हुई हैं। मगर उनको उठाने से पहले मैं एक अंतर को स्पष्ट करना चाहूँगा जिसकी व्यक्तिगत लाभ की स्थिति को परखने के लिए कुछ सामान्य प्रासंगिकता है। क्या किसी व्यक्ति की स्थिति को सकारात्मक ढंग से, उसकी उपलब्धियों के स्तर से मापा जाए, या फिर नकारात्मक ढंग से, यानी जो कुछ उसकी अधिकतम उपलब्धि हो सकती थी उससे *कमी* के आधार पर मापा जाए ? उपलब्धि को मापने के इन दोनों सामान्य दृष्टिकोणों में परस्पर गहरा संबंध है, फिर भी वे अलग-अलग हैं।[3]

ये दोनों दृष्टिकोण दो सुस्पष्ट कारणों से अलग-अलग नतीजे देते हैं। पहला, जिस अधिकतम उपलब्धि से कमी को मापा जाता है वह अलग-अलग व्यक्तियों के लिए अलग-अलग होती है। (किसी *विशेष* व्यक्ति के लिए जो अधिकतम उपलब्धि संभव है वह हो सकता है, किसी और भी अधिकतम संभव उपलब्धि के बराबर न हो।) इस कारण निरपेक्ष उपलब्धियों का श्रेणीकरण संगत कमियों के श्रेणीकरण से भिन्न हो सकता है। दूसरे, अगर हरेक की अधिकतम संभव उपलब्धि को समान मानें तो इस कारण से भी एक अंतर पैदा हो सकता है कि संभव है तुलनाएँ निरपेक्ष दृष्टि से नहीं, 'आनुपातिक' उपलब्धियों और कमियों के पैमाने पर की गई हों। जब निरपेक्ष उपलब्धि में वृद्धि के कारण उपलब्धि की 'कठिनाई' सापेक्षतः अधिक तीखी होती दिखाई देती है तो परिप्रेक्ष्य में इस बदलाव की गुंजाइश पैदा हो सकती है।[4]

अंतःवैयक्तिक विषमता के स्तर को मापने के विशेष विषय संदर्भ में दूसरा मुद्दा, हो सकता है, फौरी महत्त्व का हो या न भी हो। आनुपातिक आधार पर उपलब्धियों का निश्चय अकसर अपेक्षाकृत दूर का मुआमला होता है। मगर पहला मुद्दा—अधिकतम

क्षमताओं में अंतःवैयक्तिक अंतर का मुद्‌दा—तब खासतौर पर प्रासंगिक होता है जब मानव की विविधता को स्पष्टरूप से स्वीकार करके विषमता के आकलन का प्रयास किया जाता है।

व्यक्तियों के बीच समानता का निश्चय या तो *उपलब्धियों* के आधार पर किया जा सकता है या फिर हरेक के लिए जो अधिकतम उपलब्धि संभव है उससे कमी के आधार पर। उपलब्धियों की 'प्राप्ति की समानता' के लिए हम उपलब्धियों के वास्तविक स्तरों की तुलना करते हैं।[5] 'कमी की समानता' के लिए तुलना की जाती है तो अधिकतम संभव उपलब्धियों से वास्तविक उपलब्धियों की कमियों की।[6] इन दोनों में से हर दृष्टिकोण एक खासी हद तक दिलचस्पी का विषय रहा है। कमी की समानता हमें *संगत क्षमताओं* से समान उपयोग की तरफ ले जाती है, जबकि प्राप्ति की समानता का संबंध उपलब्धि के समान निरपेक्ष स्तरों से होता है (यानी इससे मतलब नहीं कि व्यक्तियों की अधिकतम क्षमताएँ कितनी हैं)।

अगर मानव की विविधता में इतना दम है कि जो उपलब्धि *संभव* है, वह उसमें समानता लाना भी असंभव बना सकती है तो फिर तो उपलब्धि को मापने और उपलब्धि या उपलब्धि की स्वतंत्रता संबंधी समानता को परखने में एक बुनियादी दुविधा पैदा करती है। मान लें कि यथासंभव अनुकूल परिस्थितियों में व्यक्ति *1* की अधिकतम उपलब्धि x और व्यक्ति *2* की $2x$ है तो फिर *उपलब्धि* की समानता हमेशा ही व्यक्ति *2* को उसकी संभावित उपलब्धि से पीछे रखेगी। कमोबेश ऐसे ही मुद्‌दे थे जिनसे जूझते हुए अरस्तू ने मापन संबंधी एक विचार का समावेश किया था कि किसी व्यक्ति के 'हालात क्या इजाजत देते हैं', और उसी की रौशनी में अपनी 'वितरण की धारणा' को परखा था। 'कारण कि उचित यही है कि बेहतरीन ढंग से संचालित व्यक्ति, *जहाँ तक उनके हालात इजाजत देते हों,* बेहतरीन ढंग से काम करें—जब तक कि इससे कोई भारी तबाही न मचने लगे।'[7]

गंभीर अयोग्यताओं के हालात में उपलब्धि की समानता पाना मुश्किल होगा, और कमी की समानता का दृष्टिकोण खासतौर पर आकर्षक लगेगा। उसके पक्ष में कोई अच्छा सा तर्क भी दिया जा सकता है। फिर भी मैं यह तर्क देना चाहूँगा कि केवल उपलब्धि की समानता की अव्यावहारिकता से यह सुस्पष्ट चयन संभव हो, ऐसा भी नहीं है। कहा जा सकता है कि अगर किसी विकलांग व्यक्ति को किसी भी तरह प्रकार्य विशेष के *समान* स्तर से लाभांवित होने (मसलन दूसरों जितनी आजादी से घूमने-फिरने) की स्वतंत्रता नहीं मिल सकती, तो भी—निष्पक्षता के आधार पर—उसकी दूसरों से कम प्रकार्यात्मक योग्यता को *यथासंभव बढ़ाने* का एक औचित्य होगा, बजाय इसके कि उसी (निरपेक्ष या आनुपातिक) कमी पर संतोष कर लिया जाए जो कमी दूसरों के मुआमले में उनकी—काफी अधिक—अधिकतम संभव उपलब्धि की तुलना में दिखाई देती है। (कमी की समानता का तकाजा तो यही होगा।)

वास्तव में राउल्स का 'महत्तम' या 'शब्दकोशीय महत्तम' का तर्क हमें इसी दिशा

में 'बदतरीन को यथासंभव बदतर बनाने की' दिशा में ले जाता है।[8] यह बात वास्तव में इस पुस्तक में पहले उठाए गए मुद्दे का ही एक दृष्टांत है—कि राउल्स की तर्कपद्धति के एक अच्छे-खासे हिस्से को उनके अपने सीमाबद्ध ढाँचे के *बाहर* लागू भी नहीं किया जा सकता। राउल्स के न्याय के अपने सिद्धांत 'महत्तम' की तर्कपद्धति के दायरे में विकलांगों के दावों को सीधे-सीधे स्वीकार भी नहीं करेंगे। कारण कि उनका अंतर सिद्धांत 'महत्तम' के उपयोग को *प्राथमिक वस्तुओं* के उपयोग तक सीमित कर देता है जबकि विकलांग व्यक्ति (प्राथमिक वस्तुओं को सामर्थ्य में बदलने में प्रतिकूल परिस्थितियों के कारण) सामर्थ्य के मामले में वंचित होता है। यहाँ सबसे कम भाग्यशाली व्यक्ति पर ध्यान केंद्रित करने के बारे में राउल्स का सामान्य तर्क ही लागू होता है (इसका आधार 'निष्पक्षता' है जिसका उन्होंने बेहद जोरदार विश्लेषण किया है)। इसलिए अधिकतम उपलब्धियों में जहाँ पर्याप्त विविधता हो वहाँ भी यह बात निश्चित ही उपलब्धि की समानता के तकाजों को गंभीरता से लेने का एक पर्याप्त कारण है।

यह एतराज यकीनन किया जाएगा कि उपलब्धि की स्वतंत्रता की नीति सभी के लिए एक बहुत 'कम स्तर की समानता' सुनिश्चित करेगी। अगर व्यक्ति *1* की उपलब्धि x हो तो उपलब्धि की समानता लाने के लिए व्यक्ति *2* को उसके अधिकतम संभव स्तर $2x$ से खींचकर नीचे लाना होगा, और *हरेक* की उपलब्धि अधिक-से-अधिक x के बराबर होगी। इस एतराज में कुछ दम जरूर है, पर अगर *अकेले* समानता के सिद्धांत का प्रयोग किया गया होता तो यह कहीं ज्यादा जोरदार जवाबी तर्क होता। मगर जैसाकि पहले कहा गया है (और अंतिम अध्याय में इसकी और विशद विवेचना की जाएगी), सामान्यतः समानता विचारणीय मुद्दों में एक मुद्दा ही होती है और इसका *दक्षता* जैसे *सृष्टिकारी* मुद्दों से समन्वय भी किया सकता है। दक्षता का मुद्दा 'कम स्तर की समानता' को चुनने का तथा केवल उपलब्धि की समानता लाने के मकसद से व्यक्ति *2* को खींचकर व्यक्ति *1* के बराबर लाने के विरोध में काम करता है।

अगर मात्र समानता के सिद्धांत का उपयोग किया जाता तो असल सवाल यह नहीं कि हम किस तरह की समानता चाहते हैं। सवाल तो यह है कि किसी ऐसे मिले-जुले ढाँचे में जिसमें समष्टिकारी मुद्दों और समानता, दोनों का व्यवहार किया जा रहा हो, अपने आप में समानता के तकाजों का बेहतरीन सूचक 'कमी की समानता' है या 'उपलब्धि की समानता' ? मैंने उपलब्धि की समानता के बिला शर्त उपयोग की पैरवी नहीं की है, बल्कि केवल इस आधार पर कमी की समानता को चुनने के खिलाफ बात की है कि उपलब्धि की समानता अव्यावहारिक या गैर-कारगर हो सकती है। (इसमें सभी को 'ठोंक-पीटकर' सबसे कम उपलब्धि वाले के स्तर तक लाया जाता है।) उपलब्धि की स्वतंत्रता की दिशा में बढ़ने में दिलचस्पी बरकरार रहे तो उसे *पूरा-पूरा* प्राप्त करने की कठिनाइयों पर काबू पाया जा सकता है।

उपलब्धि और कमी के अंतर से जुड़े मुद्दे बाकी पुस्तक (और खासकर अध्याय 8 और 9) में दिए गए कुछेक तर्कों के विशिष्ट संदर्भ में दोबारा बहसों में आएँगे। लेकिन

विषमताओं के बारे में कल्याण के अर्थशास्त्र की प्रामाणिक बहसों में आमतौर पर ये मुद्दे नहीं आते, और मौजूदा अध्याय के बाकी भाग का सरोकार इसी से है। लिहाजा इस अध्याय में आगे इस अंतर की बात नहीं की जाएगी। कल्याण के अर्थशास्त्रीय सिद्धांतों से संबंधित साहित्य में विषमता की विवेचना करते हुए आमतौर पर मानव की विविधताओं को अनदेखा किया गया है और सभी व्यक्तियों को हू-ब-हू एक जैसा माना गया है। (इसमें उनकी अधिकतम संभव योग्यता के बराबर होने की मान्यता भी शामिल है।)

6.3 विषमता, कल्याण और न्याय

विषमता के मूल्यांकन और मापन संबंधी साहित्य पिछले दो-एक दशक में बहुत तेजी से बढ़ा है, और मूल्यांकन की समस्याओं के अनेक वैश्लेषिक पक्षों की समझ के मामले में उल्लेखनीय प्रगति हुई है।[9] ये सभी विश्लेषण मूल्यांकन के उद्देश्य को लेकर हमेशा मुखर नहीं हैं और जाहिर है कि यह वैश्लेषिक साहित्य अनेक अलग-अलग उद्देश्यों से प्रेरित हैं।

लेकिन विषमता और सामाजिक कल्याण के जुड़ाव को दूसरे मुद्दों से अधिक उठाया जाता रहा है। सामाजिक कल्याण के फलन के प्रति हमारा 'तर्क' क्या है, इसके आधार पर इस संबंध की अनेक विवेचनाएँ संभव हैं। मसलन कल्याणवादी परिप्रेक्ष्य में, जिसका एक सुस्पष्ट संस्करण उपयोगितावाद है सामाजिक कल्याण को वैयक्तिक उपयोगिताओं का फलन माना जा सकता है। इसमें 'योग का श्रेणीकरण' (सम-रैंकिग) किया जाता है। (दूसरे शब्दों में उपयोगिताओं का सिर्फ योग निकाला जाता है।[10]) या फिर सामाजिक कल्याण को *प्रत्यक्ष* रूप से आयों के सदिश का फलन माना जा सकता है। (उन आयों से जुड़ी उपयोगिताएँ बीच में नहीं आतीं।) या फिर उसे व्यक्ति की आर्थिक स्थिति या समृद्धि की बहुत सारी विशेषताओं का योग समझा जा सकता है।[11]

उस श्रेणी की समस्याओं के प्रति एक विशेष दृष्टिकोण यह है कि सामाजिक कल्याण को हर वस्तु के व्यक्ति-सापेक्ष वितरण का (अर्थात्, जैसाकि कभी-कभी कहा जाता है, 'नामित-वस्तु सदिश' या 'नेम्ड-गुड्स वेक्टर'[12] का) फलन माना जाए। सामाजिक कल्याण को निश्चित ही हर व्यक्ति के प्रकार्यात्मक सदिशों (या हरेक के सामर्थ्य-समुच्चयों) के संयोग का फलन भी समझा जा सकता है। इस तरह स्वीकार किए गए समाज-कल्याण फलन की प्रकृति उस अंतःवैयक्तिक तुलनात्मकता को प्रभावित करती है जिसे स्थापित करने के प्रयास किए जाते हैं।

इसलिए समाज-कल्याण का आकलन करने तक के लिए विषमता के मूल्यांकन के वास्ते अंतराल के चयन की समस्या को अनेक तरीकों से उठाना संभव है। और जब दूसरे उद्देश्य (समग्र समाज-कल्याण के आकलन से इतर उद्देश्य) स्वीकार किए जाते हैं तो अंतराल के चयन की समस्या भी संबद्ध उद्देश्यों के अनुसार बदल जाएगी। इसलिए जब तक मूल्यांकन के पीछे मौजूद उद्देश्य और प्रेरणा का निश्चय न हो जाए,

इस अर्थ में 'समानता किस चीज की ?' का सवाल करने पर कोई स्पष्ट उत्तर नहीं मिलने वाला।

वास्तव में दो ऐसे अंतर्निहित कार्यक्रम हैं जिनका विषमता के मूल्यांकन की पृष्ठभूमि के तौर पर अकसर सहारा लिया जाता है।[13] पहला कार्यक्रम तो सामाजिक न्याय के विश्लेषण के लिए, और खासतौर पर राजनीतिक और सामाजिक नैतिकता के किसी सामान्य दायरे में समाज के 'बुनियादी ढाँचे' के चुनाव के लिए, विषमता के मूल्यांकन का उपयोग करना है। राउल्स (1971) का 'न्याय बतौर निष्पक्षता' का नीतिशास्त्र ऐसा ही है। इस कार्यक्रम की छानबीन अध्याय 5 में ही की जा चुकी है, और लोकनीति के आदर्शमूलक विश्लेषण के लिए इसके कुछ सुस्पष्ट निहितार्थ हैं।

यह 'न्याय पर आधारित विषमता का मूल्यांकन' है। (आधुनिक नीतिशास्त्र और राजनीतिक दर्शन में इसकी काफी कुछ विवेचना की जा चुकी है।) इसके विपरीत एक और कार्यक्रम का अकसर सहारा लिया जाता है जिसका आमतौर पर कल्याण के अर्थशास्त्र में उपयोग होता रहा है। यह समाज-कल्याण के विश्लेषण के संदर्भ में विषमता को मापने का कार्यक्रम है जिसमें यह मान लिया जाता है कि आय का वाहक समाज-कल्याण के स्तर को निर्धारित करता है। डाल्टन (1920), कोम (1969) और एटकिंसन (1970 ब) की अग्रगामी रचनाओं में और उस साहित्य में भी जो इसके फलस्वरूप पैदा हुआ, इसी कार्यक्रम की खासतौर पर जाँच-पड़ताल की गई है। (मेरी रचना *ओ ई आई* का खासा बड़ा भाग इसी श्रेणी में आता है। मैं इसे 'विषमता के कल्याण-आधारित मूल्यांकन' की समस्या कहूँगा, और इस अध्याय के अगले परिच्छेद में इस कार्य की प्रकृति पर कुछेक पद्धतिशास्त्रीय टिप्पणियाँ करूँगा।

6.4 विषमता का कल्याण-आधारित मूल्यांकन

समाज-कल्याण संबंधी नुकसान के आधार पर विषमता मापने से संबंधित अपनी अग्रगामी रचना में ह्यू डाल्टन (1920) ने समाज-कल्याण के एक सरल से उपयोगितावादी फलन का उपयोग किया था। इसमें समाज-कल्याण को वैयक्तिक उपयोगिताओं का योग तथा हर वैयक्तिक उपयोगिता को उस व्यक्ति की आय का फलन माना गया था। इसमें यह मानकर चला गया था कि उपयोगिता का एक ही फलन सभी व्यक्तियों पर लागू होता है। इस तथ्य के कारण तथा आय के साथ ह्रासमान सीमांत उपयोगिता के कारण यह सुनिश्चित हो गया था कि आयों का कोई विशेष योग सभी व्यक्तियों में अगर वितरित होना हो तो समान वितरण से समाज-कल्याण में अधिकतम वद्धि होगी। (दूसरे शब्दों में इससे उस कुल आय के आधार पर उपयोगिता का अधिकतम योग पैदा होगा।)[14] आय के किसी विशेष योग के लिए डाल्टन ने विषमता-स्तर की पहचान इस प्रकार की थी कि यह उपयोगिताओं के *अधिकतम* मान से उनके *वास्तविक* योग की प्रतिशत कमी है। यह अधिकतम मान उन उपयोगिताओं का कुल योग है जो सभी व्यक्तियों में आय के उस विशेष योग के समान वितरण से उत्पन्न होंगी।

डाल्टन का विषमता-माप खुद उपयोगिताओं पर आधारित है इसलिए वैयक्तिक उपयोगिताओं की मापनीयता और अंतःवैयक्तिक तुलनीयता के मुआमले में यह बहुत ही सटीक है। वस्तुतः अधिकतम योग से उपयोगिताओं के योग की प्रतिशत कमी की बात करना आसान नहीं है। (जैसे यह कि '*उपयोगिताओं* के योग में 17 प्रतिशत की कमी हुई।)[15] इसके विपरीत एटकिंसन (1970 ब) का विषमता सूचकांक आयों पर आधारित है, और समतुल्य आयों की कमी के आधार पर आय के असमान वितरण से जुड़ी सामाजिक क्षति को मापता है। एटकिंसन आयों के किसी वितरण की विषमता को कुल आय की उस प्रतिशत कमी से मापते हैं जिसे समाज-कल्याण में कमी लाए बगैर जारी रखा जा सकता है और जिसे जारी रखने के लिए नए कमशुदा योग का ठीक-ठीक समान वितरण किया जाता है। इसमें इस प्रकार का निर्णय देना होता है : 'एक 22 प्रतिशत कमतर कुल आय का अगर *समान* वितरण किया जाए तो वह समाज के लिए उतना ही अच्छा होगा जितना अच्छा यह वस्तुतः इस समय (असमान रूप से वितरित) मौजूदा (अधिक) आय के वितरण से है।' वर्तमान आय का वितरण जितना ही असमान होगा, नए योग को समान रूप से वितरित करके, समाज-कल्याण में कमी लाए बगैर, कुल आय में उतनी ही अधिक कमी जारी रखी जा सकती है। 'समान रूप से वितरित समतुल्य आय' का स्तर जो इस उदाहरण में वास्तविक आय से 22 प्रतिशत कम है, एटकिंसन के दृष्टिकोण की केंद्रीय धारणा है, और वास्तविक आय से कमी (इस उदाहरण में 22 प्रतिशत) एटकिंसन का विषमता-माप दर्शाती है।

विषमता के मापन के प्रति एटकिंसन के दृष्टिकोण तथा संबद्ध दृष्टिकोण की अनेक तकनीकी विशेषताएँ हैं जिनकी मैंने अन्यत्र विवेचना की है और जिन पर मैं यहाँ कुछ और नहीं कहूँगा।[16] डाल्टन के दृष्टिकोण के मुकाबले एटकिंसन के दृष्टिकोण की खूबी यह है कि समाज-कल्याण के निरूपण में उपयोगिताओं की जो मापनीयता और तुलनीयता पाई जाती है, उससे अधिक का तकाजा यह नहीं करता। इसमें सूचकांक तैयार करने के सारे कार्य आयों के अंतराल में किए जाते हैं। एटकिंसन का दृष्टिकोण अपेक्षाकृत अधिक सामान्य भी है और इसमें समाज-कल्याण के उपयोगिता से इतर फलनों की गुंजाइश भी है, भले ही (जैसा कि हमने पहले कहा) खुद एटकिंसन ने समाज-कल्याण को अवैयक्तिक u-मानों का योग माना। (इन मानों को प्रायः वैयक्तिक उपयोगिताएँ माना जाता है, पर इनकी दूसरी व्याख्याएँ भी संभव हैं।) सच तो यह है कि एटकिंसन के दृष्टिकोण में समाज-कल्याण के फलन का रूप बदलने में तब तक कोई कठिनाई नहीं आती जब तक यह सुनिश्चित रहे कि (1) समाज-कल्याण अंततः केवल आयों के सदिश (वेक्टर) का एक फलन है, और (2) आय के किसी विशेष योग के मुआमले में उसका समान वितरण वह वितरण होगा जो समाज-कल्याण में यथासंभव वृद्धि करे।[17]

इस दृष्टिकोण की खूबियाँ एकदम स्पष्ट हैं और एटकिंसन के सूचकांकों का (जो वैयक्तिक और समाज-कल्याण के संबंधों के बारे में अनेक प्रकार की मान्यताओं पर

आधारित हैं) सिर्फ आदर्शमूलक मापन संबंधी साहित्य में नहीं, बल्कि आमतौर पर लोक अर्थशास्त्र में भी व्यापक प्रयोग किया गया है। खास तौर पर एक 'समान रूप से वितरित समतुल्य आय' का विचार विषमता के मापन को लोकनीति के मूल्यांकन से अत्यंत सुविधाजनक उपयोग के ढंग से सीधे-सीधे जोड़ता है।

मगर अनेक गंभीर समस्याएँ भी हैं। पहला, विषमता के एक *वर्णनमूलक* और एक *आदर्शमूलक,* दोनों अंतर्तत्त्व होते हैं। इसलिए विषमता के प्रति एक शुद्ध आदर्शमूलक दृष्टिकोण विषमता से संबंधित कुछ सुस्पष्ट अंतःदृष्टियों के विरोध में भी खड़ा हो सकता है। मसलन अगर वैयक्तिक उपयोगिता वैयक्तिक आय का एक रैखिक फलन है (अर्थात् अगर सीमांत उपयोगिता स्थिर है) तो समाज-कल्याण का कोई उपयोगितावादी फलन लेने पर 'समान रूप से वितरित समतुल्य आय' वास्तविक आय के *बराबर* होगी। (कारण कि तब आय के वितरण की विषमताओं से समग्र उपयोगिता में कोई ह्रास नहीं होगा।) इस स्थिति में एटकिंसन का विषमता सूचकांक, जो विषमता के *कारण* समाज-कल्याण में कमी को *स्वयं* विषमता का पर्याय मानता है, यह नतीजा देगा कि आयों के प्रत्येक वितरण में—चाहे वह जितना विषम हो—वास्तव में विषमता का स्तर शून्य होगा। तब तो आयों का एक वितरण (जैसे, 1 : 99) *पूरी तरह समानतापूर्ण* माना जाएगा, उतना ही समानतापूर्ण जितना इससे वितरण (50 : 50) को माना जाएगा। यह बात इस तथ्य के थोड़ा खिलाफ पड़ती है कि आयों और उपयोगिताओं, दोनों के आधार पर वितरण (1 : 99) एकदम समानतारहित है।

इससे भी अहम एक और बात है। एटकिंसन के विषमता सूचकांक की दिशा तब वैयक्तिक उपयोगिताओं की वास्तविक विषमता की उलटी भी हो सकती है जब हम उपयोगिता के उत्तरोत्तर कम 'अवतल' फलनों को लेंगे, अर्थात् यह मानेंगे कि सीमांत उपयोगिता आयकर वृद्धि के साथ और भी धीमी गति से कम होती है।[18] जब सीमांत उपयोगिता अपेक्षाकृत अधिक धीमी गति से कम होगी तो आय के किसी अंतर से जुड़ा उपयोगिता का अंतर अन्यथा जितना हो सकता था उससे *अधिक* होगा, और इस कारण आय की विषमता के किसी विशेष प्रतिमान से जुड़ी उपयोगिता की विषमता का सीधे-सीधे दिखाई देने वाला स्तर अन्यथा जितना हो सकता था उससे *अधिक* होगा। दूसरे तरफ सीमांत उपयोगिता में धीमे-धीमे हो रहे ह्रास की स्थिति में आय की विषमता के कारण समग्र उपयोगिता का ह्रास कम होगा। इस तरह विषमता का एटकिंसन माप (और इसी तरह डाल्टन माप) अधिक नहीं, *कम* होगा। इससे थोड़ी-बहुत बेतुकी विशेषता यह जुड़ी है कि आय के किसी भी विशेष वितरण के मुआमले में लोगों को प्राप्त उपयोगिताओं में *जितनी ही अधिक* विषमता होगी, विषमता सूचकांक उतना ही *कम* होगा।[19] एटकिंसन का सूचकांक आय की सीधे-सीधे देखी जा रही विषमता (जो *स्थिर* होती है) की विपरीत दिशा में बढ़ता है (अर्थात् *नीचे की तरफ* जाता है), और उसकी गति उपयोगिताओं की सीधे-सीधे देखी जा रही विषमता (जो *ऊपर की तरफ* बढ़ती है) की विरोधी दिशा में होती है।

हो सकता है, यह 'बेतुकापन' अपने आप में कोई खास चिंता का विषय हो, या न भी हो। मगर यह हमारा ध्यान विषमता के मापन के आदर्शमूलक दृष्टिकोण की एक ऐसी विशेषता की ओर खींचता है जिसे समझना आवश्यक है। एटकिंसन सूचकांक तथा विषमता के दूसरे आदर्शमूलक माप वास्तव में—समाज-कल्याण के चुने गए फलन के अनुसार—वैयक्तिक आयों की किसी विशेष समष्टि की *वितरणमूलक बुराई* के माप हैं। वे विशिष्टतः स्वयं *विषमताओं* की किसी *विशेष* समष्टि (और इस प्रकार एक सुस्पष्ट अर्थ में आय के वितरण की किसी *विशेष* विषमता) की स्थिति में उपयोगिता के किसी कम अवतल फलन के कारण एटकिंसन का सूचकांक *नीचे गिरेगा*—ठीक तब जबकि विभिन्न व्यक्तियों की उपयोगिताओं में दूरी बढ़ रही हो और *उपयोगिताओं* की विषमता ऊपर की दिशा में जा रही हो।

इस सबमें सचमुच बेतुकी कोई चीज नहीं है, *बशर्ते* हम एटकिंशन के सूचकांक को इसका माप मानें कि समाज-कल्याण के चुने गए फलन के आधार पर आय की विषमता 'कितनी बुरी' है। (दूसरे शब्दों में, समग्र कल्याण में या समान रूप से वितरित समतुल्य आय में कितनी कमी आ रही है।) ऊपर दिए गए उदाहरण में संभव है उपयोगिता की *विषमता* अधिक हो, मगर सीमांत उपयोगिता के धीमे ह्रास के कारण उपयोगिता का *योग* अधिकतम मान के करीब होगा। तब एटकिंसन सूचकांक की यह घोषणा सही होगी कि समग्र कल्याण में कमी के बारे में सूचकांक पर *कम* मान दिखाई देने का एक उदाहरण है।

कल्याणकारी अर्थशास्त्र और लोकनीति के विश्लेषणों में एटकिंसन के दृष्टिकोण का व्यापक रूप से प्रयोग हुआ है। इसका फौरी संदर्भ सुस्पष्ट है—समाज-कल्याण के लिए आय की विषमता के निहितार्थों का आकलन। एटकिंसन का दृष्टिकोण आय की विषमता में मुख्यतः इसी संदर्भ में रुचि रखता है। जब सीमांत उपयोगिता में धीमी गति से ह्रास हो रहा हो तो आयों के असमान वितरण की *अदक्षता कम* होगी, और एटकिंसन का सूचकांक समाज-कल्याण उत्पन्न करने के बारे में वास्तव में इसी अदक्षता का माप है। इसे अपने आप में एक 'विषमता सूचकांक' कहना अपेक्षाकृत भ्रामक होगा। तो भी एटकिंसन के इस उद्देश्य से इस सूचकांक का गहरा संबंध है कि विषमता के कारण समाज-कल्याण में हो रहे ह्रास को मापा जाए।

दूसरे मुद्दे का संबंध समाज-कल्याण के फलन की प्रस्तुति से है। उपयोगिताओं की वितरणमूलक विषमता के प्रति किसी भी तरह के सरोकार के बिना एटकिंसन ने एक योजक रूप चुना, और उनसे पहले डाल्टन ने समाज-कल्याण का एक उपयोगितावादी फलन चुना था। इन विशेषताओं को बदला भी जा सकता है और तथ्यतः उपयोगितावाद से किनारा कर लेने के अलावा इसका योजक रूप त्याग देना भी संभव है।[20] मगर जैसाकि हमने पहले कहा, इस ढाँचे का तकाजा यह है कि (1) समाज-कल्याण अंततः केवल आय का फलन होना चाहिए, और (2) कुल आय स्थिर हो तो आयों के समाना वितरण के कारण समाज-कल्याण में यथासंभव वृद्धि होनी चाहिए। ये मान्यताएँ

विवादास्पद क्यों हैं, मैं इसकी विवेचना पहले ही कर चुका हूँ। सच तो यह है कि प्रस्तुत पुस्तक का उद्देश्य काफी हद तक विषमता संबंधी इसी सीमित परिप्रेक्ष्य से बाहर निकलना है जो कल्याण के अर्थशास्त्र में प्रयुक्त इन और इनसे संबद्ध मान्यताओं पर आधारित है।

अगर समाज-कल्याण को व्यक्तियों के कल्याण का फलन माना जाता है तो कल्याण में आयों के रूपांतरण संबंधी विविधताओं को भी ध्यान में रखना होगा। इसमें हमें एक तरफ आयों और दूसरी तरफ प्रकार्यों और सामर्थ्यों के परिवर्तनीय संबंध पर पर्याप्त ध्यान देना होगा। कल्याण के साथ आय के संबंध को प्रभावित करने वाले इन रूपांतरण कारकों को भी विश्लेषण में शामिल करना होगा। इससे मान्यता (1) के बारे में सवाल खड़े हो सकते हैं। अगर रूपांतरण की दरों के मापक अलग-अलग करके दिए हुए हों तो आय के किसी समान वितरण के बावजूद कल्याण के स्तर बहुत असमान हो सकते हैं—और इन विविधताओं का संबंध समूह-विशिष्ट मापकों (जैसे लिंग, आयु, वातावरण) और वैयक्तिक मापकों (जैसे जन्मजात विशेषताओं) से होता है। रूपांतरण की दरों में व्यापक अंतःवैयक्तिक भेदों से युक्त ऐसी परिस्थितियों की कल्पना भी आसानी से की जा सकती है जिसमें *आय* का एक समान वितरण समाज-कल्याण के लिए बहुत ही बुरा होगा, और इस तरह मान्यता (2) काफी कुछ अस्वीकार्य दिखाई देने लगती है।[21]

ये समस्याएँ तब भी खड़ी होती हैं जब हम इस बुनियादी मान्यता को बनाए रखें कि समाज-कल्याण व्यक्तियों के कल्याण का एक फलन है। जब स्वयं इस मान्यता को हम छोड़ देते हैं और लोगों को प्राप्त स्वतंत्रताओं पर (प्रस्तुत पुस्तक में पहले दिए गए तर्कों के अनुसार) सीधे-सीधे ध्यान देते हैं तो इस दृष्टिकोण के लिए आवश्यक उपरोक्त दोनों मान्यताओं को और भी गंभीर कठिनाइयों का सामना करना पड़ता है।

इस तरह हम जिस निष्कर्ष पर पहुँचेंगे वह कुछ-कुछ इस तरह का है। विषमता के मापन के प्रति एटकिंसन का दृष्टिकोण खासे हद तक सीमित एक ऐसे दायरे में सचमुच बहुत उपयोगी है जिसमें वैयक्तिक विविधताओं पर ध्यान न दिया जाए। वैयक्तिक आयों को वैयक्तिक कल्याण में रूपांतरित करने के बारे में जो खासे अंतःवैयक्तिक अंतर पाए जाते हैं उनकी इस दृष्टिकोण में कोई गुंजाइश नहीं है। इसके अलावा यह दृष्टिकोण एक अच्छे समाज के घटक तत्त्व के रूप में (और इस तरह जिसे हम समाज-कल्याण कहते हैं उसके निर्धारक रूप में) स्वतंत्रता को महत्त्व नहीं देता। फिर भी कल्याण के अर्थशास्त्र की मुख्यधारा में और लोकनीति के मानक विश्लेषणों में इसी ढाँचे का आमतौर पर उपयोग किया जाता है, और इस कारण एटकिंसन के सूचकांक का उपयोग उस परंपरा में पहले से मौजूद सीमाओं में कोई और वृद्धि नहीं करता। वास्तव में इससे उस मानक ढाँचे के *अंदर* लेखा-जोखा का काम और भी व्यवस्थित और दक्षतापूर्ण हो जाता है। इसलिए उस दृष्टिकोण की सशर्त उपयोगिता पर कोई संदेह नहीं किया जा सकता। एटकिंसन सूचकांक को अपने आप में विषमता का माप कहना

अपेक्षाकृत भ्रामक होगा। (इससे विपरीत यह 'वितरणमूलक बुराई' का एक सूचकांक है जिसमें समाज-कल्याण की उत्पत्ति से जुड़े दक्षता संबंधी मुद्दों का ध्यान रखा जाता है।) फिर भी यह तथ्य इस सूचकांक की उपयोगिता को कम नहीं करता। लेकिन हम ठीक-ठीक क्या कर रहे हैं और क्यों कर रहे हैं, हमें इसके बारे में भी स्पष्ट होना पड़ेगा।

अगर कल्याणकारी अर्थशास्त्र के विश्लेषणों और लोकनीति के आकलन में मानवीय विविधता के बुनियादी तथ्य और उसके दूरगामी निहितार्थों को स्वीकार किया जाता है तो निश्चित ही इस दृष्टिकोण में कुछ मूलगामी परिवर्तन करने होंगे। जैसा कहा गया है, अगर स्वतंत्रता के अंतर्जात महत्त्व को स्वीकार किया जाता है तो विश्लेषण के कार्य आय के अंतराल से हटकर कल्याण और स्वतंत्रता के घटक तत्त्वों के अंतराल में भी करने होंगे। तब समाज-कल्याण के विश्लेषण का कुछ और भी रूप होगा, तथा विषमता और वितरण की बुराइयों के मूल्यांकन में बुनियाद की इस तबदीली का प्रतिबिंब दिखाई देना आवश्यक हो जाएगा।

जब हम अगले अध्याय में निर्धनता के मापों की छानबीन करेंगे, हम देखेंगे कि इस समय प्रयुक्त निर्धनता सूचकांकों के बारे में भी ऐसी ही कुछ बातें कही जा सकती हैं।[22] ये सभी मानक माप बुनियादी तौर पर आय के अंतराल को परंपरागत रूप से दिए जाने वाले महत्त्व पर तथा मानवीय विविधता की बुनियादी सच्चाई और मानव की स्वतंत्रता के मूलभूत महत्त्व की उपेक्षा पर आश्रित हैं।

टिप्पणियाँ

1. इसके बारे में ब्रूम (1987) देखें।
2. इन अंतरालों वितरण पर राउल्स (1971) और रोनल्ड ड्वार्किन (1981) ने जोर दिया है तो अंशतः उसका मकसद यही है। डाह्रेनडोर्फ (1988) भी देखें।
3. कल्याण के अर्थशास्त्र संबंधी साहित्य में मूल्यांकन के आधार के रूप में कमियों का उपयोग अनेक प्रकार से किया गया है। मसलन फ्रैंक रैम्जे (1928) ने अभीष्टतम बचत की समस्या के समग्र उपयोगिता के अधिकतम स्तर (तथाकथित 'कृपा') से कमी में यथासंभव ह्रास के आधार पर ही प्रस्तुत किया था। वास्तव में रैम्जे की कमी को न्यूनतम बनाने की समस्या अनंत काल में इस प्रकार सुनिरूपित है कि एक अनंत क्षितिज में उपयोगिताओं के योग में अधिकतम संभव वृद्धि के रूप में समस्या की प्रत्यक्ष प्रस्तुति उतनी सुनिरूपित नहीं होती। (इसके बारे में सुखमय चक्रवर्ती (1969) देखें।) एक अन्य प्रकार का दृष्टांत लें। डाल्टन (1920) का विषमता-माप समान वितरण के द्वारा समाज-कल्याण का जो अधिकतम मान प्राप्त किया जा सकता था, उससे दिखाई देने वाली कमी पर आधारित है। इसी तरह एटकिंसन (1970 ब) का विषमता-माप समाज-कल्याण में कमी के समतुल्य आय पर आधारित है। डाल्टन और एटकिंसन के विषमता-मापों की विवेचना इसी अध्याय में आगे की गई है। 'बलिदान' की विभिन्न धारणाओं के बारे में मसग्रेव (1959) भी देखें।
4. मसलन जन्म के समय औसत प्रत्याशित आयु के आधार पर विभिन्न देशों की उपलब्धियों का आकलन करें तो प्रत्याशित आयु का 40 से बढ़कर 50 वर्ष तक आना 25 प्रतिशत वृद्धि माना

जाएगा, मगर इसका 60 से बढ़कर 70 वर्ष तक आना केवल 17 प्रतिशत वृद्धि माना जाएगा। फिर भी हम कह सकते हैं कि दूसरी वृद्धि कहीं अधिक कठिन है क्योंकि जब हम अधिकतम संभव मान की ओर बढ़ते हैं तो वृद्धि अधिकाधिक कठिन होती जाती है। इस परिप्रेक्ष्य को बदलने के लिए मान लें कि हम यह कार्यकारी मान्यता लेते हैं कि जन्म के समय औसत प्रत्याशित आयु का अधिकतम मान 90 वर्ष है। फिर तो इस आयु के 40 से बढ़कर 50 वर्ष होने पर अंतर घटकर 25 प्रतिशत रह जाता है जबकि इसके 60 से 70 वर्ष होने पर अंतर में 50 प्रतिशत गिरावट आती है। कहा जा सकता कि यह दूसरा श्रेणीकरण निरपेक्ष उपलब्धियों के बढ़ने के साथ प्रत्याशित आयु बढ़ाने की कठिनाई की स्वीकृति से अपेक्षाकृत अधिक मेल खाता है। इसमें निहित प्रश्नों की विवेचना सेन (1981 ब) में की गई है। इसमें देशों की आपसी तुलनाओं के लिए आनुपातिक कमी की तुलनाओं के उपयोग के अनुभवाश्रित उदाहरण भी मिलेंगे; ऐसे उदाहरण यू एन डी पी (1990) में भी मिलेंगे। देसाई, बोल्टविनिक और सेन (1991) भी देखें।

5. स्वतंत्रताओं के संदर्भ में उपलब्धि की समानता उन वैकल्पिक वास्तविक उपलब्धियों के स्तरों की तुलना का आधार है जिनमें से कोई व्यक्ति किसी एक उपलब्धि का चयन कर सकता है।
6. इसी के अनुसार, स्वतंत्रताओं के संदर्भ में, जिन अधिकतम स्वतंत्रताओं का पाना अभिप्रेत है, हमें उनमें नजर आने वाली कमियों संबंधी अंतर को देखना होगा।
7. अरस्तू, *पालिटिक्स, VII.* 1 (1323 अ : 17-19) देखें, (जोर हमारा)। अंग्रेजी अनुवाद नसबाम (1988 अ) से लिया गया है जिसमें (पृ. 146-50 पर) अरस्तू की 'वितरणमूलक धारणा' में इस शर्त की ठीक-ठीक भूमिका की विवेचना भी की गई है।
8. अगर विभिन्न अधिकतम उपलब्धियों का संबंध व्यक्ति से न होकर किसी पूरी 'प्राकृतिक श्रेणी' से, मसलन वयस्कों के मुकाबले बच्चों से, हो तो एक और भी जटिल समस्या निष्पक्षता की पैदा होती है। वास्तव में अरस्तू की जो तर्कपद्धति पहले पेश की गई है यह ऐसी श्रेणियों की तुलनाओं से जुड़ी दिखाई देती है, न कि अंतःवैयक्तिक विविधताओं से। (इसके बारे में नसबाम (1988अ) देखें।) कुछ क्षमताएँ पाने के मुआमले में बच्चों की योग्यता कम होती है। (मसलन ऐसे कार्य-कलापों के लिए जिनमें अधिक शरीरिक विकास या अधिक परिपक्वता का महत्त्व होता है।) मगर इसे वयस्कों की अधिक क्षमताओं की कीमत पर बच्चों में इन क्षमताओं की वृद्धि को प्राथमिकता देने की ठोस दलील नहीं समझा जा सकता। अगर व्यक्तियों की लाभकर स्थितियों को आयुपर्यंत अवसरों के आधार पर देखें (जैसाकि स्वयं राउल्स (1971) सुझाते हैं) तो यह समस्या पैदा ही नहीं होगी। फिर भी इस सवाल को पूरी तरह रद्द नहीं किया जा सकता। कारण कि एक और मुद्दा अंतःवय वितरण का है जिसे आयुपर्यंत अवसर का परिप्रेक्ष्य उपेक्षित करता है। लंबी आयु के बारे में पुरुषों के मुकाबले स्त्रियों को जो जीववैज्ञानिक लाभ प्राप्त दिखाई देता है उससे भी निष्पक्षता की पेचीदा समस्याएँ जुड़ी हुई हैं–तब भी जबकि असमान व्यवहार के कारण अनेक देशों में अकसर स्त्रियाँ *कम* समय तक जीती हैं। (इसके बारे में अनुच्छेद 8.2 देखें।)
9. हाल ही में ब्लैकोर्बी और डोनल्डसन (1978) और फोस्टर (1985) ने समकालीन साहित्य के विकासक्रमों के आलोचनात्मक सर्वेक्षण प्रस्तुत किए हैं। कावेल (1977), नयग्रैड और सैंडस्ट्रोम (1981), आइखहार्न और गेह्रिग (1982), चिपमैन (1985) और लैंबर्ट (1989) भी देखें। देखने में इस समय साहित्य अनगिनत रचनाओं पर आधारित दिखाई देता है, पर आप शुरुआत इनसे कर सकते हैं : ऐग्नर और हाइंस (1967), थील (1967), कोम (1969, 1976), एटकिंसन (1970 ब, 1975, 1983), बेंटजेल (1970), न्यूबरी (1970), टिन्बरजेन (1970), पेन (1971), शेशिंस्की (1972), दासगुप्ता, सेन और स्टैरेट (1973), रोथ्सचाइल्ड और स्टिग्लिट्ज (1973), पैजनर और श्माइडलर (1974), ब्लैकोर्बी और डोनल्डसन (1974, 1977, 1978), म्यूलबावेर

(1974 ब, 1978), वोल्फसन (1974), गैस्टवर्थ (1975), हैमेंड (1976 ब, 1977, 1978), मेह्रान (1979), प्याट (1976, 1987), भट्टाचार्य और चटर्जी (1988), कावेल (1977, 1980, 1985, 1988), ग्राफ (1977), बी. हैंसन (1977), फील्ड्स और फेई (1978), कर्न (1978), उस्मानी (1978, 1982), आर्किबाल्ड और डोनल्डसन (1979), बोर्ग्विनान (1979), डोनल्डसन और वीमार्क (1980), डीटन और म्यूलबावेर (1980), दत्त (1980), फील्ड्स (1980 अ), काकवानी (1980 ब, 1981, 1986), राबर्ट्स (1980 ब), शोरक्स (1980, 1982, 1983, 1984, 1988), ब्लैकोर्बी, डोनल्डसन और आवेर्सपर्ग (1981), एस. आर. चक्रवर्ती (1981, 1988, 1990), कावेल और कूगा (1981), जैसो (1981), नयग्रैड और सैंडस्ट्राम (1981), वीमार्क (1981), एटकिंसन और बोर्ग्विनान (1982), कँवर (1982 ब), मुखर्जी और शोरक्स (1982), टान (1982), आनंद (1983), ब्रोडर और मारिस (1983), ब्लैकोर्बी, डोनल्डसन और वीमार्क (1984), फोस्टर, ग्रियर और थारबेक (1984), जोर्गेंसन और स्लेसनिक (1984 अ, 1984 ब), ले ग्रांद (1984), स्लोट्जे (1984), चक्रवर्ती, दत्त और वीमार्क (1985), चक्रवर्ती और राय (1985), फाइन (1985), लैंबर्ट (1985, 1989), ले ब्रेटन, ट्रैनाय और उरियार्टी (1985), बाउमल (1986), हचेंस (1986), कँवर और स्ट्रामबर्ग (1986), मासूमी (1986), टेम्किन (1986, 1989), के. बसु (1987 ब), चक्रवर्ती और दत्त (1987), एबर्ट (1987, 1988), ले ब्रेटन और ट्रैनाय (1987), मेयर (1987), शोरक्स और फोस्टर (1987), भट्टाचार्य, चटर्जी और पाल (1988), आइखहार्न (1988 अ, 1988 ब), फोस्टर, मजुमदार और मित्र (1988), फोस्टर और शोरक्स (1988 अ, 1988 ब), दत्त और रे (1989); यकीनन और भी ऐसी बहुत सी रचनाएँ हैं।

10. सामान्यतः कल्याणवाद और विशेषकर उपयोगितावाद के अंतर के बारे में सेन (1979 अ, 1979 ब) तथा सेन और विलियम्स (1982 : प्रस्तावना) देखें।
11. इसके बारे में कोम (1977), अटकिंसन और बोर्ग्विनान (1982), मासूमी (1986, 1989), फोस्टर, मजुमदार और मित्र (1988) देखें।
12. एक 'नामित वस्तु' की धारणा हाह्न (1971) ने प्रस्तुत की थी—वस्तु *i* अगर व्यक्ति *j* को जाती है तो उसका नाम वस्तु *ij* होगा। नामित-वस्तु के वेक्टर से वे ही सूचनाएँ मौजूद हाती हैं जो फिशर (1956) द्वारा परिभाषित 'मालों की आधानी' (कमोडिटी मैट्रिक्स) से। किसी नामित-वस्तु के वाहक से प्राप्त ढेरों सूचनाओं का सुव्यवस्थित उपयोग करें तो व्यवहार में काम आनेवाले परिणाम प्राप्त हो सकते हैं; हाँ, कुछ सुव्यवस्था पैदा करने वाली पूर्वमान्यताओं का होना आवश्यक है। इसके बारे में सेन (1976 ब, 1976 स), हैमंड (1978), राबर्ट्स (1980 ब) देखें। इससे जुड़े प्रश्नों पर ग्राफ (1971), दासगुप्त और हील (1979), एटकिंसन और बोर्ग्विनान (1982) ब्राडर और मारिस (1983), उस्मानी (1982), एटकिंसन (1983), एटकिंसन और बोर्ग्विनान (1987), भट्टाचार्य, चटर्जी और पाल (1988) देखें।
13. ज्ञानवर्धक परिणाम देने वाले एक और दृष्टिकोण का उपयोग भी किया गया है। यह विषमता के प्रति लोगों के आम रवैए के सर्वेक्षण का दृष्टिकोण है। इसके बारे में यारी और बार-हिलेल (1984), एमिएल और कावेल (1989), फील्ड्स (1990) देखें। विषमता की परख के वास्ते सामान्य अंतःदृष्टियों के व्यवस्थित उपयोग के बारे में टेम्किन (1986) देखें।
14. डाल्टन के सुप्रसिद्ध (और पहले विवेचित) 'हस्तांतरण सिद्धांत' का यही आधार था। इसके अनुसार अन्य बातों के समान रहने पर किसी अपेक्षाकृत धनी से अपेक्षाकृत निर्धन व्यक्ति के आय की एक इकाई का हस्तांतरण हो तो इससे समाज-कल्याण के आदर्शमूल मापों में इस सिद्धांत का व्यापक उपयोग किया गया है। (एटकिंसन, 1970 ब, 1975, 1983 देखें।) दासगुप्त, सेन और

स्टैरेट (1973) तथा रोथ्सचाइल्ड और स्टिग्लिट्ज (1973) भी देखें।

15. वास्तव में इसका तकाजा यह है कि उपयोगिता के फलनों में अनुपातों जैसी मापनीयता और तुलनीयता के गुण हों जो एक बहुत कठोर मान्यता है। इसके बारे में दूसरों के अलावा सेन (1977 ब, 1986 अ), गेवर्स (1979), राबर्ट्स (1980 अ), ब्लैकोर्बी, डोनल्डसन और वीमार्क (1984), द 'एस्प्रेमोंत (1985) देखें।
16. मेरी रचना *ओ ई आई* , अध्याय 3 में इसकी खासकर पड़ताल की गई है। कोम (1976), ब्लैकोर्बी और डोनल्डसन (1978, 1984), एटकिंसन (1983), फोस्टर (1985) भी देखें। आगे विवेचित समस्याएँ आमतौर पर विषमता के तमाम आदर्शमूलक मानों पर लागू होती हैं। मैंने खासतौर पर एटकिंसन के विश्लेषण पर, जो बहुत स्पष्ट है और विषय संबंधी साहित्य में महत्त्वपूर्ण स्थान रखता है, ध्यान केंद्रित किया है।
17. *ओ ई आई* में ऐसा ही एक सामान्य रूप पेश किया गया था। कोम (1979) तथा ब्लैकोर्बी और डोनल्डसन (1978, 1984) भी देखें।
18. यह व्याख्या तभी संभव है जब 'उपयोगिता का फलन' अलग-अलग उपयोगिताओं के मान देता हुआ दिखाई दे, और ऐसा एक शुद्ध वैश्लेषिक साधन न रहे जिसके सहारे समाज-कल्याण को अलग-अलग आयों (yi) के एक योजक ढंग से अलग-अलग किए जा सकने वाले फलन को व्यक्त किया जाता हो। यहाँ उपयोगिता u(yi) व्यक्ति i की किसी खास विशेषता की सूचक नहीं होती। इन प्रश्नों के बारे में एटकिंसन (1983) देखें।
19. हो सकता है, यह विवेचना कुछ ज्यादा ही संक्षिप्त लगे। सेन (1978 ब) में तथा सेन (1984) में भी दिए गए चित्रों से इसे समझने में यकीनन मदद मिलेगी। दार्शनिक प्रश्नों की सबसे अच्छी विवेचना बेंग्त हैंसन (1977) के यहाँ मिलती है; एटकिंसन (1983) भी देखें। चूँकि यह प्रस्तुत पुस्तक का केंद्रीय प्रश्न नहीं है, इसलिए मैं इसकी और भरपूर विवेचना से बच रहा हूँ। कारण कि इसके चलते ध्यान हटकर एक गौण प्रश्न की ओर चला जाएगा जो संबद्ध और प्रासंगिक तो है, पर किसी भी तरह इस पुस्तक के मुख्य विषयों के लिए अपरिहार्य नहीं है।
20. सेन (1978 अ), एटकिंसन (1983), ब्लैकोर्बी और डोनल्डसन (1984) देखें।
21. इन हालात में समाज-कल्याण की अधिकतम वृद्धि के संदर्भ में, आमतौर पर, 'डाल्टन के हस्तांतरण सिद्धांत' का समर्थन करना भी संभव नहीं होगा। मिसाल के लिए एक रोगी व्यक्ति से कम आयवाले मगर अच्छे स्वास्थ्यवाले किसी व्यक्ति को थोड़ी सी आय हस्तांतरित भी हो तो इसे समाज में सुधार नहीं कहा जा सकता।
22. अंदेशा है कि इसमें तथाकथित सेन सूचकांक (सेन 1973 स, 1976 अ) भी शामिल है।

7

निर्धनता और समृद्धि

7.1 विषमता और निर्धनता

निर्धनता की पहचान करने वाले मुख्यधारा के दृष्टिकोणों में एक 'निर्धनता रेखा' की सीमा तय कर दी जाती है। इससे मुराद आय का वह स्तर है जिसके नीचे मौजूद लोग गरीब कहे जाएँगे। निर्धनता का जो परंपरागत माप आज भी व्यापक रूप से प्रचलित है यहीं से आगे बढ़कर उन लोगों की गिनती—तथाकथित 'हेड-काउंट'—करता है जो निर्धनता की रेखा से नीचे हैं। फिर इसी से निर्धनता का सूचकांक इस रूप में परिभाषित होता है कि आबादी का कितना बड़ा भाग निर्धनता की रेखा से नीचे है, अर्थात् आबादी के कितने बड़े हिस्से की पहचान गरीबों के रूप में की गई है। इस तरह हमें एक सुघड़ और सुस्पष्ट माप प्राप्त होता है। निर्धनता और अभाव संबंधी अनुभवाश्रित साहित्य में इतने बड़े पैमाने पर इसका क्यों प्रयोग होता रहा है, इसे समझ सकना कोई मुश्किल नहीं है।

निर्धनता के माप के दो सुस्पष्ट मगर परस्पर-संबंधित चरण कहे जा सकते हैं। ये हैं : (1) गरीबों की *पहचान,* तथा (2) निर्धनता का एक समग्र सूचकांक तैयार करने के लिए पहचानशुदा गरीबों से संबंधित आँकड़ों का *समेकन*। 'सिरों की गिनती' के परंपरागत दृष्टिकोण में पहचान का काम 'निर्धनता की रेखा' वाली आय को सीमा मानकर किया जाता है। फिर तो समेकन (एग्रिगेशन) के लिए सिर्फ गरीबों की संख्या गिनी जाती है और निर्धनता की रेखा से नीचे मौजूद व्यक्तियों का अनुपात H, यानी 'व्यक्ति-संख्या अनुपात'—हेड-काउंट रेशियो—निकाला जाता है। इस दृष्टिकोण में इन दोनों कार्यों का पूरा-का-पूरा दारोमदार इस पर है कि अभाव को *कम आय* पर आधारित माना जाए।[1]

लेकिन इसके अलावा सिर्फ सिरों को गिनकर किए गए समेकन कार्य में इस तथ्य पर भी कोई ध्यान नहीं दिया जाता कि लोग उस रेखा से *थोड़े ही नीचे* हैं या *बहुत नीचे* हैं। फिर यह भी है कि गरीबों में आय का वितरण अपने आप में बहुत असमान भी *हो सकता है और नहीं भी*। H को निर्धनता का माप मानने की यही खामी है जिस पर निर्धनता के औपचारिक मापों संबंधी हालिया साहित्य में बेपनाह ध्यान दिया गया है। मैं 'समेकन' के कार्य में आए इसी परिवर्तन पर पहले विचार करूँगा और फिर अगले

परिच्छेद में पहले प्रश्न की तरफ, 'पहचान' और 'समेकन' दोनों को प्रभावित करने वाले कार्य की तरफ मुड़ूँगा जिसमें *कम आय* को निर्धनता की प्रमुख विशेषता माना जाता है।

परंपरागत साहित्य में वास्तव में 'व्यक्ति-संख्या अनुपात' (हेड-काउंट रेशियो) की तरह एक और समेकित सांख्यिकी का इस्तेमाल होता रहा है, हालाँकि उतने बड़े पैमाने पर नहीं।[2] यह सांख्यिकी तथाकथित 'आय के अंतर' (इनकम गैप) की है। इससे मुराद उस अतिरिक्त आय से है जो सभी गरीबों को निर्धनता की रेखा को ऊपर उठाने के लिए आवश्यक होगी—अर्थात् वह न्यूनतम अतिरिक्त आय जो कम आय के रूप में व्यक्त निर्धनता को एकदम खत्म करने के लिए पर्याप्त होगी। इस 'अंतर' की पहचान प्रतिव्यक्ति के आधार पर भी की जा सकती है, अर्थात् निर्धनता-रेखा से पहचानशुदा गरीबों की आय की औसत कमी (I) के रूप में।

ध्यान दें, अगर व्यक्ति-संख्या अनुपात H इससे पूरी तरह उदासीन है कि गरीबों की आमदनियाँ गरीबी की रेखा से किस हद तक कम हैं और सिर्फ उस रेखा से नीचे के लोगों की संख्या का ध्यान रखा जाता है, तो ठीक उसी तरह आय की कमी का अनुपात I भी व्यक्तियों की संख्या से पूरी तरह उदासीन है और उसमें गरीबी की रेखा से गरीबों की आय के औसत अंतर का ही ध्यान रखा जाता है। इसलिए स्वाभाविक रूप से सोचा जा सकता है कि ये दोनों गरीबी के अलग-अलग पहलुओं को उजागर करते हैं और इसलिए ये एक-दूसरे के पूरक हो सकते हैं। इस तरह H और I (या ऐसे ही सूचकांकों) को समन्वित करने की आवश्यकता एकदम स्पष्ट है।

अब आप पूछ सकते हैं कि क्या ये दोनों माप *मिलकर* निर्धनता के मापन के लिए आवश्यक सूचना-आधार उत्पन्न कर सकते हैं ? (अभी भी हम इसी विचार पर कायम हैं कि *कम आय* ही निर्धनता का सर्वोत्तम माप है।) संक्षिप्त उत्तर है : नहीं। H और I मिलकर भी पर्याप्त नहीं होंगे। कारण कि इनमें से कोई भी गरीबों *के बीच* आय के वितरण पर ध्यान नहीं देता। मिसाल के लिए एक गरीब आदमी से एक अपेक्षाकृत *कम* गरीब आदमी को, जो खुद भी गरीबी की रेखा से नीचे है, कुछ आय हस्तांतरित की जाए तो भी H और I, *दोनों* के मान पूरी तरह अपरिवर्तित रहेंगे। मगर यह दलील तो यकीनन दी जा सकती है कि इस हस्तांतरण से कुल मिलाकर निर्धनता और बढ़ेगी क्योंकि *अपेक्षाकृत* अधिक निर्धन व्यक्ति अब *और भी अधिक* निर्धन होगा। लेकिन इससे अपेक्षाकृत तीखे अभाव में जो तीव्रता पैदा होगी उसकी क्षतिपूर्ति उस व्यक्ति की आय में हुई वृद्धि से नहीं की जा सकती जो शुरू में भी कम गरीब था। इसलिए जरूरत है हमें किसी सांख्यिकी की, संभवतः निर्धनता के किसी ऐसे माप की, जो गरीबों के बीच आय के वितरण को लेकर हो। आइए, हम गरीबों के बीच विषमता के इस माप को D नाम देते हैं।

निर्धनता के माप का ऐसा एक अभिगृहीत (एग्जियोमेटिक) पैमाना आसानी से बनाया जा सकता है जो इन तीनों अलग-अलग मगर परस्पर-संबंधित पहलुओं के प्रति

संवेदनशील हो। (हम अभी भी इस विचार पर कायम हैं कि कम आय ही निर्धनता की सबसे अच्छी धारणा है।) इससे अभिगृहीत रूप से निर्धनता का जो माप तैयार होगा वह *H, I* और *D* तीनों का फलन होगा। वास्तव में मैंने सेन (1973 स, 1976 अ) में जो तथ्य प्रस्तुत किए थे उनके कारण गरीबों में आय के वितरण की विषमता के माप *D* की पहचान गिनी गुणांक *G* के रूप में की गई। इस तरह गरीबी का ऐसा माप *P* सामने आया जो *H, I* और *G* पर निर्भर था।

मापन के लिए विशेष प्रारूप में परिकल्पित इन मान्यताओं में यह स्वीकार करना भी शामिल था कि *H* और *I* मिलकर सूचना की दृष्टि से उस विशेष दृष्टांत के लिए पर्याप्त हैं जिसमें सभी गरीबों की आय *बराबर* हो। (इस तरह गरीबों *के बीच* विषमता का सवाल ही पैदा नहीं होता।)[4] वास्तव में इस विशेष दृष्टांत में दोनों के गुणनफल *HI* को ही निर्धनता का माप मान लिया गया था। इन मान्यताओं का तकाजा यह भी था कि अगर गरीबों में कुछ लोग दूसरों से ज्यादा गरीब हों तो प्रत्येक गरीब की आय की कमी का प्रति-इकाई भारमान निर्धनता के पैमाने पर उसकी श्रेणी के साथ बढ़ेगा। दूसरे शब्दों में गरीबों में सबसे गरीब को सबसे अधिक तथा गरीबों में सबसे अमीर को सबसे कम भारमान मिलेंगे। अब अगर 'श्रेणी-क्रमानुसार भारमान' का विशेष दृष्टांत लें जिसमें गरीबों के बीच **n**-वें सबसे अमीर व्यक्ति की आय की कमी को *n* का भारमान दिया जाता है तो समग्र निर्धनता का एक बहुत ही विशिष्ट माप प्राप्त होगा जिसमें सुविदित गिनी गुणांक का उपयोग करके गरीबों के बीच आय के वितरण की विषमता को ध्यान में रखा जाता है।[5]

सामाजिक चयन के सिद्धांत में श्रेणी-क्रमानुसार भारमान का व्यापक रूप से प्रयोग हुआ है। इसका आरंभ मतदान संबंधी निर्णयों के प्रति फ्रांसीसी गतिणतज्ञ बोर्दा (1781) द्वारा इस 'क्रमसूचक' (आर्डिनल) दृष्टिकोण के प्रयोग के साथ हुआ। इस पद्धति तथा इसमें निहित सामान्य 'स्थितिमूलक' (पोजीशनल) दृष्टिकोण से मामूली-मामूली क्रमसूचक सूचनाओं के आधार पर परस्पर-विरोधी दावों को 'भारमान' देने के उपयोगी तरीके सामने आते हैं।[6] दिलचस्प तथा व्यावहारिक दृष्टि से अपेक्षाकृत उपयोगी बात यह है कि भारमान देने की बोर्दा की विधि विषमता के मापन के विशेष दृष्टांत में गिनी गुणांक तक हमें ले जाती है। यह आय की विषमता के सबसे प्रचलित मापों में एक है।[7]

निर्धनता के मूल्यांकन के अनेक व्यावहारिक दृष्टांतों में निर्धनता का तथाकथित सेन-माप और उससे जुड़े वितरण-संवेदी सूचकों का उपयोग हुआ है। बंगलादेश, भारत, ईरान, मलेशिया, अमेरिका, ब्राजील और दूसरे अनेक देशों से संबंधित शोध कार्य बड़ी सावधानी और कुशलता के साथ पूरे किए गए हैं।[8] *कम आय* आधार पर निर्धनता की पहचान करने वाले तथाकथित सेन-माप और दूसरे सूचकों की उपयुक्तता पर मेरे संदेह के बावजूद मैं इन शोधकृतियों के वैश्लेषिक और व्यावहारिक योगदान को नकारूँगा नहीं, जिन्होंने निर्धनता के मूल्यांकन में वितरण संबंधी संवेदनशीलता का उपयोग किया है।

दूसरे प्रकार के आँकड़ों के मुकाबले आय के आँकड़ों की अपेक्षाकृत अधिक उपलब्धता के मद्‌देनजर आय के अंतराल पर ध्यान केंद्रित करने से बचना अकसर मुश्किल होता है।[9] इस सूचनात्मक प्रारूप के अंदर निर्धनता के माप के रूप में व्यक्ति-संख्या अनुपात का परंपरागत उपयोग गरीबों में *ज्यादा गरीब* की ज्यादा बदहाली को उपेक्षित करके निर्धनता-विरोधी नीति को गलत दिशाओं में ले जा सकती है। सच तो यह है कि व्यक्ति-संख्या अनुपात को गरीबी का माप मानने पर किसी भी सरकार के लिए गरीबों में *सबसे अमीर* पर ध्यान देने का जोरदार प्रलोभन होता है। कारण कि गरीबों की संख्या अर्थात् व्यक्ति-संख्या अनुपात H को इस तरह बड़ी ही आसानी से कम दिखाया जा सकता है। निर्धनता के अनुभवाश्रित मापन को अगर वितरण पर आधारित बनाया जाए तो (कुल मिलाकर आय से जुड़े सूचनाओं की जो सीमाएँ होती हैं उनके बावजूद) आय के आँकड़ों का अपेक्षाकृत बेहतर इस्तेमाल किया जा सकता है।

लगता है कि निर्धनता के मापन में वितरण की संवेदनशीलता लाने की आवश्यकता को आज बड़े पैमाने पर स्वीकार किया जा चुका है। सैद्धांतिक ग्रंथों में गरीबों के बीच विषमता के कुछ और माप (D) लेकर तथा संयोग के अन्य गणितीय रूपों का प्रयोग करते हुए निर्धनता के कुछ और वितरण संवेदी माप ही सुझाए गए हैं।[11] इन विभिन्न मापों के अपने-अपने गुण-दोषों पर मैं कोई टिप्पणी नहीं करूँगा, और न निर्धनता का एक समग्र माप विकसित करने की समस्या के तीनों पहलुओं पर ध्यान देने के अलग-अलग तरीकों का आकलन करूँगा।[12] आय के अंतराल में निर्धनता को मापने के संदर्भ में प्रमुख प्रश्न मेरी राय में *तीनों* पक्षों पर ध्यान देने का—और खासकर वितरण की संवेदनशीलता को शामिल करने का—है। (मैं इस पर जोर नहीं देता कि इसे किसी बहुत ही *खास* ढंग से शामिल किया जाए।)[13] और भी सामान्यतर संदर्भ में लें तो पहला प्रश्न, जिस पर प्रस्तुत अध्ययन में विचार किया जाएगा, यह है कि निर्धनता को मापने के लिए स्वयं आय के अंतराल की प्रासंगिकता पर प्रश्नचिह्न लगाए जाएँ। यह आलोचनात्मक छानबीन उन *सभी* भिन्न-भिन्न मापों पर लागू होगी जो निर्धनता को कम आय पर आधारित मानने पर जोर देते हैं।

7.2 निर्धनता की प्रकृति

मान लें कि दो व्यक्ति *1* और *2* हैं। व्यक्ति *1* की आय *2* की आय से थोड़ी-बहुत कम है। लेकिन *2* को गुर्दे की बीमारी है और उसे डायलिसिस मशीन का इस्तेमाल करना पड़ता है जिस पर काफी खर्च आता है, और उसकी जिंदगी व्यक्ति *1* की जिंदगी से कहीं बहुत अधिक बदहाल हो जाती है। तो दोनों में ज्यादा गरीब कौन हुआ—व्यक्ति *1* जिसकी आय कम है, या व्यक्ति *2* जिसका सामर्थ्य-समुच्चय अधिक सीमित है ?

हो सकता है यह सवाल शुद्ध भाषायी जाल लगे। कोई तो आगे बढ़कर यह रवैया भी अपना सकता है कि किसे 'अधिक गरीब' कहते हैं, इससे हमें कोई फर्क नहीं पड़ता, शर्त यह है कि हमारी शब्दों की परिभाषा पर्याप्त स्पष्ट हो। यह थोड़ा सा दार्शनिक

'नामवाद' कुछ अर्थवान जरूर है, पर सच्चाई यही रहती है कि 'निर्धनता' अधिकांश समाजों में मूल्यांकन का एक प्रमुख सरोकार है और जिन संदर्भों में इस तरह के सवाल उठाए जाते हैं उनमें निर्धनता की पहचान हम कैसे करते हैं, यह कुछ व्यावहारिक महत्त्व का मुद्दा है। शब्द निर्धनता का उपयोग अनेक प्रकार से किया गया है, फिर भी कुछ सुस्पष्ट साहचर्य ऐसे हैं जिनसे इस धारणा की प्रकृति बँधी होती है और हम निर्धनता को मनचाहे ढंग से प्रस्तुत करने के लिए पूरी तरह स्वतंत्र नहीं रहते।

इस प्रश्न के *वर्णनात्मक* और *नीतिगत,* दोनों रूप दिए जा सकते हैं। पहले वाले रूप में निर्धनता की पहचान अभाव की स्वीकृति होती है। इसके चलते कोई नीतिगत सिफारिश भी पेश की जा सकती है, पर वह गौण विशेषता ही रहेगी, और पहला कार्य तो यही तय करने का रहता है कि संबद्ध समाज इसे जिन अर्थों में लेता है उन अर्थों में सचमुच वंचित या अभावग्रस्त कौन है ? दूसरे रूप में निर्धनता को सिर्फ एक नीतिगत सिफारिश से जोड़ा जाता है, अर्थात् यह कहा जाता है कि इन कमियों को दूर करने के लिए समाज कुछ करे।[14] इसमें निर्धनता मुख्यतः लोक कार्रवाई का एक ध्यानकेंद्र तय करने का सवाल है, और उसका वर्णनमूलक अर्थ महज गौण महत्त्व रखता है। इसके विपरीत पहले वाले दृष्टिकोण में वर्णन का महत्त्व प्राथमिक और नीतिगत निष्कर्ष का महत्त्व गौण होता है।

फिर यह भी है कि इन दोनों में से कौन सा दृष्टिकोण हम चुनें, इसे तय करने में ज्यादा वक्त लगाना भी गलत है। मैंने अन्यत्र यह दिखाने की कोशिश की है कि पहले—यानी मुख्यतः वर्णनमूलक—दृष्टिकोण को अपनाने का अपना एक औचित्य है, ताकि इसका निदान नीतिगत चयन से *पहले* किया जाए।[15] इसका महत्त्व इस बात के सुनिश्चय के लिए है कि घोर अभावों के उन्मूलन के लिए सार्वजनिक संसाधनों की अनुपलब्धता हमें स्वयं निर्धनता की पुनर्परिभाषा के लिए मजबूर न कर दे। मिसाल के लिए अगर समाज और राज्य के पास घोर आर्थिक कठिनाइयों को दूर करने के साधन नहीं हैं तो यही एक ऐसी नीतिगत सिफारिश को रद्द करने का जोरदार कारण होगा जो आवश्यक—मगर अनुपलब्ध—धन के सहारे अभाव को दूर करना चाहती है।[16] मगर अपने आप में इस तथ्य के कारण हमें यह तय नहीं कर लेना चाहिए कि हमारे इर्द-गिर्द कोई खास गरीबी नहीं पाई जाती। (*अगर* हम निर्धनता की परिभाषा पूरी तरह अनुशंसित नीति के आधार पर करें तो हम यही कहने के लिए मजबूर होंगे।)

कोई नीतिगत अनुशंसा व्यावहारिकता पर निर्भर होती है, पर निर्धनता की स्वीकृति इससे आगे की चीज होनी चाहिए। कहा जा सकता है कि पहला चरण अभाव के *निदान* का है और उसी से जुड़ा हुआ यह है कि *अगर* हमारे पास साधन हों तो हमें क्या करना चाहिए, यह तय होना चाहिए। फिर अगला चरण यह है कि अपने साधनों के अनुसार ही नीतियों का चयन किया जाए। इस अर्थ में निर्धनता का वर्णनमूलक विश्लेषण नीतिगत चयन के *पहले* आना चाहिए।

लेकिन निर्धनता का वह वर्णनमूलक विश्लेषण किस तरह आगे बढ़ेगा ? यह

मुख्यतः एक वर्णन कार्य है, केवल इसी आधार पर हमें यह सोचने की गलती नहीं करनी चाहिए कि विश्लेषण किसी-न-किसी तौर पर उस समाज से *स्वतंत्र* हो सकता है जिसमें निर्धनता का मूल्यांकन किया जा रहा है। यहाँ तक कि वर्णन में 'वस्तुनिष्ठता' का तकाजा भी वास्तव में *सामाजिक उदासीनता* का तकाजा नहीं करता जैसा कि कभी-कभी मान लिया जाता है। जिसे हम भयानक अभाव कह सकते हैं, उसका अर्थ विभिन्न समाजों में अलग-अलग हो सकता है, पर सामाजिक विश्लेषणकर्ता के दृष्टिकोण से ये अंतर वस्तुनिष्ठ अध्ययन के विषय *होते हैं*।[17] आदर्शमूलक निश्चयों में इन सामाजिक विविधताओं का ठीक-ठीक किस प्रकार से ध्यान रखा जाए, हम इसके बारे में यकीनन बहस कर सकते हैं। पर अभाव के निदान का प्राथमिक कार्य इसके प्रति उदासीन नहीं हो सकता कि संबद्ध समाज में विभिन्न प्रकार की मुसीबतों को किस निगाह से देखा जाता है। इस संबंध से इनकार करना अति-वस्तुनिष्ठ होना उतना नहीं जितना अति-ठस्स होना है।

वास्तव में गंभीर अभाव क्या है, इसके बारे में सामाजिक विविधताओं की मौजूदगी विभिन्न सहमतियों की संभावना समाप्त नहीं करती। फिर यह तर्क भी दिया जा सकता है कि अगर हम कुछ बुनियादी सामान्य प्रकार्यों और उनकी संगत सामर्थ्यों पर ध्यान केंद्रित करते हैं तो विशेष वस्तु-समूहों और उन प्रकार्यों को पूरा करने के खास तरीकों पर ध्यान केंद्रित करके जितनी सहमति बनाई जा सकती है उससे कहीं अधिक सहमति बनेगी। मिसाल के लिए सवाल अगर भारी भुखमरी या गंभीर कुपोषण से बचने का हो तो किसी विशेष भोज्य पदार्थ (मसलन किसी खास किस्म के गोश्त या मछली या अनाजों या दालों) की पर्याप्त आपूर्ति के महत्त्व पर जितनी अंतःसांस्कृतिक—और अंतःवैयक्तिक—सहमति संभव है, उससे कहीं ज्यादा सहमति इन प्रकार्यों को पूरा करने की सामर्थ्य के महत्त्व पर होगी। एक और प्रकार की मिसाल लें। किसी खास प्रकार के मनोरंजन से अधिक सहमति मनोरंजन की आवश्यकता तथा सामुदायिक जीवन में भागीदारी के किसी खास ढंग से अधिक सहमति इस भागीदारी की सामर्थ्य पर होगी।[18]

वास्तव में यह भी एक वजह है जिसके चलते निर्धनता को विशेष वस्तुओं की 'बुनियादी आवश्यकताओं' को पूरा करने की असफलता की बजाय सामर्थ्य की असफलता के आधार पर परखना बेहतर होगा। 'बुनियादी आवश्यकता' संबंधी रचनाओं और 'जीवन की गुणवत्ता' संबंधी अध्ययनों ने बुनियादी वस्तुओं और सेवाओं के अभावों तथा मानव जीवन में उनकी नाजुक भूमिका की ओर ध्यान खींचने में भारी मदद की है।[19] संभवतः इनमें निहित सरोकारों को और भी प्रत्यक्ष ढंग से यूँ उठाया जा सकता है कि कुछ बुनियादी प्रकार्यों को हासिल करने और संगत सामर्थ्यों को पाने पर ध्यान केंद्रित किया जाए।[20] बुनियादी आवश्यकताओं के दृष्टिकोण में निहित तर्कपद्धति का संबंध जहाँ तक इससे है कि लोगों को कुछ बुनियादी प्रकार्यों को पाने के *साधन* उपलब्ध कराए जाएँ, वहाँ तक वस्तुओं को प्रकार्यों में 'रूपांतरित' करने संबंधी अंतःवैयक्तिक विविधताओं की पहले विवेचित समस्या से भी हम उस हालत में बच सकते हैं जब

वस्तुओं के अंतराल की बजाय हम सीधे-सीधे प्रकार्यों के अंतराल पर ध्यान दें।[21]

7.3 आयों की न्यूनता बनाम उनकी अपर्याप्तता

उपरोक्त तर्कों के आधार पर हम कह सकते हैं कि निर्धनता को कुछ न्यूनतम स्वीकार्य स्तरों तक पहुँचने में बुनियादी सामर्थ्यों की असफलता मानना ही बेहतर होगा।[22] इस विश्लेषण से जुड़े प्रकार्य अलग-अलग हो सकते हैं। जैसे पर्याप्त भोजन, वस्त्र और आवास की प्राप्ति, बचाव-योग्य रोगों से मुक्ति आदि कुछ मामूली शारीरिक प्रकार्यों से लेकर कुछ अधिक जटिल उपलब्धियों तक, मसलन सामुदायिक जीवन में भागीदारी, बिना शर्मिंदगी के लोगों के सामने आ पाने में सक्षम होना, आदि। ये अपेक्षाकृत 'सामान्य' प्रकार्य हैं, पर जैसाकि कहा जा चुका है, उनकी पूर्ति के विशिष्ट रूप अलग-अलग समाजों में अलग-अलग होते हैं।

निर्धनता के प्रति सामर्थ्य के दृष्टिकोण को निम्न के मुकाबले रखा जा सकता है : (1) निर्धनता को कम उपयोगिता के बतौर लेने के दृष्टिकोण के मुकाबले, और (2) निर्धनता को कम आय (या सामान्यतः कम प्राथमिक वस्तुओं या संसाधनों के स्वामित्व) पर आधारित समझने के मुकाबले।[23] पिछले अध्यायों में प्रकाशित विश्लेषणों से संकेत मिलता है कि क्यों कल्याण से न तो उपयोगिता को जोड़ा जा सकता है, न आय (या प्राथमिक वस्तुओं या संसाधनों) को; मगर वह तथ्य निर्धनता के प्रति उपयुक्त दृष्टिकोण के निश्चय के लिए निर्णायक महत्त्व नहीं रखता। खासतौर पर इसलिए कि निर्धनता का आर्थिक समस्याओं से पैदा हुए अभाव से एक सुस्वीकृत संबंध होता है और इस कारण निर्धनता के प्रति 'कम आय' के दृष्टिकोण पर कुछ और विचार आवश्यक है।

कहा जा सकता है कि निर्धनता का मुद्दा कल्याण में कमी का नहीं, ऐन आर्थिक साधनों के अभाव में कल्याण के प्रयासों की अयोग्यता का मुद्दा है। मान लें कि श्री धनिकराम को भारी आमदनी है, वे जो कुछ जरूरत हो खरीद सकते हैं, और फिर भी मौके गँवाकर आखिर में फटेहाल हो जाते हैं। तो फिर उनको 'गरीब' कहना तो अजीबोगरीब लगेगा। उनके पास तो उम्दा ढंग से रहने और अभावहीन जीवन जीने के साधन थे, और फिर भी उन्होंने अपने लिए थोड़े-बहुत अभाव की स्थिति पैदा कर ली; तो फिर भी वे गरीबों में आने से रहे। समस्या के विश्लेषण का यह ढंग कुल मिलाकर हमें निर्धनता को आय के अभाव के रूप में समझने की दिशा में कुछ दूर तक खींचता-सा लगेगा।

इस तर्कपद्धति में निश्चित ही कुछ अच्छाई है। यह हमें निर्धनता को आय के अभाव के रूप में समझने की 'दिशा' में तो ले जाती है, मगर ठीक-ठीक उस मुकाम तक नहीं पहुँचाती। कुछ और भी अंतरों पर विचार करना होगा। शायद सबसे अहम बात यह है कि आर्थिक साधनों की पर्याप्तता का निश्चय, कार्य करने की सामर्थ्य में आयों और संसाधनों को 'रूपांतरित' करने की संभावनाओं से स्वतंत्र होकर नहीं किया

जा सकता। गुर्दे के रोग से पीड़ित और डायलिसिस पर चल रहे व्यक्ति की आय (जिसका उदाहरण इस अध्याय में पहले दिया जा चुका है) हो सकता है, दूसरे व्यक्ति से अधिक हो, पर आय और संसाधनों को प्रकार्यों में बदलने के बारे में उसकी समस्या को *देखते* हुए उसके पास आर्थिक साधन (बल्कि आय) अभी भी कम हैं। अगर हम निर्धनता की पहचान आय के आधार पर करना चाहते हैं तो आयों से उत्पन्न सामर्थ्य से स्वतंत्र होकर, *केवल* आयों पर (चाहे वे अधिक हों या कम हों), ध्यान देना पर्याप्त नहीं होगा। निर्धनता से निकलने के मुआमले में आय की पर्याप्तता निजी विशेषताओं और परिस्थितियों के अनुसार अनुमापनीय सीमा तक अलग-अलग होती है।[24]

भले ही निर्धनता से अन्य बातों के अलावा व्यक्ति के आर्थिक साधनों (सामर्थ्य की असफलता से बचने के साधनों) की अपर्याप्तता का सवाल भी जुड़ा हो, पर उससे जो बुनियादी असफलता जुड़ी होती है वह न्यूनतम सामर्थ्य न होने की असफलता है। उस मिसाल पर गौर कीजिए जिसका इशारा ऊपर दिया जा चुका है। एक व्यक्ति है जिसकी उपापचन-क्रिया की गति तेज है, या शरीर विशाल है, या जिसे कोई ऐसी जानलेवा बीमारी लग गई है जिससे पोषक तत्त्व बेकार हो जाते हैं। ऐसे में आय का स्तर समान होने पर भी वह सुपोषण के न्यूनतम स्तरों को पाने में उतना समर्थ नहीं होता जितना समर्थ इन समस्याओं से *रहित* एक अन्य व्यक्ति होता है। अगर दोनों की आय बराबर होने के बावजूद इस व्यक्ति को दूसरे व्यक्ति से गरीब माना जाता है तो इसका कारण यह है कि उसकी सामर्थ्य की असफलता (जो हमारे सरोकार का केंद्र है) अधिक है। साथ ही उसकी निजी विशेषताओं और परिस्थितियों को *ध्यान में रखें* तो ये ही तथ्य उसकी आय की अधिक अपर्याप्तता के सूचक हैं। अपर्याप्त आय होने का मतलब यह नहीं कि व्यक्ति की आय वाह्य रूप से निर्धारित किसी निर्धनता-रेखा से कम है, बल्कि यह होता है कि यह आय संबद्ध व्यक्ति में सामर्थ्यों के निश्चित स्तरों को उत्पन्न करने के लिए पर्याप्त आय से कम है।

आय के अंतराल में निर्धनता का प्रासंगिक तत्त्व उसकी (निजी विशेषताओं से स्वतंत्र) *न्यूनता* की बजाय (न्यूनतम स्वीकृत सामर्थ्यों को उत्पन्न करने में) उसकी *अपर्याप्तता* का होगा।[25] निर्धनता की जो रेखा निजी विशेषताओं को एक सिरे से उपेक्षित करती हो वह निर्धनता में निहित हमारे वास्तविक सरोकारों, अर्थात् अपर्याप्त आर्थिक साधनों के कारण सामर्थ्य की असफलता के साथ न्याय नहीं कर सकती। अकसर व्यक्तियों को (वर्ग, लिंग, व्यवसाय समूह, रोजगार की स्थिति आदि से संबंधित) विशेष श्रेणियों में वर्गीकृत करने का एक अर्थ होता है।[26] अगर हम निर्धनता को आय के अंतराल में व्यक्त करना ही चाहते हैं तो हमें उसे आवश्यकताओं से जोड़ना होगा।

इस प्रश्न का संबंध इस तथ्य से है कि निर्धनता के विश्लेषण में पहला सरोकार कार्य की सामर्थ्य से होता है, न कि पूरे हो चुके प्रकार्यों से। ऊपर उस व्यक्ति का उदाहरण दिया गया है जो साधनसंपन्न है, पर अपनी मरजी से *उपवास* रखता है जबकि दूसरे व्यक्ति को साधनों के अभाव में भूखों रहना *पड़ता* है। वह उदाहरण यहाँ प्रासंगिक

है। दोनों का अंत यही होता है कि वे भूखे और कुपोषित रहते हैं, मगर साधनों से—और इस तरह पर्याप्त खुराक की सामर्थ्य से—वंचित व्यक्ति एक ऐसे अर्थ में गरीब है जिस अर्थ में उपवास करने वाला गरीब नहीं है। इस तरह यह जरूरी है कि निर्धनता का विश्लेषण उपलब्धि की बजाय सामर्थ्य पर केंद्रित हो। (यह और बात है कि कभी-कभी हम उपलब्धि संबंधी सूचनाओं का उपयोग करके किसी व्यक्ति को प्राप्त सामर्थ्यों का *अनुमान* लगाते हैं।)[27]

पहले (अध्याय 2 और 5 में) स्वतंत्रता और संसाधनों के जिस अंतर की विवेचना की जा चुकी है, उससे इन सब बातों का बहुत गहरा संबंध है। संसाधन स्वतंत्रता के लिए महत्त्वपूर्ण *होते* हैं और निर्धनता से बचने के लिए आय का केंद्रीय महत्त्व है। पर अगर हमारा सरोकार अंततः स्वतंत्रता से है तो मानवीय विविधताओं को देखते हुए हम संसाधनों को स्वतंत्रता के समतुल्य नहीं मान सकते। इसी तरह अगर हमारा सरोकार आर्थिक साधनों के अभाव में कुछ न्यूनतम सामर्थ्यों की असफलता से है तो हम निर्धनता की पहचान आय और सामर्थ्य के संबंधों की अंतःवैयक्तिक विविधताओं से निरपेक्ष होकर मात्र कम आय से नहीं कर सकते। आय के विशिष्ट स्तरों की पर्याप्तता का फैसला सामर्थ्यों के आधार पर ही करना होगा।

7.4 क्या धारणाओं का कोई महत्त्व है ?

पिछले परिच्छेद में 'आय की अपर्याप्तता' के जिस विचार की विवेचना की गई है, वह अपने आप में 'कम आय' के विचार से आगे की चीज है। कारण कि प्रथमोक्त विचार आय के सामर्थ्य में रूपांतरण के प्रति जिस तरह संवेदनशील है उस तरह संवेदनशील स्वयं 'आय का परिमाण' नहीं हो सकता। जहाँ आय का श्रेणीकरण आय के सामर्थ्य में रूपांतरण के मुआमले में सापेक्ष लाभों के श्रेणीकरण के विपरीत हो वहाँ सामर्थ्य की असफलता के आधार पर निर्धनता का श्रेणीकरण और निर्धनों की पहचान सिर्फ आय के परिमाण के आधार पर किए गए श्रेणीकरण से बहुत ही भिन्न होगी। (गौरतलब है कि अधिकांश देशों में श्रेणीकरण द्वितीयोक्त आधार पर ही किया जाता है।)

विशिष्ट प्रकार के अभावों के मुआमले में समस्या खासतौर पर गंभीर होती है। मिसाल के लिए जैविक कारणों से भी तथा सामाजिक कारणों से भी (खासकर जहाँ इन कारणों के पीछे सुस्पष्ट या प्रच्छन्न लिंग भेद की एक शक्तिशाली परंपरा हो) आय को विशेष प्रकार्यों में रूपांतरित करने के मामले में स्त्रियों के साथ खास परेशानियाँ हो सकती हैं। कुछ भिन्न-भिन्न प्रकार के दृष्टांत देखिए। ऐसी परेशानियाँ (गर्भावस्था और शिशु की देखभाल के तकाजों के कारण) अच्छा भोजन पाने, (एक ही अभिभावक वाले परिवारों में) सुरक्षा पाने, ('स्त्रियोचित रोजगारों' के रूढ़ हो जाने के कारण) आत्मसंतोष देने वाले काम पाने और (पारिवारिक जीवन के असमान तकाजों के कारण) जीवनवृत्ति के आरंभिक दिनों में ही पेशे संबंधी प्रष्तिठा अर्जित करने के मुआमले में आ सकती हैं। अगर हम सिर्फ आय के आकार पर ध्यान देंगे तो अभाव के परिमाण को कम करके

आँकेंगे। ऐसे दृष्टांतों में सामर्थ्य की असफलता को स्पष्ट ढंग से विश्लेषण में शामिल करने की आवश्यकता खासतौर पर गंभीर हो सकती है।

इसी तरह आय और सामर्थ्य के संबंध पर (बूढ़ों और नौजवानों की विशिष्ट आवश्यकताओं के कारण) आय का, (नगरीय जीवन में सुरक्षा संबंधी विशेष चुनौतियों के कारण) निवास-स्थान का, (किसी क्षेत्र में फैली बीमारियों के प्रति असहायता के कारण) रोगजनक वातावरण का और बहुत से दूसरे कारकों का गहरा प्रभाव पड़ता है।[28] निर्धनता का अध्ययन स्वयं आय पर केंद्रित हो तो अभाव के नाजुक पहलू नजरों से पूरी तरह ओझल हो जा सकते हैं।[29]

कभी-कभी आय या अपंगता या रोग जैसी जो बाधाएँ व्यक्ति की अर्जन संबंधी योग्यता को कम करती हैं वे ही आय का सामर्थ्य में रूपांतरण पहले से कठिन भी बना देती हैं। अकसर विकसित देशों में गरीबों का एक बड़ा भाग ऐसी ही बाधाओं से ग्रस्त होता है,[30] और ऐसे देशों में निर्धनता की सीमा को काफी कम करके आँका जाता है क्योंकि वहाँ *अर्जन* संबंधी बाधा और सामर्थ्य उत्पन्न करने में आय के *उपयोग* संबंधी बाधा के यूँ 'एकाकार' हो जाने को उपेक्षित किया जाता है। मिसाल के लिए रोगमुक्त रहने, स्वस्थ जीवन जीने, गतिशीलता बढ़ाने, सामुदायिक जीवन में भाग लेने, दोस्तों से मिलने-जुलने आदि के मुआमले में किसी वृद्ध को बाकी लोगों की तुलना में काफी अधिक कठिनाइयों का सामना करना पड़ता है।[31] आय के *उपयोग* संबंधी ये कठिनाइयाँ कम अर्जन-शक्ति की विशेषता में बेपनाह बढ़ोत्तरी कर सकती हैं; जबकि निर्धनता का आय पर आधारित परंपरागत विश्लेषण मात्र इसी विशेषता का ध्यान रखने में सक्षम है।

7.5 अमीर देशों में गरीबी

अगर हम केवल आय के परिणाम पर ध्यान देते हैं तो अमीर समाजों तक में भुखमरी के जारी रहने के कारणों को पूरी तरह नहीं समझ सकते। अमेरिका में भुखमरी का संबंध अनेक कारकों से है और कम आय उनमें से सिर्फ एक है।[32] स्वास्थ्य संबंधी पहलुओं का संबंध सामाजिक वातावरण, चिकित्सा सुविधा की व्यवस्था, पारिवारिक जीवन के ढर्रे, और बहुत से दूसरे कारणों से होता है, पर निर्धनता का केवल आय पर आधारित विश्लेषण सिर्फ आधी कहानी ही कह सकता है।[33]

दुनिया के समृद्धतम देशों में सामर्थ्य संबंधी अभावों का परिमाण उल्लेखनीय सीमा तक अधिक हो सकता है। मिसाल के लिए द *न्यू इंग्लैंड जर्नल* ने मैककार्ड और फ्रीमैन (1990) के एक अध्ययन को प्रस्तुत किया था। इससे संकेत मिलता है कि न्यूयार्क जैसे समृद्ध नगर के हार्लेम इलाके में पुरुषों के 40 की उम्र तक जीने की संभावना बँगलादेशी पुरुषों से भी कम है। इसका कारण यह नहीं कि हार्लेम के निवासियों की आय औसत बँगलादेशी की आय से कम है। इस समस्या का ज्यादा संबंध स्वास्थ्य-रक्षा की समस्याओं, चिकित्सा-सुविधा की अपर्याप्तता, शहरी अपराधों की स्थिति और ऐसे

ही दूसरे कारणों से है जो हार्लेमवासी की बुनियादी सामर्थ्यों को प्रभावित करते हैं।

यह समस्या महज थोड़े से स्थानों में अभावग्रस्त 'क्षेत्रों' तक ही सीमित नहीं है। विभिन्न समूहों के बीच आय से इतर विशेषताओं के आधार पर भी तीखी विषमता के सुव्यवस्थित प्रतिमान देखने को मिलते है। मसलन *द जर्नल आफ अमेरिकन मेडिकल एसोसिएशन* में प्रकाशित एक लेख में ओटेन आदि (1990) ने दिखाया था कि 35 से 55 वर्ष के आयुवर्ग को लें तो अमेरिका में अफ्रीकी-अमेरिकियों की मृत्युदर गोरों की तुलना में 2.3 गुनी है, और आय के अंतर के सहारे मृत्युदर संबंधी इस अंतर के केवल आधे भाग की व्याख्या ही की जा सकती है। आय संबंधी सूचनाओं से आगे बढ़कर सामाजिक परिस्थितियों और विशेषताओं संबंधी व्यापक विविधताओं को परखने की आवश्यकता का एहसास इन भयानक समस्याओं की प्रकृति से ही होता है। स्वास्थ्य सुविधाओं की अपर्याप्तता, नगरीय जीवन में व्याप्त हिंसा, सामाजिक देखभाल के अभाव और ऐसे ही दूसरे कारण सामाजिक परिवेश पर गहरा प्रभाव डालते हैं। आय की न्यूनता अमेरिका में निर्धनता को प्रभावित करने वाले अनेक कारकों में सिर्फ एक कारक है।

समृद्ध अमेरिका में भोजन के अभाव का मुद्दा एक ऐसा प्रश्न खड़ा करता है जो वहाँ मौजूद निर्धनता की प्रकृति को समझने के लिए बेहद महत्त्वपूर्ण है। कभी-कभी लोग इस बात पर हैरान होते हैं कि अमेरिका जैसे अमीर मुल्क में भी *भुखमरी* पाई जाती है जहाँ सबसे गरीब समूहों की आय भी गरीबतर देशों के मध्य वर्गों से अधिक है, मगर इन बाद वालों को भुखमरी की कोई खास परेशानी नहीं झेलनी पड़ती। इस अंतर का कारण कुछ हद तक यह हो सकता है कि अमीरतर देशों में पैसे देकर कुछ तरह की वस्तुओं की कम मात्राएँ ही खरीदी जा सकती हैं।[34] लेकिन मूल्य संबंधी इन अंतरों के लिए आवश्यक सुधार कर लें तो भी एक विरोधाभास बना रहता है। फिर यह भी है कि खाद्य पदार्थ उन वस्तुओं में शामिल नहीं हैं जो आमतौर पर अमेरिका के मुकाबले गरीबतर देशों में ज्यादा सस्ते हों।

सामर्थ्य का परिप्रेक्ष्य दो अलग-अलग तरह से इस आभासी विरोधाभास की व्याख्या में सहायक हो सकता है। पहला, भुखमरी और कुपोषण का संबंध किए गए भोजन और उस भोजन के शक्तिवर्धक उपयोग, दोनों से होता है। इस उपयोग पर स्वास्थ्य की सामान्य दशाओं का गहरा असर पड़ता है, और ये दशाएँ सामुदायिक स्वास्थ्य-रक्षा और जन-स्वास्थ्य सुविधाओं पर निर्भर होती हैं। (अगले परिच्छेद में इस विषय की और अधिक छानबीन की जाएगी।)[35] ठीक यह क्षेत्र है जिसमें स्वास्थ्य-सेवाओं की नागरिक समस्याओं और स्वास्थ्य-रक्षा संबंधी विषमताओं के कारण स्वास्थ्य और सुपोषण संबंधी असफलताएँ जन्म ले सकती हैं, भले ही व्यक्तियों की आमदनियाँ अंतर्राष्ट्रीय मानदंडों पर कम न हों।

दूसरे, एक अमीर समाज में गरीब होना ही एक सामर्थ्य संबंधी बाधा है। मैंने अन्यत्र इसके कारणों की विवेचना का प्रयास किया है।[36] आयों के अंतराल में *सापेक्ष* अभाव *सामर्थ्यों* के अंतराल में *आत्यंतिक* अभावों को जन्म दे सकते हैं। एक ऐसे देश

में जो सामान्यतः समृद्ध हो, *एक ही सामाजिक प्रकार्य* को पूरा करने, मसलन 'बिना किसी शर्मिंदगी के लोगों के सामने आने',[37] के लिए जो वस्तुएँ आवश्यक हों उनको खरीदने के लिए अधिक आय की आवश्यकता होती है। 'सामुदायिक जीवन में भाग लेने'[38] की सामर्थ्य पर भी यही बात लागू होती है। ये सामान्य सामाजिक प्रकार्य वस्तुओं की ऐसी आवश्यकताएँ उत्पन्न करते हैं जो इस आधार पर बदलती रहती हैं कि मानक दृष्टि से समुदाय के *दूसरे लोगों* के पास क्या-क्या है।

हो सकता है कि एक भारतीय ग्रामीण को अपेक्षाकृत मामूली कपड़ों में लोगों के सामने बेझिझक आने में कम समस्या आए, और वह टेलीफोन या टेलीविजन के बगैर भी सामुदायिक जीवन में भाग लेता हो। लेकिन इन्हीं सामान्य प्रकार्यों के लिए आवश्यक वस्तुओं का परिमाण एक ऐसे देश में काफी अधिक होगा जहाँ आमतौर पर लोग ढेरों किस्म की चीजों का काफी बड़ी मात्रा में उपयोग करते हैं।[39] इसके कारण स्वयं उन सामाजिक प्रकार्यों को पूरा कर पाना अधिक खर्चतलब हो जाता है। इतना ही नहीं, इन सामाजिक प्रकार्यों की पूर्ति पर संसाधनों के लगने से उन वित्तीय साधनों में कमी आती है जो स्वास्थ्य और सुपोषण पर लगाए जा सकते हैं। अगर हम एक बार मात्र आयों के अंतराल से ध्यान हटा लें और इस तरह आय और दूसरे संसाधनों के विभिन्न प्रकार की सामर्थ्यों में रूपांतरण पर ध्यान देने लगें तो अमीर देशों में भुखमरी के प्रकट विरोधाभास की व्याख्या मुश्किल नहीं रह जाती।

'कम आय' और 'सामर्थ्य संबंधी असफलता' के अंतर की एक अहमियत है। निर्धनता का जो विश्लेषण केवल आयों पर केंद्रित होगा, वह निर्धनता से हमारे सरोकार के पीछे मौजूद प्रमुख उद्‌देश्य (उस *जीवन* को रेखांकित करना, जिसे बिताने के लिए कुछ लोग बाध्य हैं) से बहुत दूर हो सकता है। यह दृष्टिकोण अभाव के उद्‌गम और उसकी निरंतरता के बारे में कोई शोध संबंधी मार्गदर्शन भी नहीं कर सकता।[40] सही अंतराल पर ध्यान केंद्रित करना सामाजिक विषमता की सामान्य छानबीन के लिए जितना महत्त्व रखता है, निर्धनता के अध्ययन के लिए उससे कुछ कम महत्त्व नहीं रखता।

टिप्पणियाँ

1. सिद्धांत रूप में 'व्यक्ति-संख्या' की गिनती का उपयोग केवल आय की न्यूनता पर निर्भर गरीबों की पहचान के बजाय इसके किसी अन्य ढंग के साथ भी किया जा सकता है। लेकिन व्यवहारतः इसका उपयोग लगभग हमेशा ही, केवल आय की न्यूनता बतलाने वाली रेखा के साथ ही किया गया है।
2. बेकरमैन (1979), आनंद (1983), बेकरमैन और क्लार्क (1982) देखें।
3. इसे सामान्य बनाने के दूसरे उपाय भी हैं। मसलन राष्ट्रीय आय का वह भाग जो हर पहचानशुदा गरीब व्यक्ति की आय की न्यूनता को दूर करने के लिए आवश्यक हो। आनंद (1977), बेकरमैन

(1979) देखें।

4. यह कोई कठोर शर्त नहीं है। इसके बारे में फोस्टर (1984 : टिप्पणी 27) देखें।
5. ठीक-ठीक सूत्र $P=H\,[I+(1\text{-}I)G]$ होगा। मान्यताओं के समुचित निरूपण के बारे में तथा यह सटीक माप देने वाले प्रमेय के प्रमाण के बारे में सेन (1976 अ) देखें। ध्यान दें कि गरीबों की बराबर आयवाले किसी विशेष दृष्टांत में G शून्य होगा और इस तरह $P=HI$ होगा।
6. सामाजिक चयन के सिद्धांत में श्रेणीक्रम की विधि के उपयोग पर ऐरो (1951), सेन (1970 अ), सुज़ूमुरा (1983) देखें। अर्थशास्त्र व विकास अध्ययन में मापन की समस्याओं के संदर्भ में आमतौर पर स्थितिमूलक दृष्टिकोण और खासतौर पर बोर्दा की श्रेणीक्रम वाली विधि के उपयोग की संभावनाओं की विवेचना सेन (1974, 1976 अ, 1976 ब, 1981 ब) में की गई है।
7. गिनी गुणांक की विशेषताओं पर *ओ ई आई,* अध्याय 2 देखें। गिनी गुणांक के गुणों, लारेंज वक्र की तुलनाओं और संबद्ध विषयों पर ग्राफ (1946, 1977, 1985), कोम (1969), एटकिंसन (1970 ब), न्यूबेरी (1970), शेशिंस्की (1972), पी. दासगुप्त, सेन और स्टैरेट (1973), सेन (1976, 1976 ब), प्याट (1976, 1987), कावेल (1977), ब्लैकोर्बी और डोनल्डसन (1978, 1980), पी.जे. हैमैंड (1978), यीत्ज्की (1979), काकवानी (1980 ब), राबर्ट्स (1980 ब), पी. के. सेन (1986), सील (1986 अ) देखें।
8. अहलूवालिया (1978), आलमगीर (1978), आनंद (1977, 1983), भट्टी (1974), शास्त्री (1977), सीस्ट्रैंड और दीवान (1975), क्लार्क और हेमिंग (1981), स्ज़ाल (1977), दत्त (1978), फील्ड्स (1979, 1980 अ), फिशलो (1980), गाइहा और काजमी (1981), वान गिनीकेन (1980), काकवानी (1980 ब, 1981, 1986, 1988), सुंदरम और तेंदुलकर (1981), उस्मानी (1982), पंटुलू (1980), शास्त्री (1980 अ, 1980 ब), हेमिंग (1984), रे (1984 ब), गाइहा (1985), बाबू (1986), और दूसरों को देखें। हाल में इन्हीं के अनुक्रम में अनेक दूसरे महत्त्वपूर्ण शोध-अध्ययन भी हुए हैं।
9. *व्यय* की बजाय *आय* के आँकड़ों के उपयोग पर भी यही बात लागू होती है। अधिक प्रासंगिकता के आधार पर व्यय के आँकड़ों के उपयोग का अकसर भारी औचित्य होता है, मगर इनका वास्तविक उपयोग फिर भी व्यय संबंधी विश्वसनीय सूचनाओं को पाने की कठिनाइयों के कारण सीमित ही होता है। इसके बारे में एटकिंसन (1989 : अध्याय 1) देखें।
10. निर्धनता संबंधी भारतीय विमर्श के लिए उस प्रकार के मुद्दे की प्रासंगिकता पर सेन (1973 स), अहलूवालिया (1978), दत्त (1978), एस. आर. चक्रवर्ती (1981), एल. चक्रवर्ती (1986) देखें। अभाव के असंवेदी मापों में वितरण के मुद्दों की उपेक्षा का नीतिगत निहितार्थ वास्तव में एक ऐसी व्यापक समस्या है जो विभिन्न संदर्भों में उठती रहती है। मसलन अगर आवासहीनता की सीमा का निश्चय केवल एक समुचित घर से वंचित लोगों की संख्या के आधार पर करें तो अपेक्षाकृत आसानी से सुलझाए जा सकने वाले दृष्टांत उठाने का लोभ बहुत भारी हो सकता है, भले ही आवासहीनता की सीमा या उससे पैदा बदहाली की तीव्रता कुछ भी हो।
11. अन्य रचनाओं के अलावा विशेष रूप से आनंद (1977, 1983), एल. टेलर (1977), द्रेव्नोव्स्की (1978), हामादा और तकायामा (1978), तकायामा (1980 अ, 1980 ब, 1981), शास्त्री (1980 अ, 1980 ब), एस.आर. चक्रवर्ती (1979), टान (1979), ब्लैकोर्बी और डोनल्डसन (1980), फील्ड्स (1980 अ), काकवानी (1981, 1983 अ, 1983 ब), एस. क्लार्क, हेमिंग और अल्फ (1981), उस्मानी (1982), कुंडू और स्मिथ (1983), फोस्टर, ग्रियर और थोर्बेक (1984), फोक्टर (1984), रे (1984 अ), विगमैन (1985, 1986), लिपटन (1985), कावेल (1986), डोनल्डसन और वीमार्क (1986), जोर्गेंसन और स्लेस्निक (1986), सील (1986 अ), एटकिंसन

(1987, 1989), लेविस और अल्फ (1987), प्याट (1987), आर. एन. वागन (1987), बेसली और कँवर (1988), बुहमान आदि (1988), फोस्टर और शोरक्स (1988 अ, 1988 ब, 1991), रैवेलियन और वान डे वाल (1988), स्मीडिंग, रेनवाटर और ओ' हिगिंस (1988), बोर्ग्विनान और फील्ड्स (1990), पटनायक और सेनगुप्त (1991) देखें।

12. एक मुद्दा जिस पर काफी ध्यान दिया गया है, निर्धनता के मापों के 'अलगाव-क्षमता' पर जोर देने का है। अलगाव-क्षमता निश्चित ही एक सुविधाजनक विशेषता है तथा उपसमूहों पर लागू होने वाले निर्धनता मापों के आधार पर निर्धनता का एक समग्र चित्र प्रस्तुत करने में यह सहायक होती है। इससे जुड़ी शर्तों में विश्लेषण की भारी शक्ति होती है। इस और संबद्ध मुद्दों पर और उनके निहितार्थों पर सुविधाजनक तकनीकी साहित्य मौजूद है। आनंद (1983), फोस्टर (1984), फोस्टर, ग्रियर और थोर्बेक (1984), कावेल (1986), फोस्टर और शोरक्स (1991) देखें।) पर एक और भी सामान्य प्रश्न यह रहता है कि क्या यह मानना उचित है कि निर्धनता के सूचकांकों में इस प्रकार परस्पर जोड़े जा सकने का गुण होना चाहिए। इसके लिए जरूरी है कि विशेष समूहों की निर्धनता के चित्र कुछ खास तरीकों से इसके बारे में असंवेदी हों कि दूसरे समूहों के साथ क्या होता है, और यह कि जो कुछ टुकड़ों में पहले से मौजूद है उससे ज्यादा किसी बात का पता पूरी तसवीर से नहीं चलता।

13. मगर फोस्टर (1984) और सील (1986 अ) द्वारा प्रस्तुत आलोचनात्मक और तुलनात्मक विश्लेषण तथा एटकिंसन (1987, 1989) द्वारा प्रस्तुत सामान्य पद्धतिशास्त्रीय समालोचना भी देखें। सेन (1981 अ, 1983 द) भी देखें।

14. निर्धनता के नीति केंद्रित दृष्टिकोण की विवेचना के लिए बेकरमैन (1979) देखें।

15. ये तर्क सेन (1979 य, 1981 अ) में दिए गए हैं। मुझे स्वीकार है कि इसके बारे में मेरा दृष्टिकोण तो नहीं बदला है, पर मैं इस वैपरीत्य को आज उतना महत्त्व भी नहीं देता जितना तब देता था।

16. इस दावे का संबंध एक पुरानी सूक्ति से है कि 'होने चाहिए का मतलब है हो सकता है।' इस दार्शनिक प्रश्न के बारे में हैरे (1952) देखें।

17. इस मुद्दे की विवेचना सेन (1980 ब) में की गई है।

18. सेन (1980 ब, 1981 अ, 1983 द) में इन मुद्दों की विवेचना की गई है। एक ही सामान्य प्रकार्य से जुड़े रूप के सामाजिक अंतर का बुनियादी सवाल एडम स्मिथ (1776) ने उठाया था। यहाँ 'निरपेक्ष सद्गुणों' के बारे में अरस्तू की राय से कुछ समानता पाई जाती है; इसके बारे में नसबाम (1988 ब) देखें।

19. सामान्य दृष्टिकोण की एक सुंदर विवेचना के लिए स्ट्रीटेन आदि (1981) देखें। संबद्ध विषयों पर पंत आदि (1962), ऐडेलमैन और मारिस (1973), सेन (1973 द, 1981 अ), पी. बर्धन (1974 ब, 1984), एडेलमैन (1975), ग्रांट (1978), मारिस (1979), चिचिल्निस्की (1980), पी. दासगुप्त (1986), ड्रेज और सेन (1989), यू एन डी पी (1990, 1991), देसाई, बोल्टविनिक और सेन (1991) देखें।

20. इस सामान्य प्रश्न पर सेन (1984, 1985 ब), स्ट्रीटेन (1984), स्टेवर्ट (1988), ग्रिफिन और नाइट (1989) देखें।

21. इन प्रश्नों पर ग्रिफिन और नाइट (1989) देखें।

22. इस बारे में देसाई (1990) और हुसैन (1990) देखें। सेन (1980 अ) तथा ग्रिफिन और नाइट (1989) भी देखें।

23. संबद्ध विषयों पर गुडिन (1985, 1988) देखें।

24. इसके बारे में हिमेलफार्ब (1984) भी देखें।

25. ब्रिटेन में निर्धनता के अग्रगामी अध्ययनों में खुद राउनट्री (1901, 1941) का भी काफी कुछ सरोकार आय की अपर्याप्तता के मुद्दे से था, न कि सिर्फ उसकी न्यूनता से।
26. ऐसे प्रवर्गों के उपयोग की विवेचना अध्याय 8 में की गई है।
27. मान लीजिए एक व्यक्ति है जो अच्छा कर सकता है, पर नहीं करता, तो हम उसे 'निर्धन' नहीं कहते। मगर इस तथ्य से निश्चित ही यह अर्थ नहीं निकालना चाहिए कि उस व्यक्ति का अभाव सहानुभूति या ध्यान का पात्र नहीं है। जैसाकि पहले (अध्याय 4 में) कहा गया है, हो सकता है एक व्यक्ति अपने निमित्तिमूलक उद्देश्यों के कल्याण से इतर लक्ष्यों को प्राथमिकता दे। मगर इसका मतलब यह नहीं कि उसके कल्याण के स्तर को ऊपर उठाने में *दूसरों* की दिलचस्पी न हो। निर्धनता दूसरों के प्रति सहानुभूति का एकमात्र कारण नहीं है। मिसाल के लिए 1947 में सांप्रदायिक दंगों के विरोध में अनिश्चितकालीन अनशन के लिए महात्मा गाँधी के पास ठोस कारण थे, तो वहीं उनके मित्रों और शुभचिंतकों के पास भी यह सुनिश्चित करने के प्रयास करने के ठोस कारण थे कि यह अनशन उनके लिए प्राणघातक न हो।
28. अमेरिका से संबंधित कुछ कारकों के विश्लेषण के बारे में डैनजाइगर और वाइनबर्ग (1986) में शामिल लेखों को देखें। आय से इतर जो विभिन्न प्रकार के चर अमेरिका के असहाय लोगों की आवाज की हैसियत को प्रभावित करते हैं उनके ज्ञानवर्धक विश्लेषण पामर, स्मीडिंग और टोरी (1988), केस और कैट्ज (1990) तथा दूसरे अनेक हालिया अध्ययनों में मिलेंगे।
29. 'जीवन की दशाओं के स्कैंडिनेवियाई अध्ययनों' से सूचना-आधार को व्यापक बनाकर उसमें महत्त्वपूर्ण प्रकार्यों को शामिल किया गया है (और इस तरह ये मात्र आय और समृद्धि की छानबीन तक सीमित नहीं हैं), और ये शोधकार्य दर्शाते हैं कि इस परिवर्तन से कितना बड़ा अंतर पैदा होता है। इसके बारे में ऐलर्ट (1981) तथा एरिक्सन और एबर्ग (1987) और उनमें उल्लिखित रचनाओं, तथा साथ ही ऐलट (1992), एरिक्सन (1992) और येसैंडर (1992) को भी देखें।
30. एटकिंसन (1970 अ) और टाउनसेंड (1979) देखें।
31. अन्य के अलावा वेडरबर्न (1961), टाउनसेंड (1979), पामर, स्मीडिंग और टोरी (1988) तथा लैसलेट (1991) देखें।
32. इसके बारे में स्कूल आफ पब्लिक हेल्थ, हारवर्ड विश्वविद्यालय (1985) देखें।
33. अमीरतर देशों के संदर्भ में इस सामान्य प्रश्न से जुड़े रोचक अनुभवाश्रित विश्लेषणों के लिए वान प्राग, हेगेनार्स और वान वीरेन (1982) तथा मैक और लैंसली (1985) देखें। लीडेन खेमा, मसलन वान प्राग (1968, 1978, 1991), काप्टेइन और वान प्राग (1976) ने निर्धनता के अध्ययन और उससे पहले कल्याणकारी अर्थशास्त्र में जो अवधारणात्मक योगदान दिए हैं उनको भी देखें।
34. इसका संबंध मूल्यों के भारी अंतरों से है; इस बारे में अशर (1968) देखें।
35. इसके बारे में ड्रेज और सेन (1989) देखें।
36. सेन (1983 द), इस विषय पर पीटर टाउनसेंड से हुआ वाद-विवाद, टाउनसेन (1985), सेन (1985 स) देखें।
37. यह एक ऐसा प्रश्न है जिसकी एडम स्मिथ ने 'आवश्यक वस्तुओं' की धारणा की विवेचना करते हुए बेहद सुस्पष्ट छानबीन की थी; स्मिथ (1776 : 351-52) देखें।
38. इस उपलब्धि के महत्त्व पर टाउनसेंड (1979) देखें।
39. टाउनसेंड (1979) देखें। टाउनसेंड की राय है कि निर्धनता के इस पक्ष के लिए एक 'घोर सापेक्षवादी' दृष्टिकोण चाहिए। दूसरी तरफ हम कह सकते हैं कि वस्तुओं की आवश्यकता की यह परिवर्तनीयता जहाँ *वस्तुओं और आयों* के अंतराल में निर्धनता की सापेक्षता दर्शाती है, वहीं यहाँ हमारा सरोकार अभी भी *सामर्थ्यों* के अंतराल में निरपेक्ष अभाव (जैसे सामुदायिक के जीवन में भाग

लेने की अयोग्यता) से है। इस दावे (देखें सेन 1983 द) के कारण थोड़ी गर्मागर्म बहसें भी हुईं जो हमेशा ज्ञानवर्धक भी नहीं होती थीं (देखें टाउनसेंड 1985, सेन 1985 द, सील 1986 अ, देसाई और शाह 1988), मगर मुख्य प्रश्न काफी आसान सा है। सापेक्ष-निरपेक्ष-संगति का संबंध *एक* ही प्रकार्य की प्राप्ति के लिए वस्तुओं की परिवर्तनीय आवश्यकता से है। (मिसाल के लिए सामुदायिक जीवन में भाग लेने के पीछे जाकर एडम स्मिथ का उदाहरण लें तो बिना शर्मिंदगी के लोगों के सामने आने जैसे *एक ही* प्रकार्य की पूर्ति के लिए अमीरतर देशों में बहुत अधिक वस्तुओं की आवश्यकता होती है।) कार्य करने की न्यूनतम स्वीकार्य सामर्थ्य *भी* अलग-अलग देशों में अलग-अलग हो सकती है। मगर वहीं *समान* सामर्थ्यों के लिए वस्तुओं की परिवर्तनीय आवश्यकता अपने आप में यह माँग नहीं करती कि हम निर्धनता के प्रति एक मूलतः 'सापेक्षवादी' दृष्टिकोण अपनाएँ, बशर्ते हम निर्धनता को सामर्थ्य की असफलता के रूप में देखते हों।

40. इस प्रश्न पर जीवन स्तर संबंधी स्कैंडिनेवियाई अध्ययनों' में प्रस्तुत परिणाम देखें, जिन्हें ऐलर्ट (1981), एरिक्सन और एबर्ग (1987) तथा उसके द्वारा उल्लिखित रचनाओं ने प्रस्तुत किया है। ऐलर्ट (1992) एरिक्सन (1992) और येसैंडर (1992) भी देखें।

8

वर्ग, लिंग और अन्य समूह

8.1 वर्ग और वर्गीकरण

जैसा इस पुस्तक के पहले ही अध्याय में दिखाया गया था, विभिन्न अंतरालों में समानता के प्रयासों के बीच अंतर करने का महत्त्व अंततः मानवीय विविधताओं की प्रकृति से जुड़ा होता है। हमारे बीच जो भारी विविधताएँ मौजूद हैं उन्हीं के कारण एक अंतराल में समानता अकसर दूसरे अंतरालों में विषमता का कारण बन जाती है। इस तरह 'समानता किस चीज की ?' के सवाल की कुव्वत काफी हद तक हमारी विविधता के अनुभवपरक तथ्य पर निर्भर होती है—यानी शारीरिक और मानसिक योग्यताओं और अयोग्यताओं की विविधता पर, महामारियों का शिकार हो जाने की संभावना पर, आयु और लिंग की विविधता पर और बेशक, हमारे कल्याण और स्वतंत्रता के सामाजिक और आर्थिक आधारों की विविधता पर।

विविधताओं के अनेक अलग-अलग प्रकार होते हैं। यह सोचना गलत नहीं होगा कि अगर हम सभी विविधताओं का ध्यान रखने का प्रयास करेंगे तो आखिरकार एक भारी दिशाभ्रम के शिकार होकर रह जाएँगे। व्यावहारिकता विवेक-बुद्धि का तकाजा करती है और यह सुझाव देती है कि हम अधिक महत्त्वपूर्ण विविधताओं पर ध्यान केंद्रित करते हुए कुछ को नजरअंदाज करें। यह थोड़ी सी दुनियाबी बुद्धि कोई हँसने की चीज नहीं है, और सच तो यह है कि विषमता का जो भी अध्ययन व्यावहारिक बुद्धि और कार्रवाई को समर्पित होगा वह हमारी बेपनाह विविधताओं के एक काफी बड़े भाग को नजरअंदाज करने की जरूरत को अनदेखा नहीं कर सकता। प्रत्येक संदर्भ में एक ही प्रश्न होता है : '*इस* संदर्भ के लिए महत्त्वपूर्ण विविधताएँ कौन सी हैं ?'

वास्तव में कई दृष्टांतों में विषमता के सामान्य विश्लेषण विशिष्ट व्यक्तियों की जगह समूहों को आधार बनाकर आगे बढ़ते हैं, और *अंतःसमूह अंतरों*[1] पर ध्यान केंद्रित करते हैं। हमें समूह-आधारित विश्लेषण के लिए जनता को वर्गीकृत करने के विभिन्न उपायों में से चुनाव करना पड़ता है। फिर ये वर्गीकरण भी तो दूसरों की बजाय कुछ खास तरह की विविधताओं का ही चयन करते हैं। विषमता संबंधी रचनाओं में परंपरागत रूप से जिस वर्गीकरण का सबसे अधिक उपयोग किया गया है, वह है आर्थिक वर्ग भले ही उसकी परिभाषा मार्क्सवादी आधार पर या ऐसे ही कुछ दूसरे प्रकार्यों के

आधार पर की जाए (जो मुख्यतः उत्पादन के साधनों के स्वामित्व और व्यवसाय पर केंद्रित होते हैं), या फिर आय समूहों या संपत्ति श्रेणियों के आधार पर की जाए।[2]

इस तरह के वर्ग आधारित वर्गीकरणों का महत्त्व अधिकांश संदर्भों में सुस्पष्ट है। इससे यह संकेत भी मिलता है कि अगर, मिसाल के लिए, स्वाधीनता संबंधी अधिकारों के अंतराल में समानता से कल्याण की समानता जैसी कोई चीज पैदा नहीं होती या उन समग्र स्वतंत्रताओं की समानता पैदा नहीं होती जिनको लोग अपनी-अपनी पसंद का जीवन जीने के लिए मूल्यवान समझते हैं, तो ऐसा भला क्यों है ? वे कल्याण और जीवन की दशाओं में विषमता उत्पन्न करने के संदर्भ में संपत्ति और आय की विषमताओं के महत्त्व की ओर भी ध्यान खींचती हैं,—तब भी जब *औपचारिक नियम-कायदों* में तथा कुछ *विशेष सुविधाओं* के आवंटन में समानता की स्थिति पाई जाती हो, जिसको कभी-कभी कुछ बढ़ा-चढ़ाकर 'अवसरों की समानता' कहा जाता है।[3] सामान्य राजनीतिक, सामाजिक और आर्थिक विश्लेषण के संदर्भ में वर्ग पर आधारित ऐसे वर्गीकरण की नाजुक अहमियत से इनकार करना एकदम मुमकिन नहीं।

मार्क्स के 'शोषण' के सिद्धांत में भी वर्गीय विश्लेषण का केंद्रीय महत्त्व है। कुछ लोग कड़ी मेहनत करते हैं और मामूली सी रकम पाते हैं, जबकि दूसरे लोग जरा सा काम करते और भारी आमदनी हासिल करते हैं। इस वैपरीत्य से प्रेरित होकर सामाजिक समालोचकों ने इस द्विभाजन (डाइकाटमी) का अनेक प्रकार से सैद्धांतीकरण किया है। मार्क्स ने प्रूधों के इस निदान को तो अस्वीकार कर दिया कि संपत्ति 'चोरी' है, फिर भी उन्होंने श्रम के प्रभावी समय के आधार पर लेखा-जोखा का एक ऐसा ढंग विकसित किया जो एक समृद्ध वर्णन-शक्ति के साथ इस वैपरीत्य को सामने लाता है।[4] लेकिन उत्पादन के विश्लेषग की दिशा में और आगे जाएँ तो शोषण के सिद्धांत में कौन किस चीज का 'उत्पादन' कर रहा है, इसकी एक पहचान भी शामिल है। शोषण को यहाँ एक की मेहनत पर दूसरे के गुलछर्रे उड़ाने के रूप में देखा गया था।

उत्पादन की एक समेकित व्यवस्था में कौन चीज का उत्पादन कर रहा है, इसकी पड़ताल कोई आसान काम नहीं है। यह समस्या उत्पाद के एक निश्चित भाग को उत्पादन के प्रत्येक तत्त्व से जोड़ने के बारे में उन परवर्ती प्रयासों के साथ भी है जो नवशास्त्रीय आर्थिक विश्लेषण पर आधारित हैं। उत्पादन पर आधारित 'मरुस्थल' के आदर्शमूलक सिद्धांतों में इस संबंध-स्थापन की एक प्रमुख भूमिका है; जे. बी. क्लार्क (1902) और पीटर बावेर (1981) की रचनाओं में ऐसे ही सिद्धांत किसी-न-किसी रूप में दिखाई पड़ते हैं। 'समानता नाम की अपवित्र रेती' पर पीटर बावेर के आक्रमण की अनेक सुस्पष्ट विशेषताएँ हैं, पर यह एक नाजुक हद तक अपने उत्पादन के फल चखने संबंधी 'उत्पादकों' के अधिकार पर आधारित हैं। (उनके अपने शब्दों में, 'यह बात किसी भी तरह स्पष्ट नहीं है कि जो लोग अधिक उत्पादन करते हैं उनको अधिक आय प्राप्त हो, यह बात भला क्यों अन्यायपूर्ण कही जाएगी।')[5]

किसने क्या पैदा किया, इसकी पहचान वास्तव में उत्पादन की किसी भी समेकित

व्यवस्था में एकदम मनमानी होती है। उत्पादन एक परस्पर-संबद्ध प्रक्रिया है जिसमें अनेक संसाधनों का संयुक्त उपयोग किया जाता है, और आमतौर पर यह तय करने का कोई स्पष्ट तरीका नहीं होता कि उत्पान में उसके किस घटक का हिस्सा कितना हो ! किसी संसाधन के 'सीमांत उत्पाद' की धारणा का वास्तव में इससे कोई सरोकार नहीं होता कि किसने 'वास्तव में' क्या 'पैदा' किया है। उसका सरोकार संसाधनों के आवंटन का मार्गदर्शन करना होता है और इसके लिए यह पड़ताल की जाती है कि (अन्य सभी संसाधनों के यथावत रहने पर) किसी एक संसाधन की एक और इकाई का इस्तेमाल किया जाए तो क्या नतीजा निकलेगा। *प्रतितथ्यात्मक* सीमांत उत्पाद का नजरिया यही है (कि अन्य बातों के समान रहने पर अगर एक और *इकाई* काम में लाई जाए तो *फिर क्या होगा*), और इसके आधार पर अगर इस बात की पहचान की जाती है कि कुल उत्पाद में किसी ने 'वास्तव में' कितने का उत्पादन किया है, तो यह सीमांत आकलन के तर्क को उसके उद्देश्य और उसकी गहराई से पूरी तरह वंचित कर देने के बराबर होगा।[6]

पहचान (किसने क्या पैदा किया) की यह समस्या मार्क्स के शोषण के सिद्धांत पर भी लागू होती है—और शायद कुछ ज्यादा ही, क्योंकि इसमें श्रम से इतर संसाधनों की बहुत ही सीमित विवेचना की गई है। अगर हम यह मान लें कि यह सिद्धांत मुख्यतः मानव के कार्य के आधार पर उत्पादन की प्रक्रिया का नहीं,[7] बल्कि एक व्यक्ति के द्वारा दूसरे के उत्पाद के अधिग्रहण का एक महत्त्वपूर्ण विवरण है, तो भी अनेक प्रश्न अनुत्तरित रह जाते हैं। मार्क्स खुद इस अपेक्षाकृत अधिक आग्रही निदान के प्रति काफी कुछ शंकित थे। उन्होंने इसका सहारा तो अनेक संदर्भों में लिया, फिर भी उन्होंने इसे अपनी मूल्यांकन प्रणाली का वितरण संबंधी केंद्रीय सरोकार मानने से इनकार कर दिया था। (इसकी सबसे स्पष्ट विवेचना *गोथा कार्यक्रम की आलोचना,* मार्क्स (1875) में की गई है।)

आर्थिक अवसरों और स्वतंत्रताओं के संबंध के विश्लेषण के लिए तथाकथित मार्क्सीय वर्गों पर आधारित वर्गीकरण की परंपरा काफी कुछ अपर्याप्त हो सकती है। विविधताएँ और भी अनेक प्रकार की होती हैं, और समानता का जो दृष्टिकोण आवश्यकताओं की पूर्ति या स्वतंत्रताओं के सुनिश्चय से जुड़ा होगा उसे शुद्ध वर्गीय विश्लेषण से आगे बढ़ना होगा। मिसाल के लिए अगर संपत्ति के स्वामित्व पर आधारित विषमताओं का पूरा-पूरा उन्मूलन हो जाए तो भी उत्पादक योग्यताओं और आवश्यकताओं से जुड़ी और अन्य अंतःवैयक्तिक विविधताओं के आधार पर गंभीर विषमताओं का अस्तित्व संभव है।

वर्गीय विश्लेषण से आगे बढ़ने की जरूरत को तो खुद मार्क्स (1875) ने बड़े कायल करने वाले ढंग से उस समय रेखांकित किया था जब उन्होंने जर्मन मजदूर पार्टी की आलोचना इस बात के लिए की थी कि उसने यह मान लिया था कि *काम* के प्रतिदान संबंधी समानता *आवश्यकताओं* की पूर्ति संबंधी समानता से नहीं टकराएगी :

> लेकिन एक व्यक्ति शारीरिक या मानसिक दृष्टि से दूसरे से श्रेष्ठ होता है और इसलिए वह एक ही समय में अधिक काम करता है या देर तक काम कर सकता है; और अगर श्रम को माप बनाना हो तो उसकी परिभाषा उसकी अवधि या तीव्रता के आधार पर करनी होगी। अन्यथा वह माप का मानदंड नहीं रहेगा। यह समान अधिकार असमान श्रम के लिए असमान अधिकार के समान है।[8]

मार्क्स की समझ में समान प्रतिदान का यह आग्रह—चाहे आवश्यकताएँ कुछ भी हों—उस 'बुर्जुआ अधिकार' का विस्तार था जो मानव प्राणियों को केवल उत्पादक समझता है। (मार्क्स 1875 : 9 देखें।) मजदूर वर्ग की कतारों के *अंदर* मौजूद विविधताओं के कारण ही मार्क्स ने दूसरे वर्गीकरणों की आवश्यकता पर जोर दिया। उन्होंने आवश्यकताओं में अंतर समेत हमारी बहुमुखी विविधताओं का सवाल उठाने की जरूरत की तरफ भी ध्यान खींचा, और इसी के चलते यह सुप्रसिद्ध नारा सामने आया : 'हरेक से उसकी योग्यता के अनुसार; हरेक को उसकी आवश्यकता के अनुसार।' मार्क्स की शिकायत का एक बुनियादी हिस्सा लोगों को 'सिर्फ एक निश्चित नज़रिए से देखने', खासकर उन्हें '*केवल मजदूर* समझने की और उनमें कुछ और न देखने, बाकी सब कुछ को नजरअंदाज कर देने' की गलती के खिलाफ था।[9]

एक उदाहरण के रूप में मार्क्स ने इस तथ्य की ओर इशारा किया कि विभिन्न मजदूरों के परिवार अलग-अलग आकार के होते हैं।[10] यह बात कही जा सकती है कि जहाँ तक अभिभावकों का सवाल है, बच्चों की संख्या कम-से-कम आंशिक रूप से उनके अपने नियंत्रण में होती है (और इसीलिए यह एक ऐसा विषय है जिसके बारे में उनकी अपनी जिम्मेदारी स्वीकार की जानी चाहिए), मगर इस तर्क से खुद बच्चों के दावों की शक्ति किसी भी तरह कम नहीं होती।[11] असमान परिवार से उत्पन्न होने वाली असमान आवश्यकताएँ उपयुक्त सामान्यीकरण के द्वारा और 'समतुल्यता के पैमानों' का उपयोग करके आय पर आधारित दृष्टिकोण में कुछ हद तक जरूर खपाई जा सकती हैं।[12] पर आवश्यकताओं में अंतर की अपेक्षाकृत अधिक सामान्य समस्या को इस प्रकार नहीं निपटाया जा सकता। आयों की या और सामान्य ढंग से कहें तो प्राथमिक वस्तुओं या संसाधनों की समानता वहाँ पर आवश्यकताओं की समान पूर्ति में असफल हो सकती है जहाँ व्यक्ति व्यक्ति के बीच आवश्यकताओं में अंतर हों और इस तरह आवश्यकता-पूर्ति में संसाधनों के रूपांतरण में भी अंतर हों। कल्याण, या आवश्यकता-पूर्ति के अंतराल में समानता के तकाजे पूरे करते समय हमें आय पर आधारित प्रवर्गों से और साथ ही (जैसा खुद मार्क्स का तर्क था) तथाकथित मार्क्सीय वर्गों से भी आगे जाना होगा।

कुछ करने, कुछ बनने और अपनी पसंद का जीवन जीने की स्वतंत्रता में आयों, प्राथमिक वस्तुओं और संसाधनों के रूपांतरण की भिन्न-भिन्न दरों के बारे में पहले जो तर्क दिया जा चुका है, उपरोक्त तर्क ठीक उसी के समानांतर है। व्यापक मानवीय विविधता दोनों की समस्याओं का स्रोत तथा उनके अपने-अपने महत्त्व का कारण है।

वर्ग, स्वामित्व और व्यवसाय संबंधी विविधता की व्यापक प्रासंगिकता को स्वीकार करने और उसका उपयोग करने के बाद हमें आगे बढ़कर उन विविधताओं पर भी आना होगा जो हमारे जीवन और हमारी स्वतंत्रताओं को प्रभावित करती हैं।

कभी-कभी हो सकता है, विषमता के दूसरे स्रोत वर्ग से अंशतः जुड़े हुए हों, पर कुछ खास मानो में उससे अलग भी हों और उनके अपने प्रभाव भी हों। मिसाल के लिए अमेरिका या ग्रेट ब्रिटेन में वर्ग से नस्ल और रंग का अच्छा सांख्यिकीय सहसंबंध संभव है, मगर काले होने से जुड़ा अभाव *सिर्फ* उसके वर्गीय सहसंबंधों का मुआमला नहीं है। नस्ली भिन्नता वाले किसी समाज में एक व्यक्ति को किस निगाह से देखा जाता है, इस पर उसकी गोचर नस्ली विशेषताओं का गहरा प्रभाव पड़ सकता है, और यह चीज अनेक परिस्थितियों में प्रकार्यात्मक संभावनाओं में बाधा का काम कर सकती है। इसी तरह वर्ग से अकसर जुड़े होने के बावजूद जाति संबंधी भेदों के अपने प्रभाव होते हैं।[13] नस्ल या जाति एक ऐसा तत्त्व हो सकती है जो—रोजगार हासिल करने और इलाज की सुविधा पाने से लेकर पुलिस से सभ्य व्यवहार पाने तक—रोजमर्रा की जिंदगी के अनेक पहलुओं पर दूरगामी प्रभाव डाल सकता है। आय और स्वामित्व के वितरण संबंधी विषमताएँ आमतौर पर कहानी का *अंग* तो होंगी, पर पूरी कहानी नहीं होंगी।

8.2 लिंग और विषमता

वर्गीकरण का एक आधार लिंग भी है जो इस संदर्भ में खासतौर पर प्रासंगिक है। विभिन्न समाजों में पुरुषों और स्त्रियों को प्राप्त स्वतंत्रताओं में सुव्यवस्थित भिन्नताएँ होती हैं, और अकसर इन भिन्नताओं को घटाकर आय या संसाधनों के अंतर तक लाना संभव नहीं होता। मजदूरियों या भुगतान की दरों संबंधी अंतर अधिकांश समाजों में लैंगिक विषमताओं का एक अहम हिस्सा होते हैं, मगर वहीं लाभों में अंतर के दूसरे बहुत से क्षेत्र भी होते हैं। जैसे परिवार के अंदर श्रम-विभाजन में, देखभाल या शिक्षा की प्राप्ति में और विभिन्न सदस्यों को प्राप्त स्वाधीनताओं में।[14]

वास्तव में अंतर-पारिवारिक विभाजनों का संदर्भ लें तो परिवार की कुल आय को परिवार के अलग-अलग सदस्यों पर खर्च होने वाली आय में विभाजित करना आसान नहीं होता। इस विभाजन का एक असमान स्वरूप हो सकता है, खासकर आवश्यकताओं के संदर्भ में। मगर उसे आय संबंधी भेदों में दिखाना मुश्किल होता है, और यह धारणा अंतर-पारिवारिक विभाजनों की जाँच-पड़ताल के लिए एक टेढ़ी धारणा होगी।[15] परिवार के अंदर की विषमता संसाधनों के *उपयोग* की तथा प्रकार्य की सामर्थ्य में प्रयुक्त संसाधनों के *रूपांतरण* की विषमता होती है, तथा परिवार के अंदर 'आय के वितरण' की कोई भी मनगढ़ंत धारणा इनमें से किसी को भी अच्छी तरह प्रस्तुत नहीं कर सकती।

दुनिया के अनेक भागों में, मसलन एशिया और उत्तरी अफ्रीका के ग्रामीण परिवारों में स्त्रियों और पुरुषों के साथ, और खासकर लड़कों के मुकाबले लड़कियों के साथ, असमान व्यवहार के बारे में ढेरों परोक्ष साक्ष्य उपलब्ध हैं।[16] बीमारी और मौत की दरें

अकसर स्त्रियों की असाधारण अभावग्रस्तता को प्रतिबिंबित करती हैं।

यहाँ तक कि कुल आबादी में पुरुषों से स्त्रियों का मोटा अनुपात (क्रूड रेशियो) भी दक्षिण एशिया, पश्चिम एशिया, उत्तरी अफ्रीका और चीन में केवल 0.93 से लेकर 0.96 तक है। इसके विपरीत, अंशतः (समान देखभाल की स्थिति में) पुरुषों पर स्त्रियों को प्राप्त शारीरिक लाभों के कारण, यूरोप और उत्तरी अमेरिका की आबादी में स्त्रियों और पुरुषों का अनुपात इकाई से अधिक (कोई 1.05 या इसके आसपास) है। यह बात यकीनन है कि अधिक अमीरतर देशों में पुरुषों की मृत्यु की अधिक दर अंशतः शारीरिक नहीं, सामाजिक कारणों को प्रतिबिंबित करती हो।[17] मिसाल के लिए अमेरिका जैसे अनेक समाजों में हिंसा से होने वाली पुरुषों की मृत्यु की दर अधिक होने के पर्याप्त साक्ष्य उपलब्ध हैं। युद्ध के कारण भी पुरुषों में मृत्यु की दर कुछ अधिक होती है। लेकिन समान व्यवहार *की स्थिति में* स्त्रियों को जो लाभ प्रप्त होते हैं उनके पीछे शारीरिक कारणों का अच्छा-खासा हाथ दिखाई देता है।[18] एशिया और उत्तरी अफ्रीका में स्त्रियों के *प्रतिकूल* मृत्युदर संबंधी जो अंतर दिखाई देता है, वह इस तरह उस दर से एक उल्लेखनीय अंतर का सूचक है जिसकी आशा, समान देखभाल की स्थिति में, जैविक संभावनाओं के आधार पर की जा सकती थी। (इसके बारे में सेन, 1989 अ देखें।) इन देशों में पुरुषों के मुकाबले स्त्रियों में बीमारी और मौत की अधिक दरें 'उपलब्धि संबंधी गंभीर विषमता' की सूचक हैं। इतना ही नहीं, वे *विपरीत* दिशावाली जैविक संभावना के मद्देनजर 'कमी संबंधी विषमता'—शॉर्टफाल इन इक्वालिटी—की सूचक भी हैं।[19]

ये बातें अनेक विकासशील देशों के संदर्भ में लैंगिक विषमता के प्रारंभिक और महत्त्वपूर्ण पक्ष हैं, और जरूरी नहीं कि उनका मूल्यांकन परिवार *के अंदर* आय की विषमता की किसी मनगढ़ंत धारणा के आधार पर किया जाए। वे प्रकार्यात्मक विविधताओं को तथा रोकथाम योग्य बीमारी और बचाई जा सकने वाली मृत्यु से बचने की प्रारंभिक सामर्थ्यों में मौजूद भिन्नताओं को प्रतिबिंबित करती हैं। यहाँ हमारा सरोकार इन लैंगिक भेदों के पीछे मौजूद कारणों से नहीं है,[20] बल्कि लैंगिक विषमता की प्रकृति की पहचान से है जो इन कारणों की पहचान से पहले का कार्य है। यहाँ आय के वितरण के परंपरागत परिप्रेक्ष्य से हटकर सीधे-सीधे प्रकार्यों और सामर्थ्यों पर ध्यान देना एक महत्त्वपूर्ण कदम हो सकता है।[21]

अगर बीमारी और मौत के मुआमलों में लैंगिक भेद इतने तीखे न हों तो भी दूसरे महत्त्वपूर्ण प्रकार्यों और सामर्थ्यों में विषमताएँ हो सकती हैं, और उनसे स्वतंत्रता में भारी विषमताएँ पैदा हो सकती हैं। अश्वेत अफ्रीका में खानपान के मामले में स्त्री-विरोधी झुकाव और बीमारी और मौत की दरों में अंतर काफी कम हैं,[22] मगर वहीं दूसरे बहुत से प्रकार्यों में स्त्री-पुरुषों के बीच भारी अंतर मौजूद हैं। जैसे पढ़ने-लिखने की योग्यता में, शारीरिक विकृतियों से बचाव में, स्वतंत्र जीवनवृत्ति अपनाने की योग्यता में, या नेतृत्वकारी स्थान पाने की योग्यता में।

अनेक सामाजिक प्रकार्यों के संदर्भ में यूरोप और उत्तरी अमेरिका के धनी देशों में भी महत्त्वपूर्ण लैंगिक भेदभाव हो सकते हैं, यानी तब भी जबकि जीवनरक्षा और मृत्यु जैसे मुआमलों में (कमी से बचाव की दृष्टि से नहीं तो कम-से-कम उपलब्धि की दृष्टि से) स्त्रियों की स्थिति अपेक्षाकृत बेहतर है। यहाँ मुझे इस प्रश्न की और अधिक विवेचना का अवसर नहीं मिलेगा,[23] फिर भी मैं कहूँगा कि विकासशील देशों की ही तरह उन्नत समाजों में भी लैंगिक विषमता के प्रश्न को बेहतर ढंग से तभी समझा जा सकता है जबकि (प्रकार्यों और सामर्थ्यों जैसी) उन बातों की तुलना की जाए जिनका एक अंतर्निहित महत्त्व है, बजाय इसके कि हम प्राथमिक वस्तुओं और संसाधनों जैसे मात्र साधनों की ही तुलना करते रहें। लैंगिक विषमता का प्रश्न अंततः असमान स्वतंत्रताओं का प्रश्न है।

8.3 अंतःक्षेत्रीय भिन्नताएँ

इस अध्याय को समाप्त करने से पहले आय के आधार पर निर्धनता को परखने तथा कुछ बुनियादी प्रकार्यों की पूर्ति के लिए आवश्यक सामर्थ्य के आधार पर उसे परखने के बीच जो अंतर है उसके महत्त्व को दर्शाने के लिए मैं अंतःक्षेत्रीय अंतरों के कुछ अनुभवाश्रित उदाहरणों की विवेचना करना चाहूँगा।

जीवन स्तर से जुड़े कुछ अत्यंत महत्त्वपूर्ण प्रकार्य अकसर प्रतिव्यक्ति वास्तविक आय से सचमुच आश्चर्यजनक सीमा तक भिन्न होते हैं। इन प्रकार्यों में (अकाल मृत्यु का शिकार हुए बिना) लंबी उम्र जीने का अत्यंत साधारण प्रकार्य भी शामिल है। प्रतिव्यक्ति सकल राष्ट्रीय उत्पाद (स रा उ) और जन्म के समय प्रत्याशित आयु की अंतर्राष्ट्रीय स्तर पर तुलनाएँ करके इस बात को आसानी से समझा जा सकता है।[24] प्रतिव्यक्ति स रा उ को लें तो दक्षिण अफ्रीका (2,470 डालर), ब्राजील (2,540 डालर), गैबन (2,960 डालर) और अम्मान (5,220 डालर) का प्रतिव्यक्ति स रा उ चीन (350 डालर) और श्रीलंका (430 डालर) के प्रतिव्यक्ति स रा उ का छः गुना या उससे भी अधिक है। मगर इन अपेक्षाकृत अमीर देशों में लोगों की अकाल मृत्यु से बचने की क्षमता उपरोक्त दो कम आयवाले देशों से काफी हद तक कम है। (प्रथमोक्त श्रेणी के देशों में जन्म के समय प्रत्याशित आयु 53 और 66 वर्ष के बीच है, जबकि चीन और श्रीलंका में यह 70 वर्ष या उससे अधिक है।) कोस्ता रिका भी प्रथमोक्त चार देशों से काफी गरीब है, पर वहाँ जन्म के समय प्रत्याशित आयु इन चार देशों से (और दूसरे उच्च-मध्य आयवाले देशों से भी) काफी अधिक है। इतना ही नहीं, यह प्रत्याशित आयु यूरोप और उत्तरी अमेरिका के अमीरतरीन देशों में प्राप्य प्रत्याशित आयु से भी कोई खास कम नहीं है (जबकि वहाँ प्रतिव्यक्ति स रा उ कोस्ता रिका से दस गुनी या और भी ज्यादा है।) मिसाल के लिए अमेरिका में प्रतिव्यक्ति स रा उ 20, 910 डालर और जन्म के समय प्रत्याशित आयु 76 वर्ष है, जबकि 1,780 डालर के प्रतिव्यक्ति स रा उ वाले कोस्ता रिका में प्रत्याशित आयु पहले ही 75 वर्ष तक पहुँच चुकी है।

जब हम वस्तुओं और आय से ध्यान हटाकर उसे प्रकार्यों और सामर्थ्यों पर केंद्रित करते हैं तो तसवीर काफी कुछ बदल जाती है। लगता है, इन भेदों का संबंध काफी हद तक सामाजिक, शैक्षिक और रोग संबंधी दशाओं से है। जीवन की गुणवत्ता के क्षेत्र में चीन, श्रीलंका और कोस्ता रिका की उपलब्धियों का काफी कुछ संबंध सामुदायिक स्वास्थ्य सेवा, चिकित्सा सेवा और बुनियादी शिक्षा संबंधी नीतियों से है। इस तरह आय के अभाव और बुनियादी प्रकार्यों की पूर्ति संबंधी सामर्थ्य के अभाव का अंतर कुछ हद तक लोकनीति के लिए भी प्रासंगिक है—विकास के लिए भी तथा निर्धनता और विषमता के उन्मूलन के लिए भी।[26]

एक और रोचक उदाहरण का संबंध भारत जैसे विशाल देश *के अंदर* पाए जाने वाले भेदों से है। भारत के राज्यों में केरल सबसे कम प्रतिव्यक्ति वास्तविक आयवाले राज्यों में एक है, लेकिन वहाँ जन्म से समय प्रत्याशित आयु सबसे अधिक और दूसरों से काफी अधिक—70 वर्ष से ऊपर—है। (पूरे भारत को लें तो यह लगभग 57 वर्ष है।)[27] इसी तरह केरल में शैशव मृत्यु भी भारत की औसत दर से काफी कम है।[28] वहाँ सामान्य साक्षरता का स्तर भी काफी ऊँचा (52 प्रतिशत के भारतीय औसत के मुकाबले 91 प्रतिशत) है, खासकर स्त्री साक्षरता भी अधिक (39 प्रतिशत के राष्ट्रीय औसत के मुकाबले 87 प्रतिशत) है।[29] सच तो यह है कि नाजुक अहमियतवाले अनेक प्रकार्यों के मुआमले में केरल की उपलब्धियाँ बाकी भारत से कहीं ज्यादा ही नहीं है, बल्कि कुछ क्षेत्रों में—खासकर स्त्रियों के मुआमले में—वे चीन और श्रीलंका से भी ज्यादा है। मिसाल के लिए पूरे चीन और पूरे भारत को लें तो स्त्री-पुरुष अनुपात (लगभग 0.93) यूरोप, उत्तरी अमेरिका और अश्वेत अफ्रीका से कम है जहाँ पुरुषों के मुकाबले स्त्रियों की संख्या अच्छी-खासी *ज्यादा है* (इस अध्याय में पहले इसकी विवेचना की जा चुकी है), मगर यही बात केरल पर लागू नहीं होती। केरल में स्त्री-पुरुष अनुपात 1. 04 है जो यूरोप और उत्तरी अमेरिका के अनुपातों (लगभग 1.05) के काफी करीब है।[30]

अगर हम वितरण की विषमता का समावेश करके औसत स रा उ के मान में 'संशोधन' करें तो आय का परिप्रेक्ष्य अपेक्षाकृत अधिक मुखर हो उठता है। लेकिन इस समायोजन के बाद भी (अर्थात् वास्तविक आय के वितरण के लिए संशोधित मापों का इस्तेमाल करें तो भी) केरल अधिक निर्धन भारतीय राज्यों में एक रहता है।[31] वितरण संबंधी संशोधन आय के दृष्टिकोण की खामियों को इस हद तक दूर नहीं करते कि केरल में अकाल मृत्यु से बचने संबंधी सामर्थ्य के ऊँचे स्तरों की व्याख्या की जा सके। औसत आय के आँकड़ों के साथ हम आय और वस्तुओं के स्वामित्व संबंधी विषमता पर विचार करें तो भी आय के दृष्टिकोण की खामी पर्याप्त रूप से दूर नहीं होती।

बुनियादी सामर्थ्यों जैसे महत्त्वपूर्ण अंतराल में केरल की सफलता की कुँजी हमें (स्त्री साक्षरता समेत) शिक्षा, (सामुदायिक चिकित्सा सेवा समेत) स्वास्थ्य सेवाओं और कुछ हद तक (ग्रामीण और नगरीय जनता, दोनों के वास्ते खाद्यान्नों के बंदोबस्त को

सार्वजनिक समर्थन देने समेत) खाद्यान्न वितरण के मुआमले में लोकनीति के इतिहास में ढूँढ़ना होगा, और यह लोकनीति बाकी भारत से भिन्न रही है। इससे कुछ और तत्त्व भी जुड़े हुए हैं। जैसे केरल की आबादी के एक खासे बड़े और प्रभावशाली भाग में संपत्ति के अधिकारों और उत्तराधिकार के बारे में स्त्रियों की स्थिति अधिक अनुकूल है। इसके अलावा वहाँ शैक्षिक अभियानों में और आमतौर पर राजनीति के क्षेत्र में भी जनता अधिक सक्रिय रही है। केरल में जनता की सक्रियता का एक लंबा इतिहास रहा है तथा 19वीं सदी में त्रावणकोर और कोच्चि जैसे देसी रजवाड़ों में साक्षरता के उल्लेखनीय अभियान चल चुके हैं।

यह पुस्तक निश्चित ही लोकनीति के ब्यौरों में जाने का अवसर प्रदान नहीं करती।[32] मगर अहमियत इस बात पर जोर देने की है कि सामर्थ्य के दृष्टिकोण का मूल्यांकन संबंधी परिप्रेक्ष्य ऐसे नीतिगत प्रश्नों की छानबीन और पड़ताल की तरफ हमारा ध्यान बलपूर्वक खींचता है। यह इस जरूरत का संकेत भी देता है कि हम विकास के प्रयासों के प्रति एक व्यापक दृष्टिकोण अपनाएँ तथा इसके लिए राष्ट्रीय उत्पाद और आयों के वितरण में सुधार पर ही ध्यान केंद्रित करने की बजाय उससे कहीं आगे बढ़कर सोचें।

टिप्पणियाँ

1. यहाँ निम्नांकित के बीच एक अंतर किया गया है : (1) (*समूहों* के रूप में देखे जा रहे) विभिन्न समूहों की विषमता में एक *अंतर्जात* रुचि, और (2) समूहों की विषमता विभिन्न समूहों में बँटे व्यक्तियों की विषमता के बारे में जो कुछ बतलाती है उसके कारण समूहों की विषमता में *व्युत्पन्न* रुचि। यहाँ हमारा ध्यान दूसरे पर केंद्रित है। दोनों दृष्टिकोणों के अंतर तथा समूहों की विषमता के बारे में किसी *अंतर्जात* रुचि की नीतिशास्त्रीय स्थिति के बारे में दूसरों के अलावा बेते (1983 अ, 1983 ब) तथा लौरी (1987) देखें।
2. वर्ग, स्वामित्व और आय के विचारों का उपयोग करने वाले हालिया आर्थिक और सामाजिक विश्लेषणों की मिसालों के तौर पर डाल्टन (1925), कुज्नेत्स (1961, 1966, 1973), लाइडल (1966), एटकिंसन (1972, 1975), थुरो (1975), एडवर्ड्स, राइख और वीशकाफ (1986), तथा डाह्रेनडोर्फ (1988) देखें। मार्क्स की वर्गीय श्रेणियों के हालिया विश्लेषणों में भिन्न-भिन्न प्रकार की रचनाएँ शामिल हैं, जैसे हाब्सबाम (1964), मिलिबैंड (1977), जी. ए. कोहेन (1978, 1988), कोलाकोव्स्की (1978), एम. कोहेन, नागेल और स्कैनलन (1980), एफ. ई. बुखानन (1982), रोमर (1982), मार्गलिन (1984), एल्सटर (1986) तथा कुछ अन्य।
3. 'समान अवसरों' की धारणा की अस्पष्टताओं के बारे में थुरो (1975), ले ग्रांद (1982), बेयर, कैप्लन और डेनियल्स (1983), बेते (1983 अ), वेर्बा आदि (1987), गुडिन (1988), वान पेरिज्स (1990 ब, 1991) देखें। अमेरिका जैसे देश में भी 'अवसरों की समानता' के मानक नियोगों (स्टैंडर्ड इंपरेटिव्स) के आधार पर जो कुछ प्राप्त किया जा सकता है उसकी सीमाओं के बारे में जेंक्स (1972) देखें।
4. मार्क्स ने 'मूल्य के श्रम सिद्धांत' के जो उपयोग किए उनमें से एक यह भी था। वास्तव में 19वीं

सदी में मूल्य के दोनों प्रमुख सिद्धांतों—श्रम सिद्धांत और उपयोगिता सिद्धांत—ने मात्र भविष्योक्ति संबंधी उपयोग के विपरीत वर्णन की समृद्धि पर काफी ध्यान दिया। डाब (1937), सेन (1980 ब) और रोमर (1982, 1986 अ) देखें।

5. बावेर (1981 : 17) देखें। मैंने पीछे, अध्याय 1 में, कहा है कि बावेर के सुस्पष्ट समानता-विरोधी रवैए के बावजूद उनका अपना सिद्धांत अपने उत्पाद के बारे में उत्पादकों के *समान अधिकार* पर जोर देता है। यहाँ हमारा सरोकार उस विशेष प्रश्न से नहीं, बल्कि बावेर जिस प्रकार का न्याय चाहते हैं उसके अंतर्तत्त्व से है।
6. मैंने इस प्रश्न की विवेचना सेन (1985 य) में की है।
7. समृद्ध वर्णन के रूप में श्रम सिद्धांत—और साथ ही उपयोगिता सिद्धांत—के शास्त्रीय परिचय के बारे में डाब (1937) देखें।
8. मार्क्स (1875 : 9)
9. मार्क्स (1875 : 9) देखें। इस अंतर के बारे में *ओ ई आई,* अध्याय 4 भी देखें।
10. 'इसके अलावा एक मजदूर विवाहित है और दूसरा नहीं है; एक के मुकाबले दूसरे के अधिक बच्चे हैं, वगैरह-वगैरह।' (मार्क्स 1875 : 9 देखें।)
11. इसका मतलब इससे इनकार करना नहीं है कि बड़े परिवारों को अधिक सामाजिक सहायता देने के साथ एक 'प्रोत्साहन का प्रश्न' भी जुड़ा हुआ है, और इस संदर्भ में जनसंख्या नीति की समस्याओं की उपेक्षा नहीं की जा सकती। लेकिन गरीबों के बीच बड़े परिवारों के अभाव-पीड़ित सदस्यों के कल्याण और उनकी सामर्थ्यों संबंधी सरोकार को ध्यान में रखकर प्रोत्साहन के इस तर्क को मर्यादित करना होगा।
12. अन्य रचनाओं के अलावा बार्टेन (1964), म्यूलबावेर (1974 अ, 1974 ब, 1987), पोलक और वेल्स (1979, 1981), डीटन (1980, 1988), डीटन और म्यूलबावेर (1980, 1986), ब्लैकोर्बी, डोनल्डसन और आवेर्सपर्ग (1981), एटकिंसन (1983, 1989), जोर्गेसन और स्लेस्निक (1983, 1984 अ, 1984 ब, 1987), ब्लैकोर्बी और डोनल्डसन (1984, 1988), एटकिंसन और बोर्ग्विनान (1987), बुहमान आदि (1988) देखें।
13. श्रीनिवास (1962) और बेते (1981, 1983 अ, 1987, 1990) देखें।
14. 'लैंगिक अंतर' के विभिन्न पहलुओं के बारे में अन्य रचनाओं के अलावा ऐम्सडेन (1980), ओकिन (1987, 1989), बर्गमान (1986), गोल्डिन (1989), फोल्ब्रे आदि (1991), नसबाम (1991 अ, 1991 ब), आर. ए. पुटनैम (1991), आनस (1992), ओ' नील (1992) देखें।
15. 'परिवार-समतुल्यता के पैमानों' का उपयोग परिवारों के बीच तुलना का एक उपाय सामने रखता है। इसमें आमतौर पर *माना* जाता है कि परिवार के *अंदर* कोई भेदभाव नहीं होता, हालाँकि भेदों के विश्लेषण से इस तसवीर को कुछ हद तक बदला जा सकता है। (म्यूलबावेर 1987; डीटन 1988; ब्लैकोर्बी और डोनल्डसन 1988 देखें।) पर सूचना की दृष्टि से यह तरीका इस अर्थ में सीमित है कि सीधे वास्तविक प्रकार्यों (जैसे व्यक्ति के कुपोषण या रोग) का अवलोकन नहीं किया जाता, बल्कि इसकी बजाय परिवार के कुल उपयोग के प्रतिमानों और उसमें वस्तुओं की संरचनाओं पर ध्यान दिया जाता है। फिर भी कभी-कभी प्रकार्यों के संबंधित आँकड़ों की सीमाओं के कारण यही दृष्टिकोण उन परिस्थितियों में काम आने वाला सबसे अच्छा दृष्टिकोण रह जाता है।
16. इसके बारे में बहुत सी दूसरी रचनाओं के अलावा बोजरप (1970, 1987, 1990), टिंकर और ब्रैमसन (1976), ए. मित्र (1980), मिलर (1981), एल. सी. चेन, हक और डी'सूजा (1981), रोजेंत्जविग और शुल्ज (1982), बुविनिक, लाइसेट और मैकग्रीवी (1983), किंच और सेन (1983), सेन और सेनगुप्त (1983), पी. बर्धन (1984, 1987), सेन (1984, 1985 द, 1988

स, 1990 स), जैन और बनर्जी (1985), किंच (1985), एम. चेन (1986 अ, 1986 ब), बैनिस्टर (1987), हैरिस और वाटसन (1987), दासगुप्त (1987), एम. वागन (1987), ए. बसु (1988), बेह्रमान (1988, 1992), बेह्रमान और देवलालिकर (1988), कुमार (1989), सेन (1989 अ, 1990 ब), टिंकर (1990 अ), कँवर और हद्दाद (1990), हैरिस (1990), व्हाइटहेड (1990) देखें।

17. जनांकीय तत्त्वों में लैंगिक अंतरों पर सांस्कृतिक प्रभावों के सामान्य प्रश्न पर जोहानसन (1991) देखें।

18. इस बारे में आई. वाल्ड्रन (1976, 1983) देखें। लगता है, शारीरिक लाभ की यह स्थिति गर्भ में भी रहती है और नर भ्रूणपात की अपेक्षा मादा भ्रूणपात की संभावना कम होती है।

19. मिसाल के लिए अगर भारत में स्त्री-पुरुष अनुपात अफ्रीका (1.02) जितना होता (लंबे जीवनवाली यूरोपीय और उत्तर अमेरिकी जनसंख्या के 1.05 जैसे बहुत भारी अनुपात को तो जाने दें) और अभी यह अनुपात जितना है (0.93) उतना कम न होता तो देश में पुरुषों की संख्या के मद्देनजर पिछली दहाई के मध्य में भारत में स्त्रियों की संख्या लगभग 4 करोड़ ज्यादा होती। चीन में भी (अफ्रीकी अनुपात के आधार पर) 'लापता स्त्रियों' की संगत संख्या 4 करोड़ के करीब है। (ड्रेज और सेन 1989 देखें।) 'लापता स्त्रियों' के गंभीर परिमाणात्मक अनुपात पाने के लिए जन्म और मृत्यु के उपयुक्त जनांकीय प्रतिरूपों पर विचार करना होगा। (जिनमें संभावित प्रतितथ्यात्मक परिदृश्यों का स्पष्ट उल्लेख हो), फिर भी (अश्वेत अफ्रीका में प्राप्य अनुपातों का उपयोग करके) जो करोड़ों के मोटे अनुमान प्राप्त होते हैं उनसे भी हम समस्या की गंभीरता का कुछ अंदाजा कर सकते हैं। 'लापता स्त्रियों' की समस्या में निहित विभिन्न आर्थिक, सामाजिक और सांस्कृतिक कारकों के विश्लेषण सेन (1988 स, 1989 अ), तथा ड्रेज और सेन (1989) में देखें।

20. इनकी विवेचना मैंने अन्यत्र, सेन (1984, 1985 द, 1989 अ, 1990 स) में करने की कोशिश की है। इस प्रश्न के विभिन्न पहलुओं के विश्लेषण के लिए बोजरप (1970, 1987, 1990), गार्डिनर, हिमेलवाइट और मैकिंतोश (1975), बनर्जी (1979, 1982), लुत्फी (1980), मैंसर और ब्राउन (1980), मैकएलराय और हार्नी (1981), मिलर (1981, 1984), राशफर्ड (1981), यंग, वोल्कोवित्ज और मैककुल्फ (1981), बेनेरिया (1982), डिक्सन (1982, 1983), रोजेंजविग और शुल्ज (1982), अहमद (1983), बुविनिक, लाइसेट और मैकग्रीवी (1983), किंच और सेन (1983), सेन और सेनगुप्त (1983), पी. बर्धन (1984, 1987), फोल्ब्रे (1984), के. बर्धन (1985), जैन और बनर्जी (1985), मजूमदार (1985), अग्रवाल (1986, 1991), एम. चेन (1986 अ, 1986 ब), बैनिस्टर (1987), बेह्रमान (1988), दासगुप्त (1987), हैरिस और वाटसन (1987), ए. बसु (1988), ओकिन (1989), हैरिस (1990), पपनेक (1990), टिंकर (1990 अ), ऐलन (1991), फोल्ब्रे आदि (1991), और अन्य रचनाएँ देखें।

21. इसका मतलब इससे इनकार करना नहीं कि पुरुषों के सापेक्ष स्त्रियों की भिन्न अर्जन-शक्ति उनकी स्थिति को प्रभावित कर सकती है (इसके बारे में बोजरप 1970; पी. बर्धन 1984; सेन 1984, 1985 द, 1990 स; के. बर्धन 1985 देखें), या बच्चों के देखभाल से जुड़ी आर्थिक गणनाओं की प्रभावित कर सकती है। (इस बारे में रोजेंजविग और शुल्ज 1982 देखें।) यह एक अलग प्रश्न है जिसके लिए अर्जन-शक्ति की भूमिका का *कारण-कार्य* विश्लेषण आवश्यक है, और इसे लैंगिक विषमता के निदान की समस्या से भिन्न समझा जाना चाहिए।

22. अफ्रीका के अनेक भागों में लड़कों के मुकाबले लड़कियों के अपेक्षाकृत बेहतर खानपान के बारे में स्वेदबर्ग (1988, 1990) देखें। डीटन (1988) भी देखें।

23. मैंने अन्यत्र विषमता या अधिकारों और सामर्थ्यों के व्यापक परिप्रेक्ष्य में 'सहयोगमूलक टकरावों'

के असमान परिणामों के रूप में लैंगिक विषमता के सामान्य प्रश्न की विवेचना का प्रयास किया है। सेन (1981 अ, 1985 द, 1990 स) देखें। साथ ही किंच और सेन (1983), सेन और सेनगुप्त (1983), ब्राइसन (1985), जैन और बनर्जी (1985), किंच (1985), टिली (1985), वागन (1985, 1987), ब्रैनेन और विल्सन (1987), विल्सन (1987), ऐस्लनबेइगुई और समरफील्ड (1989), ड्रेज और सेन (1989), पपनेक (1990), टिंकर (1990 अ), यू एन डी पी (1990), अग्रवाल (1991), एम. चेन (1991), अहमद आदि (1991) देखें।

24. अंतर्राष्ट्रीय तुलनाओं से संबंधित आँकड़े *वर्ल्ड डेवलपमेंट रिपोर्ट* (विश्व बैंक 1991) से लिये गए हैं। संबद्ध प्रश्नों पर यूनिसेफ (1987, 1992), यू एन डी पी (1990, 1991) भी देखें। आँकड़े अमेरिकी डालरों में दिए गए हैं।
25. चीन में प्रत्याशित आयु में भारी वृद्धि और मृत्युदर में कमी 1979 के आर्थिक सुधारों से पहले हुई, और वास्तव में एक बहुत साधारण आर्थिक संवृद्धि तथा लगभग स्थिर प्रतिव्यक्ति खाद्यान्न उत्पादन के काल में हुई। इसके विपरीत सुधारोत्तर काल में स रा उ की संवृद्धि तीव्र रही है, पर प्रत्याशित आयु की प्रगति थोड़ी ढीली दिखाई देती है। इस तथा संबद्ध विषयों पर रिस्किन (1987) तथा ड्रेज और सेन (1989) को देखें।
26. निश्चित ही प्रत्याशित आयु, साक्षरता और 'जीवन की गुणवत्ता' के दूसरे प्रचलित सूचक अपने आप में इसके लिए समर्थ नहीं हैं कि महत्त्वपूर्ण प्रकार्यों की पूर्ति संबंधी सामर्थ्य की पूरी तसवीर दिखा सकें। मगर वे पूरी तसवीर के महत्त्वपूर्ण *अंग* अवश्य हैं।
27. प्रतिदर्शी पंजीकरण सर्वेक्षण 1986-88 से पूरे केरल के लिए स्त्रियों के बारे में 73.2 वर्ष तथा पुरुषों के बारे में 67.0 वर्ष के आँकड़े प्राप्त होते हैं।
28. फिर भी केरल में बाकी भारत के मुकाबले स्वघोषित रुग्णता की दर काफी अधिक है। (इस प्रश्न तथा संबद्ध मुद्दों पर पणिक्कर और सोमन (1984); कुमार (1987, 1989); वैद्यनाथन (1987) देखें।) इससे कुछ हद तक केरल की आबादी की कम आय का और उसके कारण खानपान में आई कमियों का पता चलता है। लेकिन स्वघोषित रुग्णता की अधिक दर एक बड़ी हद तक केरल की जनता में स्वास्थ्य के बारे में अधिक *जागरूकता* का परिणाम लगती है जिसका संबंध ज्यादातर अधिक साक्षरता और स्वास्थ्य-सेवाओं के अधिक उपयोग से है। वास्तव में स्वघोषित रुग्णता की दरें बिहार और उत्तर प्रदेश जैसे सबसे कम साक्षर प्रदेशों में कम हैं जहाँ (निरक्षरता के साथ) मृत्यु की दरें बहुत अधिक हैं। और जैसा मुरे और चेन (1990) ने हाल के एक आलेख में दिखाया है, रुग्णता की स्वघोषणा के एक जैसे मानदंडों का इस्तेमाल करें तो अमेरिका में घोषित अस्वस्थता की दरें केरल से भी अधिक हैं। प्रसंगवश, रोग के आत्मबोध और मृत्यु की प्रकट दरों का यह विलोम संबंध भी कल्याण को जाँचने में केवल आत्मबोध पर भरोसा करने की समस्याओं को दर्शाता है। (अध्याय 3 में इसकी विवेचना की जा चुकी है।)
29. भारत के लिए तुलनात्मक आँकड़े भारतीय महापंजीयक तथा जनगणना आयुक्त कार्यालय के प्रकाशनों और कार्यपत्रों से लिये गए हैं; इनमें *सेंसस आफ इंडिया : प्राविजनल पापुलेशन टोटल्स* (नई दिल्ली : भारत सरकार, 1991) भी शामिल है। साक्षरता के आँकड़े 7 वर्ष या अधिक आयुवालों के बारे में हैं।
30. दरअसल अगर पिछले युद्धों के कारण यूरोप और उत्तरी अमेरिकावालों में पुरुष-मृत्यु की अधिक दरों के प्रभावों को निकाल दिया जाए तो संभवतः इन अनुपातों में भारी अंतर आ जाएँगे।
31. सेन (1976 ब) तथा भट्टाचार्य, चटर्जी और पाल (1988) देखें।
32. ड्रेज और सेन (1989) ने नीतिगत प्रश्नों पर ध्यान केंद्रित करते हुए (अंतर्राष्ट्रीय तुलनाओं तथा भारत के अंदर मौजूद क्षेत्रीय अंतरों समेत) इन विविध विषयों की विवेचना की है।

9

समानता के तकाजे

9.1 समानता के प्रश्न

प्रस्तुत पुस्तक के दो अपेक्षाकृत अलग-अलग मगर परस्पर-संबद्ध उद्‌देश्य रहे हैं। पहला उद्‌देश्य मुख्यतः पद्धतिशास्त्रीय है और दूसरे का संबंध मुख्यतः अंतर्तत्त्व से है।

पहले प्रकार के मुद्‌दों का सरोकार उन प्रश्नों की प्रासंगिकता और व्यापकता से है जो समानतावाद के संबंध में औचित्यपूर्वक पूछे जा सकते हैं, खासकर 'समानता क्यों ?' और 'समानता किस चीज की ?' जैसे प्रश्न। इस संदर्भ में निम्नलिखित को समझना आवश्यक है : (1) मानव प्राणियों की विविधताओं को (अर्थात् इस बात को कि हम निजी विशेषताओं और बाहरी परिस्थितियों, दोनों के मुआमले में एक-दूसरे से अलग हैं), और (2) उन प्रासंगिक 'अंतरालों' की बहुलता को जिनमें समानता को परखा जा सकता है। (अर्थात् उन चरों–आय, संपत्ति, उपयोगिताएँ, स्वाधीनताएँ, प्राथमिक वस्तुएँ, सामर्थ्य–की बहुलता को भारी जो तुलना के आधार का काम दे सकते हैं।) विभिन्न अंतरालों में समानता के तकाजे एक-दूसरे से ठीक इसी कारण मेल नहीं खाते कि मानव प्राणियों में भारी विविधता पाई जाती है। एक अंतराल में समानता के साथ दूसरे अंतरालों में भारी विषमताओं का अस्तित्व भी संभव है।

दूसरे प्रकार के कार्यों का सरोकार समानता के प्रति एक विशेषतः तात्त्विक दृष्टिकोण की तलाश से है। आरंभ (अध्याय 1) में तो मैंने पद्धतिशास्त्रीय प्रश्न उठाए थे मगर अधिकांश पुस्तक का संबंध तात्त्विक विषयों से है। समानता के प्रति जिस विशेष दृष्टिकोण को मैंने सामने रखा है उसमें *वास्तविक उपलब्धियों* को समाहित करते (मगर उनसे आगे बढ़ते) हुए *उपलब्धि की स्वतंत्रता* के मुआमले में व्यक्तियों को प्राप्त लाभों की छानबीन की जाती है। मेरा तर्क है कि अनेक संदर्भों में और खासकर वैयक्तिक कल्याण के आकलन के संदर्भ में इन दशाओं को *प्रकार्य की सामर्थ्य* के आधार पर ऐसे परखना लाभदायक होगा कि उसमें वे वास्तविक प्रकार्य भी आ जाएँ (बल्कि हम उनसे भी आगे बढ़ें) जिनको एक व्यक्ति प्राप्त कर सकता है। यह 'सामर्थ्य का दृष्टिकोण (प्रकार्य की सामर्थ्यों समेत) उपलब्धि की स्वतंत्रताओं के प्रति एक सामान्य सरोकार पर आधारित है।

सामर्थ्य का दृष्टिकोण आमतौर पर उपलब्धि की स्वतंत्रता और खासकर प्रकार्य

की सामर्थ्य की छानबीन की जरूरत का संकेत देता है। सामर्थ्य के दृष्टिकोण में निहित प्रेरणा की विवेचना करने के अलावा मैंने इस पर विचार करने का प्रयास भी किया है (अध्याय 2 और 3) कि इस दृष्टिकोण की व्याख्या और समर्थन में आने वाली कठिनाइयों को हम कैसे दूर करें। फिर मैंने आगे बढ़कर स्वतंत्रता और सुविधा के आकलन के लिए (अध्याय 4), न्याय के सिद्धांतों के लिए (अध्याय 5), विषमता के मूल्यांकन में कल्याण के अर्थशास्त्र के लिए (अध्याय 6), धनी और गरीब देशों में निर्धनता के आकलन के लिए (अध्याय 7), तथा वर्ग, लिंग और अन्य समूहों जैसे प्रवर्गों से जुड़ी विषमताओं के विश्लेषण के लिए (अध्याय 8) इस दृष्टिकोण के निहितार्थों की छानबीन की है।

इस अंतिम अध्याय में मैं ऐसी कुछ सामान्य बातों की समीक्षा और आकलन का प्रयास करूँगा जो पिछले विश्लेषण से उपजी हैं। (वैसे प्रस्तुत विवेचनाओं का 'सार' और प्राप्त विशिष्ट निष्कर्षों की 'सूची' प्रस्तुत करने का कोई प्रयास नहीं किया जाएगा।) मेरा खास सरोकार पद्धतिशास्त्रीय और तात्त्विक प्रश्नों के अंतःसंबंधों से होगा।

9.2 समानता, अंतराल और विविधता

मैंने अध्याय 1 में कहा है कि अकसर पूछा जाने वाला प्रश्न 'विषमता क्यों ?' काफी कुछ भ्रामक हो सकता है। सामाजिक व्यवस्था का वह हर नीतिशास्त्रीय सिद्धांत जिसका विश्वसनीय ढंग से बचाव किया जा सकता है, *किसी-न-किसी* 'अंतराल' में समानता का, उस विशेष सिद्धांत के लिए महत्त्वपूर्ण किसी चर के आधार पर किसी खास अर्थ में व्यक्तियों के साथ समान व्यवहार का तकाजा करता है। विभिन्न सिद्धांतों में चुने गए 'अंतराल' अलग-अलग होते हैं। मिसाल के लिए 'स्वाधीनतावादियों' का सरोकार समान स्वाधीनताओं से होता है; 'आर्थिक समानतावादी' समान आय या संपत्ति की माँग करते हैं; उपयोगितावादी एक परिणामवादी (कंसेक्वेंशियलिस्ट मैक्सिमैंड) में हरेक की उपयोगिताओं को समान भारमान दिए जाने का आग्रह करते हैं; वगैरह। लेकिन हर प्रणाली में—अपने ही ढंग से—समानता की माँग उस प्रणाली की एक बुनियादी विशेषता के रूप में शामिल होती है। विभिन्न दृष्टिकोणों के बीच वास्तव में कोई अंतर होता है तो 'समानता किस चीज की ?' के सवाल पर उनके अपने-अपने जवाबों के कारण। सामाजिक व्यवस्था के प्रति विभिन्न नीतिशास्त्रीय दृष्टिकोणों के आपसी अंतर को समझने के लिए *उस* प्रश्न का सचमुच केंद्रीय महत्त्व है।

मैंने यह भी कहा है कि सामाजिक संगठन के सभी प्रमुख सिद्धांत किसी-न-किसी अंतराल में, जिसे वे बुनियादी महत्त्व का अंतराल समझते हैं, समानता की माँग क्यों करते हैं, इसके कुछ ठोस कारण हैं। इसका संबंध सभी के साथ समान व्यवहार किए जाने के बारे में किसी सिद्धांत की विश्वसनीयता की बुनियादी आवश्यकता से है; यह माँग (उस सिद्धांत के ढाँचे से जुड़े) किसी महत्त्वपूर्ण तरीके से समान व्यवहार की माँग होती है।[1] यह विश्लेषण निश्चित ही यह नहीं सुझाता कि हमें 'समानता क्यों ?' के प्रश्न

को 'त्याग देना' चाहिए। *किसी ख़ास* अंतराल में समानता का हर विशेष सिद्धांत पक्षपोषण का तकाजा करता है। लेकिन प्रश्न 'समानता क्यों ?' की प्रकृति, अंतर्तत्त्व और तकाजों को सिर्फ केंद्रीय प्रश्न 'समानता किस चीज की ?' से जोड़कर ही समझा और परखा जा सकता है।

हम जिसे 'आधारभूत समानता'—सामाजिक न्याय और राजनीतिक नीतिशास्त्र की किसी विशेष धारणा में बुनियादी समझी जाने वाली किसी वैयक्तिक विशेषता संबंधी समानता—कहते आए हैं, हर दृष्टिकोण उसकी अपने ढंग से व्याख्या करता है। उस बुनियादी सरोकार के कारण हर दृष्टिकोण में सममिति और निष्पक्षता के तकाजों की व्याख्या करने का अपना एक खास ढंग होता है। और फिर इसी कारण से वह दृष्टिकोण ऐसे *दूसरे* अंतरालों में समानता के आग्रह को चुनौती देता है जिनको वह कम बुनियादी समझता है। मिसाल के लिए सामाजिक संगठन की बुनियादी जरूरत के रूप में स्वाधीनता संबंधी व्यापक अधिकारों के समान वितरण का आग्रह किया जाए (नोजिक 1974 ने यही किया है) तो उसके फलस्वरूप आयों, संपत्तियों या उपयोगिताओं की समानता के आग्रह कमजोर पड़ जाते हैं। इसी तरह अगर मकसद आय की समानता हो तो हम उपयोगिताओं या अधिकारों या स्वतंत्रताओं की समानता का आग्रह शायद न कर सकें। सिद्धांत रूप में कोई अचल वस्तु किसी अजेय शक्ति की गुंजाइश कम ही छोड़ती है।

फिर भी सिद्धांत को लेकर जो टकराव खड़े हो *सकते हैं* वे जरूरी नहीं कि व्यवहार में भी खड़े हों। सिद्धांत रूप में महत्त्वपूर्ण अवधारणात्मक प्राथमिकताओं के निश्चय की आवश्यकता मानव की दूरगामी विविधिताओं के कारण व्यवहार में विकराल हो उठती है। (पिछले अध्यायों में इन विविधताओं की व्यापकता की विस्तृत विवेचना की गई है।) विभिन्न अंतरालों में स्वाधीनता की माँगें (सिर्फ सिद्धांत में नहीं), *यथार्थ में भी* एक-दूसरे से टकराती हैं। इस तरह कुछ दावों के मंडन और दूसरों के बचाव के लिए आधारभूत समानता के चयन का भारी व्यावहारिक महत्त्व होता है। आधारभूत माँगों (जिसमें आधारभूत समानता भी शामिल है) की पूर्ति सुनिश्चित करने की आवश्यकता के कारण वहाँ, जिसे 'परिधि' समझा जाता है, पाई जाने वाली विषमता को बरदाश्त करना आवश्यक हो जाता है।

9.3 बहुलता, अपूर्णता और मूल्यांकन

समानता की माँगें अनेक रूप ले सकती हैं तथा खुद आधारभूत समानता के मूल्यांकन में सरोकारों की कुछ हद तक बहुलता से बचना संभव नहीं है। इससे उन दशाओं का निरूपण थोड़ा-बहुत अस्पष्ट हो जाता है जिनमें समानता को पूर्ण (या 'अखंड') माना जा सके। शायद इससे भी अहम बात यह है कि विषमता के *परिणामों* के आधार पर वैकल्पिक संभावनाओं के श्रेणीकरण में (अर्थात् अखंड समानता से 'दूरियों' के निश्चय में) भी थोड़ी अस्पष्टता पैदा हो सकती है। इन समस्याओं की जड़ उस चीज में है जिसे

हम वह 'आंतरिक बहुलता' कह सकते हैं, जिसका संबंध (1) जिस अंतराल में आधारभूत समानता को परिभाषित किया जाना है उसकी विषमांगता से, तथा (2) यहाँ तक कि किसी *समांग* चर के भी आधार पर प्राप्त वितरणों में इन 'दूरियों' को मापने और विषमताओं की तुलना करने के अलग-अलग तरीकों से है।

कुछ आधारभूत चरों की अपनी-अपनी श्रेणियों में निश्चित ही काफी विषमांगता होती है।[2] मिसाल के लिए स्वाधीनतावादी जिस स्वाधीनता की बातें करते हैं, उससे हमेशा ही विभिन्न प्रकार के अधिकार जुड़े होंगे जो विभिन्न क्षेत्रों से संबंधित होंगे और ('दावों', 'छूटों', 'शक्तियों' आदि) विभिन्न रूपों में सामने आएँगे।[3] इसी प्रकार प्राथमिक वस्तुएँ भी अनेक प्रकार की होती हैं। विभिन्न सामर्थ्यों में भी दूसरे से भिन्नता होती है। यहाँ तक कि उपयोगिताएँ भी अनेक प्रकार की होती हैं।[4]

बुनियादी महत्त्व की श्रेणी में कोई नीतिशास्त्रीय सिद्धांत एक से अधिक प्रकार के चरों को शामिल करें, यह भी संभव है। स्वाधीनताओं तथा कल्याण के स्तरों, दोनों से हमारा सरोकार हो सकता है। हो सकता है, हम कल्याण और निमित्ति, दोनों को बुनियादी महत्त्व दें। हो सकता है, हम स्वतंत्रता और उपलब्धि, दोनों को महत्त्वपूर्ण मानें।[5] दरअसल व्यावहारिक नीतिशास्त्र का काफी बड़ा हिस्सा बहुलक प्रस्तावों पर आधारित होता है, भले ही विवरणमूलक समांगता अनेक दर्शनशास्त्रियों को स्वभावतः आकर्षक लगती हो। (इनमें उपयोगितावादी भी शामिल हैं।)[6]

एक ही समांग अंतराल में समानता के मूल्यांकन के भी अनेक तरीके हैं जिनमें विषमता *मापने* के अलग-अलग तरीकों का प्रयोग होता है। किसी *विशेष* अंतराल में विषमता के सूचकों की विविधताओं (जैसे विचरण गुणांक, गिनी गुणांक, लघुगणकों का मानक विचलन, एंट्रापी के मापों) की साहित्य में विस्तृत विवेचनाएँ हुई हैं।[7] मापन-कार्य को प्रेरित करने वाले विचारों में विभिन्न मापों के संदर्भ में भारी अंतर होते हैं। इनमें से अनेक विचारों के अपने-अपने ठोस कारण भी हो सकते हैं, फिर भी वे एक-दूसरे से अकसर टकराते हैं।

इसलिए आधारभूत समानता की विभिन्न विशेषताएँ विशेष स्थितियों के विभिन्न श्रेणीकरण सुझाती हैं। कभी-कभी आरंभिक बहुलता में विशेष तत्त्वों के दावों की छानबीन के बाद उन्हें खारिज करके इन स्रोतों से उत्पन्न बहुलता को कम किया जा सकता है। कुछ दूसरे वक्तों में मूल्यांकन संबंधी भारमान तय करने की किसी पद्धति का उपयोग करके इन विशेषताओं का 'संयोग' या 'एकीकरण' किया जा सकता है और इस तरह बहुलता को कम किया जा सकता है। लेकिन इन उपायों से बहुलता में कमी करने के बाद भी कुछ बहुलता शेष रह जाती है जिससे समानताओं और विषमताओं के श्रेणीकरण में अस्पष्टताएँ पैदा होती हैं।

इस प्रकार की अस्पष्टताओं की मौजूदगी वास्तव में निर्णय-सिद्धांत और सामाजिक चयन के सिद्धांत की एक केंद्रीय समस्या है, ये अनेक अलग-अलग संदर्भों में पैदा हो सकती हैं। दरअसल बची-खुची अस्पष्टता (या 'अनसुलझे टकरावों') के बावजूद

बुद्धिसंगत निर्णय की माँगें पूरी करने को लेकर विश्लेषण के अनेक सूत्र प्रस्तावित किए गए हैं।[8] विषमता पर मेरी पहले की पुस्तक (*ओ ई आई*) में तर्क की एक सरल—अपेक्षाकृत अमहत्त्वाकांक्षी—पद्धति का काफी प्रयोग किया गया है। इसमें अलग से एक *साझा आंशिक श्रेणीक्रम* तैयार किया जाता है जिसमें तमाम वांछित विशेषताओं में एक साथ परिवर्तन होते हैं। कोई 'अंतश्छेदक' (इंटरसेक्शन) आंशिक श्रेणीक्रम x को y से ऊपर केवल तभी स्थान देता है जब x *तमाम* वांछित विशेषताओं के आधार पर y से बेहतर हो।'

पीछे (अध्याय 3 में) सामर्थ्य के दृष्टिकोण के संदर्भ में विभिन्न प्रकार्यों का चयन करने और उनको भारमान देने की समस्याओं की विवेचना की गई है। प्रकार्य के वाहकों (तथा ऐसे वाहकों पर आधारित सामर्थ्य-समुच्चयों) के मूल्यांकन से अनेक वैश्लेषिक और व्यावहारिक मुद्दे जुड़े होते हैं। लेकिन 'वर्चस्व' और 'अंतश्छेदन' की तकनीकें सुसंगत और सुघड़ ही नहीं होतीं, सामान्यतः वे हमें खासी दूरी तक आगे भी ले जाती हैं।

'अंतश्छेदनों' का उपयोग निश्चित ही हरेक तथाकथित 'वांछित विशेषता' के दावों की गहरी छानबीन की जरूरत को समाप्त नहीं करता। लेकिन छानबीन के बाद बचे विभिन्न मानदंड अगर दो विकल्पों के श्रेणीकरण के दौरान सचमुच टकरा रहे हों तो उनकी जोड़ी को श्रेणीकरण से बाहर ही रखना पड़ता है। कभी-कभी और अधिक विश्लेषण करने या सूचनाएँ मिलने के बाद हम उन 'बहुलताओं' में कटौती करने की स्थिति में आ जाते हैं जिनका ध्यान रखना आवश्यक होता है। अगर ऐसा होता है तो उसी हद तक अंतश्छेदक आंशिक श्रेणीकरण को *विस्तार* दिया जा सकता है, अर्थात् उसमें ऐसे जोड़ों का श्रेणीकरण भी किया जा सकता है जिनका श्रेणीकरण पहले नहीं किया गया था।[10] इस अर्थ में एक अंतश्छेदक आंशिक श्रेणीक्रम आमतौर पर अनुमान आधारित होता है, और जब भी (कुछ विशेषताओं को छानबीन के बाद खारिज करके या विभिन्न पहलुओं को भारमान देने के बाद उनका सहयोजन करके) प्रासंगिक बहुलताओं को कम करने की कोई वजह सामने आती है। उसके विस्तार का रास्ता खुला रहता है। अध्याय 3 में 'मूलभूत' और 'व्यावहारिक' अपूर्णता के जिस अंतर की विवेचना की गई थी, वह इस संदर्भ में भी प्रासंगिक है।[11]

विषमता के मूल्यांकन में अपूर्णता को लाने की जरूरत अपरिहार्य है, और इस प्रश्न को मन मारकर परोक्ष रूप में उठाने की बजाय सीधे स्पष्ट रूप में उठाने के पक्ष में बहुत कुछ कहा जा सकता है। यह अपूर्णता खुद धारणा की प्रकृति के कारण भी हो सकती है (अर्थात् जब समानता के विचार में खासी अस्पष्टताएँ *मौजूद* हों), सूचनाओं के अभाव के कारण भी हो सकती है (अर्थात् जब कुछ तुलनाओं के लिए आवश्यक आँकड़ों का अभाव हो) या संबद्ध पक्षों की अवशिष्ट असहमतियों को ध्यान में रखने की आवश्यकता के कारण भी हो सकती है। (इसका संबंध बहुलता को निष्पक्षता और न्याय के किसी दृष्टिकोण के हिस्से के बतौर स्वीकारने से है।) आंशिक श्रेणीक्रमों को निर्णायक, सुविधा,

व्यवस्था या किसी और महत्त्वपूर्ण सरोकार के कारण *मनमाने ढंग से* 'पूरा' करना एक बहुत गलत कदम हो सकता है। अगर आंशिक श्रेणीक्रम काफी हद तक अपूर्ण हो तो भी पूर्णता 'थोप देने' के पक्ष में जोरदार दलीलें दी जा सकती हैं। जो विषय सचमुच अस्पष्ट या अनिर्णित हों उन पर बकबक करना खामोश रहने से आमतौर पर बेहतर नहीं होता।

लेकिन अंतःवैयक्तिक तुलनाओं और समानता के मूल्यांकन के प्रति ऐसा 'आंशिक श्रेणीकरण' वाला दृष्टिकोण अपनाने के नतीजे में हमें इस संभावना को स्वीकार करना होगा कि अनेक स्थितियों में ऐसा कोई स्पष्ट निश्चय नहीं किया जा सकता कि क्या स्थिति a में स्थिति b की अपेक्षा अधिक समानता है।[12] जो लोग समानता को हरेक सामाजिक या राजनीतिक विवाद का एक स्पष्ट, मुखर और निर्णायक न्यायाधीश मानते हैं उन्हें यह स्थिति खासकर आकर्षणहीन लगेगी। पीछे (अध्याय 1-4 में) विवेचित कारणों से मैं इस निराशा में भागीदार नहीं हूँ।[13] न ही मैं यह समझता हूँ कि किसी आंशिक श्रेणीक्रम को मनमाने ढंग से पूर्ण करना समानता के विचार के साथ इनसाफ करना है या इसे सुनिश्चित करने में मदद पहुँचाना है कि समानता की माँगों पर लोग तभी ध्यान देंगे जब कहने के लिए कोई स्पष्ट और चुभनेवाली बात *अवश्य* हो। अगर किसी खास पैमाने पर नजर आने वाली मगर दूसरे विश्वसनीय दृष्टिकोणों के आधार पर मुश्किल से दिखाई देने वाली तमाम छोटी-छोटी कमियों को सामने लाना ही हमारा अति-महत्त्वाकांक्षी कार्यक्रम हो तो एक वास्तविक खतरा यह है कि विषमता कम करने का सरोकार धूमिल पड़ सकता है। गंभीर—और विभिन्न कोणों से दिखाई देने वाली—विषमताओं को खारिज करने के लिए एक अधिक ठोस बुनियाद तभी रखी जा सकती है जब हम उन्हें अपेक्षाकृत अधिक बारीक मान्यताओं के साथ गड्ड-मड्ड न करें।

9.4 आँकड़े, प्रेक्षण और प्रभावी स्वतंत्रताएँ

व्यावहारिक जोड़-बाकी की सीमाएँ आँकड़ों की समस्याओं से भी तय होती हैं, और प्रकार्यों की प्रेक्षित उपलब्धियों के मुकाबले सामर्थ्यों के समुच्चयों को दर्शाने में यह बात खास कठिनाई पैदा कर सकती है। जहाँ संबद्ध सामर्थ्य-समुच्चयों को दर्शाने के लिए आँकड़े हों ही नहीं वहाँ इसके अलावा कोई चारा नहीं कि प्रकार्यों के चुने गए संयोग को ही हम वास्तव में प्राप्त अवसरों के बारे में एक नजरिया कायम करने का आधार मानें।[14] अनेक स्थितियों में कम-से-कम आंशिक तौर पर व्यावहारिक समझौते भी करने ही होंगे। लेकिन अगर आँकड़ों की उपलब्धता संबंधी सीमाओं की व्यावहारिक स्वीकृति हमें सामर्थ्यों के समुच्चयों को पूरी तरह दर्शाने से कुछ कम पर रजामंद होने के लिए मजबूर करती हो तो भी जरूरी है कि निहित प्रेरणाओं के बारे में हमारा मस्तिष्क साफ रहे और व्यावहारिक समझौतों को हम उन विशेष परिस्थितियों में सबसे अच्छा विकल्प समझें।

यहाँ ध्यान देने की बात यह है कि स्वतंत्रता के मूल्यांकन के लिए भी 'स्वतंत्रता

बतौर नियंत्रण' के मुकाबले 'प्रभावी स्वतंत्रता' का दृष्टिकोण प्रेक्षित परिणामों के आधार पर (प्रतितथ्यात्मक चयन के रूप में) स्वतंत्रताओं की कुछ सीमित तुलनाओं की इजाजत देता है। इस तर्क की रूपरेखा अध्याय 4 में रखी गई थी, और इसमें 'भुखमरी से स्वतंत्रता' या 'मलेरिया से स्वतंत्रता' जैसी अभिव्यक्तियों में स्वतंत्रता के उल्लेख का समर्थन शामिल था। मेरा कहना है कि शब्द स्वतंत्रता के इन उपयोगों को जरूरी नहीं कि हलकी-फुलकी बात के दृष्टांत समझा जाए (जैसाकि अकसर समझा जाता है) क्योंकि स्वतंत्रता के इन परिणाम-आधारित निश्चयों से दरअसल स्वतंत्रता की एक महत्त्वपूर्ण धारणा जुड़ी हुई है। अगर इस तर्क को स्वीकार किया जाता है तो विशेष परिस्थितियों में प्रेक्षित प्रकार्य हमें साकार हुए कल्याण के बारे में ही नहीं, प्राप्त स्वतंत्रता के बारे में भी कुछ बतला सकते हैं। प्रस्तुत पुस्तक की प्रमुख प्रस्थापनाओं के लिए निश्चित ही यह जरूरी नहीं है कि प्रभावी स्वतंत्रता और प्रतितथ्यात्मक चयन के इस दृष्टिकोण की प्रासंगिकता को आम स्वीकृति मिले। (दूसरे शब्दों में, इसे वह सीमित मगर महत्त्वपूर्ण भूमिका प्राप्त हो जिसके पक्ष में तर्क देने के प्रयास मैंने किए हैं।) लेकिन अगर इस दृष्टिकोण को स्वीकार किया जाता है तो उपलब्ध आँकड़ों के आधार पर स्वतंत्रता के कुछ पक्षों की और विषमता की जितनी अभिव्यक्ति संभव होती उससे कुछ अधिक अभिव्यक्ति मिल सकेगी।

9.5 समेकन, समानतावाद और दक्षता

आधारभूत समानता की माँगों में *अंदर* 'आंतरिक बहुलता' की समझ के साथ ही हमें आमतौर पर आधारभूत समानता के दावों से भिन्न दावों को भी मान्यता देनी होगी। समानता के मूल्यांकन के लिए हम चाहे जो अंतराल चुनें, *समेकन* (एग्रिगेशन) के तकाजों (मसलन वितरण चाहे जैसा भी हो, व्यक्तियों को प्राप्त लाभकारी स्थितियों में सामान्यतः वृद्धि) और *वितरण* के तकाजों (मसलन लाभकारी स्थितियों के वितरण की विषमताओं में कमी) के बीच का टकराव संभव है। अर्थशास्त्र के बेहद चर्चित 'दक्षता' के तकाजे समेकन के सरोकारों के एक साझे तत्त्व को प्रतिबिंबित करते हैं।[15] जब उसे इस माँग के रूप में व्यक्त किया जाता है कि (प्रत्येक की स्थिति सुधारनेवाला) कोई भी प्रमुख सुधार अनकिया न रहने पाए तो हम अपनी समष्टिवादी (एग्रिगेटिव) नैतिक भावनाओं के एक खासतौर पर निर्विवाद अंश को सामने लाते हैं।

अर्थशास्त्र में दक्षता के तकाजे अकसर 'पैरेटो अभीष्टता' (आप्टिमैलिटी) का रूप ले लेते हैं जिसकी परिभाषा उपयोगिताओं के विशेष अंतराल में की जाती है। यह असुधारणीयता की एक कमजोर स्थिति है जो यह तकाजा करती है कि सभी की उपयोगिताओं में वृद्धि करने वाले किसी परिवर्तन की कोई संभावना न रहे।[16] पैरेटो दक्षता लगभग निश्चित रूप से कल्याण के आधुनिक अर्थशास्त्र में सर्वाधिक प्रयुक्त मानदंड नहीं है, और उसकी स्वीकार्यता को आमतौर पर पूरी तरह अविवादित माना जाता है। सामाजिक अभीष्टता की एक अनिवार्य दशा के रूप में पैरेटो दक्षता की

स्वीकार्यता संबंधी विवाद खुद उपयोगिता के अंतराल की हैसियत से जुड़े हुए हैं।[17] जिसे प्रासंगिक अंतराल माना जाता है उसमें प्रमुख सुधार-कार्य करने (उस अंतराल में हरेक की स्थिति सुधारने) के तर्क पर वे शायद ही कभी प्रश्नचिह्न लगाते हों। सवाल है कि क्या उपयोगिताएँ वह प्रासंगिक अंतराल निर्मित करती हैं। खासतौर पर विवाद है तो उपयोगिताओं (या इच्छाओं की पूर्ति) के अंतराल की कथित प्राथमिकता पर, जिस पर पैरेटो अभीष्टता केंद्रित है, और इसका मतलब स्वाधीनताओं या स्वतंत्रताओं जैसे दूसरे तकाजों के जवाबी दावों को स्थान देने की आवश्यकता का पक्ष लेना है।[16]

समेकन के तकाजे हमें सामान्यतः समानता से भिन्न एक अलग दिशा में ले जाते हैं। आधारभूत समानता की दूरगामी भूमिका की व्याख्या के कार्यक्रम पर ध्यान केंद्रित करते समय हमें उन नैतिक सरोकारों की बहुलता को नजरअंदाज नहीं करना चाहिए जो हमें समानता से पूरी तरह दूर ले जाते हैं।[19] समेकन और वितरण के तकाजों के अंतर की विवेचना अकसर *परिणामों* के मूल्यांकन के विशिष्ट संदर्भ में की जाती रही है। (मसलन कुल आय में वृद्धि तथा आयों के वितरण की विषमता में कमी के बीच का टकराव, या समग्र उपयोगिता बढ़ाने तथा उपयोगिताओं में अंतःवैयक्तिक अंतर घटाने के बीच का टकराव।) पर ऐसे ही टकराव दूसरे अंतरालों में भी पैदा होते हैं जिनके लिए अपने आप में परिणामों पर विशेष ध्यान केंद्रित करने की कोई जरूरत नहीं पड़ती। मिसाल के लिए सामान्यतः कुछ अधिकारों (वितरण से इतर) को बढ़ावा देने तथा उन अधिकारों के अपेक्षाकृत अधिक समान वितरण का प्रयास करने के बीच एक टकराव हो सकता है। वास्तव में समेकन और वितरण का द्विभाजन सामाजिक मूल्यांकन के व्यापकतर प्रश्नों में एक है। समानता की चाहे जितने व्यापक ढंग से परिभाषा की जाए, किसी आधारभूत अंतराल में यह शायद ही अकेला सरोकार हो, तथा (दक्षता की माँगों समेत) समेकन के तकाजे एक ऐसी स्थिति प्राप्त कर लेते हैं जिसमें किसी किस्म की कमी संभव ही नहीं होती।

बहरहाल इन अलग-अलग तकाजों का एकीकरण करते समय हमें यह भी ध्यान में रखना होगा कि समेकन के सरोकार खुद अपने निरूपण में समानता को एक केंद्रीय भूमिका दे सकते हैं। समेकन करते समय सवाल उठते हैं कि उसमें क्या-क्या चीजें शामिल करें और उन्हें क्या-क्या भारमान दें, और यहाँ समेकन-कार्य में अकसर समानता का तकाजा किया जाता है। दरअसल एक उपयोगितावादी समष्टिगत महत्तम प्राप्य (मैक्सिमांड) में हर व्यक्ति को बराबर भारमान देने के ही क्रम में उपयोगितावाद एक ठोस समानतावादी रवैया इख्तियार करता है—एक ऐसा रवैया जिसके महत्त्व को हर्सान्यी (1955, 1982) और हैरे (1963, 1981, 1982) जैसे उपयोगितावादी विचारकों ने खासतौर पर रेखांकित किया है। समष्टिवादी महत्तम प्राप्य में हर व्यक्ति की उपयोगिताओं को समान भारमान देकर ही उपयोगितावाद एक बहुत विशिष्ट अर्थ में समानतावादी दृष्टिकोण की शक्ल इख्तियार करता है—एक विशिष्ट अंतराल (अर्थात् उपयोगिताओं) के चयन के कारण ही विशिष्ट नहीं, बल्कि समानता की अपेक्षाएँ उस अंतराल में जो

रूप लेती हैं उसके कारण भी। (तात्पर्य यह कि इसमें, मिसाल के लिए, उपयोगिता के स्तरों की समानता को बढ़ावा देने की बजाय समग्र उद्देश्य में सभी को बराबर भारमान दिया जाता है।)[20] समानता के तकाजे अनेक प्रकार से आरोपित किए जा सकते हैं, और जो चीज आरंभ में एक शुद्ध समेकन-कार्य दिखाई दे सकती है उसमें भी इसकी एक भूमिका हो सकती है।

इस तरह समानता के तकाजे अनेक अलग-अलग संदर्भों में, बिलकुल भिन्न-भिन्न तरीकों से उठ सकते हैं। मगर यह भी जाहिर है कि जिन मुद्दों का समाधान आवश्यक है वे सभी सिर्फ समानता के तकाजों से, उनके अत्यंत विविध रूपोंवाले तकाजों से भी, हल नहीं किए जा सकते। मिसाल के लिए समानता समष्टिगत उद्देश्य के स्वरूप को प्रभावित कर सकती है (मसलन वह समुचित महत्तम प्राप्य के रूप में अभारित योग पर जोर दे सकती है), मगर वहीं उस समष्टिगत उद्देश्य में *यथासंभव वृद्धि* का तकाजा अपने आप में समानता का तकाजा नहीं है। हमें समानता के तकाजों की विविधता और भारी व्यापकता को, उसमें संभावित तत्त्वों की पूर्णता की तलाश किए बगैर, स्वीकार करना होगा।

9.6 विषमता के पक्ष में वैकल्पिक तर्क

मुकाबला जहाँ समेकन के तकाजों से हो वहाँ तय की गई व्यवस्थाओं में समानता की माँगों पर अकसर भारी समझौते कर लिये जाते हैं। इस बात को स्वीकार करने का मतलब समानता के मूल्यों की निरंतर प्रासंगिकता और व्यापकता से इनकार करना नहीं है। सच तो यह है कि समानता के प्रयासों का एक समुचित मूल्यांकन ऐसे किसी व्यापकतर संदर्भ में ही संभव है जिसमें दूसरी माँगों को मनमाने ढंग से उपेक्षित न किया जाए।

सामाजिक व्यवस्था के बुद्धिसंगत मूल्यांकन के संदर्भ में किसी भी चर (जैसे आय, सामर्थ्य) के आधार पर विषमता का समर्थन तीन अलग-अलग प्रकार के तर्कों में से ज्यादा-से-ज्यादा किसी एक तर्क के आधार पर किया जा सकता है, और सामाजिक व्यवस्था के लिए सामान्यतः समानता की प्रासंगिकता को चुनौती भी नहीं देनी पड़ती। ये हैं : (1) 'गलत अंतराल' का तर्क, (2) 'प्रोत्साहन' का तर्क, और (3) 'कार्यात्मक असममिति' का तर्क।

'गलत अंतराल' का तर्क इस दावे के रूप में सामने आता है कि संबद्ध चर (आय, या सामर्थ्य या कोई भी चर) वह चर नहीं है जिसके आधार पर समानता की माँग की जा सके। ऐसा सुझाव (आमतौर पर ढके-छिपे ढंग से) दिया जाता है कि यह चर समानता की माँगों के लिए सही अंतराल प्रदान नहीं करता। सच तो यह है कि इस तरह के तर्कों में अन्य बातों के अलावा किसी *दूसरे* अंतराल में समानता की आवश्यकता जताई जाती है। जैसे—स्वाधीनता के अधिकारों की समानता (नोजिक 1974), व्यक्ति ने जो कुछ 'पैदा' किया है उसके उपयोग के समान अधिकार (बावेर 1981), किसी

नियम-कायदे के आधार पर समान और निष्पक्ष व्यवहार (गाशियर 1986), समग्र महत्तम प्राप्य में उपयोगिताओं को समान भारमान देने की माँग (बेंथम 1789; हर्सान्यी 1955; हैरे 1981) वगैरह। और *दूसरे* अंतराल में समानता समेत इस तरह की सभी माँगों के कारण विवादित विशेष अंतराल (जैसे आयों, या सामर्थ्यों, या उपयोगिता-स्तरों, या समानतावादियों की पसंद के किसी और क्षेत्र) में समानता पर जोर देना संभव नहीं होता।

मैंने इस पुस्तक में (अध्याय 1 में और प्रस्तुत अध्याय के आरंभिक भाग में) इस तरह के तर्क और इसके निहितार्थों की विस्तृत विवेचना की है, और अब इस पर विस्तार से विचार नहीं करूँगा। न ही मैं यहाँ इसकी चर्चा करने जा रहा हूँ कि इनमें से अनेक दावों को क्यों चुनौती दी जा सकती है।[21] सच तो यह है कि सामर्थ्यों के आधार पर समानता के मूल्यांकन की विश्वसनीयता (जिससे इस पुस्तक के काफी बड़े भाग का सरोकार रहा है) अन्य अंतरालों में समानता पर बिला शर्त जोर दिए जाने के खिलाफ अपने आप में एक तर्क है।

दूसरे दो तर्क आपस में इस तरह संबंधित हैं कि वे संबद्ध अंतराल में समानता से इतर विचारों का समावेश करते हैं। वे उस अंतराल में समानता की माँगों का विरोध करने के लिए किसी और अंतराल में श्रेष्ठता का दावा नहीं करते, बल्कि खुद उस अंतराल में (एक सामान्य ढंग से) समानता और दक्षता के टकराव की तरफ इशारा करते हैं। वे यह भी मान सकते हैं कि उस अंतराल में विषमता एक बुरी चीज हो सकती है, पर (दावा किया जाता है कि) उसके दक्षता संबंधी लाभ उस बुराई से कहीं ज्यादा हैं। उस समानता को खत्म करने के प्रयासों से और भी बुरे नतीजे निकलेंगे, मसलन इससे सभी (या ज्यादातर लोगों) की हालत बदतर हो सकती है।

समानता की दक्षता-केंद्रित आलोचनाएँ कम-से-कम दो रूपों में सामने आ सकती हैं, और ऊपर दी गई सूची में उनको दो अलग-अलग तर्क कहा गया था (जो वे हैं भी) : 'प्रोत्साहन' का तर्क और 'कार्यात्मक असममिति' (आपरेशनल एसिमेट्री) का तर्क। साहित्य में प्रोत्साहन के तर्क की शायद ज्यादा चर्चा की जाती रही है। इसमें उद्‌देश्यों को पाने के मकसद से लोगों को सही काम के लिए प्रोत्साहन देने की जरूरत पर जोर दिया जाता है। इस अर्थ में विषमता काम, उद्यम और निवेश को बढ़ावा देने में प्रकार्यात्मक दृष्टि से एक उपयोगी भूमिका निभाती है।

अकसर यह बात मान ली जाती है कि उद्‌देश्य 'समष्टिगत' प्रकृति के होने चाहिए। (इस अर्थ में कि वितरण चाहे जैसा हो, वे वैयक्तिक उपलब्धियों को बढ़ावा दें। मसलन पैरेटो सुधार के प्रयास करना या कुल योग में यथासंभव वृद्धि करना।) लेकिन दक्षता की माँगों का संबंध वास्तव में वितरणमूलक और समष्टिमूलक, किसी भी प्रकार के उद्‌देश्य से हो सकता है।[23] व्यक्तियों पर लागू करें तो प्रोत्साहन के तर्क का सरोकार व्यक्तियों को प्रेरणा और बढ़ावा देने की जरूरत से होता है, ताकि उनके चयन और कार्य समष्टिगत उद्‌देश्यों की पूर्ति में सहायक हों।[25] ये लक्ष्य शुद्ध समष्टिगत हो सकते

हैं, या फिर उनमें वितरण संबंधी लक्ष्य भी शामिल हो सकते हैं।

समानता के फौरी दावों को चुनौती देने के लिए एक लंबे समय से प्रोत्साहन के तर्क का सहारा लिया जाता रहा है। समानतावादी नीतियों की आलोचना इस आधार पर की जाती रही है कि वे सामाजिक लक्ष्यों की पूर्ति में बाधक हैं, भले ही इन लक्ष्यों में खुद समानता भी एक हो। हाल के वर्षों में समानतावाद की प्रोत्साहन आधारित आलोचना का अच्छा-खासा व्यावहारिक उपयोग किया जाता रहा है। मसलन इस चर्चा में कि माओवादी चीन में समानता वाली नीतियों के साथ क्या गड़बड़ी हुई, या 'कल्याणकारी राज्य' की नीतियों की पुनर्वितरणमूलक विशेषताओं की आलोचना में।[26]

तीसरी तरह के तर्क का संबंध भी समानता और दक्षता के पारस्परिक विरोध से है। मगर यह खासकर समष्टिगत उद्देश्यों पर और उनकी पूर्ति के लिए विषमता की आवश्यकता पर केंद्रित है। इसका मूल है कामकाजी असममिति की आवश्यकता। ऐसी असममिति की आवश्यकता लोगों की कुशलताओं और योग्यताओं में मौजूद अंतर के कारण पड़ सकती है। मिसाल के लिए कहा जा सकता है कि अधिक योग्य और कुशल लोगों को (सरकार चलाने, कारोबार संबंधी फैसले लेने आदि की) ज्यादा शक्ति और सामर्थ्य दी जाए तो हरेक को फायदा होगा, मगर जाहिर है कि इसके साथ उन शक्तियों और सामर्थ्यों की विषमता जुड़ी हुई होगी। 'कामकाजी असममिति' का तर्क खासतौर पर किसी विशेष अंतराल, मसलन शक्तियों और सामर्थ्यों के अंतराल की विषमताओं पर लागू होता है, और दूसरे अंतरालों (मसलन उपयोगिताओं) के लिए यह सीधे-सीधे प्रासंगिक हो भी सकता है और नहीं भी।[27]

'कामकाजी असममिति' की श्रेणी का एक और तर्क इस संभावना पर केंद्रित है कि असमान व्यवहार की आवश्यकता असममिति की *सामाजिक* भूमिका से ही पैदा हो सकती है। (मसलन गड्ड-मड्ड से बचने के लिए जरूरी है कि फैसले थोड़े से ही लोग लें।) इस दृष्टि से कामकाज की दक्षता का तकाजा है कि *कुछ* लोगों को, जो दूसरों से ज्यादा प्रतिभाशाली न हों तो भी असमान व्यवहार मिलना आवश्यक होता है। इसी तरह प्रौद्योगिकी की प्रकृति के कारण जिन आर्थिक अवसरों को बाँटा नहीं जा सकता उनकी अविभाज्यता भी समष्टिगत उद्देश्यों के आधार पर कामकाजी असममिति का कारण बन सकती है। कामकाजी असममिति का तर्क जरूरी नहीं कि अपने आप में वैयक्तिक प्रोत्साहन की समस्या पर केंद्रित हो। बल्कि यह कुशलताओं में अंतर के उपयोग से संबंधित, या अधिकार, या अनुशासन की जरूरत से संबंधित, या अविभाज्यता की स्थिति से संबंधित असममितियों की सामाजिक भूमिका पर केंद्रित होता है।[29]

9.7 प्रोत्साहन, विविधता और समानतावाद

संसाधनों के आवंटन संबंधी अर्थशास्त्रीय रचनाओं में खासकर प्रोत्साहन के तर्क की बहुत विस्तृत छानबीन की गई है।[29] जो मानवीय विविधता इस पुस्तक में बार-बार आने वाला विषय रही है, उस पर जोर देने से प्रोत्साहन का तर्क किस तरह प्रभावित होता

है ? कहा जा सकता है कि कुछ गहनतर प्रकार की मानवीय विविधताओं और विषमता के मूल्यांकन में उनकी भूमिकाओं की सुस्पष्ट स्वीकृति के कारण प्रोत्साहन की समस्या का जोर कम हो सकता है। कम-से-कम इतना तो जरूर है कि प्रोत्साहन की समस्या को अकसर जिस रूप में प्रस्तुत किया जाता है, उसे खासकर आम जनता के लिए लिखी गई रचनाओं में कुछ भिन्न ढंग से रखने की आवश्यकता है।

अनेक आर्थिक प्रतिरूपों में (मसलन कल्याणकारी अर्थशास्त्र या लोकवित्त में) विभिन्न व्यक्तियों की उपलब्धियों का अंतर आमतौर पर प्रयासों की भिन्नता तथा व्यक्तियों के कुछ दूसरे *निर्णय संबंधी चरों* की भिन्नता की उपज माना जाता है, उत्पादक योग्यता में पहले से मौजूद किसी विविधता का नहीं। (वैसे रुचियों में अंतर हो सकते हैं, मसलन जोखिम उठाने या वित्तीय पुरस्कारों पर प्रतिक्रिया दिखाने संबंधी रुचियों में।) ये अंतर स्पष्टतः प्रेरणाओं और अवसरों की समस्याओं से जुड़े होते हैं, और उस संदर्भ में प्रोत्साहन का तर्क उस साहित्य में—उचित रूप में—काफी कुछ निरंतरता के साथ उठाया जाता रहा है।[30] इस विश्लेषण से बहुत कुछ सीखा जा सकता है।

दूसरी तरफ निर्णय संबंधी भिन्नताओं की बजाय कुछ खास तरह की मानवीय विविधताएँ अगर असमान उपलब्धि या स्वतंत्रता का एक महत्त्वपूर्ण कारण हैं तो अपने दो टूक रूप में प्रोत्साहन का तर्क उन पर सीधे-सीधे लागू नहीं होता। मिसाल के लिए मान लें कि लिंग या आयु सामर्थ्यों की विषमता का कारण है। तो उस स्थिति में नीति यह होगी कि अधिक वंचित लिंग या आयु-वर्गों के सदस्यों को विशेष सहायता प्रदान की जाए। व्यक्ति की आयु को फौरी तौर पर बदलना असंभव है और खासकर उसका लिंग बदलना तो बहुत ही कठिन है। इसलिए विशेष सुविधाओं से, संभव है, प्रोत्साहन की मानक प्रकार की समस्याएँ न पैदा हों।[31] यकीनन ऐसा हो सकता है कि एक व्यक्ति अपनी आयु या लिंग के बारे में झूठ बोल रहा हो, पर वह हमेशा आसान या विश्वसनीय नहीं होता। प्रामाणिक आर्थिक प्रतिरूपों में व्यक्तियों को प्राप्त लाभ उनके अपने *चुनिंदा* उपयोगों के कारण अलग-अलग होते हैं। मगर उपरोक्त दृष्टांत में ऐसे प्रतिरूपों की अपेक्षा समानतावादी नीतियों में प्रोत्साहन से विकृति की संभावना आमतौर पर कम होती है।

इसी तरह अगर रोगग्रस्त व्यक्तियों को विशेष चिकित्सा या अन्य सुविधाएँ दी जाती हैं तो प्रोत्साहन की समस्या अपेक्षाकृत कम उठेगी। कारण यह कि आमतौर पर लोग रोग पालना नहीं चाहते, न ही आमतौर पर मिल सकने वाली विशेष चिकित्सा और अन्य सुविधाओं का उनके लिए कोई ज्यादा उपयोग होता है। अगर मुफ्त या भारी अनुदानप्राप्त चिकित्सा सुविधाओं के चलते लोग कम सावधानी बरतते हों तो वहाँ भी निश्चित ही एक प्रोत्साहनकारी प्रभाव होगा। (कारण कि यहाँ भिन्नता का कारण लापरवाह होने जैसा एक स्वयं चुना हुआ चर होगा।) लेकिन ज्यादातर हालात में और ज्यादातर बीमारियों के मुआमले में लोग ऐसा जोखिम सिर्फ इस लिए नहीं मोल ले सकते कि स्वयं उपचार मुफ्त या सस्ता होगा। बीमारी के भिन्न-भिन्न जन्मजात और परिवेशजन्य

जोखिम प्रोत्साहन की भयानक समस्याएँ उठाए बिना विशेष चिकित्सा सुविधाओं की व्यवस्था करके समाप्त किए जा सकते हैं।

मानवीय विविधता से जुड़ी विषमताओं को समाप्त करने वाली समानतावादी नीतियाँ प्रोत्साहनों के नजरिए से काफी कम जटिल हैं, बनिस्बत ऐसी विषमता मिटाने की नीतियों के, जो प्रयास या उपयोग संबंधी भिन्नता से पैदा होती हैं और जिस पर प्रोत्साहन संबंधी साहित्य में काफी कुछ ध्यान दिया गया है। इस तरह विषमता के मूल्यांकन में जो मानवीय विविधता प्रस्तुत पुस्तक के काफी बड़े भाग का सरोकार रही है, उसका महत्त्व समानतावादी नीतियों के व्यवहार में प्रोत्साहन की समस्या की प्रकृति और शक्ति पर भी काफी कुछ प्रभाव डाल सकता है। (बुनियादी सामर्थ्यों की कम विषमता की दिशा में बढ़ने के संदर्भ में यह बात खासकर लागू होती है।) जिस दुनिया में हम रह रहे हैं उसमें लोगों को प्राप्त असमान स्वतंत्रताएँ जिस सीमा तक पूर्वजन्य विविधताओं (जैसे लिंग, आयु, वर्ग संबंधी विविधताओं) से उपजती हैं, उस सीमा तक यह कोई मामूली मुद्दा नहीं है।

9.8 एक सामाजिक सरोकार के बतौर समानता

प्रस्तुत पुस्तक का काफी कुछ सरोकार वैयक्तिक लाभ के मूल्यांकन के आधार रूप में सामर्थ्यों की छानबीन से रहा है। मैंने इस बात पर जोर देने का प्रयास किया है कि सामर्थ्य के परिप्रेक्ष्य का उपयोग केवल समानता नहीं, बल्कि दक्षता के मूल्यांकन के लिए भी किया जा सकता है। अगर (उपयोगिता के अंतराल में निरूपित) 'आर्थिक दक्षता' की आमतौर पर की जाने वाली परिभाषाओं की तरह सामर्थ्य के अंतराल में भी दक्षता की परिभाषा की जाए तो इसका तकाजा यह होगा कि अगर हर किसी व्यक्ति की सामर्थ्य को कम-से-कम एक खास स्तर पर अपरिवर्तित रखा जाता है तो किसी एक की सामर्थ्य में अलग से वृद्धि नहीं की जा सकती।

सामाजिक मूल्यांकन के अभिन्न अंग के रूप में समष्टिवादी सरोकारों की सुस्पष्ट स्वीकृति इस बात पर भी असर डालती ही है कि खुद समानता का आकलन कैसे किया जाए। दक्षता के तकाजों पर पर्याप्त ध्यान दिए बिना समानता की माँगों को स्पष्ट रूप से समझा या व्याख्यायित नहीं किया जा सकता। बात सिर्फ इतनी नहीं कि समानता की माँगों की तुलना अंततः विरोधी माँगों से करनी होगी, यानी अगर वे हैं तो। बात यह भी है कि समानता की जो माँगें हैं उनकी व्याख्या का मूल्यांकन उन दूसरे सरोकारों (मसलन समष्टिगत सरोकारों) की रौशनी में करना होगा जिन्हें अन्य बातों के साथ स्वीकार किया गया है। दूसरे सरोकारों की स्पष्ट स्वीकृति समानता को अनावश्यक दबावों से बचाती है। दो-एक मिसालों से इस सामान्य तथ्य को समझा जा सकता है।

पहली बात, जैसाकि हमने पीछे (अध्याय 6, परिच्छेद 6.2 में) कहा है, 'कमती की समानता' के विपरीत 'उपलब्धि की समानता' का पक्ष तब काफी कमजोर हो जाता है जब समष्टिवादी सरोकारों को कोई महत्त्व नहीं दिया जाता। लेकिन समष्टिवादी

सरोकारों की मौजूदगी में उपलब्धि की समानता संबंधी प्रयासों में ऐसी कुछ विशेषताएँ आ जाती हैं जो प्रशंसनीय हो सकती। अगर व्यक्ति *A* की क्षमताओं के कारण उसकी अधिकतम उपलब्धि x हो; जबकि दूसरे सभी व्यक्तियों के मुआमले में अधिकतम उपलब्धि सामान्यतः $2x$ हो (यह अंतर मिसाल के लिए *A* की खास शारीरिक कमजोरी के कारण हो सकता है) तो एकमात्र सरोकार के रूप में समानता का तकाजा होगा कि (कमजोरियों से मुक्त) हर व्यक्ति को उतारकर x स्तर पर लाया जाए। ऐसा प्रतीत होगा कि इन परिस्थितियों में कमती की समानता कुछ बेहतर है, और हर व्यक्ति की उपलब्धि को उसके संगत अधिकतम मान के *अनुपात* रूप में परखना निश्चित ही कम अतिवादी कदम होगा।

दूसरी तरफ इस कार्यक्रम से भी ऐसा कोई हल नहीं मिलता जो पूरी तरह न्यायपूर्ण हो। व्यक्ति *A* की अधिकतम संभव उपलब्धि कम होने से उसे हानि तो होती ही है, साथ ही यह भी स्पष्ट नहीं है कि *A* की सहायता को ऐसी प्राथमिकता क्यों न दी जाए कि वह $2x$ के यथासंभव निकट पहुँच सके, भले ही इसके कारण कुछ लोगों की आनुपातिक उपलब्धि उनके अधिकतम संगत मान $2x$ से कम हो जाए। इस स्थिति का तकाजा यह है कि दक्षता की माँगों समेत सभी समष्टिगत तकाजों को अनदेखा किए बिना उपलब्धि की समानता का पूरा-पूरा ध्यान रखा जाए। अगर समस्या को इस तरह नए सिरे से निरूपित किया जाता है तो व्यक्ति *A* विशेष व्यवहार का पात्र होगा और उसे अधिकतम उपलब्धि x की दिशा में आगे बढ़ने में सहायता मिलेगी, हालाँकि दूसरों को (उनकी अधिकतम संभावित क्षमता $2x$ से) खींचकर नीचे x तक नहीं लाया जाएगा। इस तरह समष्टिगत और दक्षता के सरोकारों की स्वीकृति समानता के सिर से एक ऐसा बोझ हटा देती है जिसे वह ढो नहीं सकती, भले ही उसकी जो भी व्याख्या स्वीकार की जाए। इससे कुछ कम अहम बात यह भी नहीं है कि एक बार उपलब्धि की समानता का समन्वय दक्षता संबंधी सरोकार से किया जाए तो प्रथमोक्त को महत्त्व देने का औचित्य अपने आप पैदा हो जाता है। तब कमती की समानता का तदर्थवादी रवैया अपने आप अपना महत्त्व खो बैठेगा।[34]

एक और उदाहरण राउल्स (1990) से लिया गया है जिसमें उन्होंने 'न्याय बतौर निष्पक्षता' के लिए अंतर सिद्धांत के आधार के रूप में प्राथमिक वस्तुओं के चयन को उपयुक्त ठहराया है। इसमें उन्होंने खासकर (सेन, 1980 अ में प्रस्तुत) इस दावे पर प्रतिक्रिया व्यक्त की है कि व्यक्तियों को प्राप्त सुविधाजनक स्थितियों को परखने के लिए सामर्थ्यों का उपयोग करना अधिक उपयुक्त होगा।[35] राउल्स लोकनीति को प्रभावित करने के मुआमले में लोगों की सामर्थ्यों की समानता के विपक्ष में तर्क देते हैं, और प्रभावशाली पदों को खुली प्रतियोगिता के जरिए भरने की व्यवस्था की निष्पक्षता और न्यायिकता पर नए सिरे से जोर देते हैं।[36] यह सही है कि जो पद सबके लिए मुक्त हैं उनके लिए लोगों को प्रतियोगिता करने का (और इस तरह एक अर्थ में अवसरों की दृष्टि से इन प्राथमिक वस्तुओं के स्वामित्व का उपयोग करने का) समान अवसर प्राप्त

होगा, मगर फिर अंततः उनकी सामर्थ्यों में समानता नहीं बच रहेगी। राउल्स का कहना है कि अगर व्यक्तियों की 'नैतिक और बौद्धिक क्षमताएँ और कुशलताएँ' भिन्न-भिन्न हों तो प्रभावशाली पदों पर अधिक कुशल व्यक्तियों के पहुँचने में कुछ भी पक्षपातपूर्ण या अन्यायपूर्ण नहीं है।[37] यह बात पिछले परिच्छेद में विवेचित 'कामकाजी असममिति' के तर्क से जाकर जुड़ जाती है।

बात शुरू करने के लिए मैं राउल्स के इस तात्त्विक निष्कर्ष को स्वीकार कर लेता हूँ कि जिम्मेदारी के पदों के चयन की एक ऐसी प्रणाली में कुछ भी अन्यायपूर्ण नहीं है जो अधिक कुशल व्यक्तियों का पक्ष लेती है। अब अहम सवाल यह है : हम इस निष्कर्ष से सहमत *क्यों* होते हैं ? मेरा मानना है कि दूसरों के मुकाबले अधिक कुशल जिन लोगों में पदों से संबंधित सामर्थ्य अधिक है वे कोई जन्मजात रूप से श्रेष्ठ नहीं हैं। अधिकारियों और जिम्मेदार पदों के लिए योग्यता पर आधारित चयन के तर्क का संबंध अंततः ऐसी ही व्यवस्था की दक्षता से होता है। कम मानसिक कुशलताओं के साथ पैदा होना कोई ऐसा अपराध नहीं कि उसके लिए किसी व्यक्ति को दोष दिया जाए। (इसके कारणों को किसी भी अन्य व्यक्ति के मुकाबले जॉन राउल्स ने ही हमें बेहतर ढंग से समझाया है।) दरअसल अगर अदक्षता और आमतौर पर होने वाली हानि के बगैर प्रभावशाली पदों की भराई में समानता स्थापित हो *सकती* तो (मैं कहता कि) इसे स्वीकार करने के बारे में ही सोचना न्याय संगत है। इस उदाहरण में मौजूद विषमता को अगर हम स्वीकार कर लेते हैं तो ठीक इसीलिए कि इस काल्पनिक स्थिति का साकार होना असंभव है।

लेकिन विचाराधीन व्यवस्था में एक महत्त्वपूर्ण विषमता *मौजूद है*—एक ऐसी विषमता जिसे सामर्थ्यों और शक्तियों संबंधी उन भेदों के आधार पर ही समझा जा सकता है जो अंततः लोगों के बीच पैदा होंगे। इस तर्क को कि ऐसी विषमता को फिर भी स्वीकार किया जा सकता है, इसके दक्षता संबंधी लाभों के आधार पर ही बेहतरीन ढंग से समझा जा सकता है, इसमें एक यथार्थ विषमता की मौजूदगी से इस आधार पर इनकार करके नहीं कि हरेक को पदों के लिए प्रतियोगिता का समान अवसर मिला था। किसी महत्त्वपूर्ण विषमता का औचित्य है या नहीं, इसे परखने से पहले उसे स्वीकार करना पड़ता है। उपरोक्त दृष्टांत में सामर्थ्यों की विषमता को उचित ठहराने का मतलब यह तर्क देना होगा कि इसे समाप्त करने पर अनेक व्यक्तियों की सामर्थ्यों में पर्याप्त कमी आ जाएगी, और वह स्थिति दक्षताहीन और अस्वीकार्य होगी। यह औचित्य इस प्रकार से सामने आने वाले समष्टिगत तकाजों पर निर्भर है।

इसलिए राउल्स जिस सामाजिक व्यवस्था का पक्ष लेते हैं उसकी सशर्त स्वीकार्यता यह नहीं दिखाती कि वैयक्तिक लाभ की छानबीन के लिए सामर्थ्यों की बजाय प्राथमिक वस्तुओं पर ध्यान देना अधिक निष्पक्ष या बेहतर तरीका है। इससे दरअसल संकेत यह मिलता है कि वैयक्तिक लाभों की समानता के तकाजों के साथ उन लाभों को संभव बनाते समय दक्षता के तकाजों पर भी ध्यान देना होगा।

राउल्स ने अपने दूसरे न्याय-सिद्धांत में खुद भी दक्षता की माँगों पर विचार करने की आवश्यकता सामने रखी है। लेकिन दक्षता के तकाजों का जो उपयोग वे करते हैं वह बदतरीन लोगों के हितों को पूर्ण प्राथमिकता देने जैसे अतिवादी आग्रह के कारण अपेक्षाकृत सीमित हो जाता है।[38] इस प्राथमिकता के कारण समष्टिगत तकाजों के सहारे विषमता को उचित ठहराना मुश्किलतर हो जाता है क्योंकि ऐसा करते हुए शब्दशः केवल बदतरीन समूह पर ध्यान केंद्रित रखना होगा। राउल्स के महत्तम सूत्र (मैक्सिमिन फार्मूला) के तकाजे तब अधिक आसानी से पूरे होते हैं जब (प्राथमिकता वाली वस्तुओं के स्वामित्व के रूप में) वैयक्तिक लाभों का निरूपण इस प्रकार किया जाए कि वे उन विषमताओं को न दिखाएँ जो सामर्थ्यों के अंतराल में आसानी से दिखाई पड़ती हैं। लेकिन विषमताओं का इस प्रकार दिखाई न देना सूचनाओं की दृष्टि से राजनीतिक छानबीन की समृद्धि में कमी नहीं करता। इसकी बजाय सामर्थ्यों के आधार पर महत्त्वपूर्ण विषमताओं को दर्शाने के कुछ ठोस कारण हैं, और यह परखने के भी कि दक्षता के तर्कों से उनको उचित ठहराया जा सकता है या नहीं।

अभी तक मैंने राउल्स के इस दावे पर कोई सवालिया निशान नहीं खड़ा किया है कि खुली प्रतियोगिता के जरिए पदों को इस प्रकार भरने में कुछ भी पक्षतापूर्ण या अन्यायपूर्ण नहीं है और यह कि (अगर हर व्यक्ति को शिक्षा पाने और प्रतियोगिता करने का समान अवसर मिल रहा हो तो) वास्तव में जो अधिक कुशल हैं वे ही चुने जाएँ। ऐसी विषमताओं के दक्षता संबंधी लाभों के आधार पर उनका स्पष्ट औचित्य प्रस्तुत करने के लिए दक्षता के दावों से जुड़े कारण-कार्य संबंधों की छानबीन जरूरी हो जाती है। मुझे इसमें शक नहीं कि राउल्स जिस पद्धति का समर्थन करते हैं (और जिसे मैंने फिलहाल स्वीकार कर लिया है) वह अनेक परिस्थितियों में ज्यों-की-त्यों सही साबित होगी। लेकिन दूसरी तरफ अगर यह पता चलता है कि जिस व्यवस्था में खुली प्रतियोगिता में बेहतर परिणाम दिखाने वालों को ही सत्ता और प्रभाव के पद मिले, वह एक प्रकार की 'योग्यताशाही' (मेरिटोक्रेसी) पैदा करती है जो बहुत दक्षता-संपन्न नहीं है और जिसके कारण कम सुविधासंपन्न समूहों से लोगों के साथ (उन पदों के मुआमले में) असमान व्यवहार होता है, तो यह औचित्य फिर औचित्य नहीं रहता।

1990 के दौरान भारत में तत्कालीन प्रधानमंत्री वी. पी. सिंह के इस प्रस्ताव पर राजनीतिक बहसें चलती रहीं कि नागरिक सेवाओं के आधे से ज्यादा प्रभावशाली पद निचली जातियों और दूसरे अभावग्रस्त समूहों के सदस्यों के लिए आरक्षित कर दिए जाएँ। (ये बहसें इतनी महत्त्वपूर्ण थीं कि अंततः उन्हीं के कारण वी. पी. सिंह का राजनीतिक बहुमत जाता रहा और उनकी सरकार गिर गई।) इन बहसों में खुली प्रतियोगिता के द्वारा चयन के दक्षता संबंधी कथित लाभों पर गंभीर प्रश्नचिह्न लगे। दक्षता संबंधी लाभों के प्रति वी. पी. सिंह की शंका उचित थी या नहीं, इस पर बहस करना यहाँ मेरा मकसद नहीं है। कहना सिर्फ यह है कि इस प्रश्न का चाहे जो भी उत्तर हम दें, पर खुली प्रतियोगिता के तर्क की न्यायिकता को इसके प्रति संवेदनशील होना

चाहिए। प्राथमिकता वाली वस्तुओं के वितरण का प्रतिमान पहले से निश्चित करके (मसलन इस प्रकार कि सामाजिक रूप से गतिहीन वंचित तबकों के लिए कोई भी पद आरक्षित न किया जाए) इस प्रश्न को हल नहीं किया जा सकता। लोगों की प्रभावी स्वतंत्रताओं और सामर्थ्यों के समष्टिगत और वितरणमूलक पहलुओं पर पड़ने वाले विभिन्न प्रणालियों के अपने-अपने प्रभावों के प्रति व्यवस्था की न्यायिकता को संवेदनशील होना ही चाहिए। ऐसा कोई विश्लेषण निश्चित ही पूरी तरह राउल्स की अनुशंसा के पक्ष में जा सकता है, लेकिन अगर ऐसा होता है तो यह सचमुच उस अनुशंसा का एक बहुत मजबूत तर्क बनेगा।

9.9 दायित्व और निष्पक्षता

हर व्यक्ति को जिन बातों पर पूरी तरह नियंत्रण प्राप्त है उनके लिए उसे पूरी तरह जिम्मेदार माना जाए, इसकी आवश्यकता पर जॉन राउल्स (1971) और न्याय के दूसरे आधुनिक सिद्धांतकार (जैसे रोनल्ड ड्वार्किन 1981) जोर देते रहे हैं। इसके विपरीत व्यक्ति जिन बातों को नहीं बदल सकता (जैसे माता-पिता का अमीर या गरीब होना, प्राकृतिक गुणों से युक्त या रहित होना), उनके लिए सिद्धांततः उसे न तो जिम्मेदार नहीं ठहराया जाता, न ही कोई श्रेय दिया जाता है। ऐसी सीमा रेखाएँ खींचना कभी-कभी कठिन होता है, तो भी यह सामान्य अंतर पर्याप्त विश्वसनीय है। इस पुस्तक में प्रस्तुत विश्लेषण में इस अंतर का काफी कुछ इस्तेमाल किया गया है।

सच तो यह है कि सामर्थ्य के दृष्टिकोण से राउल्स के 'न्याय बतौर निष्पक्षता' के सिद्धांत की आलोचना अंशतः हमारे इसी प्रयास की उपज है कि 'प्राथमिक वस्तुओं' का उपलब्धि की वास्तविक स्वतंत्रताओं में रूपांतरण करवाने को लेकर व्यक्ति की–प्रकृतिजन्य या समाजजन्य–कठिनाइयों पर सीधे-सीधे ध्यान दिया जाए। (अध्याय 5 देखें।) मान लें कि एक व्यक्ति (मिसाल के लिए अपनी शारीरिक या मानसिक अयोग्यता के कारण, या बीमार पड़ने की अधिक प्रवृत्ति के कारण, या लिंग से जुड़ी शारीरिक या परंपरासम्मत बाधाओं के कारण) स्वतंत्रता पाने के लिए प्राथमिक वस्तुओं का उपयोग कम कर पाता है या इसमें कम समर्थ है। तो फिर इसका मतलब यह हुआ कि वह इस बारे में अधिक अनुकूल स्थितिवाले किसी दूसरे व्यक्ति से ज्यादा वंचित हो, भले ही दोनों के पास समान प्राथमिक वस्तुएँ हों। मेरा तर्क यह था कि न्याय के किसी भी सिद्धांत को उस अंतर पर पर्याप्त ध्यान देना होगा। यही कारण है कि यहाँ प्रस्तुत दृष्टिकोण राउल्स के सिद्धांत से लाभान्वित भी होता है और उसकी आलोचना भी करता है। यह (व्यक्तियों को प्राप्त सामर्थ्यों और स्वतंत्रताओं के विपरीत) प्राथमिक वस्तुओं के स्वामित्व पर राउल्स के सिद्धांत की विशेष निर्भरता की आलोचना करने के लिए निष्पक्षता और दायित्व के बारे में उनके ज्ञानवर्धक विश्लेषण से लाभ भी उठाता है।

यह अंतर एक और विवादास्पद प्रश्न के लिए भी महत्त्वपूर्ण है। यह प्रश्न एक व्यक्ति की सापेक्ष स्थिति को परखने के वास्ते उपलब्धियों और स्वतंत्रताओं के बीच

चयन को लेकर है। सरोकार अगर जिम्मेदार वयस्कों से हो तो समाज से व्यक्तियों के तकाजों (या समता, या न्याय के तकाजों) को *वास्तविक उपलब्धियों* की बजाय *उपलब्धि की स्वतंत्रता* के आधार पर परखना अधिक उपयुक्त होगा। अगर सामाजिक व्यवस्था ऐसी हो कि (निश्चित मानदंडों के आधार पर) एक जिम्मेदार वयस्क को दूसरों से कम स्वतंत्रता न प्राप्त हो, लेकिन अगर वह फिर भी अपने अवसर गँवाकर दूसरों से ज्यादा बदहाल बन जाए तो कहा जा सकता है कि यहाँ कोई अन्यायपूर्ण विषमता नहीं पाई जाती। अगर ऐसी दृष्टि अपनाई जाए तो (प्राप्त प्रकार्यों के विपरीत) सामर्थ्य की प्रत्यक्ष प्रासंगिकता का दावा करना आसान होगा।

लेकिन पिछले तर्क के साथ कुछ शर्तें जुड़ी हुई हैं जिनके बारे में स्पष्ट हो जाना आवश्यक है। पहली बात तो यह कि अनिश्चितताओं की स्थिति में सवाल बिलकुल बदल जाता है। जिन प्रतिकूल घटनाओं पर किसी व्यक्ति का बस नहीं उनके कारण उसकी जो दशा होगी उसे निजी जिम्मेदारी कहकर खारिज कर देना आसान नहीं होगा।

जब एक व्यक्ति जानबूझकर कोई जोखिम मोल ले और आखिरकार दाँव हार जाए तो जिम्मेदारी का तर्क ज्यादा लागू होता है। कारण कि यहाँ व्यक्ति की अपनी जिम्मेदारी की बात करने की ज्यादा गुंजाइश बनती है। लेकिन यहाँ भी ऐसी पर्याप्त सूचनाओं के मिलने में आने वाली कठिनाई के कारण स्थिति ज्यादा पेचीदा हो जाती है जिनके आधार पर व्यक्ति जोखिम भरी स्थितियों के बारे में विवेकपूर्ण निर्णय ले सके। मिसाल के लिए अगर एक सुप्रख्यात बीमा कंपनी या एक नामी बैंक का दीवाला निकल जाए तो (बदनसीबी के मारे ग्राहकों के प्रति कोई विशेष सहानुभूति दर्शाए बगैर) शायद ही इसे इस आधार पर निर्मम फैसला देने का उचित मामला माना जा सके कि उन ग्राहकों ने खुद ही उस बीमा कंपनी या बैंक का *चयन* किया था।[39] दरअसल वास्तविक उपलब्धियों की जगह उपलब्धि की स्वतंत्रताओं पर ध्यान केंद्रित करने का औचित्य काफी हद तक इस बात पर निर्भर है कि व्यक्तियों को सचमुच कुछ विकल्प प्राप्त हैं या नहीं और उनको समझने तथा उनमें से किसी को चुनने के लिए उनके पास आवश्यक ज्ञान और योग्यता है या नहीं।

इसी से एक और प्रश्न का गहरा संबंध है। इसका सरोकार इससे है कि व्यक्तियों को (सिर्फ 'सिद्धांत में' नहीं) *वास्तव में* जो यथार्थ स्वतंत्रताएँ प्राप्त हैं उन पर सामर्थ्य के परिप्रेक्ष्य में किस प्रकार ध्यान दिया जाए। मान लें कि सामाजिक निर्धारण के कारण एक व्यक्ति में चयन का साहस नहीं है। (या संभवतः जिस वस्तु से वह वंचित है मगर जिसे वह *अगर* चुन ले तो महत्त्व देगा, उसकी 'इच्छा' करने तक का साहस नहीं है।) तो फिर यह *मानकर* नीतिशास्त्रीय मूल्यांकन करना अनुचित होगा कि उसे प्रभावी चयन की सुविधा प्राप्त है। यह मुआमला 'सामाजिक अनुशासन' से उपजी बाधाओं समेत *तमाम* बाधाओं का ध्यान रखते हुए वस्तुतः में प्राप्त यथार्थ स्वतंत्रताओं पर ध्यान केंद्रित करने का मुआमला है।

सच तो यह है कि लोग जिस चीज की 'जैसे-तैसे इच्छा करते' हैं उस पर

अति-निर्भरता उपयोगितावादी नीतिशास्त्र पर सीमाएँ लादनेवाले पक्षों में एक है; यह नीतिशास्त्र उन लोगों के दावों की खासकर उपेक्षा करता है जो इतने दबे या टूट चुके हैं कि ज्यादा कुछ की इच्छा का हौसला भी नहीं कर पाते।[40] सामर्थ्य के दृष्टिकोण में इस प्रकार की गलती करना विशेष रूप से दुर्भाग्यपूर्ण होगा। बहरहाल उस तरह की गलती करने की कोई जरूरत नहीं है क्योंकि जिन सामर्थ्यों पर ध्यान देना आवश्यक है वे वही हैं जो लोगों को वास्तव में प्राप्त हैं। (वे नहीं जो 'सामाजिक अनुशासन' से कम प्रभावित होने की दशा में लोगों को *प्राप्त हो सकती थीं*। (इस सवाल की खास अहमियत उन सुस्थापित विषमताओं के संदर्भ में है जो विषमता से ग्रस्त व्यक्तियों द्वारा अपने सापेक्ष अभाव की समाज-निर्धारित स्वीकृत से ही संबल पाती हैं। (इसकी एक मिसाल परंपरागत सामाजिक व्यवस्थाओं में स्त्रियों द्वारा पराधीन भूमिकाओं की स्वीकृति है।)[41]

9.10 सामर्थ्य, स्वतंत्रता और प्रेरणाएँ

'सामर्थ्य का दृष्टिकोण' *कल्याण* और स्वतंत्रता, दोनों के मूल्यांकन में कुछ-न-कुछ सहायक हो सकता है। पहले प्रथमोक्त को लें। कल्याण के प्रति सामर्थ्य का दृष्टिकोण (वास्तविक आय, उपयोग के स्तर आदि के रूप में) आर्थिक समृद्धि पर पारंपरिक जोर से दो सुस्पष्ट अर्थों में भिन्न है : (1) यह वस्तुओं और संसाधनों के रूप में *साधनों* के अंतराल से ध्यान हटाकर *प्रकार्यों* पर ध्यान केंद्रित करता है जिनको मानव-कल्याण के *घटक* तत्त्व माना जाता है; और (2) इसके कारण प्रकार्यों के उन वैकल्पिक वाहकों के *समुच्चय* का ध्यान रखना संभव होता है, जिनमें से व्यक्ति किसी एक का चयन कर सकता है, हालाँकि यह अनिवार्य नहीं है। 'सामर्थ्य-समुच्चय' को वह समग्र स्वतंत्रता कहा जा सकता है जो किसी व्यक्ति को अपने कल्याण के प्रयास करने के लिए प्राप्त है।

अगर तात्त्विक सीमा तक महत्त्वपूर्ण विकल्पों में से किसी का चयन करने की योग्यता को एक उपयोगी जीवन के लिए मूल्यवान माना जाए तो सामर्थ्य-समुच्चय की एक और भूमिका भी होगी : यह किसी व्यक्ति के कल्याण के निर्धारण को सीधे-सीधे प्रभावित कर सकता है। इस स्थिति में प्रकार्यों के एक वैकल्पिक संयोग x को उस समुच्चय S में से चुनने की स्वतंत्रता से जुड़ा माना जा सकता है जिसमें एक तत्त्व x भी है। व्यक्ति जो कुछ *करता* है उससे प्राप्त कल्याण अगर इस पर निर्भर हो कि उसने वह कार्य *किस तरह* किया है (खासकर यह कि क्या उस प्रकार्य को उसने खुद चुना है) तो उसका कल्याण केवल x पर नहीं, बल्कि समुच्चय S में से x के चयन पर निर्भर होगा।[42]

इन (अध्याय 3 और 4 में विवेचित) प्रश्नों से कुछ जटिल समस्याएँ भी जुड़ी हुई हैं। यहाँ कल्याण के संदर्भ में बुनियादी सवाल यह है कि चयन की स्वतंत्रता केवल साधन रूप में महत्त्वपूर्ण है या इसका अपने आप में भी कोई महत्त्व है। सामर्थ्य का

दृष्टिकोण इतना व्यापक अवश्य है कि कल्याण की इन वैकल्पिक–मगर अंतःसंबंधित–प्रस्तुतियों की संभावना मौजूद है, और इसे किसी भी प्रकार से इस्तेमाल किया जा सकता है।

जोर देने की बात यह है कि अगर व्यक्ति के कल्याण के निर्धारण के लिए चयन की स्वतंत्रता का मूल्य केवल साधन रूप में हो तो भी हर व्यक्ति को प्राप्त स्वतंत्रता का परिमाण एक शुभ समाज के लिए सीधे-सीधे महत्त्वपूर्ण होता है। दरअसल *व्यक्ति के* कल्याण में स्वतंत्रता की भूमिका हो या न हो, व्यक्ति की स्वतंत्रता को *समाज की* उस शुभता का घटक माना जा सकता है जिसके लिए प्रयास करने के ठोस कारण हमारे पास मौजूद हैं।[43]

इसलिए स्वतंत्रताओं की समानता में हमारी रुचि के अनेक मूल्यांकन संबंधी आधार हैं। इस पुस्तक में मैंने इन विविध नीतिशास्त्रीय आधारों के अपने-अपने गुण-दोष पर कुछ ज्यादा ध्यान नहीं दिया है।[44] मगर उन विभिन्न बुनियादी कारणों पर नजर रखना उपयोगी होगा जिनके चलते हमारी इच्छा होती है कि स्वतंत्रताओं की समानता को महत्त्व दें। सामर्थ्य के दृष्टिकोण से प्राप्त परिप्रेक्ष्य का उपयोग उन विभिन्न प्रेरणाओं में से प्रत्येक के संदर्भ में स्वतंत्रताओं की समानता का विश्लेषण और मूल्यांकन करने के लिए किया जा सकता है।

सामर्थ्य की असफलता के आधार पर निर्धनता को समझने के दृष्टिकोण पर भी काफी कुछ यही बहुलता लागू होती है। इसका संबंध विभिन्न निहित सरोकारों से जोड़ा जा सकता है, जैसे न्यूनतम वैयक्तिक कल्याण सुनिश्चित करने का न्यूनतम वैयक्तिक स्वतंत्रताओं की व्यवस्था करने से। फिर इन सरोकारों का संबंध शुभ–या उचित–सामाजिक व्यवस्था की अधिक बुनियादी माँगों से हो सकता है। इसलिए निर्धनता के विश्लेषण की दिशा बदलकर उसे *कम आयों* से *अपर्याप्त बुनियादी सामर्थ्यों* का औचित्य अंततः इन वैकल्पिक बुनियादी सरोकारों पर निर्भर हो सकता है।

ठीक-ठीक कौन सी बुनियादी संरचना हम चुनते हैं, इससे कोई मतलब नहीं, मगर फिर भी यदि हम आय पर केंद्रित दृष्टिकोण से हटकर सामर्थ्य पर केंद्रित दृष्टिकोण को अपनाते हैं तो जो भी बातें निर्धनता की चुनौती से जुड़ी हैं, उनकी एक बेहतर समझ हमें प्राप्त होती है।[45] इससे निर्धनता-विरोधी नीति की प्राथमिकताओं के बारे में अधिक स्पष्ट मार्गदर्शन प्राप्त होता है, और असंभावित लगने वाली परिस्थितियों (मसलन यूरोप या उत्तरी अमेरिका के धनी देशों) में निर्धनता के स्रोत को बेहतर समझने में भी सहायता मिलती है। निर्धनता को स्वतंत्रता का अभाव समझने की दृष्टि अनेक प्रकार के बुनियादी सरोकारों से मेल खाती है।

समानता की माँगों की प्रकृति और व्यापकता की जाँच-पड़ताल करना प्रस्तुत पुस्तक का उद्‌देश्य रहा है। वैसे यह विश्लेषण मूलतः अवधारणात्मक रहा है, मगर व्यावहारिक सरोकार के विषयों के लिए भी इसका कुछ प्रत्यक्ष महत्त्व अवश्य है। प्रस्तुत विश्लेषण काफी हद तक इसी सरोकार से प्रेरित रहा है।

टिप्पणियाँ

1. मैंने सेन (1985) में इस निदान से जुड़े कुछ मुद्‌दों की पड़ताल की है।
2. प्रकार्यों की विविधता के विशेष संदर्भ में अध्याय 3 में इस प्रश्न की विवेचना की गई है।
3. कैंगर (1957, 1972, 1985), लिंडल (1977), राज (1986) देखें।
4. मानव-कल्याण के लिए विभिन्न प्रकार की उपयोगिताओं की अलग-अलग अहमियत और सामाजिक प्रासंगिकता होती है—इस दावे का स्रोत अरस्तू के यहाँ मिलता है। जान स्टुअर्ट मिल (1859, 1861) ने भी इस पर जोर दिया था।
5. मैंने पिछले अध्यायों (अध्याय 2-4) में अलग-अलग करके और संयुक्त रूप से इन तकाजों की शक्ति की विवेचना की है।
6. नैतिक बहुलतावाद में परिष्कार का अभाव है—यह विश्वास काफी पुराना है (कम-से-कम जान स्टुअर्ट मिल तक तो जाता ही है), मगर इसी कारण (या किसी और कारण) से यह कोई खास स्पष्ट नहीं हो जाता। मैंने सेन (1985 अ) में इस प्रश्न की विवेचना की कोशिश की है। इससे जुड़े विषयों पर बी. विलियम्स (1973 अ, 1985), नागेल (1979), हर्ली (1989) देखें।
7. यह *ओ ई आई* के प्रमुख विषयों में एक था। इस साहित्य के उपयोगी विवरण कावेल (1977), फोस्टर (1985) और लैंबर्ट (1989) में मिल जाएँगे।
8. सेन (1970 अ, 1982 अ), सुजूमुरा (1983) और लेवी (1986) में इससे जुड़ी कुछ समस्याओं की विवेचना की गई है। 'अस्पष्ट' समुच्चयों (फ़ज़ि सेट्स) और वरीयताओं संबंधी साहित्य भी देखें।
9. मैंने सेन (1970 अ, 1970 ब, 1985 ब) में 'अंतश्छेदक' विश्लेषण की सीमाओं और दायरे की विवेचना का प्रयास किया है।
10. इस सामान्य प्रश्न के बारे में सेन (1970 अ, 1970 ब, 1982 अ) देखें।
11. अनुच्छेद 3.4 देखें। अध्याय 1-4 में कुछ मूलभूत अपूर्णताओं को स्वीकार करने के विभिन्न कारणों की विवेचना की गई है।
12. फिर भी इस बात पर जोर देना होगा कि *निर्धनता* और सामाजिक *अभाव* की पहचान करते हुए सामर्थ्यों के ऐसे स्तरों की सूची के साथ भी काफी कुछ उपयोगी बातें कही जा सकती हैं जिनको न्यूनतम दृष्टि से आवश्यक माना जाता है, और इसके लिए सामर्थ्यों के विभिन्न समूहों के श्रेणीकरण जैसी किसी बात की जरूरत नहीं होगी। इसके बारे में सेन (1984) और हुसैन (1990) देखें।
13. सेन (1970 अ, 1973 अ) भी देखें।
14. आँकड़ों की अनुपलब्धता के निश्चित ही अलग-अलग स्तर हो सकते हैं, और जरूरी नहीं कि हमारा चयन 'या तो यह, या तो वह' के रूप में हो।
15. ध्यान दें कि अगर संबद्ध चर के आधार पर व्यक्तियों के बीच तुलना संभव हो (अर्थात् वैयक्तिक उपयोगिताएँ अतुलनीय हों) तो भी समष्टिगत तकाजों का इस अंश का उपयोग संभव है।
16. एक और भी जोरदार रूप ('शक्तिशाली पैरेटो अभीष्टता') का उपयोग किया गया है, खासकर कल्याणकारी अर्थशास्त्र में, और उसके अनुसार कोई संभावित सुधार किसी उपयोगिता में कमी लाए बिना किसी भी उपयोगिता को बढ़ा नहीं सकता।
17. एक अनिवार्य दशा के रूप में पैरेटो अभीष्टता की स्वीकार्यता को सामाजिक अभीष्टता के मानदंड के रूप में उसकी पर्याप्तता के किसी भी दावे से भिन्न समझना होगा। कभी-कभी पैरेटो अभीष्टता की विवेचना निहितार्थों में यूँ की जाती है, गोया वह *पर्याप्त* हो। तो भी अधिक सामान्य और निश्चित ही अधिक स्पष्ट दावा सामाजिक अभीष्टता के लिए उसकी *आवश्यकता* के पक्ष में है। चूँकि पैरेटो अभीष्टता वितरण के प्रश्नों की पूरी उपेक्षा करती है, इसलिए पर्याप्तता उसका सबसे

अविश्वसनीय आधार होगी। (सहमतिमूलक संवैधानिकता जैसे विशिष्ट संदर्भ इसके अपवाद हैं। इनके बारे में जे. एम. बुखानन और टलक 1962 देखें।) यहाँ विवेचना का विषय पैरेटो अभीष्टता के पर्याप्तता संबंधी दावों की प्रकट सीमाबद्धता नहीं, बल्कि एक अनिवार्य दशा *तक के* रूप में उस मानदंड की अपर्याप्तता है।

18. इस और संबंधित प्रश्नों के बारे में सेन (1979 अ, 1979 अ, 1983 अ, 1992 अ) देखें।

19. यह बहुलता ध्यानकेंद्रों की उस बहुलता से आगे की चीज है जो अनुच्छेद 9.3 में विवेचित स्वयं आधारभूत समानता ('आंतरिक बहुलता') का अभिन्न अंग होनी चाहिए।

20. मीड (1976) के कल्याणकारी अर्थशास्त्र में एक ऐसा विश्लेषण प्रस्तुत किया गया है जिसमें महत्तम प्राप्य (मैक्सिमांड) में समान भारमान के दावों पर *तथा साथ ही* वैयक्तिक स्तरों संबंधी समानता पर उपयोगिताओं के अंतराल में ध्यान दिया गया है। मिरलीस (1971, 1986), फेल्प्स (1973), म्यूलर (1979), एटकिंसन और स्टिग्लिट्ज (1980), राबर्ट्स (1980 अ), ड्रेज और स्टर्न (1987), स्टैरेट (1988) भी देखें।

21. मैंने सेन (1982 ब, 1985 य) में दूसरों के अलावा नोजिक (1974) और बावेर (1981) के दावों के खिलाफ कुछ तर्क दिए हैं।

22. जोखिम भरे, मगर उपयोगी फैसले लेने की तत्परता से भी असमान परिणामों का संबंध हो सकता है। तो भी जोखिम की प्रवृत्ति और आय के वितरण की विषमताओं का संबंध अकसर जितना समझा जाता है उससे कहीं ज्यादा पेचीदा होता है। इसके बारे में कँवर (1979) देखें।

23. इसे संबद्ध प्रश्नों के बारे में ले ग्रांद (1990, 1991) देखें।

24. अगर 'दक्षता' से मुराद उद्देश्यों की बरबादी-रहित, उत्पादक प्रोन्नति हो (चाहे वे उद्देश्य कुछ भी हों) तो दक्षता के दायरे में स्वयं समानता के प्रयास भी आ जाएँगे, बशर्ते वह चुने गए उद्देश्यों में शामिल हों। लेकिन वांछित उद्देश्यों में समानता के शामिल रहने से इसकी संभावना समाप्त नहीं होती कि कुल मिलाकर समानता के गंभीर प्रयासों की उपलब्धियों में कमी आ सकती है।

25. अभीष्ट आयकर संबंधी साहित्य में वितरण के सरोकारों और प्रोत्साहन की माँगों के टकराव के आसान, मगर विचारोत्तेजक उदाहरण मिल जाएँगे। मिसाल के लिए मिरलीस (1971), स्टर्न (1976), सैडका (1977), सीड (1977) देखें।

26. जो *राजनीतिक* प्रक्रियाएँ (कानून-निर्माण और प्रशासन समेत) शासन की नीति के उद्देश्यों को संचालित करती हैं उनके कार्यकलाप में वैयक्तिक प्रोत्साहनों का एक बुनियादी मुद्दा भी शामिल होता है। इस बारे में बुखानन और टलक (1962) तथा बुखानन (1975, 1985) देखें।

27. वास्तव में 'कामकाजी असममिति' का एक और प्रकार का तर्क उपयोगिता के अंतराल में यह बेढब परिणाम भी दे सकता है कि अधिक उत्पादक व्यक्तियों के पास कुल उपयोगिताएँ *कम* होती हैं। मगर कुछ लोग दूसरों से ज्यादा उत्पादक हैं और वे समान कार्य से (तथा अवकाश की समान हानि कराके) ज्यादा उत्पादन कर सकते हैं तो कुल उपयोगिता में अधिकतम वृद्धि की किसी व्यवस्था का यही तकाजा होगा कि ये अधिक उत्पादक लोग दूसरों से *अधिक कड़ी* मेहनत करें और अंत में कठोरतम कार्य और कम अवकाश के रूप में उनको दूसरों से कम उपयोगिता प्राप्त हो। इसके बारे में मिरलीस (1971, 1974) तथा रोमर (1985) देखें। एटकिंसन और स्टिग्लिट्ज (1980) तथा टुओमला (1984, 1990) भी देखें।

28. दूसरे हालात में भी असमान व्यवहार के पक्ष में तर्क दिए जा सकते हैं और इनमें प्रोत्साहन की समस्याएँ भी उठाई जा सकती हैं। (वैसे ये तर्क घटाकर इन समस्याओं तक सीमित नहीं किए जा सकते।) समष्टिगत उद्देश्यों के साथ 'क्षैतिज समता' की कठिनाई पर स्टिग्लिट्ज (1982 : 2) की विवेचना देखें। वे विशेष रूप से उपयोगितावाद की विवेचना करते हैं और ऐसे दृष्टांतों पर विचार

करते हैं जिनमें '(उपयोगिताओं के योग से मापा गया) समाज-कल्याण तब अधिक होता है जब समान रुचियों और समान योग्यताओंवाले व्यक्तियों के साथ अलग-अलग व्यवहार किया जाता है।'

29. एटकिंसन और स्टिग्लिट्ज (1980), आवेरबाख और फेल्डस्टाइन (1987) तथा स्टैरेट (1988) देखें।
30. यह बात सिर्फ बाजारतंत्र पर नहीं, बल्कि अन्य संस्थागत व्यवस्थाओं में होने वाले आवंटन पर भी लागू होती है। किसानों या सामूहिकताओं पर आधारित अर्थव्यवस्थाओं में संसाधनों के आवंटन के लिए ऐसे नुक्तों की प्रासंगिकता पर पुटरमान (1986) देखें।
31. इस संदर्भ में सेन (1973 अ), एकेरलाफ (1978, 1984) तथा एटकिंसन (1991 स) देखें।
32. एक निजी बीमा कंपनी के लिए यह खोज निश्चित ही पर्याप्त प्रोत्साहनों से भरी होगी कि जन्म से कौन लोग रोगों के सामने अधिक असहाय हैं। कारण कि उन्हें छोड़ देने से ही मुनाफे बढ़ेंगे। लेकिन अगर हम यह बात स्वीकार करें कि जो लोग जन्म से रोगों के सामने अधिक असहाय हैं उनको चिकित्सा सुविधा देने के पक्ष में अच्छे सामाजिक तर्क मौजूद हैं, तो जरूरी नहीं कि नीतिगत पेशकदमी प्रोत्साहन की समस्याओं के चलते अवरुद्ध हो। इस दृष्टांत में 'प्रोत्साहन की अनुकूलता' उन समस्याओं के खिलाफ जाती है जो तब पैदा होती हैं, जब ये अंतर बुनियादी मानवीय विविधताओं के कारण नहीं, बल्कि मुख्यतः चुनी गई कार्रवाइयों के नतीजे हों।
33. ध्यान दें कि दक्षता की यह परिभाषा वैयक्तिक सामर्थ्यों के श्रेणीकरण में अपूर्णता की संभावना का खयाल भी रखती है। अगर यह अपूर्णता व्यापक होती तो यह शर्त और भी आसानी से पूरी हो जाती कि किसी की भी सामर्थ्य में वास्तविक *कमी* न आने पाए। तुलना की संभावना न होने के कारण कोई भी परिवर्तन किसी व्यक्ति को उस स्तर पर बनाए नहीं रख सकेगा जिसके बारे में यह समझा जाता है कि उस व्यक्ति को वास्तव में सामर्थ्य में कोई फैसलाकुन *कमी* लाए बगैर दूसरों के बराबर सामर्थ्य की प्राप्ति होगी। नीतिगत फैसलों में, मसलन सामर्थ्यों के आधार पर प्रतियोगितापूर्ण बाजारों के संतुलन के मूल्यांकन के लिए, इस अंतर का विशेष महत्त्व हो सकता है। (इसके बारे में सेन 1992 ब देखें)
34. इस अपेक्षाकृत पेचीदा सवाल की और भी भरपूर विवेचना के लिए अध्याय 6, परिच्छेद 6.2 देखें।
35. अध्याय 5 भी देखें।
56. अगर असमान विभाजन सभी के लिए लाभकारी न हों तो राउल्स (1971) प्राथमिकता वाली वस्तुओं के वितरण में समानता का तकाजा करते हैं। लेकिन प्राथमिक वस्तुओं के विवरण में वे अवसरों (जैसे 'पदों को मुक्त रखने', पृ. 61) पर जोर देने लगते हैं। पृ. 62 पर कहते हैं : 'तमाम सामाजिक मूल्यों–स्वाधीनता और अवसर, आय और संपत्ति, और आत्मसम्मान के आधारों–का उस दशा में समान वितरण होना चाहिए जब किसी एक या सभी मूल्यों का असमान वितरण हरेक के लिए लाभकारी न हो।'
37. राउल्स (1990), व्याख्यान 5, परिच्छेद 3 : 'प्राथमिक वस्तुएँ और अंतःवैयक्तिक तुलनाएँ।'
38. इसके बारे में सेन (1970 अ, 1977 ब) देखें।
39. दिलचस्प बात यह है कि दीवाला बोल चुके बैंक आफ क्रेडिट एंड कामर्स इंटरनेशनल (बी सी सी आई) के बदनसीब जमाकारों को जो अपेक्षाकृत कम मुआवजे दिए गए उनके मुकाबले ऐसे दीवालों के प्रति ब्रिटिश और अमेरिकी जनता के रवैए काफी भिन्न-भिन्न रहे हैं। अमेरिका में 'बचत और कर्ज' संबंधी संकटों के बारे में जो बेपनाह सुरक्षा-उपाय किए गए हैं वे इसी का एक उदाहरण हैं और जिम्मेदारी के अलग-अलग दृष्टिकोणों पर आधारित हैं।
40. सेन (1985 अ) में इस प्रश्न की विवेचना की गई है।
41. इस सवाल पर किंच और सेन (1983), सेन (1985 द, 1990 स), लेडेन (1991 ब) देखें।

42. अर्थात् कल्याण के विश्लेषण का संबंध केवल x से नहीं, युग्म (x, s) से होना चाहिए।
43. एक संबद्ध मगर अलग प्रकार के नैतिक विश्लेषण में व्यक्ति की स्वतंत्रताओं को सामाजिक व्यवस्था के 'औचित्य' का विषय बनाया गया है और यह जरूरी नहीं कि समाज-कल्याण की किसी पहले से मौजूद धारणा का सहारा लिया जाए। समस्या को यूँ देखना स्पष्ट रूप से कांटवादी नज़रिया (कांट 1788) है। इस और संबद्ध प्रश्नों के लिए कांटवादी बुनियादों की प्रासंगिकता के बारे में खासकर राउल्स (1971, 1988 अ) देखें। ओ' नील (1989, 1992) और कोर्सगार्ड (1992) भी देखें।
44. लेकिन सेन (1982 ब, 1985 अ) भी देखें।
45. गरीबी के बारे में बेरोजगार बेल्जियमवासियों के विचारों का एक तीक्ष्ण शोध-अध्ययन शोकर्ट और वान ओटेजेम (1990) ने किया है। इससे संकेत मिलता है कि संभवतः खुद बेरोजगार भी गरीबी को ठोस स्वतंत्रताओं का अभाव ही समझते हैं।

संदर्भ-सूची

अग्रवाल, बी. (1986) : वीमेन, पावर्टी एंड एग्रिकल्चरल ग्रोथ इन इंडिया, *जर्नल आफ पीजेंट स्टडीज,* 13।

—(1991) : सोशल सिक्योरिटी एंड द फैमिली : कोपिंग विद सीजनालिटी एंड कैलेमिटी इन रूरल इंडिया, अहमद आदि (1991) में संकलित।

अरस्तू : द *निकोमाकियन एथिक्स,* अंग्रेजी अनुवाद रास (1980) में उपलब्ध।

अशर, डी. (1968) : द *प्राइस मेकैनिज्म एंड द मीनिंग आफ नेशनल इनकम स्टेटिस्टिक्स,* आक्सफर्ड : क्लैरेंडन प्रेस

अहमद, आई. (1983) : टेक्नोलाजी एंड रूरल वीमेन इन द थर्ड वर्ल्ड, *इंटरनेशनल लेबर रिव्यू,* 122।

अहमद, ई. और हुसैन, ए. (1991) : सोशल सिक्योरिटी इन चाइना : ए हिस्टोरिकल पर्सपेक्टिव, अहमद आदि (1991) में संकलित।

—ड्रेज, जे.; हिल्स, जे.; और सेन, ए. (1991) (सं) : *सोशल सिक्योरिटी इन डेवलपिंग कंट्रीज,* आक्सफर्ड : क्लैरेंडन प्रेस।

अहलूवालिया, एम. एस. (1974) : इनकम इनइक्वैलिटी : सम डाइमेंशंस आफ द प्राब्लम, चेर्नाय आदि (1974) में संकलित।

—(1978) : रूरल पावर्टी एंड एग्रिकल्चरल परफार्मेंस इन इंडिया, *जर्नल आफ डेवलपमेंट स्टडीज,* 14।

आइखहार्न, डब्ल्यू. (1988 अ) (सं) : *मेजरमेंट इन इकानमिक्स : थ्योरी एंड एप्लिकेशंस इन इकानमिक इंडिसेज,* हाइडिलबर्ग : फिजिका—वर्लाग।

—(1988 ब) : आन ए क्लास आफ इनइक्वैलिटी मेजर्स, *सोशल च्वायस एंड वेलफेयर,* 5।

—और गेह्रिग, डब्ल्यू. (1982) : मेजरमेंट आफ इनइक्वैलिटी इन इकानमिक्स, बी. कोर्ट (सं) : *माडर्न एप्लाइड मैथमेटिक्स : आप्टिमाइजेशन एंड आपरेशंस रिसर्च,* एम्सटर्डम : नार्थ हालैंड में संकलित।

आइसेनमान, पी. (1980) : बेसिक नीड्स : द केस आफ श्रीलंका, *वर्ल्ड डवलपमेंट,* 7।

आनंद, एस. (1977) : आस्पेक्ट्स आफ पावर्टी इन मलेशिया, *रिव्यू आफ इनकम एंड वेल्थ,* 23।

—(1983) : इनइक्वैलिटी एंड पावर्टी इन मलेशिया, न्यूयार्क : आक्सफर्ड यूनिवर्सिटी प्रेस।

—और कँवर, आर. (1984) : इनइक्वैलिटी एंड डवलपमेंट : ए रिकंसीडेरेशन, निशिन (1984) में संकलित।

—(1986) : इनइक्लैटी एंड डवलपमेंट : ए क्रिटीक, अनुलेखित, सेंट कैथरींस कालेज, आक्सफर्ड, और वार्विक विश्वविद्यालय।

—(1990) : पब्लिक पालिसी एंड बेसिक नीड्स प्राविजन : इंटरवेंशन एंड एचीवमेंट इन श्रीलंका, ड्रेज और सेन (1990), खंड 3 में संकलित।

—और हैरिस, सी. (1990) : फूड एंड स्टैंडर्ड आफ लिविंग : ऐन एनालिसिस बेस्ड आन श्रीलंकन डेटा, ड्रेज और सेन (1990), खंड 1 में संकलित।

—(1992) : इशूज इन द मेजर आफ अंडरन्यूट्रीशन, उस्मानी (1992 अ) में संकलित।

आनस, जे. (1992) : वीमेन एंड द क्वालिटी आफ लाइफ : टू नार्म्स आर वन ?, नसबाम और सेन

(1992) में संकलित।

आयंगर, एन. एस. (1989) : रिसेंट स्टडीज आफ पावर्टी इन इंडिया, *जर्नल आफ क्वांटिटेटिव इकानमिक्स,* 5।

आर्टिकल 19 (1990) : स्टार्विंग इन साइलेंस : ए रिपोर्ट आफ फेमीन एंड सेंसरशिप, संपादन : फ्रांसिस डी'सूजा, लंदन : आर्टिकल 19 डी।

आर्किबाल्ड, जी. सी. और डोनल्डसन, डी. (1979) : नोट्स आन इकानमिक इनइक्वैलिटी, *जर्नल आफ पब्लिक इकानमिक्स।*

आर्नेसन, आर. (1989 अ) : इक्वैलिटी एंड इक्वैलिटी आफ अपार्चुनिटी फार वेलफेयर, *फिलोसोफिकल स्टडीज,* 56।

—(1986 ब) : पैटरनलिज्म, यूटिलिटी एंड फेयरनेस, *रिव्यू इंटरनेशनल दे फिलोसफी,* 43।

—(1990 अ) : लिबरलिज्म, डिस्ट्रिब्यूटिव सब्जेक्टिविज्म एंड इक्वल अपार्चुनिटी फार वेलफेयर, *फिलासफी एंड पब्लिक अफेयर्स,* 19।

—(1990 ब) : प्राइमरी गुड्स रिकंसीडर्ड, *नाउस,* 24।

—(1990 स) : न्यूट्रैलिटी एंड यूटिलिटी, *कैनेडियन जर्नल आफ फिलासफी,* 20।

—(1991) : ए डिफेंस आफ इक्वल अपार्चुनिटी फार वेलफेयर, *फिलोसाफिकल स्टडीज* में प्रकाशित।

आलमगीर, एम. (1978) : *बँगलादेश : ए केस आफ बिलो पावर्टी लेवल इक्विलिब्रियम ट्रैप,* ढाका : बँगलादेश इंस्टिट्यूट आफ डेवलपमेंट स्टडीज।

—(1980) : *फेमीन इन साउथ एशिया : द पोलिटिकल इकानमी आफ मास स्टार्वेशन इन बँगलादेश,* कैंब्रिज, मैसाचुसेट्स : ओल्गेशलेगर, गन और हाइन।

आल्डरिख, जे. (1977) : द डाइलेमा आफ ए पैरेटियन लिबरल : सम कांसीक्वेंसेज आफ सेन'स थ्योरी, *पब्लिक च्वायस,* 30।

आवेरबाख, ए. और फेल्डस्टाइन, एम. (1987) : *हैंडबुक आफ पब्लिक इकानमिक्स,* एम्सटर्डम : नार्थ हालैंड।

आसाही, जे. (1987) : आन प्रोफेसर सेन'स कैपेबिलिटी थ्योरी, अनुलेखित, टोक्यो।

आस्टिन-स्मिथ, डी. (1989) : फेयर राइट्स, *इकानमिक लेटर्स,* 4।

—(1982) : रिस्ट्रिक्टेड पैरेटो एंड राइट्स, *जर्नल आफ इकानमिक थ्योरी,* 26।

आहतीसारी, एम. (1991) : अमर्त्य सेन'स कैपेबिलिटी एप्रोच टू द स्टैंडर्ड आफ लिविंग, जोनाथन लाइबेरसन मेमोरियल प्राइज एस्से, अनुलेखित, कोलंबिया विश्वविद्यालय।

आहूजा-पटेल, के. (1980) (सं) : *वीमेन ऐट वर्क* : जेनेवा : अंतर्राष्ट्रीय श्रम संगठन।

इवांस, एम. (1982) (सं) : *द वीमन क्वेश्चन : रीडिंग्स आन द सबार्डिनेशन आफ वीमेन,* लंदन : फोंटाना।

उस्मानी, एस. आर. (1978) : आन द नार्मेटिव मेजरमेंट आफ इनइक्वैलिटी, *बँगलादेश डेवलपमेंट स्टडीज,* 6।

—(1982) : *इकानमिक इनइक्वैलिटी एंड ग्रुप वेलफेयर,* आक्सफर्ड : क्लैरेंडन प्रेस।

—(1990 अ) : न्यूट्रीशन एंड इकानमिक्स आफ फूड : इंप्लीकेशंस आफ सम रिसेंट कंट्रोवर्सीज, ड्रेज और सेन (1990), खंड 1 में संकलित।

—(1990 ब) : फ्रीडम एंड द च्वायस आफ स्पेस, अनुलेखित, वाइडर, हेलसिंकी।

—(1992 अ) (सं) : *न्यूट्रीशन एंड पावर्टी,* आक्सफर्ड : क्लैरेंडन प्रेस में प्रकाशित।

—(1992 ब) : अंडरन्यूट्रीशन : मेजरमेंट एंड इंप्लिकेशंस, उस्मानी (1992 अ) में संकलित।

—(1992 स) : कमेंट्स, नासबाम और सेन (1992) में संचालित।

एकरमान, बी. ए. (1980) : *सोशल जस्टिस इन द लिबरल स्टेट,* न्यू हैवेन, कान : येल यूनिवर्सिटी प्रेस।
—(1984) : द स्टार्स लेक्चर्स : डिस्कवरिंग द कांसटीट्यूशन, *येल ला जर्नल,* 93।
—(1988) : न्यूट्रैलिटीज, अनुलिखित, येल ला स्कूल।
एकरलाफ, जी. (1978) : द इकानमिक्स आफ 'टैगिंग', *अमेरिकन इकानमिक रिव्यू,* 68।
—(1984) : *ऐन इकानमिक थ्योरिस्ट्स बुक आफ टेल्स,* कैंब्रिज : कैंब्रिज यूनिवर्सिटी प्रेस।
एग्नर, डी. जे. और हाइंस, ए. जे. (1967) : ए सोशल वेलफेयर व्यू आफ द मेजरमेंट आफ इनकम इनइक्वैलिटी, *रिव्यू आफ इनकम एंड हेल्थ,* 13।
एजवर्थ, एफ. वाई. (1981) : *मैथमेटिकल फिजिक्स,* लंदन : केगन पाल।
एटकिंसन, ए. बी. (1970 अ) : *पावर्टी इन ब्रिटेन एंड द रिफार्म आफ सोशल सिक्योरिटी,* कैंब्रिज : कैंब्रिज यूनिवर्सिटी प्रेस।
—(1970 ब) : आन द मेजरमेंट आफ इनइक्वैलिटी, *जर्नल आफ इकानमिक थ्योरी,* 2, एटकिंसन (1983) में पुनर्मुद्रित।
—(1972) : *अनइक्वल शेयर्स,* लंदन : एलन लेन, द पेंग्विन प्रेस।
—(1975) : *द इकानमिक्स आफ इनइक्वैलिटी,* आक्सफर्ड, क्लैरेंडन प्रेस ।
—(1983) : *सोशल जस्टिस एंड पब्लिक पालिसी,* ब्राइटन : व्हीटशीफ और कैंब्रिज, मैसाचुसेट्स : एम आई टी प्रेस।
—(1987) : आन द मेजरमेंट आफ पावर्टी, *इकानोमेट्रिका,* 5।
—(1989) : *पावर्टी एंड सोशल सिक्योरिटी,* न्यूयार्क : हार्वेस्टर व्हाइटशीफ।
—(1991 अ) : द सोशल सेफ्टी नेट, अनुलेखित, स्टीसर्ड, लंदन स्कूल आफ इकानमिक्स।
—(1991 ब) : व्हाट इज हैपेनिंग टू द डिस्ट्रिब्यूशन आफ इनकम इन द यू. के. ?, केंज लेक्चर, ब्रिटिश एकेडेमी।
—(1991 स) : आन टार्गेटिंग, अनुलेखित, स्टीसर्ड, लंदन स्कूल आफ इकानमिक्स।
—और बोर्ग्विनान, एफ. (1982) : द कंपेरिजन आफ मल्टीडाइमेंशनल डिस्ट्रिब्यूशंस आफ इकानमिक स्टेटस, *रिव्यू आफ इकानमिक स्टडीज,* 49।
—(1987) : इनकम डिस्ट्रिब्यूशन एंड डिफरेंसेज इन नीड्स फाइवेल (1987) में संकलित।
—और स्टिग्लिट्ज, जे. ई. (1980) : *लेक्चर्स आन पब्लिक इकानमिक्स,* लंदन : मैकग्रा-हिल।
एडवर्ड्स, आर. सी.; रीख, एम. और वीशकाफ, टी. (1986) (सं) : द *कैपिटलिस्ट सिस्टम, इगलवुड क्लिफ्स, न्यूजर्सी : प्रेंटिस हाल।*
एडेलमान, आई. (1975) : डेवलपमेंट इकानमिक्स : ए रिएसेसमेंट आफ गोल्स, *अमेरिकन इकानमिक रिव्यू,* पेपर्स एंड प्रोसीडिंग्स, 65।
—और मारिस, सी. टी. (1973) : *इकानमिक ग्रोथ एंड सोशल इक्विटी इन डेवलपिंग कंट्रीज,* स्टेनफर्ड, कैलिफोर्निया : स्टैनफर्ड यूनिवर्सिटी प्रेस।
एफेल, मार्गलिन एफ. और मार्गलिन, एस. ए. (1990) (सं) : *डोमिनेटिंग नालिज : डेवलपमेंट, कल्चर, रेसिस्टेंस,* आक्सफर्ड : क्लैरेंडन प्रेस।
एबर्ट, यू. (1987) : साइज एंड डिस्ट्रिब्यूशन आफ इनकम्स ऐज डिटरमिनेंट्स आफ सोशल वेलफेयर, *जर्नल आफ इकानमिक थ्योरी, 41*।
—(1988) : मेजरमेंट आफ इनइक्वैलिटी : ऐन अटेंप्ट ऐट यूनिफिकेशन एंड जनरलाइजेशन, *सोशल च्वायस एंड वेलफेयर,* 5।
एमिएल, वाई. और कोवेल, एफ. (1989) : मेजरमेंट आफ इनकम इनइक्वैलिटी : एक्सपेरिमेंटल टेस्ट वर्सस क्वेशचनायर, डिस्कशन पेपर टी आई डी आई/140, स्टीसर्ड, लंदन स्कूल आफ इकानमिक्स।

एरिकसन, आर. (1992) : डिस्क्रिप्शंस आफ इनइक्वैलिटी : द स्वीडिश एप्रोच टु वेलफेयर, रिसर्च, नसबाम और सेन (1992) में संकलित।

—और एबर्ग, आर. (1987) : *वेलफेयर इन ट्रांजिशन ए सर्वे आफ लिविंग कंडीशंस इन स्वीडेन (1968-81)*, आक्सफर्ड : क्लैरेंडन प्रेस।

—और हैंसेन, ई. जे.; रिंगन, एस. और यूसितालो, एच. (1986) : *द स्कैंडिनेबियन माडल : द वेलफेयर स्टेट एंड वेलफेयर रिसर्च*, न्यूयार्क : शार्प।

एल्सटर, जे. (1979) : *यूलिसीज एंड साइरेंस*, कैंब्रिज : कैंब्रिज यूनिवर्सिटी प्रेस।

—(1986) : *मेकिंग सेंस आफ मार्क्स*, कैंब्रिज : कैंब्रिज यूनिवर्सिटी प्रेस

—और हाइलैंड, ए. (1986) (सं) : *फाउंडेशंस आफ सोशल च्वायस थ्योरी*, कैंब्रिज : कैंब्रिज यूनिवर्सिटी प्रेस।

ऐंकर, डी. और बर्न्टसन, ई. (1984) (सं) : *एस्सेज आन डेमोक्रेटिक थ्योरी*, टेंपियर : फिनपब्लिशर्स।

ऐम्सडन, ए. एच. (1980) (सं) : *द इकानमिक्स आफ वीमेन एंड वर्क*, हार्मंड्सवर्थ : पेंविग्न।

ऐरो, के. जे. (1951) : *सोशल च्वायस एंड इनडिविडुअल वैल्यूज*, न्यूयार्क : वाइली।

—(1963) सोशल च्वावस एंड इनडिविडुअल वैल्यूज, दूसरा परिवर्धित संस्करण, न्यूयार्क : वाइली।

—(1977) : एक्सटेंडेड सिंपैथी एंड द पासिबिलिटी आफ सोशल च्वायस, *अमेरिकन इकानमिक रिव्यू*, 67।

—(1982 अ) : रिस्क पर्सेप्शन इन साइकोलोजी एंड इकानमिक्स, *इकानमिक इनक्वायरी*, 20।

—(1982 ब) : व्हाई पीपुल गो हंग्री, *न्यूयार्क रिव्यू आफ बुक्स*, 29 (15 जुलाई)।

—(1983) : बिहैवियर अंडर अनसर्टेनिटी एंड इट्स इंप्लिकेशंस फार पालिसी, बी.पी. स्टिगम और एफ. वेंस्टाप (सं) : *फाउंडेशंस आफ यूटिलिटी एंड रिस्क थ्योरी विद एप्लिकेशंस*, डोरड्रेख्ट : राइडिल में संकलित।

—(1991) (सं) : *मार्केट्स एंड वेलफेयर*, लंदन : मैकमिलन।

—और इंट्रीलिगेटर, एम. (1986) : *हैंडबुक आफ मैथमेटिकल इकानमिक्स*, 3, एम्सटर्डम : नार्थ हालैंड।

ऐलन, टी. (1988) : द इंपासिबिलिटी आफ द पैरेटियन लिबरल एंड इट्स रेलेवेंस टू वेलफेयर इकानमिक्स, *थ्योरी एंड डिसिजन, 24*।

—(1991) : इकानमिक डेवलपमेंट एंड द फेमिनाइजेशन आफ पावर्टी, फोल्ब्रे आदि (1991) में संकलित।

ऐलर्ट, ई. (1981) : एक्सपीरिएंसेज फ्राम द कंपेरेटिव स्कैंडिनेवियन वेलफेयर स्टडी, विद ए बिब्लियोग्राफी आफ द प्रोजेक्ट, *यूरोपियन जर्नल आफ पोलिटिकल रिसर्च*, 9।

—(1992) : हैविंग, लविंग, बीइंग : सेन आल्टरनेटिव टू द स्वीडिश माडल आफ वेलफेयर रिसर्च, नसबाम और सेन (1992) में संकलित।

ऐस्प्रेमांत, सी'डी. (1985) : एक्जियम्स फार सोशल वेलफेयर आर्डरिंग, हर्विज, श्मीडलर और सोनेश्चाइन (1985) में संकलित।

—और गेवर्स, एल. (1977), इक्विटी एंड दी इनफारमेशनल बेसिस आफ कलक्टिव च्वायस, *रिव्यू आफ इकानमिक स्टडीज, 461*।

ऐस्लन बेइगुई, एन. और समरफील्ड, जी. (1989) : इंपैक्ट आफ द रिस्पांसिबिलिटी सिस्टम आन वीमेन इन रूरल चाइना : ऐन एप्लिकेशन आफ सेन'स थ्योरी आफ इनटाइटिलमेंट्स, *वर्ल्ड डेवलपमेंट*, 17।

ओकिन, एस. एम. (1987) : जस्टिस एंड जेंडर, *फिलासफी एंड पब्लिक अफेयर्स*, 16 (शरद)।

—(1989) : *जस्टिस, जेंडर एंड फैमिली*, न्यूयार्क : बेसिक बुक्स।

ओकुन, ए. (1975) : इक्वैलिटी एंड एफिशिएंसी : द बिग ट्रेड-आफ, वाशिंगटन : ब्रुकिंग्स।

ओटेन, एम. डब्ल्यू.; ट्यूट्श, एस. एम.; विलियमसन, डी. एफ. और मार्क्स, जे. एस. (1990) : द इफेक्ट आफ नोन रिस्क फैक्टर्स इन द एक्सेस मोर्टलिटी आफ ब्लैक एडल्ट्स इन द यूनाइटेड स्टेट्स, *जर्नल आफ द अमेरिकन मेडिकल एसोसिएशन,* 263 (9 फरवरी)।

—ओ' नील, ओ.

—(1986) : *फेसेज आफ हंगर,* लंदन : एलेन एंड अनविन।

—(1989) : *कंस्ट्रक्शंस आफ रीज़न : एक्सप्लोरेशंस आफ कांट्स प्रैक्टिकल फिलासफी,* कैंब्रिज : कैंब्रिज यूनिवर्सिटी प्रेस।

—(1992) : जस्टिस, जेंडर एंड इंटरनेशनल बाउंड्रीज, नसबाम और सेन (1992) में संकलित।

कफलिन, पी. सी. (1986) : लिबरटेरियन कंसेशंस टू प्राइवेट पैरेटो रूल, *इकानमिका,* 53।

कर्न, एल. (1978) : कंपेरेटिव डिस्ट्रिब्यूशन एथिक्स : ऐन एक्सटेंशन आफ सेन'स एक्जामिनेशन आफ द प्योर डिस्ट्रिब्यूशन प्राब्लम, गोटिंगर और लाइनफेलनर (1978) में संकलित।

कर्नी, ई. (1978) : कलेक्टिव रेशनलिटी, यूनैनिमिटी एंड लिबरल एथिक्स, *रिव्यू आफ इकानमिक स्टडीज,* 45।

कलाय, ई. और स्मोर्दिन्स्की, एम. (1975) : अदर साल्यूशंस टू नैशेस बार्गेनिंग प्राब्लम, *इकानोमेट्रिका,* 43।

कँवर, आर. (एस. एम. आर.) (1979) : आफ रिस्क टेकिंग एंड पर्सनल डिस्ट्रिब्यूशन आफ इनकम, *जर्नल आफ पोलिटिकल इकानमी, 87*।

—(1982 अ) : इंटरप्रेन्योरियल रिस्क टेकिंग, इनइक्वैलिटी एंड पब्लिक पालिसी, *जर्नल आफ पोलिटिकल इकानमी,* 87।

—(1982 ब) : द मेजरमेंट एंड डिकंपोजीशन आफ इनइक्वैलिटी एंड पावर्टी : ए सेलेक्टिव सर्वे, एफ. वान डेर प्लोग (सं) : हैंडबुक आफ एप्लिकेबुल मैथेमेटिक्स, शाइशेस्टर : जान वाइली एंड संस में संकलित।

—(1987) : द स्टैंडर्ड आफ लिविंग : अनसर्टेनिटी, इनइक्वैलिटी एंड अपार्चुनिटी, सेन आदि (1987) में संकलित।

—और हद्दाद, एल. (1990) : हाउ सीरियस इज द नेग्लेक्ट आफ इंट्रा-हाउसहोल्ड इनइक्वैलिटी, *इकानमिक जर्नल,* 100।

—और स्ट्रोमबर्ग, जे. ओ. (1986) : इनकम ट्रांजिशंस एंड इनकम डिस्ट्रिब्यूशन डोमिनेंस, *जर्नल आफ इकानमिक थ्योरी, 96*।

काकवानी एन. (1980 अ) *इनकम, इनइक्वैलिटी एंड पावर्टी,* न्यूयार्क आक्सफर्ड यूनिवर्सिटी प्रेस।

—(1980 ब) : आन ए क्लास आफ पावटी मेजर्स, *इकानोमेट्रिका,* 48।

—(1981) : वेलफेयर मेजर्स : सेन इंटरनेशनल कंपेरिजन, *जर्नल आफ डेवलपमेंट इकानमिक्स,* 8।

—(1986) : *एनेलाइजिंग रिडिस्ट्रिब्यूशन पालिसीज,* कैंब्रिज : कैंब्रिज यूनिवर्सिटी प्रेस।

—(1988) : इनकम इनइक्वैलिटी, वेलफेयर एंड पावर्टी इन ए डेवलपिंग इकानमी विद एप्लिकेशंस टू श्रीलंका, *सोशल च्वायस एंड वेलफेयर,* 5।

—(1992) : मेजरिंग अंडरन्यूट्रीशन विद वैरिएबुल कैलरी रिक्वायरमेंट्स, उस्मानी (1992 अ) में संकलित।

—और सुब्बाराव, के. (1990) : रूरल पावर्टी इन इंडिया, 1973-86, वर्किंग पेपर डब्ल्यू पी एस 526, विश्व बैंक।

कांट, आई. (1785) : *फंडामेंटल प्रिंसिपुल्स आफ मेटाफिजिक्स आफ एथिक्स,* अंग्रेजी अनुवाद : टी. के. ऐबट, लंदन : लांगमैंस, 1907।

—(1788) : *क्रिटीक आफ प्रैक्टिकल रीजन,* अंग्रेजी अनुवाद : एल. डब्ल्यू. बेक, न्यूयार्क : लिबरल आर्ट्स प्रेस, 1956।

काप्टेइन, ए. और वान प्राग, बी. एम. एस. (1976) : ए न्यू एप्रोच टू द कांस्ट्रक्शन आफ फैमिली इक्विवैलेंट स्केल्स, *यूरोपियन इकानमिक रिव्यू,* 7।

कावेल, एफ. ए. (1977) : *मेजरिंग इनइक्वैलिटी,* न्यूयार्क : वाइली।

—(1980) : आन द स्ट्रक्चर आफ ऐडिटिव इनइक्वैलिटी मेजर्स, *रिव्यू आफ डेवलपमेंट स्टडीज,* 47।

—(1985) : मेजर्स आफ डिस्ट्रिब्यूशनल चेंज : ऐन ऐक्जियमेटिक एप्रोच *रिव्यू आफ इकानमिक स्टडीज,* 52।

—(1986) : पावर्टी मेजर्स, इनइक्वैलिटी एंड डिकंपोजेबिलिटी, बास, रोज और सील (1986) में संकलित।

—(1988) : सोशल वेलफेयर फंक्शंस एंड इनकम इनइक्वैलिटी, लंदन स्कूल आफ इकानमिक्स।

—और कूगा, के. (1981) : इनइक्वैलिटी मेजरमेंट : ऐन ऐक्जियमेटिक एप्रोच, *यूरोपियन इकानमिक रिव्यू,* 15।

किंच, जे. (1985) : हाउ मेनी वीमेन आर एनफ ? सेक्स रेशियोज एंड द राइट टू लाइफ, *थर्ड वर्ल्ड अफेयर्स 1985,* लंदन : थर्ड वर्ल्ड फाउंडेशन।

—और सेन, ए. के. (1983) : इंडियन वीमेन : वेल-बीइंग एंड सर्वाइवल, *कैंब्रिज जर्नल आफ इकानमिक्स,* 7।

कुजनेत्स, एस. (1961) : *सिक्स लेक्चर्स आन इकानमिक ग्रोथ,* न्यूयार्क : फ्री प्रेस आफ ग्लैंको।

—(1966) : *मार्डन इकानमिक ग्रोथ,* न्यू हैवेन, कनेक्टीकट : येल यूनिवर्सिटी प्रेस।

—(1973) : *पापुलेशन, कैपिटल एंड ग्रोथ : सेलेक्टेड एस्सेज,* लंदन : हाइनमान।

कुंडू, ए. और स्मिथ, टी. ई. (1983) : ऐन इंपासिबिलिटी थ्योरम आफ पावर्टी इंडिसेज, *इंटरनेशनल इकानमिक रिव्यू, 24*।

कुमार, ए. के. एस. (1992) : मैटरनल कैपेबिलिटीज एंड चाइल्ड सर्वाइवल इन लो इनकम रीजंस : इकानमिक एनालिसिस आफ इनफैंट मोर्टलिटी डिफरेंशियल्स इन इंडिया, पी-एच.डी प्रबंध।

कुमार, बी.जी. (1987) : पावर्टी एंड पब्लिक पालिसी : गवर्नमेंट इंटरवेशन एंड लेवल्स आफ लिविंग इन केरल, इंडिया, डी. फिल. प्रबंध (आक्सफर्ड)।

कुलियर, ए. जे. (1986) : द स्कोप एंड हेल्थ इकानमिक्स, जेराई ग्याफगेन (सं) *एकोनामी डेस गेसुंडाइट्जवेजेंस,* बर्लिन : डुंकर एंड *हंबोल्ट में संकलित*।

कूपमैंस, टी. सी. (1964) : आन द फ्लेक्सिबिलिटी आफ फ्यूचर प्रेफरेंसेज, एम. डब्ल्यू. शेली और जे. एल. ब्रेयन (सं) : *ह्यूमैन जजमेंट्स एंड आप्टिमैलिटी,* न्यूयार्क : वाइली में संकलित।

कूपर, टी. सी. (1971) : पावर्टी, अप्रकाशित पांडुलिपि, सेंट ह्यूज कालेज, आक्सफर्ड।

कृष्णजी, एन. (1987) : पावर्टी एंड द सेक्स रेशियो : सम डेटा एंड स्पेक्यूलेशंस, *इकानमिक एंड पोलिटिकल वीकली,* 22।

केनेको, एम. और नाकामुरा, एम. (1979) : द नैश सोशल वेलफेयर फंक्शन, *इकानोमेट्रिका,* 47।

केली, जे. एस. (1976 अ) : द इंपासिबिलिटी आफ ए जस्ट लिबरल, *इकानोमेट्रिका,* 43।

—(1976 ब) : राइट्स-एक्सरसाइजिंग एंड ए पैरेटो-कांसिस्टेंट लिबरटेरियन क्लेम, *जर्नल आफ इकानमिक थ्योरी,* 13।

केल्सी, डी. (1985) : द लिबरल पैराडाक्स : ए जनरलाइजेशन, *सोशल च्वायस एंड वेलफेयर,* 1।

—(1988) : व्हाट इस रिस्पांसिबुल फार द 'पैरेटियन एपिडेमिक', *सोशल च्वायस एंड वेलफेयर,* 5।

केस, ए. और कैट्ज, एल. (1990) : द कंपनी यू कीप : इफेक्ट्स आफ फैमिली एंड नेबरहुड आन डिसएडवांटेज्ड यूथ, अनुलेखित, हारवर्ड यूनिवर्सिटी।

कैंपबेल, डी. ई. (1976) : डेमोक्रेटिक प्रेफरेंस फंक्शंस, *जर्नल आफ इकानमिक थ्योरी,* 12।

—(1989) : इक्विलिब्रियम एंड एफिशिएंसी विद प्रापर्टी राइट्स एंड लोकल कंजंप्शन एक्सटर्नलिटीज, सोशल च्वायस एंड वेलफेयर, 6।

कैसेन, आर. (1978) : *इंडिया : पापुलेशन, इकानम, सोसायटी,* लंदन : मैकमिलन।

कैंगर, एस. (1957) : *न्यू फाउंडेशंस फार एथिकल थ्योरी,* स्टाकहोम, हिल्पिनन (1971) में पुनर्मुद्रित।

—(1972) : ला एंड लाजिक, *थ्योरिया,* 32।

—(1985) : आन रियलाइजेशन आफ ह्यूमैन राइट्स, *ऐक्टा फिलोसोफिका फेनिका,* 38।

कोम, एस. सी. एच. (1969) : द आप्टिमल प्रोडक्शन आफ सोशल जस्टिस, मार्गोलिस और ग्विटन (1969) में संकलित।

—(1976) : अनइक्वल इनइक्वैलिटीज, *जर्नल आफ इकानमिक थ्योरी,* 12।

—(1977) : मल्टीडाइमेंशनल इगैलिटेरियनिज्म, *क्वार्टरली जर्नल आफ इकानमिक्स,* 91।

कोर्नाय, जे. (1988) : इंडिविडुअल फ्रीडम एंड द रिफार्म आफ सोशलिस्ट इकानमी, *यूरोपियन इकानमिक रिव्यू,* 32।

कोलाकोव्स्की, एल. (1978) : *मेन करेंट्स आफ मार्क्सिज्म : इट्स ओरिजिन, ग्रोथ एंड डिजोल्यूशन,* आक्सफर्ड : क्लैरेंडन प्रेस।

कोलैंडर, डी. (1984) (सं) : *नियोक्लासिकल पोलिटकल इकानमी,* बोस्टन : बैलिंगर प्रेस।

कोर्सगार्ड, सी. (1992) : कमेंट्स आन कोहेन एंड सेन, नसबाम और सेन (1992) में संकलित।

कोहेन, जी. ए. (1978) :

—(1986) : सेल्फ-ओनरशिप, वर्ल्ड ओनरशिप एंड इक्वैलिटी, *सोशल फिलासफी एंड पालिसी,* 3।

—(1988) : *हिस्ट्री, लेबर एंड फ्रीडम : थीम्स फ्राम मार्क्स,* आक्सफर्ड : क्लैरेंडन प्रेस।

—(1989) : आन दिन करेंसी आफ इगैलिटेरियन जस्टिस, *एथिक्स, 99*।

—(1990) : इक्वैलिटी आफ व्हाट ? आन वेलफेयर, गुड्स एंड कैपेबिलिटीज, *रिसर्चेज इकानोमिकस दे लोवें,* 56।

—(1992) : इक्वैलिटी आफ व्हाट ? आन वेलफेयर, रिसोर्सेज एंड कैपेबिलिटीज, नसबाम और सेन (1992) में संकलित।

कोहेन, एम.; नागेल, टी. और स्कैनल, टी. (1980) (सं) : *मार्क्स, जस्टिस एंड हिस्ट्री,* प्रिंसटन : न्यूजर्सी, प्रिंसटन यूनिवर्सिटी प्रेस।

क्रेप्स, डी. (1979) : ए रिप्रेजेंटेशन थ्योरम फार 'प्रेफरेंस फार फ्लेटिक्सबिलिटी', *इकानोमेट्रिका,* 47।

क्रेल, डब्ल्यू. और शोरक्स, ए. एफ. (1978) (सं) : *पर्सनल इनकम डिस्ट्रिब्यूशन,* एम्सटर्डम : नार्थ हालैंड।

क्रोकर, डी. ए. (1983) : *प्रैक्सिस एंड डेमोक्रेटिक सोशलिज्म,* ब्राइटन : हार्वेस्टर प्रेस।

—(1991 अ) : टुवर्ड्स डेवलपमेंट एथिक्स, *वर्ल्ड डेवलपमेंट,* 19।

—(1991 ब) : फंक्शनिंग एंड कैपेबिलिटी : द फाउंडेशंस आफ सेन'स डेवलपमेंट एथिक, आइडिया मांटक्लेयर वर्कशाप, अनुलेखित, कोलरेडो राजकीय विश्वविद्यालय।

क्रोकर, एल. (1980) : *पाजिटिव लिबर्टी,* लंदन : मार्टिनस निजाफ।

क्लार्क, जे. बी. (1902) : *डिस्ट्रिब्यूशन आफ वेल्थ,* लंदन : मैकमिलन।

क्लार्क, एस. और हेनिंग, आर. (1981) : आस्पेक्ट्स आफ हाउसहोल्ड पावर्टी इन ब्रिटेन, *सोशल पालिसी एंड एडमिनिस्ट्रेशन, 15*।

—और अल्फ, डी. (1981) : आन इंडिसेज फार द मेजरमेंट आफ पावर्टी, *इकानमिक जर्नल,* 91।

क्लेमहट, ए. (1979) : ए लाइफ-साइकिल थ्योरी आफ मैरेज एंड डाइवोर्स : ए पैरेटो आप्टिमल डिफरेंशियल गेम माडल, पी. ल्यू. और जे. एफ. स्यूटीनन (सं), *कंट्रोल थ्योरी इन मैथेमेटिकल इकानमिक्स,* न्यूयार्क : मार्सेल डेकर में संकलित।

क्लेमहट, एस. और वैन, एच. वाई. जूनियर (1979) : सिमेट्रिक मैरेज, हाउसहोल्ड् डिसीजन मेकिंग एंड इंपैक्ट आन फर्टिलिटी, वर्किंग पेपर 152, कार्नैल विश्वविद्यालय।

खान, क्यू. एम. (1985) : ए माडल आफ एंडौमेंट कंस्ट्रेंड डिमांड फार फूड इन ऐन एग्रिकल्चरल इकानमी विद इंपीरिकल एप्लिकेशन टू बँगलादेश, *वर्ल्ड डवलपमेंट,* 13।

गग्वेन, जे. ए. (1967) : एल-फ़ज़ि सेट्स, *जर्नल आफ मैथेमेटिकल एनालिसिस एंड एप्लिकेशंस*।

गाइहा, आर. (1985) : पावर्टी, टेक्नोलाजी एंड इन्फ्रास्ट्रक्चर इन रूरल इंडिया, कैंब्रिज जर्नल आफ इकानमिक्स, 9।

—और काजमी, एन. ए. (1981) : ऐस्पेक्ट्स आफ पावर्टी इन रूरल इंडिया, *इकानमिक्स आफ प्लानिंग,* 17।

गार्डनर, आर. (1980) : द स्ट्रेटेजिक इनकांसिस्टेंसी आफ पैरेटियन लिबरलिज्म, *पब्लिक च्वायस,* 85।

गार्डिनर, जे.; हिमेलवाइट, एस. और मैकिंतोश, एम. (1975) : वीमेंस डोमेस्टिक लेबर, *बुलेटिन आफ द कांफ्रेंस आफ सोशलिस्ट इकानमिस्ट्स*।

गास्टवर्थ, जे. एल. (1975) : द एस्टीमेशन आफ ए फैमिली आफ मेजर्स आफ इकानमिक इनइक्वैलिटी, *जर्नल आफ इकानोमेट्रिक्स,* 3।

गासियर, डी. (1986) : *मोरल्स बाई एग्रीमेंट,* आक्सफर्ड : क्लैरेंडन प्रेस।

गिग्लियोत्ती, जी. ए. (1988) : द कनफ्लिक्ट बिटविन नेव एंड सोफिस्टिकेटेड च्वायस ऐज ए फार्म आफ द 'लिबरल पैराडाक्स', *थ्योरी एंड डिसीजन,* 24।

गिबर्ड, ए. (1974) : ए पैरेटो—कंसिस्टेंट लिबरटेरियन क्लेम, *जर्नल आफ इकानमिक थ्योरी,* 7।

—(1979) : डिस्पैरेट गुड्स एंड राउल्स डिफरेंस प्रिंसिपुल : ए सोशल च्वायस थ्योरेटिक ट्रीटमेंट, *थ्योरी एंड डिसीजन,* 11।

—(1986) : इंटरपर्सनल कंपेरिजंस : प्रेफरेंस, गुड एंड द इंट्रिंसिक रिवार्ड आफ ए लाइफ, एल्सटर और हाइलैंड (1986) में संकलित।

गुटमान, ए. (1980) : लिरल इक्वैलिटी, कैंब्रिज : कैंब्रिज यूनिवर्सिटी प्रेस।

—(1983) : फार एंड अगेंस्ट इक्वल एक्सेस टू हेल्थ केयर, बेयर, कैप्लन और डेनियल्स (1983) में संकलित।

गुटामेखर, ए. एफ. (1979) : *प्रेगनेंसी एंड बर्थ,* न्यूयार्क : वाइकिंग प्रेस।

गुडिन, आर. ई. (1982) : *पोलिटिकल थ्योरी एंड पब्लिक पालिसी,* शिकागो : यूनिवर्सिटी आफ शिकागो प्रेस।

—(1985) : प्रोटेक्टिंग द वल्नरेबुल, शिकागो : यूनिवर्सिटी आफ शिकागो प्रेस।

—(1986) : लांडरिंग प्रेफरेंसेज, एल्सटर और हाइलैंड (1986) में संकलित।

—(1987) : इगैलिटेरियनिज्म, फेटिशिस्टिक एंड अदरवाइज, *एथिक्स,* 98।

—(1988) : *रीजंस फार वेलफेयर : द पोलिटिकल थ्योरी आफ द वेलफेयर स्टेट,* प्रिंसटन, न्यूजर्सी : प्रिंसटन यूनिवर्सिटी प्रेस।

गेवर्स, एल. (1979) : आन इंटरपर्सनल कंपेरेबिलिटी एंड सोशल वेलफेयर आर्डरिंग्स, *इकानोमेट्रिका,* 47।

गैर्टनर, डब्ल्यू (1985) : जस्टिस कांस्ट्रेंड लिबरटेरियन क्लेम्स एंड पैरेटो एफिशिएंट कलेक्टिव डिसीजंस, *एर्केन्तनिस,* 23।

—(1986) : पैरेटो, इंडिपेंडेंट राइट्स इक्सरसाइजिंग एंड स्ट्रैटेजिक बिहैवियर, *जर्नल आफ इकानमिक्स, 46*।

—(1988) : रिव्यू आफ कमोडिटीज एंड कैपेबिलिटीज, *जर्नल आफ इकानमिक्स,* 48।

—(1992) : कमेंट आन कोहेन एंड सेन, नसबाम और सेन (1992) में संकलित।

—और क्रूगर, एल. (1981) : सेल्फ-सपोर्टिंग प्रेफरेंसेज एंड इनडिविडुअल राइट्स : द पासिबिलिटी आफ

पैरेटियन लिबरलिज्म, *इकानमिका,* 48।
—(1983) : आल्टरनेटिव लिबरटेरियन क्लेम्स एंड सेन'स पैराडाक्स, *थ्योरी एंड डिसीजन,* 15।
—पटनायक, पी. और सुजूमुरा, के. (1992) : इनडिविडुअल राइट्स रिविजिटेड, *इकानमिका*।
गैंबेटा, डी. (1987) (सं) : ट्रस्ट एंड एजेंसी, आक्सफर्ड : ब्लैकवेल।
गैल्ब्रिएथ, जे. के. (1952) : *अमेरिकन कैपिटलिज्म : द कांसेप्ट आफ काउंटरवेलिंग पावर,* कैंब्रिज, मैसाचुसेट्स : रिवारसाइड प्रेस।
—(1958) : *द अफ्लुएंट सोसायटी,* बोस्टन : हफटन मिफलिन।
—(1967) : *द न्यू इंडस्ट्रियल स्टेट,* हफटन मिफलिन।
गोटिंगर, एच. डब्ल्यू. और लाइनफेलनर, डब्ल्यू. (1978) (सं) : *डिसीजन थ्योरी एंड सोशल एथिक्स,* डोरड्रेख्ट : राइडिल।
गोपालन, सी. (1983) : मेजरमेंट आफ अंडरन्यूट्रीशन : बायोलाजिकल कंसीडेरेशंस, *इकानमिक एंड पोलिटिकल वीकली,* 19 (9 अप्रैल)।
गोल्डस्मिट-क्लेरमांट, एल. (1982) : *अनपेड वर्क इन द हाउसहोल्ड,* जेनेवा : अंतर्राष्ट्रीय श्रम संगठन।
गोल्डिन, सी. (1989) : *अंडरस्टैंडिंग द जेंडर गैप : ऐन इकानमिक हिस्ट्री आफ अमेरिकन वीमेन,* न्यूयार्क : आक्सफर्ड यूनिवर्सिटी प्रेस।
गोर्मन, डब्ल्यू. एम. (1956) : द डिमांड फार रिलेटेड गुड्स, जर्नल पेपर जे 3 129, आयोवा एक्सपेरिमेंटल स्टेशन, एमीज, आयोवा।
—(1976) : ट्रिक्स विद यूटिलिटी फंक्शंस, एम. जे. आर्तिस और ए. आर. नोबे (सं) : *एस्सेज इन इकानमिक एनालिसिस,* कैंब्रिज : कैंब्रिज यूनिवर्सिटी प्रेस में संकलित।
गोसलिंग, जे. सी. बी. (1969) : *प्लेजर एंड डिजायर,* आक्सफर्ड : क्लैरेंडन प्रेस।
ग्यार्डेनफोर्स, पी. (1981) : राइट, गेम्स एंड सोशल च्वायस, *नाउस,* 15।
—और पेटिट, पी. (1989) : द इंपासिबिलिटी आफ ए पैरेटियन लायलिस्ट, *थ्योरी एंड डिसीजन,* 27।
ग्रांट, जे. पी. (1978) : *डिस्पैरिटी रिडक्शन रेट्स इन सोशल इंडिकेटर्स,* वाशिंगटन डी सी : ओवरसीज डेवलपमेंट कौंसिल।
ग्राफ जे. दे वी. (1946) : फ्लक्चुएशंस इन इनकम कंसंट्रेशन, *साउथ अफ्रीकन जर्नल आफ इकानमिक्स,* 14।
—(1957) : *थ्योरेटिकल वेलफेयर इकानमिक्स,* कैंब्रिज : कैंब्रिज यूनिवर्सिटी प्रेस।
—(1977) : इक्विटी एंड एफिशिएंसी ऐज कंपोनेंट्स आफ जनरल वेलफेयर, *साउथ अफ्रीकन जर्नल आफ इकानमिक्स,* 45।
—(1979) : टेस्ट्स, वैल्यूज एंड फाउंडेशंस आफ नार्मेटिव इकानमिक्स, पेपर रेड ऐट द सिक्स्थ इंटरलेकेन सेमिनार आन एनालिसिस एंड आइडियोलाजी।
—(1985) : नार्मेटिव मेजरमेंट थ्योरी, अप्रकाशित पांडुलिपि।
ग्रिफिन, के. (1978) : *इंटरनेशनल इनइक्वैलिटी एंड नेशनल पावर्टी,* लंदन : मैकमिलन।
—और नाइट, जे. (1989) (सं) : *ह्यूमैन डवलपमेंट इन द 1980 ज एंड बियांड, जर्नल आफ डेवलपमेंट प्लानिंग,* 19 (विशेषांक)।
ग्रिफिन, जे. (1981) : इक्वैलिटी : आन सेन'स वीक एक्जियम, *माइंड,* 50।
—(1982) : माडर्न यूटिलिटेरियनिज्म, *रिव्यू इंटरनेशनल दे फिलोसाफी,* 36।
—(1986) : *वेल-बीइंग,* आक्सफर्ड : क्लैरेंडन प्रेस।
ग्रीन, ई. टी. (1980) : लिबरटेरियन एग्रेगेशन आफ प्रेफरेंसेज : व्हाट द 'कोस थ्योरम' माइट हैव सेड, सोशल साइंस वर्किंग पेपर नंबर 315, कैलिफोर्निया इंस्टीट्यूट आफ टेक्नोलाजी।
ग्रे, जे. (1983) : *जान स्टुअर्ट मिल'स डाक्ट्रिन आफ लिबर्टी : ए डिफेंस,* लंदन : रुटलेज एंड केगन पॉल।

ग्लांत्ज, एम. एच. (1976) : *द पोलिटिकल इकानमी आफ नेचुरल डिजास्टर,* न्यूयार्क : प्रेगर।

ग्लोवर, जे. (1977) : *काजिंग डेथ एंड सेविंग लाइव्ज,* हार्मंड्सवर्थ : पेंग्विन बुक्स।

ग्वाटकिन, डी. आर.; विलकाक्स, जे. आर. और रे, जे. डी. (1980) : द पालिसी इंप्लिकेशंस आफ फील्ड एक्सपेरिएंस इन प्राइमरी हेल्थ एंड न्यूट्रीशन, *सोशल साइंस एंड मेडिसिन,* 14 सी।

चक्रवर्ती, एल. (1986) : पावर्टी स्टडीज इन द कंटेक्स्ट ऑफ एग्रीकल्चरल ग्रोथ एंड डेमोग्रेफिक प्रेशर (केस ऑफ पोस्ट-इंडिपेंडेंस इंडिया), अनुलेखित, इंद्रप्रस्थ कॉलेज, दिल्ली विश्वविद्यालय।

चक्रवर्ती, एस. (1969) : *कैपिटल एंड डेवलपमेंट प्लानिंग,* कैंब्रिज, मैसाचुसेट्स : एम आई टी प्रेस।

चक्रवर्ती, एस. आर. (1981) : आन मेजरमेंट आफ इनकम इनइक्वैलिटी एंड पावर्टी, पी-एच. डी. प्रबंध, भारतीय सांख्यिकी संस्थान, कलकत्ता।

—(1983 अ) : एथिकली फ्लेक्सिबुल मेजर्स आफ पावर्टी, *कैनेडियन जर्नल आफ इकानमिक्स,* 16।

—(1983 ब) : मेजर्स आफ पावर्टी, बेस्ड आन इनकम गैप, *संख्या,* 45।

—(1984) : नार्मेटिव इंडिसेज फार मेजरिंग सोशल मोबिलिटी, *इकानमिक्स लेटर्स,* 15।

—(1988) : एक्सटेंडेड गिनी इंडिसेज आफ इनइक्वैलिटी *इंटरनेशनल इकानमिक रिव्यू,* 29।

—(1990) : डिस्ट्रिब्यूशनल इंप्लिकेशंस आफ मिनिमम सैक्रिफाइस प्रिंसिपुल, अनुलेखित, भारतीय सांख्यिकी संस्थान।

—और चक्रवर्ती, ए. बी. (1984) : आन इंडिसेज आफ रिलेटिव डेप्रिवेशन, *इकानमिक्स लेटर्स,* 14।

—और दत्त, बी. (1987) : ए नोट आन मेजर्स आफ डिस्टेंस बिटविन इनकम डिस्ट्रिब्यूशंस, *जर्नल आफ इकानमिक थ्योरी,* 41।

—दत्त, बी. और वीमार्क, डी. (1985) : एथिकल इंडिसेज आफ इनकम मोबिलिटी, *सोशल च्वायस एंड वेलफेयर,* 2।

—और राय, टी. (1985) : मेजर्स आफ फ़ज़िनेस : ए जनरल एप्रोच, *थ्योरी एंड डिसिजन,* 19।

चिचिल्निस्की, जी. (1980) : बेसिक नीड्स एंड ग्लोबल माडल्स, *आल्टरनेटिव्स,* 6।

चिपमैन, जे. (1985) : द थ्योरी आफ मेजरमेंट आफ इनकम डिस्ट्रिब्यूशन, *एडवांसेज इन इकानोमेट्रिक्स,* 4।

चेन, एम. (1986 अ) : *ए क्वाइट रिवोल्यूशन : वुमेन इन ट्रांजिशन इन रूरल बँगलादेश,* ढाका : बी.आर.ए.सी.।

—(1986 ब) : पावर्टी, जेंडर एंड वर्क इन बँगलादेश, *इकानमिक एंड पोलिटिकल वीकली,* 21।

—(1991) ए मैटर आफ सर्वाइवल : वुमेंस राइट टू वर्क इन इंडिया एंड बँगलादेश, पेपर प्रजेंटेड ऐट द 'वाइडर' कान्फ्रेंस आन 'ह्यूमैन कैपेबिलिटीज वीमेन, मेन एंड इनइक्वैलिटी', 14-16 अगस्त।

चेन, एल. सी. (1986) : प्राइमरी हेल्थ केयर इन डेवलपिंग कंट्रीज : ओवरकमिंग आपरेशनल, टेक्नीकिल एंड सोशल बैरियर्स, *लैंसेट,* 2।

—हक, ई. और डी'सूजा, डी. (1981) : सेक्स बायस इन द फैमिली एलोकेशन आफ फूड एंड हेल्थ केयर इन रूरल बँगलादेश, *पापुलेशन एंड डवलपमेंट रिव्यू,* 7।

चेनरी, एच. बी. और श्रीनिवासन, टी. एन. (1988) (सं) : *हैंडबुक आफ डेवलपमेंट इकानमिक्स,* खंड 1, एम्सटर्डम : नार्थ हालैंड।

—अहलूवालिया, एम. एस.; बेल, सी. एल. जी.; डुलोय, जे. एच. और जोली, आर. (1974) (सं) : *रिडिस्ट्रिब्यूशन विद ग्रोथ,* आक्सफर्ड : क्लैरेंडन प्रेस।

चेपमैन, बी. (1983) : राइट्स ऐज कंस्ट्रेंट्स : नोजिक वर्सस सेन, *थ्योरी एंड डिसीजन,* 15।

जयवर्धना, एल. (1974) : श्रीलंका, चेनरी आदि (1974) में संकलित।

जयवर्धना, के. (1986) : *फेमिनिज्म एंड नेशनलिज्म इन द थर्ड वर्ल्ड,* लंदन : जेड बुक्स।

जादेह, एल. ए. (1965) : *फ़ज़ि सेट्स, इनफार्मेशन एंड कंट्रोल,* 8।

जामानी, एस. (1986) : इंट्रोदक्जियोन, ए. के. सेन, *सेल्ता, बेनेशेरे, इक्विता,* बोलोना : इल मुलिनाओ में संकलित।

जायटेन, एफ. (1930) : *प्राब्लम्स ऑफ मोनोपोली एंड इकानामिक वेलफेयर,* लंदन : रूटवेज।

जेंक्स, सी. (1972) : *इनइक्वैलिटी,* न्यूयार्क : बेसिक बुक्स।

जैन, डी. (1985) : द हाउसहोल्ड ट्रैप : रिपोर्ट आन ए फील्ड सर्वे आफ फीमेल एक्टिविटी पैटर्न्स, जैन और बनर्जी (1985) में संकलित।

—और बनर्जी, एन. (1985) : *टिरैनी आफ द हाउसहोल्ड : इनवेस्टिगेटिव एस्सेज आन वीमेंस वर्क,* नई दिल्ली : विकास।

जैसो, जी. (1981) : हू गेंस एंड हू लूजेज अंडर आल्टरनेटिव इनकम डिस्ट्रिब्यूशन रेजीम्स दैट हैव आइडेंटिकल मैग्नीट्यूटड्स आफ द गिनी कोएफिशिएंट, *प्रोसीडिंग्स आफ द सोशल स्टेटिस्टिक्स सेक्शन आफ द अमेरिकन स्टेटिस्टिकल एसोसिएशन,* 1981।

जोर्गेंसन, डी. डब्ल्यू. और स्लेस्निक, डी. टी. (1983) : इनडिविडुअल एंड सोशल कास्ट आफ लिविंग इंडेक्सेज, डीवर्ट और मोंटमार्क्वेट (1983) में संकलित।

—(1984 अ) : इनइक्वैलिटी इन द डिस्ट्रिब्यूशन आफ इनडिविडुअल वेलफेयर, *एडवांसेज इन इकानोमेट्रिका,* 3।

—(1984 ब) : एग्रिगेट कंज्यूमर बिहैवियर एंड द मेजरमेंट ऑफ इनइक्वैलटी, रिव्यू ऑफ इकानमिक स्टडीज, 51।

—(1986) : रिडिस्ट्रिब्यूशन पालिसी एंड द एलिमिनेशन आफ पावर्टी, डिस्कशन पेपर, हारवर्ड इंस्टीट्यूट आफ इकानमिक रिसर्च।

(1987) : एग्रिगेट कंज्यूमर बिहैवियर एंड हाउसहोल्ड इक्वीवैलेंस स्केल्स, *जर्नल आफ बिजनेस एंड इकानमिक स्टेटिस्टिक्स,* 5।

—लो, एल. जे. और स्टोकर, टी. एम. (1980) : वेलफेयर कंपेरीजन अंडर एक्जैक्ट एग्रिगेशन, *अमेरिकन इकानमिक रिव्यू,* 70।

जोहानसन, एस. आर. (1991) : मोर्टलिटी, वेलफेयर एंड जेंडर : कंटीन्यूइटी एंड चेंज इन एक्सप्लेनेशंस आफ मेल/फीमेल मोर्टलिटी डिफरेंसेज ओवर थ्री सेंचुरीज, *कंटीन्यूइटी एंड चेंज।*

टाउनसेंड, पी. (1979) : *पावर्टी इन यूनाइटेड किंगडम,* हार्मंड्सवर्थ : पेंग्विन।

—(1985) : ए सोशियोलाजिकल एप्रोच टू द मेजरमेंट आफ पावर्टी : ए रिज्वाइंडर टू प्रोफेसर अमर्त्य सेन, *आक्सफर्ड इकानमिक पेपर्स,* 37।

टान डी. (1979) : आन मेजरिंग पावर्टी, *रिव्यू आफ इनकम एंड वेल्थ,* 25।

—(1982) : ऐन एक्जियोमाइजेशन आफ द गिनी कोएफिशिएंट, *मैथेमेटिकल सोशल साइंसेज,* 2।

टानी, आर. एच. (1931) : *इक्वैलिटी,* लंदन : एलेन एंड अनविन।

टिली, एल. ए. (1983) : फूड इनटाइटिलमेंट, फेमीन एंड कनफ्लिक्ट, राटबर्ग और रैब (1983) में संकलित।

—(1985) : सेक्स एंड अक्यूपेशन इन कंपेरेटिव पर्सपेक्टिव्स, अनुलेखित, न्यू स्कूल फार सोशल रिसर्च, न्यूयार्क।

टिंकर, आई. (1990 अ) (सं) : *परसिस्टेंट इनइक्वैलिटीज,* न्यूयार्क : आक्सफर्ड यूनिवर्सिटी प्रेस।

—(1990 ब) : ए कंटेक्स्ट फार द फील्ड एंड फार द बुक, टिंकर (1990 अ) में संकलित।

—और ब्रैमसन, एम. बी. (1976) : वीमेन एंड वर्ल्ड डेवलपमेंट, वाशिंगटन डी सी : ओवरसीज डेवलपमेंट कौंसिल।

टिन्बरजेन, जे. (1970) : ए पाजिटिव एंड नार्मेटिव थ्योरी आफ इनकम डिस्ट्रिब्यूशन, *रिव्यू आफ इनकम*

एंड वेल्थ, 16।
टुओमला, एम. (1984) : आन द आप्टिकल इनकम टैक्सेशन : सम फर्दर न्यूमेरिकल रिजल्ट्स, *जर्नल आफ पब्लिक इकानमिक्स,* 17।
—(1990) : *आप्टिमल इनकम टैक्स एंड रिडिस्ट्रिब्यूशन,* आक्सफर्ड : क्लैरेंडन प्रेस।
टेम्किन, एल. एस. (1986) : इनइक्वैलिटी, *फिलासफी एंड पब्लिक अफेयर्स,* 15।
—(1989) : इनइक्वैलिटी, डी. फिल. प्रबंध, आक्सफर्ड संशोधित संस्करण क्लैरेंडन प्रेस, आक्सफर्ड से प्रकाश्य।
टेलर, एल. (1977) : रिसर्च डाइरेक्शंस इन इनकम डिस्ट्रिब्यूशन, न्यूट्रीशन एंड द इकानमिक्स आफ फूड, *फूड रिसर्च इंस्टीट्यूट स्टडीज,* 15।
टेलर, सी. (1979) : व्हाट इज रांग विद निगेटिव लिबर्टी ?, र्‍यान (1979) में संकलित।
—(1982) : द डाइवर्सिटी आफ गुड्स, सेन और विलियम्स (1982) में संकलित।
डाब, एम. एच. (1937) : *पोलिटिकल इकानमी आफ कैपिटलिज्म,* लंदन : रूटलेज।
डायसन, टी. (1987) : एक्सेस फीमेल मोर्टलिटी इन इंडिया : अनसर्टेन एविडेंस आन ए नैरोइंग डिफरेंशियल, अनुलेखित, लंदन स्कूल आफ इकानमीक्सि।
डाल्टन, एच. (1920) : द मेजरमेंट आफ द इनइक्वैलिटी आफ इनकम्स, *इकानमिक जर्नल,* 30।
—(1925) : *इनइक्वैलिटी आफ इनकम्स,* लंदन : रूटलेज।
डाह्रेनडोर्फ, आर. (1988) : *द माडर्न सोशल कनफ्लिक्ट : ऐन एस्से आन द पालिटिक्स आफ लिबर्टी,* लंदन : वाइडेनफेल्ड एंड निकलसन।
डाह्लबी, बी. जी. (1987) : इंटरप्रेटिंग इनइक्वैलिटी मेजर्स इन ए हर्सान्यी फ्रेमवर्क, *थ्योरी एंड डिसीजन,* 22।
डिक्सन, आर. (1982) : मोबिलाइजिंग वीमेन फार रूरल इंप्लायमेंट इन साउथ एशिया : इशूज आफ क्लास, कास्ट एंड पैट्रनेज, *इकानमिक डवलपमेंट एंड कल्चरल चेंज,* 30।
—(1983) : लैंड, लेबर एंड द सेक्स कंपोजीशन आफ द एग्रिकल्चरल लेबर फोर्स : ऐन इंटरनेशनल कंपेरिजन, *डेवलपमेंट एंड चेंज,* 14।
डीटन, ए. (1980) : द मेजरमेंट आफ वेलफेयर : थ्योरी एंड प्रैक्टिकल गाइडलाइंस, एल एस एम एस वर्किंग पेपर 7, विश्व बैंक।
—(1987) : द एलोकेशन आफ गुड्स : विदिन द हाउसहोल्ड : एडल्ट्स, चिल्ड्रेन एंड जेंडर, अनुलेखित, प्रिंसटन विश्वविद्यालय।
—(1988) : हाउसहोल्ड बिहैवियर इन डेवलपिंग कंट्रीज, अकेजनल पेपर नंबर 1, इकानमिक ग्रोथ सेंटर, येल विश्वविद्यालय।
—और म्यूलबावेर, जे. (1980) : *इकानमिक्स एंड कंज्यूमर बिहैवियर,* कैंब्रिज : कैंब्रिज यूनिवर्सिटी प्रेस।
—(1986) : आन मेजरिंग चाइल्ड कास्ट्स विद एप्लिकेशन टू पुअर कंट्रीज, *जर्नल आफ पोलिटिकल इकानमी,* 94।
डीवर्ट, डब्ल्यू. और मोंटमार्क्वेट, सी. (1983) (सं) : *प्राइस लेवल मेजरमेंट,* ओटावा : स्टेटिस्टिक्स कनाडा।
डी'सूजा, एफ. (1988) : फेमीन : सोशल सिक्योरिटी एंड ऐन एनालिसिस आफ वल्नरेबिलिटी, हैरीसन (1988) में संकलित।
—(1990) : प्रिफेस, आर्टिकल 19 (1990) में
डेन हार्तोग, ए. पी. (1973) : अनइक्वल डिस्ट्रिब्यूशन आफ फूड विदिन द हाउसहोल्ड, *एफ ए ओ न्यूजलेटर,* 10 : 4 (अक्टूबर-दिसंबर)।
डेनियल्स, एच. (1983) : हेल्थ केयर नीड्स एंड डिस्ट्रिब्यूटिव जस्टिस, बेयर, कैप्लन और डेनियल्स

(1983) में संकलित।
डेनियल्स, एन. (1975) (सं) : *रीडिंग राउल्स,* आक्सफर्ड : ब्लैकवेल।
डेविडसन, डी. (1986) : जजिंग इंटरपर्सनल इन्ट्रेस्ट्स, एल्सटर और हाइलैंड (1986) में संकलित।
डैनजाइगर, एस. एच. और वाइनबर्ग, डी. एच. (1986) : *फाइटिंग पावर्टी : व्हाट वर्क्स एंड व्हाट डजन्ट,* कैंब्रिज, मैसाचुसेट्स : हारवर्ड यूनिवर्सिटी प्रेस।
डोनल्डसन, डी. और रोमर, जे. ई. (1987) : सोशल च्वायस इन इकानमिक इनवायरनमेंट्स विद डाइमेंशनल वेरिएशन, *सोशल च्वायस एंड वेलफेयर,* 4।
—और वीमार्क, जे. ए. (1980) : ए सिंगिल पैरामीटर जनरलाइजेशन आफ द गिनी इंडिसेज आफ इनइक्वैलिटी, *जर्नल आफ इकानमिक थ्योरी* 22।
—(1986) : प्रापर्टीज आफ फिक्स्ड-पापुलेशन पावर्टी इंडिसेज, *इंटरनेशनल* इकानमिक रिव्यू, 27।
ड्वार्किन, आर. (1987) : *टेकिंग राइट्स सीरियसली,* दूसरा संस्करण, लंदन : डकवर्थ।
—(1981) : व्हाट इज इक्वैलिटी ? पार्ट 1 : इक्वैलिटी आफ वेलफेयर, और व्हाट इज इक्वैलिटी ? पार्ट 2 : इक्वैलिटी आफ रिसोर्सेज, *फिलासफी एंड पब्लिक अफेयर्स,* 10।
—(1985) : *ए मैटर आफ प्रिंसिपुल,* कैंब्रिज, मैसाचुसेट्स : हारवर्ड यूनिवर्सिटी प्रेस।
—(1987) : व्हाट इज इक्वैलिटी ? पार्ट 3 : द प्लेस आफ लिबर्टी *आयोवा ला रिव्यू,* 73
ड्वार्किन, जी. (1982) : इज मोर च्वायस बेटर दैन लेस ?, *मिडवेस्ट स्टडीज इन फिलासफी,* 7।
ड्रेज, जे. और सेन, ए. (1989) : *हंगर एंड पब्लिक सेक्शन,* आक्सफर्ड : क्लैरेंडन प्रेस।
—(1990) : *द पोलिटिकल इकानमी आफ हंगर,* 3 खंड, आक्सफर्ड : क्लैरेंडन प्रेस।
—और स्टर्न, एन. एच. (1987) : द थ्योरी आफ कास्ट बेनेफिट एनालिसिस, आवेरबाख और फेल्डस्टाइन (1987) में संकलित।
तकायामा, एन. (1979) : पावर्टी, इनकम इनइक्वैलिटी एंड देअर मेजर्स : प्रोफेसर सेन'स एक्जियोमेटिक एप्रोच रिकंसीडर्ड, *इकानोमेट्रिका,* 47।
त्साकलोगलू, पी. (1988) : ए फैमिली आफ डिकंपोजेबुल पावर्टी इंडिसेज, अप्रकाशित पांडुलिपि, ब्रिस्टल विश्वविद्यालय।
थाम्सन, डब्ल्यू. और वेरियन, एच. (1985) : थ्योरीज आफ जस्टिस बेस्ड आन सिमिट्रीज, हरविज, श्माइड्लर और सोनेन्शाइन (1985) में संकलित।
थील, एच. (1967) : *इकानमिक्स एंड इनफार्मेशन थ्योरी,* एम्सटर्डम : नार्थ हालैंड।
थुरो, एल. डी. (1975) : *जेनेरेटिंग इनइक्वैलिटी,* न्यूयार्क : बेसिक बुक्स।
—(1987) : ए सर्ज इन इनइक्वैलिटी, *साइंटिफिक अमेरिकन,* 256।
दत्त, बी. (1978) : आन द मेजरमेंट आफ पावर्टी इन रूरल इंडिया, *इंडियन इकानमिक रिव्यू,* 15।
—(1980) : इंटरसेक्शनल डिस्पैरिटीज एंड इनकम डिस्ट्रिब्यूशन इन इंडिया : 1960-61 से 1973-74, *इंडियन इकानमिक रिव्यू,* 15।
—और रे, डी. (1989) : ए कांसेप्ट आफ इगैलिटेरियनिज्म अंडर पार्टिसिपेशन कंस्ट्रेंट्स, *इकानोमेट्रिका,* 57।
दासगुप्त, एम. (1987) : सेलेक्टिव डिस्क्रिमिनेशन अगेंस्ट फीमेल चिल्ड्रेन इन रूरल पंजाब, इंडिया, *पापुलेशन एंड डवलपमेंट रिव्यू,* 13।
दासगुप्त, पी. (1980) : डिसेंट्रलाइजेशन एंड राइट्स, *इकानमिक्स,* 47।
—(1982) : *द कंट्रोल आफ रिसोर्सेज,* आक्सफर्ड : ब्लैकवेल।
—(1986) : पाजिटिव फ्रीडम, मार्केट्स एंड द वेलफेयर स्टेट, *आक्सफर्ड रिव्यू इकानमिक पालिसी,* 2।
—(1988) : लाइव्ज एंड वेल-बीइंग, *सोशल च्वायस एंड वेलफेयर,* 5।

—(1989) : पावर एंड कंट्रोल इन द गुड पालिटी, ए हैमलिन और पेटिट (1989) में संकलित।

—(1990) : वेल-बीइंग एंड द एक्सटेंट आफ इट्स रियलाइजेशन इन पुअर कंट्रीज, *इकानमिक जर्नल,* 100।

—और हैमेंड, पी. (1980) : फुली प्रोग्रेसिव टैक्सेशन, *जर्नल आफ पब्लिक इकानमिक्स,* 13।

—और हील, जी. (1979) : *इकानमिक थ्योरी एंड एक्जास्टिबुल रिसोर्सेज,* लंदन : जेम्स निस्बेट और कैंब्रिज : कैंब्रिज यूनिवर्सिटी प्रेस।

—और रे, डी. (1990) : एडाप्टिंग टू अंडरन्यूट्रीशन : क्लिनिकल एविडेंस एंड इट्स इंप्लिकेशंस, ड्रेज और सेन (1990), खंड 1 में संकलित।

—सेन, ए. के. और स्टारेट, डी. (1973) : नोट्स आन द मेजरमेंट आफ इनइक्वैलिटी, *जर्नल आफ इकानमिक थ्योरी,* 6।

दासगुप्त, बी. (1977) : *विलेज सोसायटी एंड लेबर यूज,* दिल्ली : आक्सफर्ड यूनिवर्सिटी प्रेस।

दास, वी. और निकोलस, आर. (1981) : 'वेलफेयर' एंड 'वेल-बीइंग' इन साउथ एशियन सोसायटीज, ए सी एल एस–एस एस आर सी ज्वाइंट कमेटी आन साउथ एशिया, न्यूयार्क, एस एस आर सी।

देलबोनो, एफ. (1986) : रिव्यू आर्टिकल आन *कमोडिटीज एंड कैपेबिलिटीज, इकानमिक नोट्स* (सीन), 15।

दे लियोनार्दो, ओ.; माडरी, डी. और रोटेली, एफ. (1986) : डिइंस्टीट्यूशनलाइजेशन, एनदर वे : द इटैलियन मेंटल हेल्थ रिफार्म, *हेल्थ प्रोमोशन,* 1।

देव, आर. (1989) : राइट्स ऐज आल्टरनेटिव गेम फार्म्स : इज देयर ए डिफरेंस आफ कांसीक्वेंस, अनुलेखित, सदर्न मेथोडिस्ट यूनिवर्सिटी।

देसाई, एम. जे. (1984) : ए जनरल थ्योरी आफ पावर्टी, *इंडियन इकानमिक रिव्यू,* 19।

—(1988) : द इकानमिक्स आफ फेमीन, हैरीसन (1988) में संकलित।

—(1990) : पावर्टी एंड कैपेबिलिटी, टुर्वड्स ऐन इंपीरिकली इंप्लेमेंटेबुल मेजर, अनुलेखित, लंदन स्कूल आफ इकानमिक्स।

—और शाह, ए. (1988) : ऐन इकानोमेट्रिक अप्रोच टू द मेजरमेंट आफ पावर्टी, *आक्सफर्ड इकानमिक पेपर्स,* 40।

— बोल्टविनिक, जे. और सेन, ए. के. (1991) (सं) : *सोशल प्रोग्रेस इंडेक्स,* बोगोटा : संयुक्त राष्ट्र विकास कार्यक्रम।

ड्रेग्नोव्स्की, जे. (1978) : द एफ्लुएंट लाइन, *सोशल इंडिकेटर्स रिसर्च,* 5।

नयग्रैड, एफ. और सैंडस्ट्राम, ए. (1981) : *मेजरिंग इनकम इनइक्वैलिटी,* स्टाकहोम : आमक्विस्ट एंड विक्सेल इंटरनेशनल।

नसबाम, एम. सी. (1985) : *फ्रैजिलिटी आफ गुडनेस : लक एंड एथिक्स इन ग्रीक ट्रैजेडी एंड फिलासफी,* कैंब्रिज : कैंब्रिज यूनिवर्सिटी प्रेस।

—(1988 अ) : नेचर, फंक्शन एंड कैपेबिलिटी : एरिस्टाटिल आन पोलिटकल डिस्ट्रिब्यूशन, *आक्सफर्ड स्टडीज इन एंशिएंट फिलासफी,* सप्लिमेंटरी वाल्यूम।

—(1988 ब) : नान-रिलेटिव वर्चूज : ऐन एरिस्टाटलियन एप्रोच, *मिडवेस्ट स्टडीज इन फिलासफी,* 13; संशोधित संस्करण नसबाम और सेन (1991) में संकलित।

—(1991 अ) : ह्यूमैन फंक्शनिंग एंड सोशल जस्टिस : इन डिफेंस आफ एरिस्टाटलियन इशेंसियलिज्म, पेपर प्रजेंटेड ऐट 'वाइडर' कान्फ्रेंस आन' 'ह्यूमैन कैपेबिलिटीज : वीमेन, मेन एंड इक्वैलिटी', 14-16 अगस्त।

—(1991 ब) : इमोशंस एंड वीमेन'स कैपेबिलिटीज, पेपर प्रजेंटेड एंड 'वाइडर' क्रान्फ्रेंस आन 'ह्यूमैन

कैपेबिलिटीज : वीमेन, मेन एंड इक्वैलिटी', 14-16 अगस्त।

—और सेन, ए. के. (1992) (सं) : *द क्वालिटी आफ लाइफ,* आक्सफर्ड : क्लैरेंडन प्रेस।

नाइसेन, एच. पी. (1984) (सं) : *टुवर्ड्स इनकम डिस्ट्रिब्यूशन पालिसीज,* टिलबर्ग : यूरोपियन एसोसिएशन आफ डेवलपमेंट रिसर्च एंड ट्रेनिंग इंस्टीट्यूट।

नागेल, टी. (1979) : *मार्टल क्वेशचंस,* कैंब्रिज : कैंब्रिज यूनिवर्सिटी प्रेस।

—(1980), द लिमिट्स ऑफ आबजैक्टिविटी, मैक मुरि (1980) में संकलित।

—(1986), *द व्यू फ्राम नोव्हेयर* न्यूयार्क : आक्सफर्ड यूनिवर्सिटी प्रेस।

—(1987) *कंपेयरिंग वोटिंग सिस्टम,* डोरड्रेख्ट राइडेल में संकलित।

नार्डोस, डब्ल्यू. और टोबिन, जे. (1972) : इज ग्रोथ आब्सोलीट ?, *नेशनल ब्यूरो आफ इकानमिक रिसर्च, इकानमिक ग्रोथ : फिफ्टियथ एनिवर्सरी कोलोक्वियम,* न्यूयार्क : एन बी ई आर।

नुर्मी, एच. (1984) : आन टेकिंग प्रेफरेंस सीरियसली, एंकर और बर्न्टसन (1984) में संकलित।

नैश, जे. एफ. (1950) : द बार्गेनिंग प्राब्लम, *इकानोमेट्रिका,* 18।

नोजिक, आर. (1973) : डिस्ट्रिब्यूटिव जस्टिस, *फिलासफी एंड पब्लिक अफेयर्स,* 3।

—(1974) : *एनार्की, स्टेट एंड यूटोपिया,* आक्सफर्ड : ब्लैकवेल।

—(1989) : द *एक्जामिंड लाइफ,* न्यूयार्क : साइमन एंड शुस्टर।

न्ग, वाई. के. (1971) : द पासिबिलिटी आफ ए पैरेटियन लिबरल : इंपासिबिलिटी थ्योरम्स एंड कार्डिनल यूटिलिटी, *जर्नल आफ पोलिटकल इकानमी,* 79।

—(1979) : *वेलफेयर इकानमिक्स,* लंदन : मैकमिलन।

न्यूबेरी, डी. एम. जी. (1970) : ए थ्योरम आन द मेजरमेंट आफ इनइक्वैलिटी, *जर्नल आफ इकानमिक थ्योरी,* 2।

पटनायक, पी. के. (1988) : आन द कांसिस्टेंसी आफ लिबरटेरियन वैल्यूज, *इकानमिका,* 55।

—और सेनगुप्त, एम. (1991) : ए नोट आन सेन'स नार्मलाइजेशन एक्जियम फार ए पावर्टी मेजर, अनुलेखित।

—और शू, वाई. (1990) : आन रैंकिंग अपार्चुनिटी सेट्स इन टर्म्स आफ फ्रीडम आफ च्वायस, *रिसर्चेज इकानमिक्वे दे लोवें,* 56।

पणिकर, पी. जी. के. और सोमन, सी. आर. (1984) : *हेल्थ स्टेटस आफ केरल,* त्रिवेंद्रम : विकास अध्ययन केंद्र।

पंटुलु, वाई. वी. (1980) : आन सेन'स मेजर आफ पावर्टी, अनुलेखित, सरदार पटेल आर्थिक-सामाजिक अनुसंधान संस्थान।

पंत, पी. आदि (1962) : *पर्सपेक्टिव ऑफ डेवलपमेंट 1961-1976 : इंप्लिकेशंस आफ प्लानिंग फार ए मिनिमम लेवल आफ लिविंग,* नई दिल्ली : योजना आयोग।

पद्मनाभ, पी. (1982) : ट्रेंड्स इन मोर्टलिटी, *इकानमिक एंड पोलिटिकल वीकली,* 17 (17 अगस्त)।

पपनेक, एच. (1990) : टू ईच लेस दैन शी नीड्स, फ्राम ईच मोर दैन शी कैन डू : एलोकेशंस, इनटाइटिलमेंट्स एंड वैल्यू, टिंकर (1990 अ) में संकलित।

पर्फिट, डी. (1984) : *रीजंस एंड पर्संस,* आक्सफर्ड : क्लैरेंडन प्रेस।

पाइनी, पी. आर. (1985) : न्यूट्रीशनल एडाप्शन इन मैन : सोशल एडजस्टमेंट्स एंड देयर न्यूट्रीशनल इंप्लिकेशंस, ब्लैक्सटर और वाटरलो (1985) में संकलित।

—और लिपटन, एम., लांगहर्स्ट आर, नार्थ जे. और ट्रीगस्ट एस. के साथ (1988) : हाउ थर्ड वर्ल्ड रूरल हाउसहोल्ड्स एडाप्ट टू डायट्री एनर्जी स्ट्रेस, अनुलेखित, इंटरनेशनल फूड पालिसी रिसर्च इंस्टीट्यूट, वाशिंगटन डी सी।

पाजनर, ई. ए. और श्माइडलर, डी. (1974) : ए डिफिकल्टी इन द कांसेप्ट आफ फेयरनेस, *रिव्यू आफ इकानमिक स्टडीज,* 41।

पामर, जे.; स्मीडिंग, टी. और टोरी, बी. (1988) : *द वल्नरेबुल अमेरिकाज यंग एंड ओल्ड इन द इंडस्ट्रियल वर्ल्ड,* वाशिंगटन डी सी : अर्बन इंस्टीट्यूट प्रेस।

पीकाक, ए. टी. और रोली, सी. के. (1972) : वेलफेयर इकानमिक्स एंड द पब्लिक रेगुलेशन आफ नेचुरल मोनोपली, *जर्नल आफ पोलिटिकल इकानमी,* 80।

पीगू, ए. सी. (1952) *द इकानमिक्स आफ वेलफेयर,* चौथा संस्करण, आठ नए परिशिष्टों के साथ, लंदन : मैकमिलन।

पुटनैम, आर. ए. (1991) : व्हाई नाट ए फेमिनिस्ट थ्योरी आफ जस्टिस ?, पेपर प्रजेंटेड ऐट द 'वाइडर' कान्फ्रेंस आन 'ह्यूमैन कैपेबिलिटीज : वीमेन, मैन एंड इक्वैलिटी', 14-16 अगस्त।

पुटनैम, एच. (1987) : *द मेनी फेसेज आफ रियलिज्म,* ला साल, इलिनायस : ओपेन कोर्ट।

—(1992) : आब्जेक्टविटी एंड द साइंस/एथिक्स डिस्टिंक्शन, नसबाम और सेन (1992) में संकलित।

पुटरमैन, एल. (1986) : *पीजेंट्स, कलेक्टिव्स एंड च्वायस,* ग्रीनविच, कनेक्टीकट : जे. ए. आई प्रेस।

पेटी, डब्ल्यू. (1976) : *पोलिटकल एरिथमेटिक,* हल (1899) में पुनर्प्रकाशित।

पेन, जे. (1971) : *इनकम डिस्ट्रिब्यूशन : फैक्ट्स, थ्योरीज, पालिसीज,* न्यूयार्क : प्रेगर।

पेरेली-मिनेटी, सी. आर. (1977) : नोजिक आन सेन : ए मिसअंडरस्टैंडिंग, *थ्योरी एंड डिसीजन,* 8।

पोग, टी. डब्ल्यू. (1989) : *रियलाइजिंग राउल्स,* इथाका न्यूयार्क : कार्नेल यूनिवर्सिटी प्रेस।

पोलक, आर. ए. और वेल्स, टी. जे. (1979) : वेलफेयर कंपेरिजन एंड इक्विवैलेंट स्केल्स, *अमेरिकन इकानमिक रिव्यू,* 69।

—(1981) : डेमोग्रैफिक वेरिएबुल्स इन डिमांड एनालिसिस, *इकानोमेट्रिक,* 49।

प्रेस्टन, एस.; केफिट्ज, एन. और शोएन, आर. (1972) : *काजेज आफ डेथ : लाइफ टेबिल्स आफ नेशनल पापुलेशंस,* न्यूयार्क : सेमिनार प्रेस।

प्याट, जी. (1976) : आन द इंटरप्रेटेशन एंड डिसएग्रिगेशन आफ गिनी कोएफिशिएंट, *इकानमिक जर्नल,* 86।

—(1987) : मेजरिंग वेलफेयर, पावर्टी एंड इनइक्वैलिटी, *इकानमिक जर्नल,* 97।

प्लाट, सी. (1978) : राउल्स थ्योरी आफ जस्टिस : ऐन इंपासिबिलिटी रीजल्ट, गोटिंगर और लाइनफेलनर (1978) में संकलित।

फाइन, बी. जे. (1976 अ) : ए नोट आन इंटरपर्सनल एग्रिगेशन एंड पार्शियल कंपेरेबिलिटी, *इकानोमेट्रिका,* 43।

—(1975 ब) : इनडिविडुअल लिबरलिज्म इन ए पैरेटियन सोसायटी, *जर्नल आफ पोलिटिकल इकानमी,* 83।

—(1985) : ए नोट आन द मेजरमेंट आफ इनइक्वैलिटी एंड इंटरपर्सनल कंपेरेबिलिटी, *सोशल च्वायस एंड वेलफेयर,* 1।

फाइवेल, जी. आर. (1987) (सं) : *ऐरो एंड द फाउंडेशंस आफ द थ्योरी आफ इकानमिक पालिसी,* लंदन : मैकमिलन।

फाउंटेन, जे. (1980) बाउलीज एनालिसिस और बाइलैटरल मोनोपली एंड सेन'स लिबरल पैराडाक्स इन कलेक्टिव च्वायस थ्योरी : ए नोट, *क्वार्टरली जर्नल आफ इकानमिक्स,* 95।

फाक्सली, ए. और रैक्जिंस्की, डी. (1984) : वल्नरेबुल ग्रुप्स इन रेसेशनरी सिचुएशंस : द केस आफ चिल्ड्रेन एंड द यंग इन चिली, *वर्ल्ड डेवलपमेंट,* 12।

फार्मर, ए. (1988) : *द डेवलपिंग वर्ल्ड,* डबलिन : डेवलपमेंट एजुकेशन सपोर्ट सेंटर।

फिशकिन, जे. एस. (1983) : कैन देअर बी ए न्यूट्रल थ्योरी आफ जस्टिस ?, *एथिक्स,* 93।

फिशर, एफ. एम. (1956) : इनकम डिस्ट्रिब्यूशन, वैल्यू जजमेंट्स एंड वेलफेयर, *क्वार्टरली जर्नल आफ*

इकानमिक्स, 70।
—(1986) : हाउसहोल्ड इक्विवैलेंस स्केल्स एंड इंटरपर्सनल कंपेरिजंस, अनुलेखित, एम आई टी।
—(1887) : हाउसहोल्ड इक्विवैलेंस स्केल्स एंड इंटरपर्सनल कंपेरिजंस, *रिव्यू आफ इकानमिक स्टडीज,* 54।
—और शेल, के. (1972) : *द इकानमिक थ्योरी आफ प्राइस इंडिसेज,* न्यूयार्क : एकेडेमिक प्रेस।
फिशलो, ए. (1980) : हू बेनेफिट्स फ्राम इकानमिक डवलपमेंट ? कमेंट्स, *अमेरिकन इकानमिक रिव्यू,* 70।
फील्ड्स, जी. एस. (1979) : ए वेलफेयर इकानमिक एप्रोच टू ग्रोथ एंड डिस्ट्रिब्यूशन इन द डुल इकानमी, *क्वार्टरली जर्नल आफ इकानमिक्स,* 93।
—(1980 अ) : *पावर्टी, इनइक्वैलिटी एंड डवलपमेंट,* कैंब्रिज : कैंब्रिज यूनिवर्सिटी प्रेस।
—(1980 ब) : रिप्लाई, *अमेरिकन इकानमिक रिव्यू,* 70।
—(1990) : डू इनइक्वैलिटी मेजर्स मेजर इनइक्वैलिटी ?, अनुलेखित, कार्नेल यूनिवर्सिटी।
—और फेई, जे. सी. एच. (1978) : आन इनइक्वैलिटी कपेंरिजंस, *इकानोमेट्रिका,* 40।
—और जैकबसन, जी. एच. (1990) : द इनइक्वैलिटी-डवलपमेंट रिलेशनशिप इन डेवलपिंग कंट्रीज, अनुलेखित, कार्नेल यूनिवर्सिटी।
फेरेजान, जे. ए. (1978) : ए डिस्ट्रिब्यूशन आफ राइट्स इन सोसायटी, गाटिंगर और लाइनफेलनर (1978) में संकलित।
फेल्प्स, ई. एस. (1973) (सं) : *इकानमिक जस्टिस,* हार्मंड्सवर्थ : पेंग्विन।
—(1977) : रिसेंट डेवलपमेंट्स इन वेलफेयर इकानमिक्स : जस्टिस एत एक्विती, एम. डी. इंट्रिलिगेटर : *फ्रंटियर्स आफ क्वांटिटेटिव इकानमिक्स,* III, एम्सटर्डम : नार्थ हालैंड में संकलित, फेल्प्स (1980) में पुनर्मुद्रित।
—(1980) : *स्टडीज इन मैक्रो-इकानमिक थ्योरी,* II, *रिडिस्ट्रिब्यूशन एंड ग्रोथ,* न्यूयार्क : एकेडेमिक प्रेस।
फैरेल, एम. जे. (1976) : लिबरलिज्म इन द थ्योरी आफ सोशल च्वायस, *रिव्यू आफ इकानमिक स्टडीज,* 43।
फोगेल, आर. डब्ल्यू. (1986) न्यूट्रीशन एंड द डिक्लाइन इन मोर्टलिटी सिंस 1700 : सम ऐडिशनल प्रीलिमिनरी फाइंडिंग्स, वर्किंग पेपर 182, नेशनल ब्यूरो आफ इकानमिक रिसर्च, कैंब्रिज, मैसाचुसेट्स।
—(1992) : सेकंड थाट्स आन द यूरोपियन एस्केप फ्राम हंगर : क्राप यील्ड्स, प्राइस एलास्टिसिटीज, इनटाइटिलमेंट्स एंड मोर्टलिटी रेट्स, उस्मानी (1992 अ) में संकलित।
—एंगरमान, एस. एल. और ट्रसेल, जे. (1982) : एक्सप्लोरिंग द यूज आफ डेटा आन हाइट : द एनालिसिस आफ लांग टर्म ट्रेंड्स इन न्यूट्रीशन, लेबर वेलफेयर एंड लेबर प्रोडक्टिविटी, *सोशल साइंस हिस्ट्री,* 6।
फोल्ब्रे, एन. (1984) : क्लीनिंग हाउस : न्यू पर्सपेक्टिव आन हाउसहोल्ड एंड इकानमिक डेवलपमेंट, अनुलेखित, न्यू स्कूल फार सोशल रिसर्च।
—बर्गमान, बी.; अग्रवाल, बी. और फ्लोरो, एम. (1991) (सं) : *वीमेन'स वर्क इन द वर्ल्ड इकानमी,* लंदन : मैकमिलन।
फोली, डी. (1967) : रिसोर्स एलोकेशन इन द पब्लिक सेक्टर, *येल यूनिवर्सिटी एस्सेज,* 7।
फोस्टर, जे. (1984) : आन इकानमिक पावर्टी : ए सर्वे आफ एग्रिगेट मेजर्स, *एडवांसेज इन इकानोमेट्रिक्स,* 3।
—(1985) : इनइक्वैलिटी मेजरमेंट, एच. पी. यंग (सं) : *फेयर एलोकेशन,* प्राविडेंस आर आई अमेरिकन मैथेमेटिकल सोसायटी में संकलित।
—ग्रियर, जे. और थार्बेक, ई. (1984) : ए क्लास आफ डिकंपोजेबुल पावर्टी मेजरमेंट, *इकानोमेट्रिका,* 42।

—मजुमदार, एम. के. और मित्र, टी. (1988) : इनइक्वैलिटी एंड वेलफेयर इन एक्सचेंज इकानमीज, सी ए ई डिस्कशन पेपर नंबर 88-09, कार्नेल यूनिवर्सिटी।

—और शोरक्स, ए. एफ. (1988 अ) : पावर्टी आर्डरिंग्स, *इकानोमेट्रिका,* 56।

—(1988 ब) : पावर्टी आर्डरिंग्स एंड वेलफेयर डोमिनेंस, *सोशल च्वायस एंड वेलफेयर,* 5।

—(1991) : सबग्रुप कंसिस्टेंट पावर्टी इंडिसेज, *इकानोमेट्रिका,* 56।

फ्यूक्स, वी. आर. (1983) : *हाउ वी लिव : ऐन इकानमिक पर्सपेक्टिव आन अमेरिकंस फ्राम बर्थ टू डेथ,* कैंब्रिज, मैसाचुसेट्स : हारवर्ड यूनिवर्सिटी प्रेस।

फ्राइड, सी. (1978) : *राइट एंड रांग,* कैंब्रिज, मैसाचुसेट्स : हारवर्ड यूनिवर्सिटी प्रेस।

फ्रैंक, आर. एच. (1985) : *चूजिंग द राइट पांड : ह्यूमैन बिहैवियर एंड द क्वेस्ट फार स्टेटस,* न्यूयार्क : आक्सफर्ड यूनिवर्सिटी प्रेस।

फ्रैंकफुर्ट, एच. (1987) : इक्वैलिटी ऐज ए मोरल आइडियल, *एथिक्स,* 98।

फ्लाउड, आर. (1992) : एंथ्रोपोमेट्रिक मेजर्स आफ न्यूट्रीशनल स्टेटस इन इंडस्ट्रियल सोसायटीज : यूरोप एंड नार्थ अमेरिका सिंस 1750, उस्मानी (1992 अ) में संकलित।

—और वाचर, के. डब्ल्यू. (1982) : पावर्टी एंड फिजिकल स्टेचर : एविडेंट आन द स्टैंडर्ड आफ लिविंग आफ लंदन ब्वायज 1770-1870, *सोशल वेलफेयर हिस्ट्री,* 6।

बत्रा, आर. और पटनायक, पी. (1972) : आन सम सजेश्चंस फार हैविंग नान-बाइनरी सोशल च्वायस फंक्शंस, *थ्योरी एंड डिसीजन,* 3.1-11।

बनर्जी, एम. (1979) : वीमेन इन अर्बन लेबर मार्किट, *लेबर, कैपिटल एंड सोसायटी,* 12।

—(1982) : अनआर्गेनाइज्ड वुमेन वर्कर्स : द कलकत्ता एक्सपीरियंस, कलकत्ता : सेंटर फार स्टडीज इन सोशल साइंसेज।

बर्गमान, बी. (1986) : *द इकानमिक एमर्जेंस आफ वीमेन,* न्यूयार्क : बेसिक बुक्स।

बर्गसाँ, ए. (1938) : ए रिफार्मुलेशन आफ सर्टेन ऐस्पेक्ट्स आफ वेलफेयर इकानमिक्स, *क्वार्टरली जर्नल आफ इकानमिक्स,* 52।

—(1966) : *एस्सेज इन नार्मेटिव इकानमिक्स,* कैंब्रिज, मैसाचुसेट्स : हारवर्ड यूनिवर्सिटी प्रेस।

बर्धन, के. (1985) : वीमेंस वर्क, वेलफेयर एंड स्टेटस, *इकानमिक एंड पोलिटिकल वीकली,* 20।

बर्धन, पी. (1974 अ) : आन द इंसिडेंस आफ पावर्टी इन रूरल इंडिया इन द सिक्सटीज, श्रीनिवासन और बर्धन (1974) में संकलित।

—(1974 ब) : आन लाइफ एंड डेथ क्वेशचंस, *इकानमिक एंड पोलिटिकल वीकली,* 9 (विशेषांक)।

—(1984) : *लैंड, लेबर एंड रूरल पावर्टी : एस्सेज इन डेवलपमेंट इकानमिक्स,* न्यूयार्क : कोलंबिया यूनिवर्सिटी प्रेस।

—(1987) : आन द इकानमिक जियोग्राफी आफ सेक्स डिस्पैरिटी इन चाइल्ड सर्वाइवल इन इंडिया, अनुलेखित, कैलिफोर्निया विश्वविद्यालय, बर्कले।

—(1988) : सेक्स डिस्पैरिटी इन चाइल्ड सर्वाइवल इन रूरल इंडिया, श्रीनिवासन और बर्धन (1988) में संकलित।

बर्मन, एस. (1979) (सं) : *फिट वर्क फार वीमेन,* लंदन : क्रुम हेल्म।

बर्लिन, आई. (1955-56) : इक्वैलिटी ऐज ऐन अइडियल, *प्रोसीडिंग्स आफ एरिस्टोटलियन सोसायटी,* 56।

—(1996) : *फोर एस्सेज आन लिबर्टी,* दूसरा संस्करण, लंदन : आक्सफर्ड यूनिवर्सिटी प्रेस।

बसु, ए. (1988) : *कल्चर, द स्टेटस आफ वीमेन एंड डेमोग्रैफिक बिहैवियर,* नई दिल्ली : राष्ट्रीय व्यावहारिक आर्थिक अनुसंधान परिषद्।

—आदि (1986) : सेक्स बायस इन इंट्राहाउसहोल्ड फूड डिस्ट्रिब्यूशन : रोल्स आफ एथनिक एंड सोशियो-इकानमिक कैरेक्टरिस्टिक्स, *करेंट एंथ्रोपोलोजी,* 27।

बसु, के. (1979) : *रिवील्ड प्रेफरेंस आफ गवर्नमेंट्स,* कैंब्रिज : कैंब्रिज यूनिवर्सिटी प्रेस।

—(1984) : द राइट टू गिव अप राइट्स, *इकानमिका,* 51।

—(1987 अ) : एचीवमेंट्स, कैपेबिलिटीज एंड द कांसेप्ट आफ वेल-बीइंग, *सोशल च्वायस एंड वेलफेयर,* 4।

—(1987 ब) : एक्जियम्स फार फ़ज़ि मेजर्स आफ इनइक्वैलिटी *मैथेमेटिकल सोशल साइंसेज,* 14।

—(1989) : ए थ्योरी आफ एसोसिएशन : सोशल स्टेटस, प्राइसेज एंड मार्केटस, *आक्सफर्ड इकानमिक पेपर्स,* 41।

बाइत्ज, सी. आर. (1986) : अमर्त्य सेन'स *रिसोर्सेज, वैल्यूज एंड डेवलपमेंट, इकानमिक्स एंड फिलासफी,* 2।

बाउमोल, डब्ल्यू. जे. (1986) : *सुपरफेयरनेस,* कैंब्रिज, मैसाचुसेट्स : एम आई टी प्रेस।

बाबू, एस. सी. (1986) : आइडेंटिफाइंग द पुअर : ए डेवलपमेंट एप्रोच : केस स्टडी आफ ए साउथ इंडियन विलेज, अप्रकाशित पांडुलिपि, आयोवा राज्य विश्वविद्यालय।

बार्टन, ए. पी. (1964) : फैमिली कंपोजिशन, प्राइसेज एंड एक्सपेंडिचर पैटर्न्स, पी. हार्ट आदि (सं) : *इकानोमेट्रिक एनालिसिस फार नेशनल इकानमिक प्लानिंग,* लंदन : बटरवर्थ में संकलित।

बार्नेस, जे. (1980) : फ्रीडम, रेशनलिटी एंड पैराडाक्स, *कैनेडियन जर्नल आफ फिलासफी,* 10।

बाल, एस. डब्ल्यू. (1987) : चूजिंग बिटविन च्वायस माडल्स आफ एथिक्स : राउल्सियन इक्वैलिटी, यूटिलिटेरियनिज्म, एंड द कांसेप्ट आफ पर्सन्स, *थ्योरी एंड डिसीजन,* 22 : 3।

बावेर, पी. टी. (1981) : *इक्वैलिटी, द थर्ड वर्ल्ड एंड इकानमिक डिल्यूजन,* कैंब्रिज, मैसाचुसेट्स : हारवर्ड यूनिवर्सिटी प्रेस।

बिगमैन, डी. (1985) : एग्रिगेट पावर्टी मेजर्स एंड द एग्रिगेशन आफ इंडिविडुअल पावर्टी : ए रिकंसिडेरेशन आफ सेन'स एक्जियमेटिक एप्रोच, अप्रकाशित पांडुलिपि, यरुशलम हिब्रू विश्वविद्यालय।

—(1986) आन द मेजरमेंट आफ पावर्टी एंड डेप्रिवेशन, वर्किंग पेपर नंबर 8602, द सेंटर फार एग्रिकल्चरल इकानमिक रिसर्च, यरुशलम हिब्रू विश्वविद्यालय।

बिनमोर, के. और दासगुप्त, पी. (1987) (सं) : द *इकानमिक्स आफ बार्गेनिंग,* आक्सफर्ड : ब्लैकवेल।

बिश्वास, टी. (1987) : डिस्ट्रिब्यूटिव जस्टिस एंड एलोकेशन बाई द मार्केट : आन द कैरेक्टराइजेशन आफ ए फेयर मार्केट इकानमी, *मैथमेटिकल सोशल साइंसेज,* 14।

बुखानन, ए. ई. (1982) : *मार्क्स एंड जस्टिस,* लंदन : मेथ्यून।

बुखानन, जे. एम. (1975) : *द लिमिट्स आफ लिबर्टी,* शिकागो : द यूनिवर्सिटी आफ शिकागो प्रेस।

—(1984) : आन द एथिकल लिमिट्स आफ टैक्सेशन, *स्कैंडिनेवियन जर्नल आफ इकानमिक्स,* 86।

—(1986) *लिबर्टी, मार्केट एंड द स्टेटस,* ब्राइटन : व्हीटशीफ बुक्स।

—और टलक, जी. (1962) : *कैलकुलस आफ कंसेंट,* एन. आर्बर, मिशिगन : यूनिवर्सिटी आफ मिशिगन प्रेस।

बुविनिक, एम.; लाइसेट, एम. और मैकग्रीवी, डब्ल्यू. (1983) (सं) *: वीमेन एंड पावर्टी इन द थर्ड वर्ल्ड,* बाल्टिमोर : जान हाप्किंस प्रेस।

बुहमान, बी.; रेनवाटर, एल.; श्मोस, जी. और स्मीडिंग, टी. एम (1988) इक्विवैलेंस स्केल्स, वेल-बीइंग, इनइक्वैलिटी एंड पावर्टी : सेंसिटिविटी एस्टीमेट्स एक्रास टेन कंट्रीज यूजिंग द लक्जेमबर्ग इनकम स्टडी डेटा बेस, *रिव्यू आफ इनकम एंड वेल्थ,* 34।

बेकर, जी. एस. (1965) : ए थ्योरी आफ द एलोकेशन आफ टाइम, *इकानमिक जर्नल, 75*।

—(1981) : *ए ट्रीटाइज आन द फैमिली,* कैंब्रिज, मैसाचुसेट्स : हारवर्ड यूनिवर्सिटी प्रेस।

बेजेंबाइंडर, टी-एच. और वान एकर, पी. (1979) : ए नोट आन सेन'स पार्शियल कंपरेबिलिटी माडल, अनुलेखित, मनोविज्ञान विभाग, कैथलिक विश्वविद्यालय, निज्मेगेन।

—(1986) : फैक्चुअल वर्सस रिप्रेजेंटेशनल यूटिलिटीज एंड देयर इंटरडाइमेंशनल कंपेरिजंस, अनुलेखित, मनोविज्ञान विभाग, कैथलिक विश्वविद्यालय, निज्मेगेन।

बेते, ए. (1969) (सं) : *सोशल इनइक्वैलिटी,* हार्मंड्सवर्थ : पेंग्विन प्रेस।

(1977) : *इनइक्वैलिटी अमंग मेन,* आक्सफर्ड : ब्लैकवेल।

(1981) : *द बैकवर्ड क्लासेज एंड द न्यू सोशल आर्डर,* दिल्ली : आक्सफर्ड यूनिवर्सिटी प्रेस।

(1983 अ) : *द आइडिया आफ नेचुरल इनइक्वैलिटी एंड अदर एस्सेज,* दिल्ली : आक्सफर्ड यूनिवर्सिटी प्रेस।

—(1983 अ) (सं) : *इक्वैलिटी एंड इनइक्वैलिटी,* दिल्ली : आक्सफर्ड यूनिवर्सिटी प्रेस।

—(1987) : इक्वैलिटी ऐज ए राइट एंड ऐज ए पालिसी, *एल एस ई क्वार्टरली,*।

—(1990) : डिस्ट्रिब्यूटिव जस्टिस एंड इंस्टीट्यूशनल वेल-बीइंग, वी. टी. कृष्णामाचारी व्याख्यान का पाठ, अनुलेखित, दिल्ली अर्थशास्त्र संस्थान।

बेदो, एच. ए. (1971) (सं) : *जस्टिस एंड इक्वैलिटी,* इंगलवुड-क्लिफ्स, न्यूजर्सी : प्रेंटिस हाल।

बेनेरिया, ओ.; (1982) (सं) : *वीमेन एंड डेवलपमेंट : द सेक्सुअल डिवीजन आफ़ लेबर इन रूरल सोसायटीज,* न्यूयार्क : प्रेगर।

बेंत्जेल, आर. (1970) : द सोशल सिग्निफिकेंस आफ इनकम डिस्ट्रिब्यूशन स्टैटिस्टिक्स, *रिव्यू आफ इनकम एंड वेल्थ,* 16।

बेंथम, जे. (1789) : *ऐन इंट्रोडक्शन टू द प्रिंसिपुल्स आफ मोरल्स एंड लेजिस्लेशन,* लंदन : पाइनी, पुनर्प्रकाशन, आक्सफर्ड : क्लैरेंडन प्रेस, 1907।

बेयर, आर.; कैप्लन ए. एल. और डेनियल्स, एन. (1983) (सं) : *इन सर्च आफ इक्विटी : हेल्थ नीड्स एंड द हेल्थ केयर सिस्टम,* न्यूयार्क : प्लेनम प्रेस।

बेकरमैन, डब्ल्यू. (1979) : *द इफैक्ट आफ इनकम मेनटेनेंस प्रोग्राम्स आन पावर्टी इन फोर डेवलपिंग कंट्रीज,* जेनेवा : अंतर्राष्ट्रीय श्रम संगठन।

—और क्लार्क, एस. (1982) : *पावर्टी एंड सोशल सिक्योरिटी इन ब्रिटेन सिंस 1961,* आक्सफर्ड : क्लैरेंडन प्रेस।

बेर्नहोल्ज, पी. (1974) : इज ए पैरेटियन लिबरल रियली इंपासिबुल ?, *पब्लिक च्वायस,* 19।

—(1980) : ए जनरल सोशल डाइलेमा : प्राफिटेबुल एक्सचेंज एंड इनट्रांजिटिव ग्रुप प्रेफरेंसेज, *जाइटश्रिफ्ट फ्यूर नेशनलइकोनोमी,* 40।

बेलमैन, आर. ई. और जादेह, एल. ए. (1970) : डिसीजन मेकिंग इन ए फज़ि इनवायरनमेंट, *मैनेजमेंट साइंस,* 17।

बेसली, टी. (1989) : एक्स-एंटी इवैल्यूएशन आफ द हेल्थ स्टेटस एंड द प्राविजन फार इल-हेल्थ, *इकानमिक जर्नल,* 99।

—और कँबर, आर. (1988) : फूड सबसिडीज एंड पावर्टी एलेविएशन, *इकानमिक जर्नल,* 98।

बेह्रमान, जे. आर. (1988) : इंट्राहाउसहोल्ड एलोकेशन आफ न्यूट्रिएंट्स इन रूरल इंडिया : आर ब्वायज फेवर्ड ? डू पैरेंट्स एक्जिबिट इनइक्वैलिटी एवर्जन ?, *आक्सफर्ड इकानमिक पेपर्स,* 40।

—(1992) : इंट्राहाउसहोल्ड एलोकेशन आफ न्यूट्रिएंट्स एंड जेंडर इफेक्ट्स : ए सर्वे आफ स्ट्रक्चरल एंड रिड्यूस्ड फार्म एस्टीमेट्स, उस्मानी (1992 अ) में संकलित।

—और देवलालिकर, ए. बी. (1988) : हेल्ड न्यूट्रीशन, चेनरी और श्रीनिवास (1988) में संकलित।

—पोलक, आर. और टाबमैन, पी. (1989) : फैमिली रिसोर्सेज, फैमिली साइज, एंड ऐक्सेस टू फिनांसिंग

फार कालेज एजुकेशन, *जर्नल आफ पोलिटिकल इकानमी,* 97।
बैनिस्टर, जे. (1987) : *चाइनाज चेंजिंग पापुलेशन,* स्टैनफर्ड, कैलिफोर्निया : स्टैनफर्ड यूनिवर्सिटी प्रेस।
बैरी, बी.; (1986) : लेडी चैटर्लीज लवर एंड डाक्टर फिशर्स बंब पार्टी : लिबरलिज्म, पैरेटो आप्टिमैलिटी एंड द प्राब्लम आफ आब्जेक्शन प्रेफरेंसेज, एल्सटर और हाइलैंड (1986) में संकलित।
बोज़, डी.; रोज., एम. और सील, सी. (1986) (सं) : *वेलफेयर एंड ऐफिशएंसी इन पब्लिक इकानमिक्स,* बर्लिन : स्प्रिंगेर-वर्लाग।
बोजरप, ई. (1970) : *वीमेन'स रोल इनइकानमिक डेवलपमेंट,* लंदन : एलेन एंड अनविन।
—(1987) : इनइक्वैलिटी बिटविन द सेक्सेज; जे. ईटवेल, एम. मिलगेट और और पी. न्यूमैन (सं) : *द न्यू पालग्रेव : ए डिक्शनरी आफ इकानमिक्स,* II, लंदन : मैकमिलन।
—(1990) : इकानमिक चेंज एंड द रोल्स आफ वीमेन, टिंकर (1990 अ) में संकलित।
बोर्डा, जे. सी. (1781) : मेमोयर सूर लेस इलेक्शंस आ स्क्रूतिन, *मेमायर्स देस ल' अकादेमी रायल देस साइंसेज,* अंग्रेजी अनुवाद : ए. डी. ग्रेजिया, *आइसिस,* 44 (1953)।
बोर्ग्वीनान, एफ. (1979) : डिकंपोजेबुल इनकम इनइक्वैलिटी मेजर्स, *इकानोमेट्रिका,* 47।
—(1990) : ग्रोथ एंड इनइक्वैलिटी इन द डुअल माडल आफ डेवलपमेंठ, *रिव्यू आफ इकानमिक स्टडीज,* 57।
—और फील्ड्स, जी. (1990) : पावर्टी मेजर्स एंड एंटी-पावर्टी पालिसी, *रिसर्चेज इकानमिक्स दे लोवें,* 56।
ब्यूस, जे. दे (1989) : *मार्क्त, देमोक्रेती एन व्रिज्हे* (मार्केट, डेमोक्रसी एंड फ्रीडम), डच भाषा में, एमस्टर्डम त्यींक, विलिंक, ज्वोल।
ब्राइसन, डी. एफ. (1985) : *वीमेन एंड टेक्नोलोजी इन डेवलपिंग कंट्रीज,* सांतो दोमिनगो : संयुक्त राष्ट्र।
ब्राउन, एम. और : चांग, सी. एफ. (1980) : इंट्रा-हाउसहोल्ड पावर एंड डिमांड फार शेयर्ड गुड्स, अनुलेखित, एस यू एन वाई, बुफैलो।
ब्रांट, आर. बी. (1979) : *ए थ्योरी आफ द गुड एंड द राइट,* आक्सफोर्ड : क्लैरेंडन प्रेस।
ब्राक, डी. (1992) : क्वालिटी आफ लाइफ मेजर्स इन हेल्थ केयर एंड मेडिकल एथिक्स, नसबाम और सेन (1992) में संकलित।
ब्रूम, जे. (1978) : च्वायस एंड वैल्यू इन इकानमिक्स, *आक्सफर्ड इकानमिक पेपर्स,* 30।
—(1987) : व्हाट्ज द गुड आफ इक्वैलिटी ?, जे. हे (सं) : *करेंट इशूज इन मैक्रो-इकानमिक्स,* लंदन : मैकमिलन में संकलित।
—(1988) : व्हाट इज रांग विद पावर्टी, *लंदन रिव्यू आफ बुक्स,* 10 (19 मई)।
ब्रेथवेट, आर. बी. (1955) : *थ्योरी आफ गेम्स ऐज ए टूल फार द मोरल फिलासफर,* कैंब्रिज : कैंब्रिज यूनिवर्सिटी प्रेस।
ब्रेनकर्ट, सी. जी. (1980) : फ्रीडम एंड प्राइवेट प्रापर्टी इन मार्क्स, एम. कोहेन, नागेल और स्कैनलन (1980) में संकलित।
—(1963) : *मार्क्स एथिक्स आफ फ्रीडम,* लंदन : रूटलेज।
ब्रेयर, एफ. (1977) : द लिबरल पैराडाक्स, डिसाइसिवनेस ओवर, एंड डोमेन रिस्ट्रिक्शंस, *जाइटश्रिफ्ट फ्यूर नेशनलइकोनोमी,* 37।
—और गार्डनर, आर. (1980) : लिबरल पैराडाक्स, गेम इक्विलिब्रियम एंड गिबर्ड आप्टिमम, *पब्लिक च्वायस,* 35।
—और गिग्लियोत्ती, जी. ए. (1980) : एमपैथी एंड द रिस्पेक्ट फार द राइट आफ अदर्स, *जाइटश्रिफ्म फ्यूर नेशनलइकोनोमी,* 40।

ब्रैनन, जे. और विल्सन, जी. (1987) (सं) : *गिव एंड टेक इन फैमिलीज,* लंदन : एलेन एंड अनविन
ब्रोडर, आई. ई. और मारिस, सी. टी. (1983) : सोशली वेटेड इनकम कंपेरिजंस : ऐन एप्लिकेशन टू इंडिया, *वर्ल्ड डेवलपमेंट,* 11।
ब्लाउ, जे. एच. (1975) : लिबरल वैल्यूज एंड इंडिपेंडेंस, *रिव्यू आफ इकानमिक स्टडीज,* 42।
ब्लिस, सी. जे. (1992) : लाइफ-स्टाइल एंड द स्टैंडर्ड आफ लिविंग, नसबाम और सेन (1992) में संकलित।
ब्लेयर, डी. एच. (1988) : द प्राइमरी-गुड्स इंडेक्सेशन प्राब्लम इन राउल्स *थ्योरी आफ जस्टिस, थ्योरी एंड डिसिजन,* 24।
ब्लैक्स्टर, के. और वाटरलो, जे. सी. (1985) (सं) : *न्यूट्रीशनल एडाप्टेशन इन मैन,* लंदन : जान लिबी।
ब्लैकोर्बी, सी. (1975) : डिग्रीज आफ कार्डिनैलिटी एंड एग्रिगेट पार्शियल आर्डरिंग, *इकानोमेट्रिका,* 43।
—और डोनल्डसन, डी. (1977) : यूटिलिटी वर्सस इक्विटी : सम प्लाजिबुल क्वासी-आर्डरिंग्स, *जर्नल आफ पब्लिक इकानमिक्स,* 7।
—(1980) : एथिकल इंडिसेज फार द मेजरमेंट आफ पावर्टी, *इकानोमेट्रिका,* 48।
—(1984) : एथिकली सिग्निफिकेंट आर्डिनल इंडिसेज आफ रिलेटिव इनइक्वैलिटी, *एडवांसेज इन इकानोमेट्रिक्स,* 3।
—(1988) : एडल्ट-इक्विवैलेंस स्केल्स एंड द इकानमिक इंप्लिमेंटेशन आफ इंटरपर्सनल कंपेरिजंस आफ वेल-बीइंग, अनुलेखित, ब्रिटिश कोलंबिया विश्वविद्यालय।
—और आवेरबर्ग, एम. (1981) : ए न्यू प्रोसिजर फार द मेजरमेंट आफ इनइक्वैलिटी विदिन एंड एमंग पापुलेशन सबग्रुप्स, *कैनेडियन जर्नल आफ इकानमिक्स,* 14।
ब्लैकोर्बी, सी.; डोनल्डसन, जी. और वीमार्क, जे. (1984) : सोशल च्वायस विद इंटरपर्सनल यूटीलिटी कंपेरिजंस : ए डायग्रैमेटिक इंट्रोडक्शन, *इंटरनेशनल इकानमिक रिव्यू,* 25।
—(1990) : ए वेलफेयरिस्ट प्रूफ आफ ऐरोज थ्योरम, *रिसर्चेज इकानमिक्स दे लोवें,* 56।
भट्टाचार्य, एन. और चटर्जी, जी. एस. (1988) : ए फर्दर नोट आन बिटविन-स्टेट्स वेरिएशन इन लेवल आफ लिविंग इन रूरल इंडिया, श्रीनिवासन और बर्धन (1988) में संकलित।
—और पाल, पी. (1988) : वेरिएशंस इन लेवल्स आफ लिविंग एक्रास रीजंस एंड सोशल ग्रुप्स, श्रीनिवासन और बर्धन (1988) में संकलित।
भट्टी, आई. जेड. (1974) : इनइक्वैलिटी एंड पावर्टी इन रूरल इंडिया, श्रीनिवासन और बर्धन (1974) में संकलित।
भट्टी, जेड. (1980) : इकानमिक रोल एंड द स्टेटस और वीमेन : ए केस स्टडी आफ वीमेन इन द बीड़ी इंडस्ट्री इन इलाहाबाद, आई एल ओ वर्किंग पेपर।
भार्गव, ए. (1991) : मैलन्यूट्रीशन एंड द रोल आफ इनडिविडुअल वेरिएशन विद एविडेंस फ्राम इंडिया एंड द फिलीपींस, अनुलेखित, अर्थशास्त्र विभाग, हास्टन विश्वविद्यालय।
भुइयाँ, ए. आदि (1986) : सोशियो-इकानमिक डिटरमिनेंट्स आफ चाइल्ड्स न्यूट्रीशनल स्टेटस : ब्वायज वर्सस गर्ल्स, *फूड एंड न्यूट्रीशन बुलेटिन,* 8।
मजुमदार, टी. (1969) : रिवील्ड प्रेफरेंस एंड द डिमांड थ्योरम इन ए नाट नेसेसरिली कंपेरेटिव मार्केट, *क्वार्टरली जर्नल आफ इकानमिक्स,* 83।
मजुमदार, वी. (1985) : *एमर्जेंस आफ वीमेन'स क्वेशचन इन इंडिया एंड द रोल आफ वीमेन'स स्टडीज,* नई दिल्ली महिला विकास अध्ययन केंद्र।
मसग्रेव, आर. (1959) : द *थ्योरी आफ पब्लिक फिनांस,* न्यूयार्क : मैकग्रा-हिल।
माइस, एम. (1982) : *द लेस मेकर्स आफ नसरपुर : इंडियन हाउसवाइव्स प्रोड्यूस फार द वर्ल्ड मार्केट,*

लंदन : जेड प्रेस।
माउलिन, एच. (1989) : वेलफेयर बाउंड्स एंड केयर एलोकेशन आफ प्राइवेट गुड्स, अनुलेखित, वर्जिनिया पोलीटेकनीक इंस्टीट्यूट।
—(1990) : इंटरप्रेटिंग कामन ओनरशिप, *रिसर्चेज इकानमिक्स दे लोवें,* 56।
मारिस, एम. डी. (1979) : *मेजरिंग द कंडीशंस आफ वर्ल्ड्स पुअर : द फिजिकल क्वालिटी आफ लाइफ इंडेक्स,* आक्सफर्ड : पर्गमन प्रेस।
मार्कस, आर. बी. (1980) : मोरल डाइलेमाज एंड कंसिस्टेंसी, *जर्नल आफ फिलासफी,* 1977।
मार्क्स, के. (1844) : *द इकानमिक एंड फिलोसफिक मैनस्क्रिप्ट्स आफ 1844,* अंग्रेजी अनुवाद, लंदन : लारेंस एंड विशर्ट।
(और एंगेल्स, एफ.) (1845-46) : *द जर्मन आइडियोलोजी,* अंग्रेजी अनुवाद, न्यूयार्क : इंटरनेशनल पब्लिशर्स, 1947।
—(1857-58) : *ग्रुंडरिशे : फाउंडेशंस आफ द क्रिटीज़ आफ पोलिटकल इकानमी,* अंग्रेजी अनुवाद एम. निकोलस, हार्मंड्सवर्श : पेंग्विन बुक्स, 1973।
—(1867) : *कैपिटल,* खंड 1, अंग्रेजी अनुवाद, लंदन : एलेन एंड अनविन, 1938।
—(1857) : *क्रिटीक आफ द गोथा प्रोग्राम,* अंग्रेजी अनुवाद, न्यूयार्क : इंटरनेशनल पब्लिशर्स, 1938।
मार्गलिन, एस. ए. (1984) : *ग्रोथ, डिस्ट्रिब्यूशन एंड प्राइसेज,* कैंब्रिज, मैसाचुसेट्स : हारवर्ड यूनिवर्सिटी प्रेस।
मार्गोलिस, जे. और ग्वीटन, एच. (1969) (सं) : *पब्लिक इकानमिक्स,* लंदन : मैकमिलन।
मासूमी, ई. (1986) : द मेजरमेंट एंड डिकंपोजीशन आफ मल्टीडाइमेंशनल इनइक्वैलिटी, *इकानोमेट्रिका,* 54।
—(1989) : कंटीन्यूअसली डिस्ट्रिब्यूटेड एट्रिब्यूट्स एंड मेजर्स आफ मल्टीवेरिएट इनइक्वैलिटी, *जर्नल आफ इकानोमेट्रिक्स,* 42।
मिंसर, जे. (1962) : लेबर फोर्स पार्टिसिपेशन आफ मैरेड वीमेन, एच. जी. लेविस (सं) : *ऐस्पेक्ट्स आफ लेबर इकानमिक्स,* प्रिंसटन, न्यूजर्सी : प्रिंसटन यूनिवर्सिटी प्रेस, एम्सडेन (1980) में पुनर्मुद्रित।
—और पोलचेक, एस. (1974) : फैमिली इनवेस्टमेंट्स इन ह्यूमैन कैपिटल अर्निंग्स आफ वीमेन, *जर्नल आफ पोलिटिकिल इकानमी,* 82, एम्सडेन (1980) में पुनर्मुद्रित।
मिरलीस, जे. (1971) : ऐन एक्सप्लोरेशन इन द थ्योरी आफ आप्टिमम इनकम टैक्सेशन, *रिव्यू आफ इकानमिक स्टडीज, 38*।
–(1974) : नोट्स आन वेलफेयर इकानमिक्स, इनफार्मेशन एंड अनसर्टेनिटी,; एम. बालेह, डी. मैकफैडेन और एच. वू (सं) : *एस्सेज आन इकानमिक बिहैवियर अंडर अनसर्टेनिटी,* एम्सटर्डम : नार्थ हालैंड में संकलित।
—(1982) : द इकानमिक यूजेज आफ यूटिलिटेरियनिज्म, सेन और विलियम्स (1982) में संकलित।
—(1986) : द थ्योरी आफ आप्टिमल टैक्सेशन, ऐरो और इंट्रीलिगेटर (1986) में संकलित।
मिल, जे. एस. (1859) : *आन लिबर्टी,* लंदन, पुनर्प्रकाशित हार्मंड्सवर्थ : पेंग्विन, 1974।
—(1861) : *यूटिलिटेरियनिज्म,* लंदन।
मिलर, बी. (1981) : *द इनडैंजर्ड सेक्स : नेग्लेक्ट आफ फीमेल चिल्ड्रेन इन रूरल नार्थ इंडिया,* इथाका, न्यूयार्क : कार्नेल यूनिवर्सिटी प्रेस।
—(1982) : फीमेल लेबर पार्टिसिपेशन एंड फीमेल सेक्लूजन इन रूरल इंडिया : ए रीजनल व्यू, *इकानमिक डेवलपमेंट एंड कल्चरल चेंज,* 30।
—(1984) : चाइल्ड सर्वाइवल एंड सेक्स डिफरेंशियल इन द ट्रीटमेंट आफ चिल्ड्रेन, *मेडिकल एंथ्रोपोलोजी,* 8।
मिलिबैंड, आर. (1977) : *मार्क्सिज्म एंड पालिटिक्स,* आक्सफर्ड : क्लैरेंडन प्रेस।

मित्र, ए. (1980) : *इंप्लिकेशंस आफ डिक्लाइनिंग सेक्स रेशियो इन इंडियाज पापुलेशन,* बंबई : एलाइड पब्लिशर्स।
मीक्स, जी. (1991) (सं) : *थाटफुल इकानमिक मैन,* कैंब्रिज : कैंब्रिज यूनिवर्सिटी प्रेस।
मीड, जे. ई. (1955) : *ट्रेड एंड वेलफेयर,* आक्सफर्ड : आक्सफर्ड यूनिवर्सिटी प्रेस।
—(1965) : *एफ्शिएंसी, इक्विटी एंड द ओनरशिप आफ पोपर्टी,* कैंब्रिज मैसाचुसेट्स : हारवर्ड यूनिवर्सिटी।
—(1976) : *द जस्ट इकानमी,* लंदन : एलेन एंड अनविन।
मुखर्जी, डी. और शोरक्स, ए. (1982) : ए डिकंपोजीशन एनालिसिस आफ द ट्रेंड्स इन यू के इनकम इनइक्वैलिटी, *इकानमिक जर्नल,* 92।
मुरे, सी. और चेन, एल. (1990) : हेल्थ ट्रांजिशंस : पैटर्न्स एंड डायनामिक्स, अनुलेखित, जनसंख्या अध्ययन केंद्र, हारवर्ड विश्वविद्यालय।
मेजेती, सी. (1987) : पैरेटियन एफिशिएंसी, राउल्सियन जस्टिस एंड द नोजिक थ्योरी आफ राइट, *सोशल च्वायस एंड वेलफेयर,* 4।
मेयर, एम. (1987) : मल्टीडाइमेंशनल कोरिलेशन एंड द मेजरमेंट आफ एक्स-पोस्ट इनइक्वैलिटी अंडर अनसर्टेनिटी, अप्रकाशित पांडुलिपि, सेंट जान'स कालेज, आक्सफर्ड।
मेह्रान एफ. (1976) : लिनियर मेजर्स आफ इकानमिक इक्वैलिटी, *इकानोमेट्रिका,* 44।
मैक, जे. और लैंसली, एस. (1985) : *पुअर ब्रिटेन,* लंदन : एलेन एंड अनविन।
मैकी, जे. एल. (1978 अ) : *एथिक्स : इनवेंटिंग राइट एंड रांग,* हार्मंड्सवर्थ : पेंग्विन।
—(1978 ब) : कैन देयर बी ए राइट-बेस्ड मोरल थ्योरी ?, *मिडवेस्ट स्टडीज इन फिलासफी,* 3।
—(1986) : द कंबिनेशन आफ पार्शियली-आर्डर्ड प्रेफरेंसेज, जे. एल. मैकी : *पर्सन्स एंड वैल्यूज,* आक्सफर्ड : क्लैरेंडन प्रेस में संकलित।
मैकइंटायर, आई. डी. ए. (1987) : ' "द लिबरल पैराडाक्स : ए जनरलाइजेशन," ' बाई डी. केलसी, *सोशल च्वायस एंड वेलफेयर,* 4।
—(1988) : जस्टिस, लिबर्टी, यूनैनिमिटी एंड द एक्जिम्स आफ आइडेंटिटी, *थ्योरी एंड डिसीजन,* 24।
मैकएलराय, एम. बी. और हार्नी, एम. जे. (1981) : नैश-बार्गेन्ड हाउसहोल्ड डिसीजंस : टुवर्ड ए जनरलाइजेशन आफ द थ्योरी आफ डिमांड, *इंटरनेशनल इकानमिक रिव्यू,* 22।
मैककार्ड, सी. और फ्रीमैन, एच. पी. (1990) : एक्सेस मोर्टलिटी इन हार्लेम, *न्यू इंग्लैंड आफ मेडिसिन,* 322 (18 जनवरी)।
मैकडोवेल, जे. (1981) : नान-काग्निटिविज्म एंड रूल फालोइंग, एस. एच. होल्डमैन और सी. एम. ली (सं) : *विटगेंस्टाइन : टू फालो ए रूल,* लंदन : रूटलेज एंड केगन पाल में संकलित।
—(1985) : वैल्यूज एंड सेकंडरी क्वालिटीज, होंडरिच (1985) में संकलित।
मैकफर्सन, एम. एस. (1982) : मिल्स मोरल थ्योरी एंड द प्राब्लम आफ प्रेफरेंस चेंज, *एथिक्स,* 92।
—(1964) : लिमिट्स आफ सेल्फ-सीकिंग : द रोल आफ मोरैलिटी इन इकानमिक लाइफ, कोलैंडर (1984) में संकलित।
मैकमरिन, एस. एम. (1980) (सं) : टैनर लेक्चर्स आन ह्यूमैन वैल्यूज, I, साल्ट लेक सिटी : यूनिवर्सिटी आफ ऊटा प्रेस और कैंब्रिज : कैंब्रिज यूनिवर्सिटी प्रेस।
मैकलियन, आई. (1980) : लिबर्टी, इक्वैलिटी एंड द पैरेटो प्रिंसिपुल, *एनालिसिस,* 40।
मैकलियोड, ए. एम. (1984) : डिस्ट्रिब्यूटिव जस्टिस, कट्रैक्ट एंड इक्वैलिटी, *जर्नल आफ फिलासफी,* 81।
मैंसर, एम. और ब्राउन, एम. (1980) : मैरेज एंड हाउसहोल्ड डिसीजन मेकिंग : ए बार्गेनिंग एनालिसिस, *इंटरनेशनल इकानमिक रिव्यू,* 21।
मैस्किन, ई. (1978) : ए थ्योरम आन यूटिलिटेरियनिज्म, *रिव्यू आफ इकानमिक स्टडीज,* 45।

—(1979) : डिसीजन-मेकिंग अंडर इग्नोरेंस विद इंप्लिकेशंस फार सोशल च्वायस, *थ्योरी एंड डिसीजन,* 11।

म्यूलबावेर, जे. (1974 अ) : हाउसहोल्ड कंपोजीशन, एंगेल कर्व्स एंड वेलफेयर कंपेरिजंस बिटविन हाउसहोल्ड्स : ए डुअलिटी एप्रोच, *यूरोपियन इकानमिक रिव्यू,* 5।

—(1974 ब) : इनइक्वैलिटी मेजर्स, प्राइसेज एंड हाउसहोल्ड कंपोजीशन, *रिव्यू आफ इकानमिक स्टडीज,* 41।

—(1978) : डिस्ट्रिब्यूशनल ऐस्पेक्ट्स आफ प्राइस कंपेरिजंस, आर. स्टोन और डब्ल्यू. पीटरसन (सं) : *इकानमिक कंट्रीब्यूशंस टू पब्लिक पालिसी,* लंदन : मैकमिलन में संकलित।

—(1987) : प्रोफेसर सेन आन द स्टैंडर्ड आफ लिविंग, सेन आदि (1987) में संकलित।

म्यूलर, डी. सी. (1979) : *पब्लिक च्वायस,* कैंब्रिज : कैंब्रिज यूनिवर्सिटी प्रेस।

यंग, एच. पी. (1986) (सं) : *फेयर एलोकेशन,* अमेरिकन मैथेमेटिकल सोसायटी, व्यावहारिक गणित पर परिचर्चा।

यंग, के.; वोल्कोवित्ज, सी. और मैकक्लुफ, आर. (1981) (सं) : *आन मैरेज एंड द मार्केट : वीमेन'स सबार्डिनेशन इन इंटरनेशनल पर्सपेक्टिव,* लंदन : सी एस ई बुक्स।

यारी, एम. ई. और बार-हिलेल, एम. (1984) : आन डिवाइडिंग जस्टली, *सोशल च्वायस एंड वेलफेयर,* 1।

यित्जाकी, एस. (1979) : रिलेटिव डेप्रिवेशन : ए न्यू एप्रोच टू द सोशल वेलफेयर फंक्शन, *क्वार्टरली जर्नल आफ इकानमिक्स,* 93।

यू एन डी पी (1990) : *द ह्यूमैन डेवलपमेंट रिपोर्ट 1990,* न्यूयार्क : संयुक्त राष्ट्र विकास कार्यक्रम।

—(1991) : *द ह्यूमैन डेवलपमेंट रिर्पोट 1991,* न्यूयार्क : संयुक्त राष्ट्र विकास कार्यक्रम।

यूनिसेफ (1987) : *द स्टेट आफ द वर्ल्ड्स चिल्ड्रेन 1987* आक्सफर्ड : आक्सफर्ड यूनिवर्सिटी प्रेस।

—(1992) : *द स्टेट आफ द वर्ल्डस चिल्ड्रेन 1992,* आक्सफर्ड : आक्सफर्ड यूनिवर्सिटी प्रेस।

येसैंडर, बी. (1992) : कमेंट्स आन एरिक्सन, नसबाम और सेन (1992) में संकलित।

राइ, डी. (1981) : *इक्वैलिटीज,* कैंब्रिज, मैसाचुसेट्स : हारवर्ड यूनिवर्सिटी प्रेस।

राइली, जे. (1986) : जनरलाइज्ड सोशल वेलफेयर फंक्शनल्स : वेलफेयरिज्म, मोरैलिटी एंड लिबर्टी, *सोशल च्वायस एंड वेलफेयर,* 3।

—(1987) : *लिबरल यूटिलिटेरियनिज्म : सोशल च्वायस थ्योरी एंड जे. एस. मिल'स. फिलोसफी,* कैंब्रिज : कैंब्रिज यूनिवर्सिटी प्रेस।

—(1989 अ) : राइट्स टू लिबर्टी इन प्योरली प्राइवेट मैटर्स : पार्ट I, *इकानमिक्स एंड फिलोसफी,* 5।

—(1989 ब) : राइट्स टू लिबर्टी इन प्योरली प्राइवेट मैटर्स : पार्ट II, *इकानमिक्स एंड फिलासफी,* 6।

राउनट्री, बी. एस. (1901) : *पावर्टी : ए स्टडी आफटाउन लाइफ,* लंदन : लांगमैंस।

—(1941) : *पावर्टी एंड प्रोग्रेस,* लंदन : लांगमैंस।

राउल्स, जे. (1958) : *जस्टिस ऐज फेयरनेस, फिलोसाफिकल रिव्यू,* 67।

—(1971) : *ए थ्योरी आफ जस्टिस,* कैंब्रिज, मैसाचुसेट्स : हारवर्ड यूनिवर्सिटी प्रेस।

—(1982) : सोशल यूनिटी एंड प्राइमरी गुड्स, सेन और विलियम्स (1982) में संकलित।

—(1985) : जस्टिस ऐज फेयरनेस : पोलिटिकल नाट मेटाफिजिकल, *फिलोसफी एंड पब्लिक अफेयर्स,* 14।

—(1987) : द आइडिया आफ ऐन ओवरलैपिंग कंसेंसस, *आक्सफर्ड जर्नल आफ लीगल स्टडीज,* 7।

—(1988 अ) : प्रायरिटी आफ राइट एंड आइडियाज आफ द गुड, *फिलोसफी एंड पब्लिक अफेयर्स,* 17।

—(1988 ब) : रिप्लाई टू सेन, अनुलेखित, हारवर्ड यूनिवर्सिटी।

—(1988 स) : द डोमेन आफ द पोलिटिकल एंड ओवरलैपिंग कंसेंसस, अनुलेखित, हारवर्ड विश्वविद्यालय।

—(1990) : *पोलिटिकल लिबरजिज्म,* कोलंबिया यूनिवर्सिटी प्रेस।

—फ्राइड, सी.; सेन ए. और शेलिंग, टी. (1987) : *लिबर्टी, इक्वैलिटी, एंड ला,* सं : एस. मैकरिन, कैंब्रिज : कैंब्रिज यूनिवर्सिटी प्रेस और साल्ट लेक सिटी : यूनिवर्सिटी ऊटा प्रेस।

राज, जे. (1986) : *द मोरैलिटी आफ फ्रीडम,* आक्सफर्ड : क्लैरेंडन प्रेस।

राटबर्ग, आर. आई. और रैब, टी. के. (1985) : *हंगर एंड हिस्ट्री,* कैंब्रिज : कैंब्रिज यूनिवर्सिटी प्रेस।

राबर्ट्स, के. डब्ल्यू. एस. (1980 अ) : इंटरपर्सनल कंपेरेबिलिटी एंड सोशल च्वायस थ्योरी, *रिव्यू आफ इकानमिक स्टडीज,* 47।

—(1980 ब) : प्राइस इंडिपेंडेंट वेलफेयर प्रिंस्क्रिप्शंस, *जर्नल आफ पब्लिक इकानमिक्स,* 13।

राबिंग, एल. (1932) : *ऐन एस्से आन द नेचर एंड सिग्निफिकेंस आफ इकानमिक साइंस,* लंदन : एलेन एंड अनविन।

—(1938) : इंटरपर्सनल कंपेरिजंस आफ यूटिलिटी, *इकानमिक जर्नल,* 48।

राम, एन. (1990) : ऐन इंडिपेंडेंट प्रेस एंड एंटी-हंगर स्ट्रैटेजीज : द इंडियन एक्सपीरिएंस, ड्रेज और सेन (1990), खंड में संकलित।

रामचंद्रन, वी. के. (1990) : *वेज लेबर एंड अनफ्रीडम इन एग्रिकल्चर,* आक्सफर्ड : क्लैरेंडन प्रेस।

राय, आर. (1984 अ) : ए क्लास आफ डिकंपोजेबुल पावर्टी मेजर्स : ए करेक्शन एंड द मोडिफाइड पावर्टी मेजर, अप्रकाशित पांडुलिपि, मैनचेस्टर विश्वविद्यालय।

—(1984 ब) : आन मेजरिंग पावर्टी इन इंडिया : ए सिनथिसिस आफ आल्टरनेटिव मेजर्स, अप्रकाशित पांडुलिपि, मैनचेस्टर विश्वविद्यालय।

राशफर्ड, एस. सी. (1981) : नैश-बार्गेन्ड हाउसहोल्ड डिसीजन मेकिंग इन ए पीजेंट इकानमी, अनुलेखित

—(1982) : जनरल रेजल्ट्स आफ स्टेबल पेयरवाइज-बार्गेन्ड एलोकेशंस इन ए मैरेज मार्किट, अनुलेखित।

रिगिल्सवर्थ, जे. (1982) : द पासिबिलिटी आफ डेमोक्रेटिक प्ल्यूरलिज्म : ए कमेंट, *इकानमिका,* 49।

—(1985) : *लिबरटेरियन कनफ्लिक्ट्स इन सोशल च्वायस,* कैंब्रिज : कैंब्रिज यूनिवर्सिटी प्रेस।

रिंगन, एस. (1984) : टुवर्ड्स ए थर्ड स्टेज इन द मेजरमेंट आफ पावर्टी, अप्रकाशित पांडुलिपि, द स्वीडिश इंस्टीट्यूट फार सोशल रिसर्च, स्टाकहोम विश्वविद्यालय।

—(1987) : *द पासिबिलिटी आफ पालिटिक्स : ए स्टडी आफ द इकानमी आफ द वेलफेयर स्टेट,* आक्सफर्ड : क्लैरेंडन प्रेस।

रिस्किन, डी. (1988) : रिफार्म : व्हेयर इज चाइना गोइंग ? अनुलेखित, क्वींस विश्वविद्यालय, न्यूयार्क, और पूर्वी एशिया केंद्र, कोलंबिया विश्वविद्यालय।

रिस्किन, सी. (1987) : *चाइनाज पोलिटिकल इकानमी,* आक्सफर्ड : कलैरेंडन प्रेस।

रीगन, डी. एच. (1983) : अगेंस्ट इवैल्यूएटर रियालिटी : ए रिस्पांस टू सेन, *फिलासफी एंड पब्लिक अफेयर्स,* 12।

रेड्डी, एस. (1988) : ऐन इंडिपेंडेंट प्रेस वर्किंग अगेंस्ट फेमीन : द नाइजीरियन एक्सपीरिएंस, *जर्नल आफ माडर्न अफ्रीकन स्टडीज,* 26।

रैम्जे, एफ. पी. (1928) : ए मैथेमेटिकल थ्योरी आफ सेविंग, *इकानमिक जर्नल* 38।

–(1978) : फाउंडेशंस : एस्सेज इन फिलासफी, लाजिक, मैथेमेटिक्स एंड इकानमिक्स, लंदन रुटलेज।

रैवेलियन, एम. (1987) : *मार्केट्स एंड फेमीनस,* आक्सफर्ड : क्लैरेंडन प्रेस।

—और वान डे वैले, डी. (1988) : पावर्टी आर्डरिंग्स आफ फूड प्राइसिंग रिफार्म्स, डिस्कशन पेपर 86, विकास-अर्थशास्त्र केंद्र, वार्विक विश्वविद्यालय।

रोजर्स, बी. (1980) : *द डोमेस्टीकेशन आफ वीमेन,* लंदन : टैविस्टाक।

रोजेंट्जविग, एम. आर. और शुल्ज, टी. पी. (1982) : मार्केट अपार्चुनिटीज, जेनेटिक इंडोमेंट्स, एंड इंट्रा-फैमिली रिसोर्स डिस्ट्रिब्यूशन : चाइल्ड सर्वाइवल इन रूरल इंडिया, *अमेरिकन इकानमिक रिव्यू,* 72।

रोथ, ए. ई. (1979) : एक्जियमेटिक माडल्स आफ बार्गेनिंग, बर्लिन : स्प्रिंगरे-फर्लाग

रोथ्सचाइल्ड, एम. और स्टिग्लित्ज, जे. (1973) : सम फर्दर रेजल्ट्स इन द मेजरमेंट आफ इनइक्वैलिटी, *जर्नल आफ इकानमिक थ्योरी,* 6।

रोमर, जे. (1982) : *ए जनरल थ्योरी एक्सप्लायटेशन एंड क्लास,* कैंब्रिज, मैसाचुसेट्स : हारवर्ड यूनिवर्सिटी प्रेस।

—(1985) : इक्वैलिटी आफ टैलेंट, *इकानमिक्स एंड फिलासफी,* 1।

(1986 अ) : ऐन हिस्टरिकल मैटीरियलिस्ट आल्टरनेटिव टू वेलफेयरिज्म, एल्सटर और हाइलैंड (1986) में संकलित।

—(1986 ब) : इक्वैलिटी आफ रिसोर्सेज इंप्लाइज इक्वैलिटी आफ वेलफेयर, *क्वार्टरली जर्नल आफ इकानमिक्स,* 101।

—(1988) : *फ्री टू लूज : ऐन इंट्रोडक्शन टू मार्क्सिस्ट इकानमिक फिलासफी,* कैंब्रिज, मैसाचुसेट्स : हारवर्ड यूनिवर्सिटी प्रेस।

—(1990) : वेलफेयरिज्म एंड एक्जियमेटिक बार्गेनिंग थ्योरी, *रिसर्चेज इकानमिक्स दे लोवें,* 56।

—(1992) : डिस्ट्रिब्यूटिंग हेल्थ : द एलोकेशन आफ रिसोर्सेज बाई ऐन इंटरनेशनल एजेंसी, नसबाम और सेन (1992) में संकलित।

रोस, डी. (1980) (सं) : *एरिस्टाटिल : द निकोमाखियन एथिक्स,* आक्सफर्ड : क्लैरेंडन प्रेस।

र्यान, ए. (1979) (सं) : *द आइडिया आफ फ्रीडम : एस्सेज इन आनर आफ इसाइया बर्लिन,* आक्सफर्ड : क्लैरेंडन प्रेस।

लाइडल, एच. एफ. (1966) : *द स्ट्रक्चर आफ अर्निंग्स,* आक्सफर्ड : क्लैरेंडन प्रेस।

लिंडबेक, ए. (1988) : इनडिविडुअल फ्रीडम एंड वेलफेयर स्टेट पालिसी, *यूरोपियन इकानमिक रिव्यू,* 32।

लिंडल, एल. (1977) : *पोजीशन एंड चेंज : ए स्टडी आफ ला एंड लाजिक* (डोरड्रेख्ट : राइडेल)।

लिटिल, आई. एम. डी. (1950) : *ए क्रिटीज़ आफ वेलफेयर इकानमिक्स,* आक्सफर्ड : क्लैरेंडन प्रेस।

लिपटन, एम. (1983) : पावर्टी, अंडरन्यूट्रीशन एंड हंगर, वर्ल्ड बैंक स्टाफ वर्किंग पेपर, वाशिंगटन डी सी : विश्व बैंक।

—(1985) : ए प्राब्लम इन पावर्टी मेजरमेंट, *मैथेमेटिकल सोशल साइंसेज,* 10

ले ग्रांद, जे. (1982) *द स्ट्रैटेजी आफ इक्वैलिटी : रिडिस्ट्रिब्यूशन एंड द सोशल सर्विसेज,* लंदन : एलेन एंड अनविन।

—(1984) : इक्विटी ऐज ऐन इकानमिक आब्जेक्टिव, *जर्नल आफ एप्लाइड फिलासफी।*

—(1990) : इक्विटी वर्सस एफिशिएंसी : द इल्यूजिव ट्रेड-आफ, *एथिक्स,* 10।

—(1991) : *इक्विटी एंड च्वायस,* लंदन : हार्पर कोलिंस।

लेट्विन, डब्ल्यू. (1983) (सं) : *अगेंस्ट इक्वैलिटी,* लंदन : मैकमिलन।

ले ब्रेटन, के. और ट्रैनाय, ए. (1987) : मेजर्स आफ इनइक्वैलिटी ऐज ऐन एग्रिगेशन आन इनडिविडुअल प्रेफरेंसेज एबाउट इनकम डिस्ट्रिब्यूशन : द ऐरोवियन केस, *जर्नल आफ इकानमिक थ्योरी,* 41।

—और यूरिआर्टी, जे. आर. (1885) : टोपोलोजिकल एग्रिगेशन आफ इनइक्वैलटी प्रिआडर्स, *सोशल च्वायस एंड वेलफेयर,* 2।

लेविस, जी. डब्ल्यू. और अल्फ, डी. टी. (1987) : पावर्टी, इनक्वैलिटी एंड वेलफेयर, डिस्कशन पेपर 87/188, ब्रिस्टल विश्वविद्यालय।

लेवी, आई. (1982) : लिबर्टी एंड वेलफेयर, सेन और विलियम्स (1982) में संकलित।

—(1986) : *हार्ड च्वायसेज,* कैंब्रिज : कैंब्रिज यूनिवर्सिटी प्रेस।

लेह्निंग, पी. बी. (1989) : लिबरलिज्म एंड कैपेबिलिटीज : सम रिमार्क्स आन द न्यूट्रैलिटी डिबेट,

अनुलेखित, रोटरडम विश्वविद्यालय।
लैंकेस्टर, के. जे. (1966) : ए न्यू एप्रोच टू कंज्यूमर थ्योरी, *जर्नल आफ पोलिटकल इकानमी,* 74।
—(1971) : *कंज्यूमर डिमांड : ए न्यू एप्रोच,* न्यूयार्क : कोलंबिया यूनिवर्सिटी प्रेस।
लैंबर्ट, पी. जे. (1985) सोशल वेलफेयर एंड द गिनी कोएफिशिएंट रिविजिटेड, *मैथेमेटिकल सोशल साइंसेज,* 9।
–(1989) *: द डिस्ट्रिब्यूशन एंड रिडिस्ट्रिब्यूशन आफ इनकम,* आक्सफर्ड : बैसिल ब्लैकवेल।
—और वील, ए. (1981) : इक्वैलिटी, रिस्क-एवर्जन एंड कंट्रैक्टेरियन सोशल च्वायस, *थ्योरी एंड डिसीजन,* 13।
लैडेन, टी. (1991 अ) : गेम्स, फेयरनेस एंड राउल्स'स *ए थ्योरी आफ जस्टिस, फिलासफी एंड पब्लिक अफेयर्स,* 20।
—(1991 ब) : फ्रीडम, प्रेफरेंस एंड आब्जेक्टिवटी : वीमेन एंड द कैपेबिलिटी एप्रोच, अनुलेखित, दर्शनशास्त्र विभाग, हारवर्ड विश्वविद्यालय।
लैरमोर, सी. (1987) : *पैटर्न्स आफ मोरल कंपेल्क्सिटी,* कैंब्रिज : कैंब्रिज यूनिवर्सिटी प्रेस।
लैसलेट, पी. (1991) : *ए फ्रेश मैप आफ लाइफ : द इमर्जेंस आफ द थर्ड एज,* कैंब्रिज, मैसाचुसेट्स : हारवर्ड यूनिर्सिटी प्रेस।
लोट्फी, एम. एफ. (1980) : *रूरल वुमेन : अनइक्वल पैटर्न्स इन डवलपमेंट,* जेनेवा : अंतर्राष्ट्रीय श्रम संगठन।
लोपेज, ए. डी. और रुजिका, एल. टी. (1983) (सं) : *सेक्स डिफरेंसेज इन मोर्टलिटी,* कैनबरा : जनांकिकी विभाग, आस्ट्रेलियाई राष्ट्रीय विश्वविद्यालय।
लौरी, जी. (1987) : *व्हाई शुड वी केयर ए बाउट ग्रुप इनइक्वैलिटी,* सोशल फिलासफी एंड पालिसी, 5।
ल्यूकर, डब्ल्यू., (1986) : वेलफेयर इकानमिक्स, पाजिटिविस्ट आइडयलिज्म, एंड क्वासी-एक्सपेरिमेंटल मेथाडोलोजी, अनुलेखित, टेक्सास विश्वविद्यालय, आस्टिन।
ल्यूकस, जी. आर. (1990) : अफ्रीकन फेमीन : न्यू इकानमिक एंड एथिकल पर्सपेक्टिव, *जर्नल आफ* फिलोसफी, 87।
ल्यूकस, जे. आर. (1965) : अगेंस्ट इक्वैलिटी, *फिलासफी,* 40।
—(1980) *आन जस्टिस,* आक्सफर्ड : क्लैरंडन प्रेस।
ल्यूक्स, एस. (1985) : *मार्क्सिज्म एंड मोरैलिटी,* आक्सफर्ड : क्लैरेंडन प्रेस।
—(1990) : इक्वैलिटी एंड लिबर्टी : मस्ट दे कनफ्लिक्ट ?, अनुलेखित, यूरोपीय विश्वविद्यालय संस्थान।
ल्यूस, आर. डी. और राइफा, एच. (1957) : *गेम्स एंड डिरीजंस,* न्यूयार्क : वाइली।
वागन, आर. एन. (1987) : वेलफेयर एप्रोचेज टू द मेजरमेंट आफ पावर्टी, *इकानमिक जर्नल,* 97।
वागन, एम. (1985) : फेमीन एनालिसिस एंड फैमिली रिलेशंस *पास्ट एडं प्रेजेंट,* 108।
—(1987) : *द स्टोरी आफ ऐन अफ्रीकन फेमीन : जेंडर एंड फेमीन इन ट्वेंटिएथ सेंचुरी मलावी,* कैंब्रिज : कैंब्रिज यूनिवर्सिटी प्रेस।
वान गिनिकेन, डब्ल्यू. (1980) : सम मेथड्स आफ पावर्टी एनालिसिस : ऐन एप्लिकेशन टू इरानियन डेटा 1975-76, *वर्ल्ड डवलपमेंट,* 8।
वान पेरिज्स, पी. (1990 अ) : इक्वल इनडाउमेंट्स ऐन अनडोमिनेटेड डाइवर्सिटी, *रिसर्चेज इकानमिक्स दे लोवाँ,* 56।
—(1990 ब) : द सेकिंड मैरेज आफ जस्टिस एंड एफिशिएंसी, *जर्नल आफ सोशल पालिसी,* 19।
—(1991) : व्हाई सर्फर्स शुड बी फेड : द लिबरल केस फार ऐन अनकंडीशनल बेसिक इनकम, *फिलासफी एंड पब्लिक अफेयर्स,* 20।

वान प्राग, बी.एम.एस. (1968) : *इनडिविडुअल वेलफेयर फंक्शंस एंड कंज्यूमर बिहेवियर,* एम्सटर्डम : नार्थ हालैंड।

—(1978) : द पर्सेप्शन आफ वेलफेयर इनइक्वैलिटी, *यूरोपियन इकानमिक रिव्यू,* 10।

—(1992) : द रिलेटिविटी आफ द वेलफेयर कांसेप्ट, नसबाम और सेन (1992) में संकलित।

—हेगनार्स, ए.जे.एम. और फान वीरन, एच. (1982) : पावर्टी इन यूरोप, *जर्नल आफ इनकम एंड वेल्थ,* 28।

वाल, ए. दे (1989) : *फेमीन दैट किल्स,* आक्सफर्ड : क्लैरेंडन प्रेस।

वाल्जर, एम. (1983) : *स्फेयर्स आफ जस्टिस : ए डिफेंस आफ प्ल्यूरलिज्म एंड इक्वैलिटी,* आक्सफर्ड : ब्लैकवेल।

—(1992) : आब्जेक्टिविटी एंड सोशल मीनिंग, नसबाम और सेन (1992) में संकलित।

वाल्ड्रन, आई. (1976) व्हाई डू वीमेन लिव लांगर दैन मेन ?, *सोशल साइंस एंड मेडिसिन,* 10।

—(1983) : द रोल आफ जेनेटिक एंड बायोलाजिकल फैक्टर्स इन सेक्स डिफरेंसेज इन मोर्टलिटी, लोपेज और रुजिका (1983) में संकलित।

वाल्ड्रन, जे. (1984) (सं) : *थ्योरीज आफ राइट,* आक्सफर्ड : आक्सफर्ड यूनिवर्सिटी प्रेस।

वाल्श, वी. (1964) : डिस्कशन : द स्टेटस आफ वेलफेयर कंपेरिजंस, *फिलासफी आफ साइंस,* 31।

—(1987) : फिलासफी एंड इकानमिक्स, जे. ईटवेल, एम. मिलगेट और पी. न्यूमैन (सं) : *द न्यू पालग्रेव : ए डिक्शनरी आफ इकानमिक्स,* III, लंदन : मैकमिलन में संकलित।

—(1991) : रेशनलिटी, एलोकेशन एंड रिप्रोडक्शन : सम की कंसेप्ट्स आफ माइक्रोथ्योरी, अनुलेखित।

विगिंस, डी. (1985) : क्लेम्स आफ नीड, होंडेरिख (1985) में संकलित।

—(1987) : *नीड्स, वैल्यूज, ट्रुथ,* आक्सफर्ड : ब्लैकवेल।

विलियम्स, ए. (1985) : इकानमिक्स आफ कोरोनरी बाइपास ग्राफ्टिंग, *ब्रिटिश मेडिकल जर्नल,* 291 (3 अगस्त)।

—(1991) : व्हाट इज वेल्थ एंड हू क्रिएट्स इट ?, जे. हटन; एस. हटन; टी. पिंच और ए. शील (सं) : *डिपेंडेंसी टू एंटरप्राइज,* लंदन : रूटलेज में संकलित।

विलियम्स, बी. (1962) : द आइडिया आफ इक्वैलिटी, पी. लेसलेट और डब्ल्यू. जी. रयूनिसमैन (सं) : *फिलासफी, पालिटिक्स एंड सोसायटी,* दूसरी शृंखला, आक्सफर्ड : ब्लैकवेल में संकलित।

—(1972) : *मॉरैलिटी : सेन इंट्रोडक्शन टू एथिक्स,* न्यूयार्क : हार्पर एंड रो।

—(1973 अ) : *प्राब्लम्स आफ द सेल्फ,* कैंब्रिज : कैंब्रिज यूनिवर्सिटी प्रेस।

—(1973 ब) : ए क्रिटीक आफ यूटिलिटेरियनिज्म, स्मार्ट और विलियम्स (1973) में संकलित।

—(1981) : *मोरल लक,* कैंब्रिज : कैंब्रिज यूनिवर्सिटी प्रेस।

—(1985) : *एथिक्स एंड द लिमिट्स फिलासफी,* लंदन : फोंटाना और कैंब्रिज, मैसाचुसेट्स : हारवर्ड यूनिवर्सिटी प्रेस।

—(1987) : द स्टैंडर्ड आफ लिविंग : इंटेरेस्ट्स एंड कैपेबिलिटीज, सेन आदि (1987) में संकलित।

विल्सन, जी. (1987) : *मनी इन द फैमिली,* एल्डरशाट : एवेबरी।

विश्व बैंक (1984) : *चाइना : द हेल्थ सेक्टर,* वाशिंगटन डी सी : विश्व बैंक।

—(1990) : *द वर्ल्ड डेवलपमेंट रिपोर्ट 1990,* आक्सफर्ड : आक्सफर्ड यूनिवर्सिटी प्रेस।

—(1991) : *द वर्ल्ड डेवलपमेंट रिपोर्ट 1991,* आक्सफर्ड : आक्सफर्ड यूनिवर्सिटी प्रेस।

विसारिया, पी. (1961) : *द सेक्स रेशियो आफ द पापुलेशन आफ इंडिया,* विनिबंध 10, भारत की जनगणना, 1961, नई दिल्ली : महापंजीयक कार्यालय।

वीमार्क, जे. (1981) : जनरलाइज्ड गिनी इनइक्वैलिटी इंडिसेज, *मैथेमेटिकल सोशल साइंसेज,* 1।

वील, ए. (1980) : द इंपासिबिलिटी आफ लिबरल इगैलिटेरियनिज्म, *एनालिसिस,* 40।

वेडरबर्न, डी. (1961) : *द एजेड इन द वेलफेयर स्टेट,* लंदन : बेल।

वेब्स्टर, एम. (1986) : लिबरल्स एंड इनफार्मेशन, *थ्योरी एंड डिसिजन,* 20।

वेरियन, एच. (1974) : इक्विटी, एनवी एंड एफिशिएंसी, *जर्नल आफ इकानमिक थ्योरी,* 9।

—(1975) : डिस्ट्रिब्यूटिव जस्टिस, वेलफेयर इकानमिक्स एंड द थ्योरी आफ फेयरनेस, *फिलासफी एंड पब्लिक अफेयर्स,* 4।

वेर्बा, एस. आदि (1987) : *एलीट्स एंड द आइडिया आफ इक्वैलिटी,* कैंब्रिज, मैसाचुसेट्स : हारवर्ड यूनिवर्सिटी प्रेस।

वेस्टेन, पी. (1982) : द एंप्टी आइडिया आफ इक्वैलिटी, *हारवर्ड ला रिव्यू,* 95।

वैद्यनाथन, ए. (1985) : फूड कंजंप्शन एंड द साइज आफ पीपुल : सम इंडियन एविडेंस, *इकानमिक एंड पोलिटिकल वीकली,* 20।

—(1987) : पावर्टी एंड इकानमी : द रीजनल डाइमेंशन, अनुलेखित, पेपर प्रजेंटेड ऐट द वर्कशाप आन पावर्टी इन इंडिया, क्वीन एलिजाबेथ हाउस, आक्सफर्ड।

वैलेंटाइन, पी. (1989) : हाउ टू कंबाइन पैरेटो आप्टिमैलिटी विद लिबर्टी कंसिडेरेशंस, *थ्योरी एंड डिसीजन,* 27।

वोल्फ, एम. (1987) : *रिवोल्यूशन पोस्टपोंड : वीमेन इन कंटेंपोरेरी चाइना,* स्टैनफर्ड, कैलिफोर्निया : स्टैनफर्ड यूनिवर्सिटी प्रेस।

वोल्फसन, एम. सी. (1974) : *स्ट्रेंथ आफ ट्रांसफर्स, स्टाकैस्टिक डोमिनेंस, एंड द मेजरमेंट आफ इकानमिक इनइक्वैलिटी,* ओटावा : स्टेटिस्टिक्स कैनेडा।

वोल्हाइम, आर. (1955-56) : इक्वैलिटी एंड इक्वल राइट्स, *प्रोसीडिंग्स आफ द एरिस्टाटलियन सोसायटी,* 56।

व्यान, जे. बी. और गार्डन, जे. ई. (1971) : *द खन्ना स्टडी,* कैंब्रिज, मैसाचुसेट्स : हारवर्ड यूनिवर्सिटी प्रेस।

व्हाइटहेड, ए. (1985) : जेंडर एंड फेमीन इन वेस्ट अफ्रीका, *रिव्यू आफ अफ्रीकन पोलिटिकल इकानमी*

—(1990) : रूरल वीमेन एंड फूड प्रोडक्शन इन सब-सहारन अफ्रीका, ड्रेज और सेन (1990), खंड 1 में संकलित।

शर्मा, यू. (1980) : *वीमेन, वर्क एंड प्रापर्टी इन नार्थ-वेस्टर्न इंडिया,* लंदन : टैविस्टाक।

शास्त्री, एस. ए. आर. (1977) : पावर्टी, इनइक्वैलिटी एंड डेवलपमेंट : ए स्टडी आफ रूरल आंध्रप्रदेश, *अन्वेषक,* 7।

—(1980 अ) : ए सर्वे आफ लिटरेचर आन पावर्टी, इनकम डिस्ट्रिब्यूशन एंड डेवलपमेंट, *अर्थविज्ञान,* 22।

—(1980 ब) : पावर्टी : कंसेप्ट्स एंड मेजरमेंट, *इंडियन जर्नल आफ इकानमिक्स,* 61।

शू, वाई. (1990) : द लिबरल पैराडाक्स : सम फर्दर आब्जर्वेशंस, *सोशल च्वायस एंड वेलफेयर,* 7।

—(1991) : अर्जेंसी एंड फ्रीडम, अनुलेखित, मर्फी संस्थान, तुलान विश्वविद्यालय।

शेफलर, एस. (1982) : *द रिजेक्शन आफ कंसेक्वेंशियलिज्म,* आक्सफर्ड : क्लैरेंडन प्रेस।

—(1988) (सं) : *कंसेक्वेंशियलिज्म एंड इट्स क्रिटिक्स,* आक्सफर्ड : क्लैरेंडन प्रेस।

शेलिंग, टी. (1984) : *च्वायस एंड कंसेक्वेंशेज,* कैंब्रिज, मैसाचुसेट्स : हारवर्ड यूनिवर्सिटी प्रेस।

शेलिंग, टी. सी. (1960) : *द स्ट्रैटेजी आफ कन्फ्लिक्ट,* कैंब्रिज, मैसाचुसेट्स : हारवर्ड यूनिवर्सिटी प्रेस।

शेशिंस्की, ई. (1972) : रिलेशन बिटविन ए सोशल वेलफेयर फंक्शन एंड द गिनी इंडेक्स आफ इनइक्वैलिटी, *जर्नल आफ इकानमिक थ्योरी,* 4।

शोकर्ट, ई. और फॉन ओटेगेम, एल. (1990) : सेन'स कंसेप्ट आफ द लिविंग स्टैंडर्ड एप्लाइड टू द

बेल्जियन अनइंप्लायड, *रिसर्चेज इकानमिक्स दे लोवें,* 56।

शोटर, ए. (1985) : *फ्री मार्केट इकानमिक्स, : ए क्रिटिकल एप्रेजल,* न्यूयार्क : सेंट मार्टिन्स प्रेस।

शोरक्स, ए. एफ. (1980) : द क्लास आफ ऐडिटिवली डिकंपोजेबुल इनइक्वैलिटी मेजर्स, *इकानोमेट्रिका,* 48।

—(1982) : इनइकवैलिटी डिकंपोजीशन बाई फैक्टर कंपोनेंट्स, *इकानोमेट्रिका,* 50।

—(1983) : रैंकिंग इनकम डिस्ट्रिब्यूशंस, *इकानमिका,* 50।

—(1984) : इनइक्वैलिटी डिकंपोजीशन बाई पापुलेशन सबग्रुप्स, *इकानोमेट्रिका,* 52।

—(1988) : एग्रिगेशन इशूज इन इनइक्वैलिटी मेजरमेंट, ईशार्न (1988 अ) में संकलित।

—और फोस्टर, जे. ई. (1987) : ट्रांसफर सेंसिटिव इनइक्वैलिटी मेजर्स, *रिव्यू आफ इकानमिक स्टडीज,* 54।

श्कलर, जे. (1990) : द *फेसेज आफ इनजस्टिस,* न्यू हेवेन : येल यूनिवर्सिटी प्रेस।

श्वार्ज, टी. (1981) : द यूनिवर्सल इंस्टेबिलिटी थ्योरम, *पब्लिक च्वायस,* 37।

—(1986) *द लाजिक आफ कलेक्टिव च्वायस,* न्यूयार्क : कोलंबिया यूनिवर्सिटी प्रेस।

श्रीनिवास, एम. एस. (1962) : *कास्ट इन माडर्न इंडिया एंड अदर एस्सेज,* बंबई : एशिया पब्लिशिंग हाउस

श्रीनिवासन, टी. एन. (1981) : मैलन्यूट्रीशन : सम मेजरमेंट एंड पालिसी इशूज, *जर्नल आफ डेवलपमेंट इकानिमक्स,* 8।

—(1992) : अंडरन्यूट्रीशन : कंसेप्ट्स, मेजरमेंट्स, एंड पालिसी इंप्लिकेशंस, उस्मानी (1992 अ) में संकलित।

—और बर्धन, पी. (1974) (सं) : *पावर्टी एंड इनकम डिस्ट्रिब्यूशन इन इंडिया,* कलकत्ता : स्टेटिस्टिकल पाब्लिशिंग सोसायटी।

—(1988) (सं) : *रूरल पावर्टी इन साउथ एशिया,* न्यूयार्क : कोलंबिया यूनिवर्सिटी प्रेस।

सपीज, पी. (1966) : सम फार्मल माडल्स आफ ग्रेडिंग प्रिंसिपुल्स, *सिंथीज,* 6।

—(1977) : द डिस्ट्रिब्यूटिव जस्टिस आफ इनकम इनइक्वैलिटी, *एर्केन्तनिस,* 11।

—(1987) : मैक्सिमाइजिंग फ्रीडम आफ डिसीजन : ऐन एक्जियमेटिक एनालिसिस, फाइवेल (1987) में संकलित।

—(1988) : लारेंज कर्व्स फार वैरियस प्रोसेसेज : ए प्ल्यूरलिस्टिक एप्रोच टू इक्विटी, *सोशल च्वायस एंड वेलफेयर,* 5।

साहिल, आई. वी. (1988) : पावर्टी इन द यू एस : व्हाई इज इट सो परसिस्टेंट ?, *जर्नल आफ इकानमिक लिटरेचर,* 26।

सिग्विक, एच. (1874) : *द मेथड आफ एथिक्स,* लंदन : मैकमिलन।

सिल्बर, जे. (1983) : ई एल एल (इक्वीवैलेंट लेंथ आफ लाइफ) आर ऐनदर अटेंप्ट ऐट मेजरिंग डेवलपमेंट, *वर्ल्ड डवलपमेंट,* 11।

सीड, जे. (1977) : आन द शेप आफ आप्टिमल टैक्स शिड्यूल्स, *जर्नल आफ पब्लिक इकानमिक्स,* 7।

सीब्राइट, पी. (1989) : सोशल च्वायस एंड सोशल थ्योरीज, *फिलासफी एंड पब्लिक अफेयर्स,* 18।

—(1992) : प्ल्यूरलिज्म एंड द स्टैंडर्ड आफ लिविंग, नसबाम और सेन (1992) में संकलित।

सील, सी. (1975) : आन लिबरल वैल्यूज, *जाइटश्रिफ्ट फ्यूर नेशनलइकोनोमी,* 35।

—(1986 अ) : पावर्टी मेजर्स : ए सर्वे, बोज, रोज और सील (1989) में संकलित।

—(1986 ब) : द इंपासिबिलिटी आफ नान-डिक्टेटोरियल टालरेंस, *जाइटश्रिफ्ट फ्यूर नेशनलइकोनोमी,* 46।

—(1990) : आन द इंपासिबिलिटी आफ ए जनरलाइजेशन आफ द लिबरटेरियन रिजोल्यूशन आफ द लिबरल पैराडाक्स, *जर्नल आफ इकानमिक्स,* 51।

सीस्ट्रैंड, एफ. और दीवान, आर. (1975) : मेजरमेंट एंड कंपेरिजन आफ पावर्टी एंड इनइक्वैलिटी इन

द यूनाइटेड स्टेट्स, तीसरे विश्व अर्थमिति सम्मेलन, टोरेंटो में प्रस्तुत।

सुखात्मे, पी. वी. (1977) : *न्यूट्रीशन एंड पावर्टी,* नई दिल्ली : भारतीय कृषि अनुसंधान संस्थान।

—(1982) : आटोरेगुलेटरी होमियोस्टेटिक नेचर आफ एनर्जी बैलेंस, *अमेरिकन जर्नल आफ क्लिनिकल न्यूट्रीशन,* 35।

सुग्डेन, आर. (1981) : *द पोलिटिकल इकानमी आफ पब्लिक च्वायस,* आक्सफर्ड : मार्टिन राबर्टसन।

—(1985) : लिबर्टी, प्रेफरेंस एंड च्वायस, *इकानमिक्स एंड फिलासफी* 1।

–(1986) : रिव्यू आफ *कमोडिटीज एंड कैपेबिलिटीज, इकानमिक जर्नल,* 96।

—(1989) : मैक्सिमाइजिंग सोशल वेलफेयर : इज इट द गवर्नमेंट्स बिजनेस ? ए. हैमलिन और पेटिट (1989) में संकलित।

सुजूमुरा, के. (1978) : आन द कंसिस्टेंसी आफ लिबरटेरियन क्लेम्स, *रिव्यू आफ इकानमिक स्टडीज,* 45 (ए करेक्शन, 46)।

—(1980) : लिबरल पैराडाक्स एंड द वालंटरी एक्सचेंज आफ राइट्स-एक्सरसाइजिंग, *जर्नल आफ इकानमिक थ्योरी,* 22।

—(1983) : *रेशनल च्वायस, कलेक्टिव डिसीजंस एंड सोशल वेलफेयर,* कैंब्रिज : कैंब्रिज यूनिवर्सिटी प्रेस।

—(1988) : इंट्रोडक्शन टू द जैपेनीज अनुवाद आफ *कमोडिटीज एंड कैपेबिलिटीज,* टोक्यो : इकानमी।

—(1991) : आल्टरनेटिव एप्रोचेज टू लिबरटेरियन राइट्स, ऐरो (1991) में संकलित।

सुब्रमण्यन, एस. (1987) : द लिबरल पैराडाक्स विद फ़ज़ि प्रेफरेंसेज, *सोशल च्वायस एंड वेलफेयर,* 4।

सुंदरम, के. और तेंदुलकर, एस. डी. (1981) : पावर्टी रिडक्शन इन द सिक्स्थ प्लान, कार्यपत्र 233, दिल्ली अर्थशास्त्र संस्थान।

सेन, ए. के. (1970 अ) : *कलेक्टिव च्वायस एंड सोशल वेलफेयर,* सैन फ्रांसिस्को : होल्डेन-डे, पुनर्प्रकाशन, एम्सटर्डम : नार्थ हालैंड, 1979।

—(1970 ब) : इंटरपर्सनल एग्रिगेशन एंड पार्शियल कंपेरेबिलिटी, *इकानोमेट्रिका,* 38, सेन (1982 अ) में पुनर्मुद्रित (ए करेक्शन, *इकानोमेट्रिका,* 40, 1972)

—(1970 स) : द इंपासिबिलिटी आफ ए पैरेटियन लिबरल, *जर्नल आफ पोलिटिकल इकानमी,* 78, हैन और हालिस (1979) और सेन (1982 अ) में पुनर्मुद्रित।

—(1973 अ) : *आन इकानमिक इनइक्वैलिटी,* आक्सफर्ड : कलैरेंडन प्रेस और न्यूयार्क-नार्टन, पाठ में *ओ ई आई* के रूप में दर्ज।

—(1973 ब) बिहैवियर एंड द कंसेप्ट आफ प्रेफरंस, *इकानमिका,* 40, सेन (1982 अ) में पुनर्मुद्रित।

—(1973 स) : पावर्टी, इनइक्वैलिटी एंड अनइंप्लायमेंट : सम कंसेप्चुअल इशूज इन मेजरमेंट, *इकानमिक एंड पोलिटिकल वीकली,* 8।

—(1973 द) : आन द डेवलपमेंट आफ बेसिक इकानमिक इंडिकेटर्स टू सप्लिमेंट जी एन जी मेजर्स, *यूनाइटेड नेशंस इकानमिक बुलेटिन फार एशिया एंड द फार ईस्ट,* 24।

—(1974) : इनफार्मेशनल बेसेज आफ आल्टरनेटिव वेलफेयर एप्रोचेज : एग्रिगेशन एंड इनकम डिस्ट्रिब्यूशन, *जर्नल आफ पब्लिक इकानमिक्स,* 4।

—(1976 अ) : पावर्टी : ऐन आर्डिनल एप्रोच टू मेजरमेंट्स, *इकानोमेट्रिका,* 44, सेन (1982 अ) में पुनर्मुद्रित।

—(1976 ब) : रियल नेशनल इनकम, *रिव्यू आफ इकानमिक स्टडीज,* 43, सेन (1982 अ) में पुनर्मुद्रित।

—(1976 स) : लिबर्टी, यूनैनिमिटी एंड राइट्स, *इकानमिका,* 43, सेन (1982 अ) में पुनर्मुद्रित।

—(1977 अ) : सोशल च्वायस थ्योरी : ए रिएक्जामिनेशन, इकानोमेट्रिका, 45, सेन (1982 अ) में

पुनर्मुद्रित।
—(1977 ब) : आन वेट्स एंड मेजर्स : इनफार्मेशनल कंस्ट्रेंट्स इन सोशल वेलफेयर एनालिसिस, *इकानोमेट्रिका,* 45, सेन (1982 अ) में पुनर्मुद्रित।
—(1977 स) : रेशनल फूल्स : ए क्रिटीक आफ द बिहैवियरल फाउंडेशंस आफ इकानमिक थ्योरी, *फिलोसफी एंड पब्लिक अफेयर्स,* 6, सेन (1982 अ) में पुनर्मुद्रित।
—(1978 अ) : आन द लेबर थ्योरी आफ वैल्यू : सम मेथाडोलोजिकल इशूज, *कैंब्रिज जर्नल आफ इकानमिक्स,* 2।
—(1978 ब) : एथिकल मेजरमेंट आफ इनइक्वैलिटी : सम डिफिकल्टीज, क्रेल और शोरक्स (1978) में संकलित, सेन (1982 अ) में पुनर्मुद्रित।
—(1979 अ) : पर्सनल यूटिलिटीज एंड पब्लिक जजमेंट्स : आर व्हाट इज रांग विद वेलफेयर इकानमिक्स ?, *इकानमिक जर्नल,* 89, सेन (1982 अ) में पुनर्मुद्रित।
—(1979 अ) : यूटिलिटेरियनिज्म एंड वेलफेयरिज्म, *जर्नल आफ फिलासफी,* 76।
—(1979 स) : द वेलफेयर बेसिस आफ रियल इनकम कंपेरिजंस, *जर्नल आफ इकानमिक्स लिटरेचर,* 1, सेन (1984) में पुनर्मुद्रित।
—(1979 द) : इनफार्मेशनल एनालिसिस आफ मोरल प्रिंसिपुल्स, आर. हैरीसन (सं) : *रेशनल एक्शन,* कैंब्रिज : कैंब्रिज यूनिवर्सिटी प्रेस में संकलित।
—(1979 य) इशूज इन द मेजरमेंट आफ पावर्टी, *स्कैंडिनेवियन जर्नल आफ इकानमिक्स,* 81।
—(1980 अ) : इक्वैलिटी आफ व्हाट ?, मैकमरिन (1980) में संकलित, सेन (1982 अ) तथा राउल्स आदि (1987) में पुनर्मुद्रित।
—(1980 ब) : डिस्क्रिप्शन ऐज च्वायस, *आक्सफर्ड इकानमिक पेपर्स, 32, सेन* (1982 अ) में पुनर्मुद्रित।
—(1980-81) : प्ल्यूरल यूटिलिटी, *प्रोसीडिंग्स आफ द एरिस्टाटलियन सोसायटी,* 80।
—(1981 अ) : *पावर्टी एंड फेमींस : ऐन एस्से आन इनटाइटिलमेंट एंड डेप्रिवेशन,* आक्सफर्ड : क्लैरंडन प्रेस।
—(1981 ब) : पब्लिक ऐक्शन एंड द क्वालिटी आफ लाइफ इन डेवलपिंग कंट्रीज, *आक्सफर्ड बुलेटिन आफ इकानमिक्स एंड स्टेटिस्टिक्स,* 43।
—(1982 अ) : *च्वायस, वेलफेयर एंड मेजरमेंट,* आक्सफर्ड : ब्लैकवेल और कैंब्रिज, मैसाचुसेट्स : एम आई टी प्रेस।
—(1982 ब) : राइट्स एंड एजेंसी, *फिलासफी एंड पब्लिक अफेयर्स,* 11, शेफलर (1988) में पुनर्मुद्रित।
—(1982 स) : लिबर्टी ऐज कंट्रोल : ऐन एप्रेजल, *मिडवेस्ट स्टडीज इन फिलासफी,* 7।
—(1983 अ) : लिबर्टी एंड सोशल च्वायस, *जर्नल आफ फिलासफी,* 80।
—(1983 ब) : इवैल्यूएटर रिलेटिबीटी एंड कंसेक्वेंशियल इवैल्यूएशन, *फिलासफी एंड पब्लिक अफेयर्स,* 12।
—(1983 स) : डेवलपमेंट : व्हिच वे नाउ, *इकानमिक जर्नल,* 93।
—(1983 द) : पुअर, रिलेटिवली स्पीकिंग, *आक्सफर्ड इकानमिक पेपर्स,* 35।
—(1984) : *रिसोर्सेज, वैल्यूज एंड डेवलपमेंट,* आक्सफर्ड : ब्लैकवेल और कैंब्रिज, मैसाचुसेट्स : हारवर्ड यूनिवर्सिटी प्रेस।
—(1985 अ) : वेल-बीइंग, एजेंसी एंड फ्रीडम : द डेवी लेक्चर्स 1984, *जर्नल आफ फिलासफी,* 82।
—(1985 ब) : *कमोडिटीज एंड कैपेबिलिटीज,* एम्सटर्डम : नार्थ हालैंड।
—(1985 स) : ए रिप्लाई टू प्रोफेसर टाउनसेंड, *आक्सफर्ड इकानमिक पेपर्स,* 37।
—(1985 द) : वीमेन, टेक्नोलोजी एंड सेक्सुअल डिवीजंस, *ट्रेड एंड डेवलपमेंट,* 6।
—(1985 य) : द मोरल स्टैंडिंग आफ द मार्केट, *सोशल फिलासफी एंड पालिसी,* 2।

—(1986 अ) : सोशल च्वायस थ्योरी, ऐरो और इंट्रिलिगेटर (1986) में संकलित।
—(1986 ब) : इनफार्मेशन एंड इनवेरिएंस इन नार्मेटिव च्वायस, हेलर, स्टैर और स्टैरेट (1986) में संकलित।
—(1987) : *आन एथिक्स एंड इकानमिक्स,* आक्सफर्ड : ब्लैकवेल।
—(1988 अ) : फ्रीडम आफ च्वायस : कंसेप्ट एंड कंटेंट, *यूरोपियन इकानमिक रिव्यू,* 32।
—(1988 ब) : द कंसेप्ट आफ डेवलपमेंट, चेनरी और श्रीनिवासन (1988), खंड 1 में संकलित।
—(1988 स) : अफ्रीका एंड इंडिया : व्हाट डू वी हैव टू लर्न फ्राम ईच अदर ?, सी. एन. वकील स्मृति। व्याख्यान, इंटरनेशनल इकानमिक एसोसिएशन की 8वीं विश्व कांग्रेस, के. जे. ऐरो (सं) : *द बैलेंस बिटविन इंडस्ट्री एंड एग्रिकल्चर इन इकानमिक डेवलपमेंट,* लंदन : मैकमिलन में संकलित।
—(1989 अ) : वीमेन'स सर्वाइवल ऐज ए डेवलपमेंट प्राब्लम, *बुलेटिन आफ द अमेरिकन एकेडेमी आफ आर्ट्स एंड साइंसेज,* 43 (नवंबर), *न्यूयार्क रिव्यू बुक्स,* क्रिसमिस नंबर, 1990 में संशोधित संस्करण प्रकाशित।
—(1989 ब) : इकानमिक मेथडोलोजी : हेटेरोजेनिटी एंड रिलिवैंस, *सोशल रिसर्च,* 56 में प्रकाशित।
—(1990 अ) : वेलफेयर, फ्रीडम एंड सोशल च्वायस : ए रिप्लाई, *रिसर्चेज इकानमिक्स दे लोवें,* 56।
—(1990 ब) : जस्टिस : मींस वर्सस फ्रीडम, *फिलासफी एंड पब्लिक अफेयर्स,* 19।
—(1990 स) : जेंडर एंड कोआपरेटिव कन्फ्लिक्ट्स, टिंकर (1990 अ) में संकलित।
—(1991 अ) : वेलफेयर, प्रेफरेंस एंड फ्रीडम, *जर्नल आफ इकानोमोट्रिक्स।*
—(1991 ब) : वेल-बीइंग एंड कैपेबिलिटी, नसबाम और सेन (1992) में संकलित।
—(1991 स) : द नेचर आफ इनइक्वैलिटी, ऐरो (1991) में संकलित।
—(1992 अ) : मिनिमल लिबर्टी, *इकानमिका।*
—(1992 ब) : मार्केट्स एंड फ्रीडम, जान हिक्स लेक्चर का पाठ, *आक्सफर्ड इकानमिक पेपर्स।*
—(1992 स) : आन इंडेक्सिंग प्राइमरी गुड्स एंड कैपेबिलिटीज, अनुलिखित, हारवर्ड विश्वविद्यालय।
—म्यूलबावेर, जे.; कनबर, आर., हार्ट, के. और विलियम्स, बी. (1987) : *द स्टैंडर्ड आफ लिविंग,* कैंब्रिज : कैंब्रिज यूनिवर्सिटी प्रेस।
—और विलियम्स, बी. (1982) (सं) : *यूटिलिटेरियनिज्म एंड बियांड,* कैंब्रिज : कैंब्रिज यूनिवर्सिटी प्रेस।
—और सेनगुप्त, एस. (1983) : मैलन्यूट्रीशन आफ द इंडियन रूरल चिल्ड्रेन एंड द सेक्स बायस, *इकानमिक एंड पोलिटिकल वीकली,* 19 (वार्षिकांक)
सेन, पी. के. (1986) : द गिनी कोएफिशिएंट एंड पावर्टी इंडेक्सेज : सम रिकंसिलिएशंस, *जर्नल आफ द अमेरिकन स्टैस्टिकल एसोसिएशन,* 81।
सेरागेल्डिन, आई. (1989) : *पावर्टी, एडजस्टमेंट एंड ग्रोथ इन अफ्रीका,* वाशिंगटन डी सी : विश्व बैंक।
सैडक, ई. (1977) : आन प्रोग्रेसिव इनकम टैक्सेशन, *अमेरिकन इकानमिक रिव्यू,* 67।
सैमुअल्सन, पी. ए. (1938) : ए नोट आन द प्योर थ्योरी आफ कंज्यूमर बिहैवियर, *इकानमिका,* 5।
—(1947) : *फाउंडेशंस आफ इकानमिक एनालिसिस,* कैंब्रिज, मैसाचुसेट्स : हारवर्ड यूनिवर्सिटी प्रेस।
—(1956) : सोशल इनडिफरेंस कर्व्स, *क्वार्टरली जर्नल आफ इकानमिक्स,* 70।
सोलोव, आर. एम. (1984) : रिलेटिव डेप्रिवेशन ?, *पार्टिजन रिव्यू,* 51।
सोंस्टेगार्ड, एम. (1987) : ए रिप्लाई टू पेरेली मिनेटी, *थ्योरी एंड डिसीजन,* 22 : 3।
स्क्रिमशा, एन. (1987) : बायोलाजिकल एडाप्टेशन इन द मेनटेनेंस आफ न्यूट्रीशन एंड हेल्थ, अनुलेखित, एम आई टी।
—टेलर, सी. ई. और गोपालन, जे. ई. (1968) : *इंटरऐक्शंस आफ न्यूट्रीशन एंड इनफेक्शन,* जेनेवा : विश्व स्वास्थ्य संगठन।

स्कूल आफ पब्लिक हेल्थ, हारवर्ड यूनिवर्सिटी (1985) : *हंगर इन अमेरिका : द ग्रोइंग एपिडेमिक,* कैंब्रिज, मैसाचुसेट्स, : स्कूल आफ पब्लिक हेल्थ, हारवर्ड विश्वविद्यालय।

स्केनलन, टी. एन. (1975) : प्रेफरेंस एंड अर्जेंसी, *जर्नल आफ फिलासफी,* 72।

—(1982) : कंट्रैक्चुअलिज्म एंड यूटिलिटेरियनिज्म, सेन और विलियम्स (1982) में संकलित।

—(1988 अ) : द सिग्निफिकेंस आफ च्वायस, *टैनर लेक्चर्स आन ह्यूमैन वैल्यूज,* VII, साल्ट लेक सिटी : यूनिवर्सिटी आफ ऊटा प्रेस में संकलित।

—(1988 ब) : नोट्स आफ इक्वैलिटी, अनुलेखित, हारवर्ड विश्वविद्यालय।

—(1990) : द मोरल बेसिस आफ इंटरपर्सनल कंपेरिजंस; जे. एल्सटर और जे. रोमर (सं) : *इंटरपर्सनल कंपेरेबिलिटी* में संकलित।

—(1992) : वैल्यू, डिजायर एंड क्वालिटी आफ लाइफ, नसबाम और सेन (1992) में संकलित।

स्जाल, आर. जे. (1977) : पावर्टी मेजरमेंट एंड एनालिसिस, आई एल ओ वर्किंग पेपर डब्ल्यू ई पी 2-23/डब्ल्यू पी 60।

स्जपिरो, जी. जी. (1987) : हर्शमान वर्सस हेरफिंडाहल : सम टोपोलोजिकल प्रापर्टीज फार द यूज आफ कसेंट्रेशन इनडेक्सेज, *मैथेमेटिकल सोशल साइंसेज,* 14।

स्जरेटर, एस. (1986) : द इंपोर्टेंस आफ सोशल इंटरवेंशन इन ब्रिटेन'स मोर्टलिटी डिक्लाइन सर्का 1850-1914 : ए रिइंटरप्रेटेशन, डिस्कशन पेपर 121, सेंटर फार इकानमिक पालिसी रिसर्च, लंदन।

स्टर्न, एन. एच. (1976) : आन द स्पेसिफिकेशन आफ माडल्म आफ आप्टिमल इनकम टैक्सेशन, *जर्नल आफ पब्लिक इकानमिक्स,* 6।

स्टिग्लित्ज, जे. ई. (1982) : यूटिलिटेरियनिज्म एंड हारिजंटल इक्विटी : द केस फार रैंडम टैक्सेशन, *जर्नल आफ पब्लिक इकानमिक्स,* 18।

स्टिवेंस, डी. और फोस्टर, जे. (1978) : द पासिबिलिटी आफ डेमोक्रेटिक प्ल्यूरलिज्म, *इकानमिका* 45।

स्टीनर, एच. (1982) : इनडिविडुअल लिबर्टी, *प्रोसीडिंग्स आफ द एरिस्टाटलियन सोसायटी,* 82।

—(1990) : पुटिंग राइट्स इन देयर प्लेस, *रिसर्चेज इकानमिक्स दे लोवें,* 56।

स्टीवर्ट, एफ. (1985) : *प्लानिंग टू मीट बेसिक नीड्स,* लंदन : मैकमिलन

—(1988) : बेसिक नीड्स स्ट्रैटेजीज, ह्यूमैन राइट्स एंड द राइट टू डेवलपमेंट, डेवलपमेंट स्टडीज वर्किंग पेपर नंबर 2, क्वीन एलिजाबेथ हाउस।

स्टोकर, एम. (1990) : *प्ल्यूरल एंड कन्फ्लिक्टिंग वैल्यूज,* आक्सफर्ड : क्लैरेंडन प्रेस।

स्टैरेट, डी. ए. (1988) : *फाउंडेशंस आफ पब्लिक इकानमिक्स,* कैंब्रिज : कैंब्रिज यूनिवर्सिटी प्रेस।

स्ट्रीटेन, पी. (1981) : *डेवलपमेंट पर्सपेक्टिव्स,* लंदन : मैकमिलन।

—(1984) : बेसिक नीड्स : सम अनसेटिल्ड क्वेश्चंस, *वर्ल्ड डेवलपमेंट,* 12।

—बर्की, एस. जे.; हक, महबूल; हिक्स, एन. और स्टीवर्ट, एफ. के साथ (1981) : *फर्स्ट थिंग्स फर्स्ट : मीटिंग बेसिक नीड्स इन डेवलपिंग कंट्रीज,* लंदन : आक्सफर्ड यूनिवर्सिटी प्रेस।

स्ट्रैस्निक, एस. (1976) : सोशल च्वायस थ्योरी एंड द डेरिवेशन आफ राउल्स डिफरेंस प्रिंसिपुल, *जर्नल आफ फिलासफी,* 73।

स्पैरो, जे. (1977) : *टू मच आफ ए गुड थिंग,* शिकागो : द यूनिवर्सिटी आफ शिकागो प्रेस।

स्मार्ट, जे. जे. सी. और विलियम्स, बी. (1973) : *यूटिलिटेरियनिज्म : फार एंड अगेंस्ट,* कैंब्रिज : कैंब्रिज यूनिवर्सिटी प्रेस।

स्मिथ, एडम (1776) : *ऐन इनक्वायरी इन टू द नेचर एंड काजेज आफ द वेल्थ आफ नेशंस* पुनर्प्रकाशित, लंदन : होम यूनिवर्सिटी, 1990।

—(1790) : *द थ्योरी आफ मोरल सेंटिमेंट्स,* संशोधित संस्करण, पुनर्प्रकाशित, आक्सफर्ड : क्लैरेंडन

प्रेस, 1975।

स्मीडिंग, टी.; रेनवाटर, एल. और ओ' हिगिंस, एम. (1988) : *पावर्टी, इनइक्वैलिटी, एंड द डिस्ट्रिब्यूशन आफ इनकम इन ऐन इंटरनेशनल कंटेक्स्ट,* ब्राइटन : व्हीटशीफ।

स्लोत्जे डी. जे. (1984) : ऐन एनालिसिस आफ द इंपैक्ट आफ रिलेटिव प्राइस चेंज आन इनइक्वैलिटी इन साइज डिस्ट्रिब्यूशन आफ वैरियस कंपोनेंट्स आफ इनकम : ए मल्टीडाइमेंशनल एप्रोच, सदर्न मेथडिस्ट यूनिवर्सिटी, डलास।

स्वामीनाथन, एम. (1988) : इनइक्वैलिटी एंड इकानमिक मोबिलिटी, डी. फिल. प्रबंध, आक्सफर्ड विश्वविद्यालय।

स्वेदबर्ग, पी. (1988) : अंडरन्यूट्रीशन इन सब-सहारन अफ्रीका : इज देयर ए सेक्स बायस ?, वर्किंग पेपर 46, 'वाइडर', हेलसिंकी।

—(1990) : अंडरन्यूट्रीशन इन सब-सहारन अफ्रीका : ए क्रिटिकल एसेसमेंट आफ द एविडेंस, ड्रेज और सेन (1990), खंड 3 में संकलित।

हक्सर, वी. (1976) : *इक्वैलिटी, लिबर्टी एंड परफेक्शमिनज्म,* आक्सफर्ड : क्लैरेंडन प्रेस।

हचिंस, आर. एम. (1986) : सेग्रेगेशन कर्व्स, लारेंस कर्व्स एंड इनइक्वैलिटी इन द डिस्ट्रिब्यूशन आफ पीपुल एक्रास ग्रुप्स, न्यूयार्क स्कूल आफ इंडस्ट्रियल एंड लेबर रिलेशंस, कार्नेल विश्वविद्यालय।

हर्मन, जी. (1977) : *द नेचर आफ मोरलिटी,* न्यूयार्क : आक्सफर्ड यूनिवर्सिटी प्रेस।

हर्ली, एस. (1985) : आब्जेक्टिविटी एंड डिसएग्रीमेंट, होंडरिख (1985) में संकलित।

—(1989) : *नेचुरल रीजंस,* आक्सफर्ड : क्लैरेंडन प्रेस।

हर्वित्ज, एल.; श्माइडलर, डी. और सोनेंशाइन, एच. (1985) (सं) : *सोशल गोल्स एंड सोशल आर्गनाइजेशन : एस्सेज इन मेमरी आफ एलीशा पैजनर,* कैंब्रिज : कैंब्रिज यूनिवर्सिटी प्रेस।

हर्श, एफ. (1977) : *सोशल लिमिट्स टू ग्रोथ,* लंदन : रूटलेज।

हर्शमान, ए. ओ. (1958) : *द स्ट्रैटेजी आफ इकानमिक डेवलपमेंट,* न्यू हैवेन, कनेक्टीकट : येल यूनिवर्सिटी प्रेस।

—(1982) : *शिफ्टिंग इनवाल्वमेंट, प्रिंसटन,* न्यूजर्सी : प्रिंसटन यूनिवर्सिटी प्रेस।

हल, सी. एच. (1899) (सं) *द इकानमिक राइटिंग्स आफ सर विलियम पेटी,* कैंब्रिज : कैंब्रिज यूनिवर्सिटी प्रेस।

हर्सान्यी, जे. सी. (1955) : कार्डिनल वेलफेयर, इनडिविडुअलिस्टिक एथिक्स एंड इंटरपर्सनल कंपेरिजंस आफ यूटिलिटी, *जर्नल आफ पोलिटिकल इकानमी,* 63।

—(1982) : मौरैलिटी एंड द थ्योरी आफ रेशनल बिहैवियर, सेन और विलियम्स (1982) में संकलित।

हाइलैंड, ए. (1986) : द पर्पज एंड सिग्निफिकेंस आफ सोशल च्वायस थ्योरी : सम जनरल रिमार्क्स एंड एप्लिकेशन टू द 'लेडी चैटर्ली प्राब्लम', एल्सटर और हाइलैंड (1986) में संकलित।

हाउथेकर, एच. एस. (1950) : रिवील्ड प्रेफरेंस एंड यूटिलिटी फंक्शन, *इकानमिका,* 17।

हाउसमान, डी. एम. और मैकफर्सन, एम. एस. (1991) : टेकिंग मौरैलिटी सीरियसली : इकानमिक्स एंड कंटेंपोरेरी मोरल फिलोसफी, अनुलेखित, विस्कांसिन विश्वविद्यालय और विलियम्स कालेज।

हागेनार्स, ए. जे. एम. और देम वोस, के. (1989) : ए कंपेरिजन बिटविन द पावर्टी कंसेप्ट्स आफ सेन एंड टाउनसेंड, अनुलेखित।

—और वान प्राग, बी. एम. एस. (1983) : ए सिंथीसिस आफ पावर्टी लाइन डिफिनीशंस, रिपोर्ट पी 3.01, सेंटर फार रिसर्च इन पब्लिक इकानमिक्स, लाइडेन विश्वविद्यालय।

हाथार्न, जी. (1987) : इंट्रोडक्शन, सेन आदि (1987) में।

हाब्सबाम, ई. (1964) : *लेबरिंग मेन,* लंदन : वाइडेनफेल्ड एंड निकल्सन।

—(1989) : *पालिटिक्स फार ए रेशनल लेफ्ट,* लंदन : वर्सो।

हामादा, के. और तकायामा, एन. (1978) : सेंसर्ड इनकम डिस्ट्रिब्यूशंस एंड द मेजरमेंट आफ पावर्टी, *बुलेटिन आफ इंटरनेशनल स्टेटिस्टिकल इंस्टीट्यूट,* 47।

हार्ट, एच. एल. ए. (1961) : *द कंसेप्ट आफ ला,* आक्सफर्ड : क्लैरेंडन प्रेस।

—(1973) : राउल्स आन लिबर्टी एंड इट्स प्रायरिटी, *यूनिवर्सिटी आफ शिकागो ला रिव्यू,* 40, डेनियल्स (1975) में पुनर्मुद्रित।

हार्ट, के. (1987) : कमोडिटाइजेशन एंड द स्टैंडर्ड आफ लिविंग, सेन आदि (1987) में संकलित।

हायेक, एफ. ए. (1960) : *द कंस्टीट्यूशन आफ लिबर्टी,* लंदन : रूटलेज एंड केगन पाल।

—(1967) : *स्टडीज इन फिलासफी, पालिटिक्स, एंड इकानमिक्स,* शिकागो : द यूनिवर्सिटी आफ शिकागो प्रेस।

हाह्न, एफ. एच. (1971) : इक्विलिब्रियम विद ट्रांजैक्शन कास्ट्स, *इकानोमेट्रिक,* 39।

—और हालिस, एम (1979) (सं) : *फिलासफी एंड इकानमिक थ्योरी,* आक्सफर्ड : क्लैरेंडन प्रेस।

हिक्स, जे. आर. (1939) : *वैल्यू एंड कैपिटल,* आक्सफर्ड : क्लैरेंडन प्रेस।

—(1940) : द वैल्युएशन आफ द सोशल इनकम, *इकानमिका,* 7।

हिमेलफार्ब, जी. (1984) : *द आइडिया आफ पावर्टी,* लंदन : फ़ेबर एंड फेबर।

हिल्पीनेन, आर. (1971) (सं) : *डियोंटिक लाजिक : इंट्रोडक्टरी एंड सिस्टमेटिक रीडिंग्स,* डोरड्रेख्ट : राइडेल।

हुसैन, आई. (1990) : पावर्टी ऐज कैपेबिलिटी फेलियर, हेलसिंकी : स्वीडिश स्कूल आफ इकानमिक्स।

हुसैन, ए.; ल्यू., एच. और ल्यू, एक्स. (1989) : कंपेडियम आफ लिटरेचर आन द चाइनीज सोशल सिक्योरिटी सिस्टम, अनुलेखित, लंदन स्कूल आफ इकानमिक्स।

हेमिंग, आर. (1984) : *पावर्टी एंड इनसेंटिव्स : द इकानमिक्स आफ सोशल सिक्योरिटी,* आक्सफर्ड : क्लैरेंडन प्रेस।

हेमेल, वी. और सिंडब्यर्ग, पी. (1984) : *वीमेन इन रूरल चाइना : पालिसी टुवर्ड्स वीमेन बिफोर एंड आफ्टर द कल्चरल रिवोल्यूशन,* कोपेनहेगन : स्कैंडिनेवियन इंस्टीट्यूट आफ सोशल स्टडीज एंड ह्यूमैनिटीज प्रेस।

हेलर, डब्ल्यू., पी.; स्टैर, आर. एम. और स्टैरेट, डी. ए. (1986) (सं) : *सोशल च्वायस एंड पालिसी डिसीजन मेकिंग : एस्सेज इन आनर आफ केनेथ जे. ऐरो,* कैंब्रिज : कैंब्रिज यूनिवर्सिटी प्रेस।

हेल्पमैन, ई. और सैडका, ई. (1978) : आप्टिमल टैक्सेशन आफ फुल इनकम, *इंटरनेशनल इकानमिक रिव्यू,* 19।

हेल्म, डी. (1986) : द एसेसमेंट : द इकानमिक बार्डर्स आफ द स्टेट, *आक्सफर्ड रिव्यू आफ इकानमिक पालिसी,* 2।

हैंसन, एस. ओ. (1988) : राइट्स एंड द लिबरल पैराडाक्सेज, *सोशल च्वायस एंड वेलफेयर,* 5।

हैंसन, बी. (1977) : द मेजरमेंट आफ सोशल इनइक्वैलिटी, आर. बट्स और जे. हिंतिका (सं) : *फाउंडेशनल प्राब्लम्स इन द स्पेशल साइंसेज,* डोरड्रेख्ट : राइडेल।

हैमंड, आर. जे. (1951) : *हिस्ट्री आफ द सेकंड वर्ल्ड वार : फूड,* लंदन - एच एम एस ओ।

हैमंड, पी. जे. (1976 अ) : इक्विटी, ऐरोज कंडीशंस एंड राउल्स डिफरेंस प्रिंसिपुल, *इकानोमेट्रिका,* 44।

—(1976 ब) : व्हाई एथिकल मेजर्स आफ इनइक्वैलिटी नीड इंटरपर्सनल कंपेरिजंस, *थ्योरी एंड डिसीजन,* 7।

—(1977) : डुअल इंटरपर्सनल कंपेरिजंस आफ यूटिलिटी एंड द वेलफेयर इकानमिक्स आफ इनकम डिस्ट्रिब्यूशन, *जर्नल आफ पब्लिक इकानमिक्स,* 6।

—(1978) : इकानमिक वेलफेयर विद रैंक आर्डर प्राइस वेटिंग, *रिव्यू आफ इकानमिक स्टडीज,* 45।
—(1981) : लिबरजिज्म, इनडिपेंडेंट राइट्स एंड द पैरेटो प्रिंसिपुल, जे. कोहेन (सं) : *प्रोसीडिंग्स आफ द सिक्स्थ इंटरनेशनल कांग्रेस आफ लाजिक, मेथेडोलोजी एंड फिलोसफी आफ साइंस,* डोरड्रेख्ट : राइडेल में संकलित।
—(1982) : यूटिलिटेरियनिज्म, अनसर्टेनिटी एंड इनफार्मेशन, सेन और विलियम्स (1982) में संकलित।
—(1985) : वेलफेयर इकानमिक्स, जी. फाइवेल (सं) : *इशूज इन कंटेंपोरेरी माइक्रो-इकानमिक्स एंड वेलफेयर,* अल्बनी, न्यूयार्क : एस यू एन वाई प्रेस में संकलित।
—(1986) : कंसेक्वेंशियलिस्ट सोशल नार्म्स फार पब्लिक डिसीजंस, हेलर, स्टैर और स्टैरेट (1986) में संकलित।
हैमलिन, ए. (1986) : *एथिक्स, इकानमिक्स एंड द स्टेट,* ब्राइटन : व्हीटशीफ बुक्स।
—(1989) : राइट्स, इनडायरेक्ट यूटिलिटेरियनिज्म, एंड कंट्रैक्टेरियनिज्म, *इकानमिक्स एंड फिलासफी,* 5।
—और पेटिट, पी. (1989) (सं) : *द गुड पालिटी : नार्मेटिव एनालिसिस आफ द स्टेट,* आक्सफर्ड : ब्लैकवेल।
हैंपशियर, एस. (1982) : मोरैलिटी एंड कंवेंशन, सेन और विलियम्स (1982) में संकलित।
हैरिस, बी. (1977) : पैडी मिलिंग : प्राब्लम्स इन पालिसी एंड च्वायस आफ टेक्नोलोजी, बी. एफ. फार्मर (सं) : *द ग्रीन रिवोल्यूशन,* लंदन : बिलिंग में संकलित।
—(1990) : द इंट्राफैमिली डिस्ट्रिब्यूशन आफ हंगर इन साउथ एशिया, ड्रेज और सेन (1990), खंड 1 में संकलित।
—और वाटसन, ई. (1987) : द सेक्स रेशियो इन साउथ एशिया, जे. एच. माम्सेन और जे. टाउनसेंड (सं) : *जियोग्राफी आफ जेंडर इन द थर्ड वर्ल्ड,* लंदन : हचिंसन में संकलित।
हैरिसन, जी. ए. (1988) : *फेमींस,* आक्सफर्ड : क्लैरेंडन प्रेस।
हैरे, आर. एम. (1952) : *द लैंग्वेज आफ मोराल्स,* आक्सफर्ड : क्लैरेंडन प्रेस।
—(1963) : *फ्रीडम एंड रीजन,* आक्सफर्ड : कलैरेंडन प्रेस।
—(1981) : *मोरल थिंकिंग : इट्स लेवल्स, मेथड्स एंड प्वाइंट,* आक्सफर्ड : क्लैरेंडन प्रेस।
—(1982) : एथिकल थ्योरी एंड यूटिलिटेरियनिज्म, सेन और विलियम्स (1982) में संकलित।
हैरेल, ए. और नित्जन, एस. (1987) : द लिबरटेरियन रिजोल्यूशन आफ द पैरेटियन लिबरल पैराडाक्स, *जर्नल आफ इकानमिक्स,* 47।
होंडरिख, टी. (1985) (सं) : *मोरैलिटी एंड आब्जेक्टिविटी : ए ट्रिब्यूट टू जे. एल. मैकी,* लंदन : रूटलेज एंड केगन पाल।

●●●